A-Z 독일어 문장연습

A-Z 독일어 문장연습

김경욱

한국문화사

A-Z 독일어 문장연습

인쇄 / 2011년 4월 10일
발행 / 2011년 4월 15일

지은이 / 김 경 욱
펴낸이 / 김 진 수
꾸민이 / 문 소 진
펴낸곳 / **한국문화사**
주소 / 133-110 서울특별시 성동구 성수1가2동 656-1683번지 두앤캔 502호
전화 / (02)464-7708 / 3409-4488
팩시밀리 / (02)499-0846
등록번호 / 제2-1276호
등록일 / 1991년 11월 9일
홈페이지 / www.hankookmunhwasa.co.kr
이메일 / hkm77@korea.com

ISBN 978-89-5726-844-5 93750

*책 가격은 뒤표지에 표시되어 있습니다.
*잘못된 책은 교환해 드립니다.

이 도서의 국립중앙도서관 출판시도서목록(CIP)은 e-CIP 홈페이지
(http://www.nl.go.kr/cip.php)에서 이용하실 수 있습니다.
(CIP제어번호: CIP2011000182)

서문

독일어 약변화동사와 강변화동사들에 있어서 기근동사와 여러 접두사동사의 다양한 의미들과 문장구조를 용례를 통해 익히는 것이 **"독일어작문 연습 1"**과 **"독일어작문 연습 2"**의 목표였다면, **"A-Z 독일어 문장연습"**에서는 <참고서적들>에서 한국의 대학생들이 꼭 알아야 할 중요한 독일어 동사들을 발췌하여 그 동사들의 다양한 의미 변이체들(Bedeutungsvarianten)의 문장구조의 차이를 예문을 통해 익히는 것이 목표이다. 문법적으로 특히 중요한 부분은 두껍게 하여 강조했다: Ich danke dir **(dafür), dass du mich im Krankenhaus besucht hast**. 그리고 이태릭체는 '대상언어'(Objektsprache)로서 논의나 설명의 대상임을 나타낸다: *Mir ist ein Knopf abgegangen.*('내게서 단추가 하나 떨어져 나갔다.'); *jm. von etw. abraten*: 'jm. raten, etw. Bestimmtes nicht zu tun'; *von Drogen abhängig*: 'nach Drogen süchtig'('마약에 중독된'). 소개된 모든 동사의 부정형 다음에 그 동사의 '현재 3인칭 단수형'과 '과거형'과 '현재완료형'을 제시하여, 해당 동사가 현재완료형을 만들 때 *haben*과 결합하는지 또는 *sein*과 결합하는지를 밝힌다. 각 동사를 위한 설명에서는 아래의 *danken*의 예에서 보여주듯이, 여러 가지 '의미 변이체'의 예문들을 번호를 다르게 소개하고, 각 의미 변이체의 번호 뒤에 우선 구문적 동사가를 소개한 후에 (   )에 그 의미를 독일어로 소개하고 우리말 번역을 달아주었다. 동사들의 각 의미 변이체들의 용법의 차이는 수업 중에 예문들의 구문적 동사가와 의미적 동사가와 논리적 동사가를 비교하여 연구할 과제로 삼을 수 있을 것이다. 이 교재는 "독일어 문장론"과 "독일어 작문"에 도움을 줄 수 있을 것이다:

danken, dankt, dankte, hat gedankt:

1. SBP: Enom Edat v Epräp(=*für*)

   (jm. seinen Dank für etwas aussprechen 누구에게 무엇에 대해 감사하다)

   a. Ich danke **Ihnen für diesen Hinweis**.
      (나는 당신에게 이 힌트를 준 데 대해서 감사한다.)

   b. Ich danke **dir (dafür), *dass du mich im Krankenhaus besucht hast***.
      (나는 네가 나를 병원으로 방문해준 데 대해서 너에게 감사한다.)

   > * **(dafür)**는 *dass du mich im Krankenhaus besucht hast*를 앞에 있는 주문장에서 미리 예고해주는 '생략할 수 있는 상관사'이다. Edat v Epräp의 "v"는 라틴어 *vel* (="oder")을 뜻하고, Edat(*Ich danke Ihnen.*)이나 Epräp(*Ich danke für diesen Hinweis.*) 중에서 하나만 실현되거나, 또는 둘 다 실현될 수 있다는 것을 나타낸다(*Ich danke Ihnen für diesen Hinweis.*).

2. SBP: Enom Eakk Edat

   (geh. jemand verdankt etwas [Sachverhalt] jm. 무엇은 누구의 덕택이다)

   a. **Diesem Arzt** danke ich **mein Leben**.
      (나는 이 의사 덕분에 내 생명을 구했다.)

   b. Ich danke **es Herrn Müller, *erfahren zu haben, dass*** die Frist für die Abgabe des Manuskripts verlängert wurde.
      (나는 원고의 제출기한이 연장되었다는 것을 뮐러 씨 덕택에 알게 되었다.)

   > * **es**는 *erfahren zu haben, dass....*를 받는 '생략할 수 없는 상관사'이다.

   c. **Diesen strengen Maßnahmen** ist die Eindämmung der Seuche zu danken.
      (그 전염병의 확산을 저지할 수 있는 것은 이 엄격한 조치들 덕분이다.)

구문적 동사가에서 " / "('양자택일의')이 들어 있는 예를 소개한다:

ausreichen 2 in VALBU

SBP: Enom Edat/Epräp(=*für*)
(etwas ist für jn. genug 무엇이 누구에게 충분하다)

*Diese Wohnung hat **mir** ausgereicht*
*Diese Wohnung hat **für mich** ausgereicht.*

위의 두 예문은 문법적으로 다 맞다. 그러나 Edat과 Epräp 중에서 한 개만 선택적으로 실현될 수 있다.

그리고 철자법은 새로운 정서법에 의거해 쓰여졌음을 밝힌다. 그리고 독일어와 한국어의 차이에 대한 설명이 필요하거나 독일어 문법의 설명이 필요한 곳에서는 '＊'를 달고 설명했다. 항상 다정하게 격려해주시는 한국외국어대학 독일어과의 여러 교수님들과, 늘 변함없이 많은 도움을 주는 아내에게 감사의 마음을 전하고 싶다. 이 책의 편집과 인쇄를 맡아서 수고해주신 한국문화사의 김종훈 과장님과 최정미 과장님에게도 심심한 감사를 드리는 바이다. 이 저서는 2011년도 한국외국어대학교 교내 학술연구비의 지원에 의하여 저술되었다.

2011년 4월 10일
金景旭 識

【 약어 및 부호 】

*	:	'비(非) 문법적'
' '	:	의미풀이(Paraphrase)
/	:	alternativ(동사가에서 양자 택일의)
A	:	Akkusativ(4격 또는 대격)
Aadv	:	Adverbialangabe(부사적 임의첨가어)
abstr.	:	abstraktes(추상적)
AD	:	Adressat(대상)
〔 〕	:	Angabe(임의 첨가어)
ANT	:	Antonym(반대말)
attr.	:	attributiv(부가어적)
bes.	:	besonders(특히)
bzw.	:	beziehungsweise(내지)
D	:	Dativ(3격 또는 여격)
(*darum*)	:	*darum*은 생략이 가능한 상관사(相關辭)임.
(*es*)	:	*es*는 생략이 가능한 상관사(相關辭)임.
Enom	:	Nominativergänzung(주격 보충어)
Egen	:	Genitivergänzung(2격 보충어)
Edat	:	Dativergänzung(3격 보충어)
Eakk	:	Akkusativergänzung(4격 보충어)
Eadv	:	Adverbialergänzung(부사적 보충어)
(Eadv)	:	fakultativ weglassbare Adverbialergänzung(상황에 따라서 생략이 가능한 부사적 보충어)
Emens	:	Mensuralergänzung(척도 보충어)
Epräp(=*nach*)	:	Präpositionalergänzung mit der Präposition *nach*(전치사 *nach*를 가진 전치사격 보충어)

Eobj-präd	:	Objektsprädikativergänzung(목적격 보어 보충어)
Esubj-präd	:	Subjektsprädikativergänzung(주격 보어 보충어)
Einf	:	Infinitivergänzung(부정사 보충어)
Eprop	:	Propositionalergänzung (명제 보충어)
etw.^{3}	:	Dativ etwas(3격 etwas)
etw.^{4}	:	Akkusativ etwas(4격 etwas)
geh.	:	gehobene Sprache(경어체)
-human	:	menschliches Wesen ausgenommen(인간을 제외한)
Inf.	:	Infinitiv(부정형)
IT	:	Inhaltsträger
jd.	:	jemand(누군가가)
jm.	:	jemandem(누군가에게)
(jm.)	:	jm.이 생략 가능함.
jn.	:	jemanden(누군가를)
o.Ä.	:	oder Ähnliches(또는 비슷한 것)
Präp.	:	Präposition(전치사)
Pronominaladv.	:	Pronominaladverb(대명사적 부사)
salopp	:	격식에 매이지 않는
sich^3	:	Dativ sich(3격 sich)
sich^4	:	Akkusativ sich(4격 sich)
SBP	:	Satzbauplan(문형)
SYN	:	Synonym(동의어)
ugs	:	Umgangssprache(통용어)
v	:	라틴어 vel (동사가에서 두 보충어 중에서 하나만 오거나 또는 둘 다 와야 함을 나타낸다)
verhüllend	:	은폐적/완곡한 표현
vorw.	:	vorwiegend(주로)
zu-Inf.	:	Infinitiv mit zu(zu를 가진 부정형)

abfahren, fährt ab, fuhr ab, ist abgefahren:

1. SBP: Enom (Eadv)
(beginnen, sich von irgendwo fahrend zu entfernen 어디에서 차/기차로 출발하다)

a. Wann seid ihr **von Prag** abgefahren?
   (언제 너희들은 프라그에서 차로 출발했느냐?)

b. **Von welchem Bahnsteig** fahren Sie ab?
   (어느 열차선로에서 당신은 출발하십니까?)

c. Das Taxi hielt nur ganz kurz und fuhr gleich wieder **in Richtung Stadtzentrum** ab.
   (그 택시는 단지 아주 짧게 서 있다가 곧 다시 시내 중심가 방향으로 출발했다.)

d. Unser Zug ist [*pünktlich*] abgefahren.
   (우리 기차는 정시에 출발했다.)

> ✸ '부사적 보충어'는 '출발 장소'(a와 b) 또는 '목표 장소'(c)를 나타내고, 생략이 가능하다(d). *pünktlich*는 '임의 첨가어'(Angabe)이다. 생략가능한 동사보충어의 생략은 문맥과 상황에 좌우되므로, 한 문장을 따로 떼어놓고 판단하기는 어렵다. 예를 들어 온 가족이 모니카가 박사논문을 쓰고 있는 사실을 다 알고 있을 때에는 구태여 *Monika schreibt an ihrer Dissertation.*이라고 말하지 않고, *Monika schreibt jetzt.*라고만 말하여도 충분히 그 의미가 전달될 수 있을 것이다.

2. SBP: Enom Eakk (Eadv)
(jd. sucht mittels irgendetwas etw.<Strecke, Gebiet> ab 무엇을 수색하다)

a. Obwohl er die Straße mehrmals **mit dem Fahrrad** abgefahren ist, konnte er den Schlüssel nicht wieder finden.
   (그는 그 거리를 여러 번 자전거를 타고 수색했지만, 그 열쇠를 다시 발견할

수 없었다.)

b. Die Polizei ist das ganze Waldgebiet abgefahren, um nach dem vermissten Kind zu suchen.
(경찰은 그 실종된 애를 찾기 위해서 그 숲 지역 전체를 차를 타고 수색했다.)

 * '부사적 보충어'는 논항 '비행기 이외의 이동 수단'(a)을 나타내고, 생략이 가능하다(b).

3. SBP: Enom Epräp(=*auf*)
(von etwas stark angezogen werden 누구에게 강한 매력을 느낀다)

Petra fährt besonders **auf sportliche blonde Männer** ab.
(페트라는 특히 브론드 머리칼의 스포티한 남성들에게 매력을 느낀다.)

abfliegen, fliegt ab, flog ab, ist abgeflogen:

1. SBP: Enom (Eadv)
(beginnen, sich von irgendwo fliegend zu entfernen 비행기로 어디에서 출발하다)

a. Ich hatte es einmal erlebt, dass wir verspätet **von Santa Barbara** abgeflogen und dann noch eine halbe Stunde über dem Flugplatz von Los Angeles kreisten, weil es auch dort neblig war.
(나는 우리가 안개 때문에 산타 바르바라에서 지각 출발하고, 로스앤젤스 공항 상공에서 반 시간동안이나 선회하는 것을 한 번 경험한 적이 있다.)

b. Noch am selben Tage konnte Heidemann [mit 100,000 Euro im Koffer] **nach Stuttgart** abfliegen.
(같은 날에 하이데만은 가방에 10만 유로를 갖고 스투트가르트로 비행기로 출발할 수 있었다.)

c. Endlich saßen wir im Flugzeug und flogen *glücklich* **Richtung Teneriffa**

ab.
(마침내 우리는 비행기에 앉았다 그리고 행복하게 테네리파 방향으로 출발했다.)

d. In Frankfurt sind wir schon *mit einer Stunde Verspätung* abgeflogen.
(프랑크푸르트에서 우리는 이미 1시간 늦게 출발했다.)

* '부사적 보충어'는 '출발 장소'(a) 또는 '목적지'(b와 c)를 나타내고, 생략이 가능하다(d). *mit einer Stunde Verspätung*은 '부대 상황'을 나타내는 '임의 첨가어'이다. c.의 *glücklich*는 '주격 보어적 임의첨가어'이다: 그 이유는 *Wir flogen glücklich Richtung Teneriffa ab.*이 *Wir flogen Richtung Teneriffa ab und wir waren glücklich.*로 전환이 될 수 있기 때문이다.

2. SBP: Enom Eakk (Eadv) (Epräp=*nach*)

(jemand (auch Flugzeug) sucht mittels Flugzeug Strecke/Gebiet ab 어떤 구간을 비행기로 수색하다)

a. *Der Rettungshubschrauber* **ist** die ganze Strecke **abgeflogen**, ohne den Verunglückten zu finden.
(구조 헬리콥터는 그 구역 전체를 수색 비행을 하였으나, 조난당한 남자를 발견하지 못했다.)

b. *Der Pilot* **hat** das Dschungelgebiet *nach dem abgestürzten Hubschrauber* **abgeflogen**.
(그 조종사는 추락한 헬리콥터를 찾기 위해서 정글지역을 수색 비행했다.)

* a.는 '비행기'가 주어로 왔고, b.는 '조종사'가 주어로 온 경우이다. '수색의 대상'은 전치사 *nach* 다음에 오는 것을 알 수 있다. 완료형은 a.와 b.에서 보듯이 *sein*과 *haben* 둘 다 가능하다. 전치사 보충어 *nach dem abgestürzten Hubschrauber*는 a.에서는 생략되었다: *absuchen*도 *den Himmel nach Fallschirmen absuchen*(Duden, 10Bände) '하늘로 시선을 향해 낙하산을 찾다'에서 전치사 *nach*를 가진 '전치사 보충어'를 요구함으로 *abfliegen* 2도 전치사 보충어를 요구한다는 것을 유추할 수 있다. 왜

냐하면 같은 의미를 지닌 동사의 동사 결합가는 같은 경우가 많기 때문이다: *jn. um Gnade bitten*; *jn. um Geld bitten*; *sich um eine Stellung bemühen*에서 전치사 *um* 다음에 오는 4격 명사는 공통적으로 동사행위를 통해 손에 넣으려는 '대상'이다.

c. Der Experten-Gruppe, die **mit den Hubschraubern** die Bundeswehr-Gleisanlagen abflog, gehörten Vertreter mehrerer Bundesminister an.
(헬리콥터들을 타고 독일군-선로시설을 수색한 전문가 단체에는 여러 명의 독일 장관들의 대리인들도 속해 있었다.)

  * **mit den Hubschraubern**은 논항 '수단'을 나타내며, '생략될 수 있는 부사적 보충어'이다. 예문 2.a.에서는 주어가 *Der Rettungshubschrauber*이므로 논항 '수단'은 더 이상 또 나타날 수 없다.

3. SBP: Enom (Eadv)

(<ugs.> etwas wird unter Druck von irgendwo weggeschleudert 무엇이 압력으로 인해 어디로부터 떨어져 나가다)

a. Als er sich anziehen wollte, flog **ihm** ein Knopf **von der Jacke** ab.
(그가 옷을 입으려 할 때에, 그의 저고리에서 단추 한 개가 떨어져 나갔다.)

b. *Mir* ist ein Knopf abgegangen.
(내게서 단추가 하나 떨어져 나갔다.)

  * a.의 *ihm*과 b.의 *mir*는 '소유의 3격'으로서 문장 속에 함께 나타나는 '의복이나 신체의 일부'의 소유주를 나타낸다. 그리고 a.의 '떨어져 나가는 장소' *von der Jacke*는 '생략할 수 있는 부사적 보충어'이다. 예문 b.와 c.에서는 이 '장소'를 나타내는 부사적 보충어가 생략되었다.

c. Der Druck in dem Glas war **so groß**, **dass** der Deckel abgeflogen ist.
(유리에 압력이 너무 커서 그 뚜껑이 날아갔다.)

  * **so groß, dass**는 '너무 ....해서 그 결과 .....했다'라는 의미이다.

abgeben, gibt ab, gab an, hat abgegeben:

1. SBP: Enom Eakk (Epräp)(=*bei*)
   (etw. jm. aushändigen 누구에게 무엇을 넘겨주다)

   a. Würden Sie dieses Päckchen bitte **bei Herrn Müller** abgeben?
   (이 작은 소포를 뮬러씨에게 좀 넘겨주시겠습니까?)

   b. Das Päckchen können Sie [**an der Pforte**] abgeben.
   (그 소포를 당신은 입구에서 넘겨줄 수 있습니다.)

    * a.의 전치사 보충어 대신에 b.에서처럼 '장소'를 나타내는 '부사적 임의첨가어'가 올 수도 있다.

2. SBP: Enom Eakk (Eadv)
   (irgendwo etw. zur Aufbewahrung geben; abstellen 어디에서 무엇을 보관시키려고 주다)

   a. Geben Sie bitte Mäntel und Schirme **an der Garderobe** ab.
   (당신들은 외투들과 우산들을 옷 보관소에 맡기세요.)

   b. "Möchten Sie auch Ihren Koffer abgeben?", fragte die Frau an der Garderobe.
   ("당신은 당신의 가방도 맡기시겠습니까?",라고 옷보관소의 여인이 물었다.)

    * a.의 '장소'를 나타내는 부사적 보충어는 b.에서는 생략되었다.

3. SBP: Enom Eakk
   (sich endgültig von etw. trennen 최종적으로 무엇과 결별하다)

   Die IRA wird ihre Waffen nicht abgeben, bis eine umfassende politische Lösung für Nordirland gefunden ist.
   (아일랜드 공화국 군대는 북아일랜드를 위한 한 개의 포괄적 정치적 해결책이

발견될 때까지, 그들의 무기들을 포기하지 않을 것이다.)

 ＊ IRA= Irische Republikanische Armee(아일랜드 공화국 군대)는 1921년 이후로 불법화되었음.

4. SBP: Enom Eakk (Edat/Epräp=*an*)

(jd. trennt sich zu Gunsten von jm. von einem Teil von etw. 누구를 위해 무엇의 일부를 양도하다)

Die Partei muss **ihrem Koalitionspartner** ein oder zwei Ministerien abgeben.
(그 당은 연정파트너에게 한 개 또는 두 개의 장관 자리를 양도해야 한다.)

Wir müssen heute **an Niedersachsen** 40% der Kirchensteuer abgeben.
(우리는 오늘 니더작센주에 교회세의 40%를 양도해야 한다.)

5. SBP: Enom Eakk (Epräp)(=*an*)

(jd. übt etw. nicht mehr aus und überlässt es jm.; abtreten 어떤 자리를 누구에게 양도하다)

Herr Wagner musste den Vorsitz der Kommission **an einen jüngeren Kollegen** abgeben.
(바그너씨는 그 위원회의 의장직을 더 젊은 동료에게 양도해야 했다.)

6. SBP: Enom Eakk (Epräp)(=*an*)

<스포츠언어>(jd.<Mannschaft> verliert etw.<relevante Teile eines Wettkampfes> an jn.<Mannschaft> 누구<팀>가 시합의 중요부분을 누구<팀>에게 지다)

Boris Becker musste zwei Sätze **an seinen Gegner Agassi** abgeben.
(보리스 베커는 두 세트를 그의 적수 아가시에게 내어주어야 했다.)

7. SBP: Enom (Eakk) Epräp(=*an*)

(jd. leitet etw.<konkretes Objekt/Gesprächsführung> an jn. weiter 누가 무엇<구체적 사물/대화수행>을 누구에게 넘기다)

a. Matthäus erkämpft sich *den Ball* und gibt ihn ab **an Rudi Völler**.
(마태우스는 그 볼을 쟁취해서 루디 펠러에게 계속 전해준다.)

b. Da hier eine Spielunterbrechung ist, gebe ich ab **an unser Studio nach Mainz**.
(여기에 경기중단이 생겼기 때문에, 나는 우리 스튜디오가 있는 마인쯔로 마이크를 넘깁니다.)

 * a.의 4격 보충어 *den Ball*은 '구체적 사물'이고, b.의 4격 보충어는 'das Mikrofon(마이크)'이다. 그러나 4격 보충어를 생략해도 의미가 통하므로 생략되었다.

8. **SBP: Enom Eakk (Epräp) (Eadv); (Epräp):** *an* +A; **(Eadv):** *für/gegen* +A
(etw. verkaufen; verschenken 무엇을 팔다; 선물하다)

a. Dr. Müller wird seine Praxis in München [aus Altersgründen] [demnächst] abgeben.
(뮬러 박사는 뮨헨에 있는 그의 개인병원을 나이 때문에 우선 팔 것이다.)

b. [Wegen Geschäftsaufgabe] gibt die Boutique die Kleider **für einen Spottpreis** ab.
(폐업 때문에 그 작은 가게는 옷들을 헐값으로 팔고 있다.)

c. Es werden noch bis zum 7. Dezember kleine Teddybären **gegen eine Spende von zehn Euro** abgegeben.
(작은 봉제 장난감 곰들이 12월 7일까지는 10 유로의 기부금만 주면 선물로 주어진다.)

d. Rolls-Royce *soll* [nach Angaben aus Fachkreisen] **an "den höchsten Bieter"** abgegeben werden.
(롤스-로이스는 전문가들의 진술에 의하면 최고가를 부르는 사람에게 팔릴 것이라고 한다.)

* a.는 '사는 사람'을 나타내는 '전치사 보충어'와 '가격'을 나타내는 '부사적 보충어'가 모두 생략된 예문이다. b.와 c.는 '가격'을 나타내는 부사적 보충어는 왔지만, '물건이 팔리는 고객'을 나타내는 전치사 보충어는 생략되었다. d.에서는 *soll*이 '소문'을 나타냄은 *nach Angaben aus Fachkreisen* (전문가들의 진술에 의하면)에 의해서 확인될 수 있다. *an "den höchsten Bieter"*는 '최고가를 부르는 고객에게'라는 의미로서 전치사 보충어이다. 그러나 이것은 동시에 *höchsten Bieter* '최고가를 제시하는 사람'라는 의미에서 보듯이 '가격'도 포함하고 있으므로 '가격'을 나타내는 부사적 보충어는 올 필요가 없게 되었다.

10. SBP: Enom Esubj-präd

(ein solcher/solches sein 어떤 사람/것이다)

Der junge Bankangestellte würde **einen guten Ehemann** abgeben, meinte der Vater, als er an seine drei Töchter dachte.
(아버지는 그의 세 딸을 생각했을 때, 그 젊은 은행원은 좋은 남편이 될 것이라는 의견이었다.)

Das Heidelberger Schloss gibt **den Rahmen für die Wiederaufführung der alten Liebesgeschichte zwischen einem Prinzen und einem einfachen Mädchen** ab.
(하이델베르크의 성은 한 왕자와 한 단순한 소녀와의 오래 된 사랑이야기의 재상연을 위한 무대이다.)

abhängen, hängt ab, hing ab, hat abgehangen:

1. SBP: Enom Epräp(=*von*)

(etw. zur Voraussetzung haben 무엇에 좌우된다)

a. Vielleicht bleiben wir ein paar Tage länger, das hängt **vom Wetter** ab.

(아마 우리는 며칠 더 머물 것이다, 그것은 날씨에 좌우된다.)

b. Brandt sagte, das Gewicht der Bundesrepublik hänge **davon** ab, **dass ihr die Bereitschaft und Fähigkeit zum Frieden zugetraut werde.**
(독일의 무게는 독일의 평화에 대한 준비와 능력을 신뢰할 수 있는 것에 좌우된다.)

c. Die erfolgreiche Anwendung neuer Technologien in einer Fabrik hängen **davon** ab, **ob genügend qualifiziertes Personal zur Verfügung steht.**
(한 공장에서 새로운 기술들의 성공적 응용은 전문지식이 있는 직원들을 충분히 보유하고 있는지에 좌우된다.)

d. Sieg und Niederlage in diesem Krieg hängen **davon** ab, **wer die Unterstützung der Bevölkerung gewinnt.**
(이 전쟁에서의 승리와 패배는 누가 주민의 지지를 얻는가에 좌우된다.)

* b.와 c.와 d.에서 **davon**은 '생략할 수 없는 상관사'이다.

2. SBP: Enom Epräp(=*von*)

(jd. kann ohne jn./etw. nicht selbstständig existieren 누가 누구/무엇 없이 독립적으로 존재할 수 없다)

a. Viele Studenten erhalten kein Stipendium und hängen finanziell **von den Eltern** ab.
(많은 대학생들은 아무 장학금도 받지 않고, 재정적으로 부모에게 의존한다.)

b. Der junge Mann ist schon 30 Jahre alt, hängt aber noch **von der finanziellen Unterstützung seiner Familie** ab.
(그 젊은 남자는 이미 30살인데도 아직 그의 가족의 재정적 도움에 의존하고 있다.)

* Epräp의 전치사 von 다음에 오는 명사의 의미부류가 a.에서는 '사람'이지만, b.에서는 '재정적 도움'이다.

abheben, hebt ab, hob ab, hat abgehoben:

1. SBP: Enom Eakk(Epräp=*von*)

(etwas bzw. irgendwieviel, das vorher eingezahlt wurde, von einem Konto wegnehmen 무엇을 얼마 계좌에서 인출하다)

Für die Reise habe ich Geld **vom Konto** abgehoben.
(그 여행을 위해 나는 계좌에서 돈을 인출했다.)

Es gelang ihnen, mehrere Hundert Euro **von einem Geldautomaten** abzuheben.
(그들은 수 백 유로를 한 현금자동인출기로부터 인출하는 데 성공했다.)

Die Schweizer können 〔an einem Automaten〕 bis zu 5,000 Franken abheben.
(스위스 사람들은 현금자동인출기에서 5,000프랑까지 인출할 수 있다.)

2. SBP: Enom Eakk Epräp(=*gegen/von*)

(etwas von etwas deutlich absetzen 무엇을 무엇에 대해 차별화시키다)

Der Zeichner muss die Figuren stärker **gegen den Hintergrund** abheben.
(화가는 그 인물들을 배경에 대해 더욱 더 강하게 차별화시켜야 한다.)

Shalikashvili war mit dem Kommando der Operation betraut worden, um sie deutlich **von der Invasionsstreitmacht** abzuheben, die den Krieg gegen den Irak geführt hat.
(샤리카쉬빌리는 이락에 대한 전쟁을 수행한 침략군대로부터 그 작전을 분명히 차별화시키기 위해, 그 작전의 지휘권을 위임받았다.)

* *gegen/von*은 *gegen* 또는 *von* 중에서 선택적으로 한 가지만 올 수 있음을 뜻한다.

3. SBP: Enom Eakk Epräp(=*gegen/von*)

(etwas von etwas deutlich unterscheiden 무엇을 무엇으로부터 구분하다)

Es ist die Mischung von Tanz und Theater, die diesen "Jedermann" **von den anderen Aufführungen** abgehoben hat.
(이 "각자"를 다른 공연들로부터 구별시킨 것은 바로 이 춤과 연극의 혼합이다.)

Viele deutsche Autoren scheinen eine Art perverses Vergnügen daran zu finden, ihrem eigenen Volk eine einzigartige Schlechtigkeit zuzuschreiben, die es **von der übrigen Menschheit** abhebt.
(많은 독일 작가들은, 나머지 다른 인류로부터 독일 민족을 구별시키는 유일무이한 나쁜 점을 그들 자신의 민족에게 소속시키는 데, 일종의 변태적 만족감을 발견하는 것처럼 보인다.)

4. SBP: Enom Eakk (Eadv)

(etwas von etwas entfernen 무엇을 무엇에서부터 들어 올리다)

Sie hob den Deckel **von dem Topf** ab und prüfte die Suppe.
(그녀는 뚜껑을 그 냄비에서 들어 올리고 그 수프를 맛보았다.)

Den Telefonhörer hob sie ab, schrie und wählte, schrie dann ins Telefon.
(전화수화기를 그녀는 들어올리고, 고함지르면서 전화번호를 선택했다, 그리고 전화기 속으로 고함을 질렀다.)

5. SBP: Enom (Eadv)

(sich von irgenwo in die Luft erheben 이륙하다)

Ich finde es immer noch ein Wunder, dass es einem Jumbojet gelingt, **von der Startbahn** abzuheben.
('이륙 활주로'에서 이륙하는 것이 한 점보기에 성공하는 것을 나는 아직 여전히 하나의 기적이라고 여긴다.)

 * *Startbahn*('이륙 활주로')의 반대말은 *Landebahn*('착륙 활주로')이다. 두 합성어의 규정어 중 *Start*는 동사 *starten*에서 어미 *en*을 떼고, *Lande*는 동사 *landen*에서 발음을 부드럽게 하기 위해 어미 *n*만을 떼고 명사 *Bahn* 앞에 붙여 만든 합성어이다.

Lautlos und ohne einen Ruck hat der Ballon abgehoben.
(소리도 없이 그리고 충격 없이 그 기구/풍선은 이륙했다.)

 ✱ *Lautlos und ohne einen Ruck*는 '양태'를 나타내는 '부사적 임의첨가어'이다. '출발 장소'를 나타내는 Eadv은 생략되었다.

abholen, holt ab, holte ab, hat abgeholt:

1. **SBP: Enom Eakk (Eadv)**

   (sich an einen Ort begeben, um jemanden/etwas irgendwo in Empfang zu nehmen und von irgendwo wegzubringen 누구를 마중하러/무엇을 찾으려고 어떤 장소로 가다)

   a. Das Taxi wird Sie pünktlich um 8 Uhr **vom Hotel** abholen.
   (택시는 정확히 8시 정각에 당신을 호텔로 모시러 갈 것이다.)

   b. Die Frau fährt ihren Mann jeden Morgen in die Firma und holt ihn abends wieder ab.
   (그 부인은 그녀의 남편을 매일 아침 회사로 태워주고 저녁에 다시 그를 데려온다.)

    ✱ b.에서는 '출발 장소'를 나타내는 부사적 보충어 *von der Firma*가 문맥이나 상황을 통해 분명하므로 생략되었다.

   c. Holen Sie *die bestellten Bücher* ab, oder sollen wir sie Ihnen schicken?
   (당신은 주문받은 그 책들을 찾아 가세요? 아니면 우리가 그 책들을 당신에게 부쳐드려야 되겠습니까?)

    ✱ c.에서는 4격 보충어가 '사람'이 아니고 '물건'이다.

2. **SBP: Enom Eakk**

   (<은폐적> jn. gegen seinen Willen wegbringen 누구를 구인하다)

Seine Großmutter "Sara" Johanna Lewinski hat zwei Ecken weiter gewohnt, bis **die Gestapo** sie abholte und nach Auschwitz verschleppte.
(그의 할머니 "사라" 요한나 레빈스키는 게스타포가 그녀를 구인(拘引)하여 아우슈비쯔로 끌고 갈 때까지는 두 길목 떨어진 곳에 거주했었다.)

ablaufen, läuft ab, lief ab, ist abgelaufen:

SBP: Enom Eadv

(irgendwie verlaufen 어떻게 진행되다)

Die wissenschaftliche Tagung läuft **planmäßig** ab.
(그 학문적 회의는 계획대로 진행된다.)

Die Operation ist **reibungslos** abgelaufen
(그 수술은 순조롭게 진행되었다.)

Der Verkehr läuft **ungehindert/ohne Zwischenfälle** ab.
(교통은 방해받지 않고/돌발사고 없이 진행되고 있다.)

* *ablaufen*은 **planmäßig, reibungslos, ungehindert/ohne Zwischenfälle**와 같이 논항 '양태'(Art und Weise)를 나타내는 Eadv이 항상 함께 오는 것을 확인할 수 있다.

ablehnen, lehnt ab, lehnte ab, hat abgelehnt:

1. SBP: Enom Eakk

(die Annahme von etwas Angebotenem verweigern 제안의 수락을 거부하다)

a. Er hat **unsere Einladung** abgelehnt.
(그는 우리의 초청을 거부했다.)

b. Jens lehnt (es) strikt ab, dass wir ihm finanziell helfen.
(옌스는 우리가 그를 재정적으로 도와주는 것을 단호하게 거절한다.)

 ✱ (es)는 dass wir ihm finanziell helfen을 주문장에서 미리 예고해주는 '생략될 수 있는 상관사'이다.

c. Sich von seiner Tochter pflegen zu lassen, hat der alte Mann abgelehnt.
(그의 딸에 의해서 간호받는 것을 그 노인은 거부했다.)

 ✱ '4격 보충어'로 a.에서는 '초대'라는 한 단어가 왔지만, b.처럼 'dass-문장'이 올 수도 있고, c.에서처럼 'zu-Inf.'가 올 수도 있다.

2. SBP: Enom Eakk
(etwas nicht genehmigen oder nicht erfüllen 무엇을 수락하지 않다/각하시키다)

a. Es tut mir Leid, wir müssen Ihren Antrag leider ablehnen.
(유감스럽게도 우리는 당신의 신청을 각하시켜야만 하겠습니다.)

b. [Wegen der allgemeinen Ausgabensperre] musste der Verwaltungsleiter (es) ablehnen, dass weitere Computer angeschafft werden.
(일반적인 지불금지 조치 때문에 총무부장은 더 이상의 컴퓨터가 구입되는 것을 각하시켜야만 했다.)

c. Die Klage wurde vom Oberlandesgericht abgelehnt.
(그 고소는 고등법원에 의해서 각하되었다.)

d. Drei Ausreiseanträge sind schon abgelehnt.
(세 출국 신청서가 이미 오래전에 각하되어 있다.)

 ✱ '4격 보충어'로는 b.에서 보듯이 'dass-문장'이 올 수 있고 그 때 상관사 es는 생략될 수 있다.

abmachen, macht ab, machte ab, hat abgemacht:

1. SBP: Enom Eakk Epräp(=*mit*)

(etwas mit jemandem vereinbaren 누구와 무엇을 합의하다)

Ich hatte *doch* **mit dir** abgemacht, dass du die Theaterkarten besorgst.
(나는, 너도 잘 아는 거처럼, 네가 그 연극표들을 마련하기로 너와 합의했었다.)

 ＊ 이 *doch*는 서술문에서 알려진 것, 그러나 과거의 일로서 망각된 사실을 기억시키면서, 상대방에게 그 사실을 인정할 것을 요구하는 '화용적 기능'을 갖고 있다. (Gerhard Helbig: Lexikon deutscher Partikeln. Leipzig: Verlag Enzyklopädie, 1988. 111ff. 참조)

2. SBP: Enom Eakk (Eadv)

(etwas von irgendwo, wo es haftet oder befestigt ist, entfernen; abnehmen, ablösen 무엇을 어디에서 떼어내다)

a. Der Maler macht die alten Tapeten **von den Wänden** ab.
(그 화가는 낡은 벽지들을 벽에서 떼어 낸다.)

b. Machen Sie [bitte] das Preisschild ab!
(제발 그 가격표를 좀 떼세요!)

 ＊ a.가 b.와 다른 점은 **von den Wänden**이라는 '어디에서부터 떼어 내지는 지를 밝히는 장소'가 추가되었다는 점이다. 그리고 b.에서는 이 장소를 나타내는 전치사구(=부사적 보충어)가 생략되었다.

abmelden, meldet ab, meldete ab, hat abgemeldet:

1. SBP: Enom Eakk Epräp(=*von*)

(registrieren lassen, dass jemand an etwas nicht mehr teilnimmt 수강등록을 취소하다)

Mehrere Eltern haben ihre Kinder **vom Religionsunterricht** abgemeldet.
(여러 부모들이 그들의 애들을 종교교육을 그만 받겠다고 신고했다.)

2. **SBP: Enom Eakk (Epräp)(=*bei*)**
   (registrieren lassen, dass jemand nicht mehr Einwohner ist 퇴거신고를 하다)

Nicht jeder meldet sich beim Wegzug **bei seiner Gemeinde** ab.
(모든 사람이 다 이사를 떠날 때 그의 동(洞)에 퇴거신고를 하지는 않는다.)

Herr Müller hat sich und seine Familie in Berlin abgemeldet und in Mannheim wieder angemeldet.
(뮬러씨는 베를린에서 자신과 가족의 퇴거신고를 하고, 만하임에 다시 전입신고를 했다.)

 ＊ *abmelden*(퇴거신고하다)의 반대말은 *anmelden*(전입신고하다)이다. **bei seiner Gemeinde**는 '생략될 수 있는 전치사 보충어'이다.

3. **SBP: Enom Eakk (Epräp)(=*bei*)**
   (registrieren lassen, dass etwas nicht mehr in Gebrauch ist 운휴신고를 하다)

Den Winter über würde ich gern meinen Wagen **bei der Zulassungsstelle** abmelden.
(이번 겨울동안 나는 내 차를 허가관청에 임시운휴 신고를 내고 싶다.)

abraten, rät ab, riet ab, hat abgeraten:

SBP: Enom (Edat) Epräp(=*von*)

(jm. von etw. abraten 'jm. raten, etw. Bestimmtes nicht zu tun' '누구에게 무엇을 하지 않도록 충고하다')

a. Ich habe *ihr* **von der Reise** abgeraten.
(나는 그녀에게 그 여행을 그만둘 것을 충고했다.)

b. Sie riet *ihm* **davon** ab, **allein dorthin zu gehen**.
(그녀는 그에게 홀로 그곳에 가지 말 것을 충고했다.)

 * b.에서는 전치사 **von**대신에 상관사 **davon**이 오게 되었음을 알 수 있다. *abraten*의 반대말은 *zuraten*이다.

c. Auswärtiges Amt rät **von Reisen** *in Schweinegrippe-Gebiete* ab.
(독일 외무부는 돼지독감-지역으로의 여행을 하지 말 것을 충고한다.)
(2009-04-28 in: http://www.heute.de/ZDFheute/inhalt....Mit Material von dpa, reuters, ap und ZDF)

 * c.에서 '3격 보충어'는 생략되었다. '행위 명사' **Reise(n)**는 명사의 결합가에 의해서 '어디로의 여행'인지를 밝혀주는 *in Schweinegrippe-Gebiete*를 요구한다.

abstimmen, stimmt ab, stimmte ab, hat abgestimmt:

1. SBP: Enom (Epräp)(=*über*)
(durch Abgeben der Stimmen eine Entscheidung über etwas herbeiführen 투표로 결정하다)

Ich schlage vor, dass wir **über dieses Thema** abstimmen.
(나는 이 주제에 대해 우리가 투표로 결정할 것을 제안한다.)

Der Parteitag wird **über den Kandidaten für die nächste Wahl** geheim abstimmen.
(전당대회는 다음 선거를 위한 후보를 비밀투표로 결정할 것이다.)

Ob das Abgeordnetenhaus schon am Donnerstag abstimmen wird, scheint

fraglich.
(의회가 목요일에 이미 투표를 할지는 의심스럽다.)

 ＊ '전치사 *über*를 가진 전치사 보충어'가 생략되었다.

Ich bitte, dass wir **darüber** abstimmen, **die Tagung zu vertagen**.
(저는 그 회의를 연기하는 데 대해서 투표로 결정할 것을 요청합니다.)

2. SBP: Enom Eakk Epräp(=*auf*)

   (etwas in einen solchen Zustand bringen, dass es zu etwas passt 무엇을 무엇에 맞추다)

   Reisende sollten ihre Termine genau **auf den Fahrplan** abstimmen.
   (여행자들은 그들의 여행일정을 (열차 등의)운행시간표에 정확하게 맞추어야 한다.)

   Das Institut hat das Thema der nächsten Tagung **auf die Wünsche der Mitarbeiter** abgestimmt.
   (그 연구소는 다음 회의의 주제를 연구소 구성원들의 소원들에 맞추었다.)

3. SBP: Enom Eakk Epräp(=*mit*)

   (mit jm. verhandeln, um etwas in Übereinstimmung zu bringen 누구와 무엇에 대해 합의하다)

   a. Fiedler hat das Geschäft **mit Gerhard Schröder** sorgfältig abgestimmt.
      (피들러는 그 사업을 게르하르트 쉬레더와 조심스럽게 합의하였다.)

   b. Die beiden Redner haben **miteinander** das Thema ihres Vortrags abgestimmt.
      (그 두 연사는 그들의 강연의 테마에 대해 서로 의견을 조율하여 합의를 도출했다.)

4. SBP: Enom Eakk Epräp(=*mit*)

   (etwas mit etwas in Übereinstimmung bringen 무엇을 무엇에 일치시키다)

Es war nötig, unsere Vorstellungen **mit denen der Berliner Planer** abzustimmen.
(우리 생각들을 베를린의 입안자들의 생각들과 서로 조율시키는 것이 필요했다.)

Der Planer muss **die Kurse und Termine miteinander** abstimmen, damit es nicht zu Überschneidungen kommt.
(그 입안자는 서로 중복되지 않도록 그 과정들과 시간들을 서로 일치시켜야 합니다.)

abtrocknen I, trocknet ab, trocknete ab, ist abgetrocknet:

SBP: Enom
(wieder trocken werden 다시 마르다)

Der Weg **ist** bei der Hitze schnell **abgetrocknet**.
(그 길은 더위에 빠르게 다시 말랐다.)

abtrocknen II, trocknet ab, trocknete ab, hat abgetrocknet:

1. Enom Eakk (Eadv)
(durch leichtes Reiben mittels irgendetwas bewirken, dass etwas trocken wird 무엇으로 무엇을 말리다)

Als die Papierhandtücher ausgegangen waren, hat sie sich **mit Toilettenpapier** abgetrocknet.
(종이수건들이 다 떨어졌을 때, 그녀는 화장지로 자신을 닦았다.)

Die Kellner trocknen die Gläser ab.
(급사들이 그 잔들을 닦아 물기를 없애고 있다.)

Wo kann ich mir die Hände abtrocknen?

(어디에서 나는 내 손을 닦을 수 있습니까?)

 * 논항 '수단'을 나타내는 부사적 보충어 mit Toilettenpapier는 생략이 가능하다.

2. **Enom Eakk (Eadv 1) (Eadv 2)**
   (etwas von irgendwo wegwischen 무엇을 누구로부터 닦아주다)

   a. Die Mutter trocknete dem Kind die Tränen ab.
      (어머니가 그 애의 눈물을 닦아주었다.)

   b. Er trocknete sich *mit einem blütenweißen Taschentuch* den Schweiß *von der Stirn* ab.
      (그는 새하얀 손수건으로 자신의 이마에서 땀을 닦았다.)

 * (Eadv 1)은 땀을 닦아내는 장소인 *von der Stirn* 이고, (Eadv 2)는 땀을 닦아내는 수단인 *mit einem blütenweißen Taschentuch*이다. 그러나 a.에서 보듯이 두 개의 부사적 보충어 모두 생략이 가능하다.

anbieten, bietet an, bot an, hat angeboten:

1. **SBP: Enom Eakk Edat**
   (jm. etwas reichen 누구에게 무엇을 제공하다)

   Darf ich euch **etwas zu trinken/zum Trinken** anbieten?
   (내가 너희들에게 마실 것을 제공해도 되겠니?)

2. **SBP: Enom Eakk Edat**
   (jemanden wissen lassen, dass er über etwas verfügen kann 누구에게 무엇을 양보하다)

   Junge Menschen sollten älteren in der **U-Bahn ihren Sitzplatz** anbieten.

(젊은 사람들은 지하철에서 노인들에게 그들의 좌석을 양보해야 할 것이다.)

 * *U-Bahn*은 *Untergrundbahn*(지하철)의 약자이다.

3. SBP: Enom Eakk (Edat)
(jm. etwas vorschlagen 누구에게 무엇을 제안하다)

  a. Der Minister hat dem Kanzler **seinen Rücktritt** angeboten.
    (그 장관은 수상에게 자신의 퇴진을 제안했다.)

  b. Ein Studienkollege hat mir angeboten, **dass er mir bei der Übersetzung helfen will**.
    (한 학과 친구가 나에게 번역을 도와주겠다고 제안했다.)

  c. Schließlich boten die Kurden an, **das Gebäude gegen 20 Uhr zu verlassen**.
    (마침내 쿠르드족들은 그 건물을 20시경에 떠날 것을 제안했다.)

 * c.에서 3격 보충어는 생략되었다. Eakk은 b.에서는 '*dass*-문장'으로, c.에서는 'Inf. mit *zu*'로 실현되었다.

4. SBP: Enom Eakk (Edat) Epräp(=*zu*)
(etwas zu etwas bereitstellen 무엇을 ...하도록 넘겨주다)

  a. Das Institut hat einem Berliner Verlag das Manuskript der neuen Grammatik **zum Druck** angeboten.
    (그 협회는 한 베를린의 출판사에 새 문법의 원고를 인쇄하도록 넘겨주었다.)

  b. Der Parkplatz wurde dem Künstler **zur Umgestaltung** angeboten.
    (그 주차장은 그 예술가에게 개조하도록 위임되었다.)

  c. Nur Fleisch von gesunden Tieren darf **zum Verzehr** angeboten werden.
    (건강한 동물들의 고기만이 먹도록 제공될 수 있다.)

 * b.와 c.에서 보듯이 *anbieten* 4는 '*Werden*-Passiv'로 자주 사용된다.

5. SBP: Enom Eakk Eadv

(etwas für ein Entgelt von irgendwieviel bereithalten 무엇을 얼마에 팔 것을 제안하다)

Sie bietet ihre Äpfel **für zwei Euro das Kilo** an.
(그녀는 그녀의 사과들을 1 킬로에 2 유로의 값으로 팔 것을 제안한다.)

Inzwischen bietet Südkoreas Marktführer Samsung seine 256 Kilobit-Chips in Japan **zu weniger als 300 Yen das Stück** an.
(그동안에 남한의 시장 지배자 삼성은 그들의 256 킬로바이트-칩을 일본에서 **한 개 300엔보다 더 싼 가격으로** 오퍼한다.)

ändern, ändert, änderte, hat geändert:

1. SBP: Enom Eakk

(bewirken, dass etwas anders wird 인생/의견을 변화시키다)

Ich will **mein Leben** grundlegend ändern.
(나는 내 인생을 근본적으로 바꾸겠다.)

Sie hat **ihre Meinung** inzwischen geändert.
(그녀는 그녀의 의견을 그 동안에 바꾸었다.)

2. SBP: Enom Eakk

(geistiges Produkt umarbeiten 정신적 산물/원고를 수정하다)

Hier ist dein Manuskript. Ich habe **die Stellen** angestrichen, **die** man vielleicht ändern könnte.
(여기에 너의 원고가 있다. 내가 수정할 가능성이 있는 자리들을 밑줄을 그었다.)

3. SBP: Enom Eakk (Eadv)

(veranlassen, dass etwas um irgendwieviel anders wird 약의 복용량/보수를 어떻게 바

꾸다)

a. Der Arzt hat **die Dosis** *von dreimal täglich 1 Tablette auf morgens und abends 1 Tablette* geändert.
(그 의사는 매일 3회 1개씩에서 아침과 저녁에 1개씩으로 약의 복용량을 바꾸었다.)

* *von dreimal täglich 1 Tablette auf morgens und abends 1 Tablette*는 논항 '양태'(Art und Weise)를 나타내는 '부사적 보충어'이다.

b. In der Bibel wirft Jakob dem Laban vor, er habe **seinen Lohn** zehnmal geändert.
(성경에서 야콥이 라반에게 그가 그의 보수를 열 번이나 바꾸었다고 비난한다.)

* b.에서 양태를 나타내는 '부사적 보충어'는 생략되었고, zehnmal은 '임의 첨가어'이다: *Er hat seinen Lohn geändert. Das geschah zehnmal.*

anfangen, fängt an, fing an, hat angefangen:

1. SBP: Enom Eadv
(irgendwo beginnen 어디에서/언제 시작하다)

Hier fängt die Bahnhofsstraße an.
(여기에서 역전(驛前)거리가 시작된다.)

Die Vorstellung fängt **um 20.00 Uhr** an.
(그 공연은 저녁 8시 정각에 시작된다.)

2. SBP: Enom Eakk/Epräp(*mit*)
(etwas bzw. mit etwas beginnen 무엇을 시작하다)

Deswegen will ich mit Ihnen **keinen Streit** anfangen.
(그 때문에 나는 당신과 어떤 싸움도 시작하고 싶지 않습니다.)

Die Hausfrau fängt **mit dem Abtrocknen** an.
(그 가정주부는 그릇을 닦아 물기 없애기를 시작합니다.)

Er fängt **(damit)** an, **dass er berichtet.**
(그는 보고를 시작한다.)

Jens hat **(damit)** angefangen, **sich zu rasieren.**
(옌스는 면도를 하기 시작했다.)

 * anfangen 1은 '시작되다'라는 의미의 자동사이고, anfangen 2는 '시작하다'라는 의미로서 '4격 보충어/전치사 *mit*를 가진 전치사격 보충어'를 요구한다. '상관사 **damit**'는 생략이 가능하다.

angehen, geht an, ging an, ist/hat angegangen:

1. SBP: Enom

(zu funktionieren beginnen 작동하기 시작하다)

(ugs.) **Das Feuer** geht an.
(불이 타기 시작한다.)

Warum geht **das Licht** nicht an?
(왜 전기가 오지 않느냐?)

 * angehen 1은 '불타기/빛을 발하기 시작하다'의 의미이고, 반대말은 *ausgehen* 이다. *Das Licht/die Lampe ging aus.*(Duden, 10 Bände)

2. SBP: Enom Eakk

(jn. irgendwieviel betreffen 누구와 (얼마만큼) 관계있다)

Das geht **Sie** gar nichts an!
(그것은 당신과는 아무런 상관이 없어!)

Die Überbevölkerung der Erde ist ein Problem, das **jeden** angeht.
(지구의 인구과밀은 우리 모두에 관계되는 일이다.)

3. SBP: Enom Eakk
(jemand sucht etwas zu bewältigen; in Angriff nehmen; (ugs) anpacken 무엇의 해결을 시도하다)

Statt **Schwierigkeiten** anzugehen, geben viele Schüler auf.
(어려움들을 해결하려고 시도하는 대신에, 많은 학생들은 포기한다.)

4. SBP: Enom Eakk
(jn. angreifen 누구를 공격하다)

Er ging **seinen Gegenspieler** ungewöhnlich hart an.
(그는 상대방을 이례적으로 가혹하게 공격했다.)

5. SBP: Enom Eakk Epräp(=*um*)
(jn. um etwas bitten 누구에게 무엇을 요청하다)

Er hat **sie** *um ein Darlehen* angegangen.
(그는 그녀에게 대부해줄 것을 부탁했다.)

 ∗ '부탁하다/요청하다'라는 같은 의미를 가진 *angehen*과 *bitten*은 '4격 보충어'로는 '사람'을 요구하고, '전치사 *um*을 가진 전치사격 보충어'로는 '행위'라는 공통의 '동사 결합가'를 갖고 있다.

6. SBP: Enom Epräp(=*gegen*)
(gegen etwas vorgehen 무엇에 대처하다)

a. Wir müssen **gegen die Umweltverschmutzung** gemeinsam angehen.

(우리는 환경오염에 공동으로 대처해야 한다.)

b. Die Polizei will **dagegen, dass direkt vor dem Gymnasium mit Rauschgift gedealt wird**, energisch angehen.
(경찰은 바로 김나지움 앞에서 마약이 거래되는 것에 대해서 단호히 대처하려고 한다.)

* dagegen은 dass direkt vor dem Gymnasium mit Rauschgift gedealt wird를 앞에 오는 주문장에서 미리 예고하는 '생략할 수 없는 상관사'이다.

7. SBP: Enom (Eadv)
(irgendwann beginnen 언제 시작된다)

a. (ugs.) Das Theater geht **um halb acht** an.
(극장은 7시 반에 시작된다.)

b. Die Schule geht **morgen** wieder an.
(학교는 내일 방학이 끝나고 강의가 시작된다.)

c. **Gleich** wird ein schrecklicher Lärm angehen.
(곧 무시무시한 소음이 시작될 것이다.)

d. Wir sehen, dass etwas vorbei ist, und etwas Neues angeht.
(우리는 어떤 것이 지나가고, 어떤 새로운 것이 시작되고 있는 것을 본다.)

* d.에서는 '언제'를 나타내는 '부사적 보충어'가 생략되었다.

ankommen, kommt an, kam an, ist angekommen:

1. SBP: Enom Eadv 1 v Eadv 2
(einen Ort als sein Ziel erreichen 어떤 목표장소에 도착하다)

a. Wir kamen *mitten in der Nacht in Hamburg* an.
   (우리는 한 밤중에 함부르크에 도착했다.)

b. Der Brief ist *am 1. 3.* angekommen.
   (그 편지는 3월 1일에 도착했다.)

c. Der Zug aus Berlin kommt *auf Bahnsteig 3* an.
   (그 열차는 3 번 선로에 도착한다.)

* Eadv 1은 '장소'이고, Eadv 2는 '시각'이다. "v"는 2개의 부사적 보충어 중에서 한 개만 오든지 또는 둘 다 와야 한다는 것을 나타낸다. 그래서 a.에서는 *in Hamburg*는 '도착하는 장소'이고 *mitten in der Nacht*는 '도착하는 시각'이다. 그래서 Eadv 1과 Eadv 2가 다 왔다. 그에 반해 b.에서는 '시각'만 오고, c.에서는 '장소'만 왔다. 어쨌든 최소한 1개의 부사적 보충어는 온다는 사실을 확인할 수 있다.

2. SBP: Enom Eakk

<geh.>(etw.<Gefühl> ergreift jn. 무엇<어떤 **감정**>이 누구를 사로잡다)

JAN jedoch kam wieder **die Angst** an, als die Tür unseres Briefkastens rüttelte.
(우리 우편함의 문이 흔들렸을 때, 그러나 불안감이 다시 얀을 사로잡았다.)

Die Zuhörer kam **das Lachen** an, als der Redner sich mehrfach versprach.
(그 연사가 여러 번 말을 실수했을 때, 웃음이 청중을 사로잡았다.)

3. SBP: Enom Eakk Eadv

<geh.>(etw.<Handlung> wird für jn. irgendwie belastend 무엇<행위>이 누구에게 어떻게 부담이 되다)

a. Der Abschied von ihren Kindern ist sie **schwer** angekommen.
   (그의 애들로부터 이별은 그녀에게 큰 부담이 되었다.)

b. Die Eltern muss *es* **bitter** ankommen, dass ihr Sohn das Abitur nicht

bestanden hat.
(그들의 아들이 대학입시에 합격하지 못한 것은 부모님들에게 쓰디 쓴 부담임에 틀림없다.)

c. Den Mitarbeiter kam *es* **sauer** an, sich in einen neuen Aufgabenbereich einzuarbeiten.
(한 새로운 과제 영역을 익히는 것은 그 동료에게 괴로운 부담이었다.)

 * b.와 c.에서 *es*는 뒤에 오는 문장형태의 주어를 앞의 주문장에서 미리 예고해주는 '상관사'로서 생략할 수 없다. schwer, bitter와 sauer는 형용사 이지만, 논항 '양태'를 나타내는 '부사적 보충어'로 사용되었다.

4. SBP: Enom Epräp(=*gegen*)

(jd. setzt sich gegen jn./etw.<Sachverhalt/Handlung> durch 누가 누구/무엇<사태/행위>을 극복/해결하다)

Gegen die Umweltverschmutzung kommt man kaum an.
(환경오염을 우리는 거의 해결할 수가 없다.)

Als die Polizei auch mit Tränengas nicht **gegen die Demonstranten** ankommen konnte, begann sie zu schießen.
(경찰은 최루탄으로도 그 시위자들을 제압할 수 없게 되자, 그들은 총을 쏘기 시작했다.)

5. SBP: Enom (Epräp)(=*bei*) Eadv <대부분 *gut/schlecht*>

(jd.<häufig Künstler, Politiker>/etw.<abstr. Objekt: häufig künstlerisches Produkt> kommt bei jm.<häufig Publikum> irgendwie zur Wirkung oder wird von jm. irgendwie aufgenommen 누구<자주 예술가, 정치가>/ 무엇<추상적 대상: 자주 예술작품>이 누구(자주 관객>에 의해서 어떻게 수용되다)

a. **Die CD "Ebstein" mit amerikanischen Musikalmelodien** kam *bei Kritikern und Publikum* prima an.
(미국의 뮤지컬 음악을 수록한 씨디 "에브스타인"은 비평가들과 청중들에게

아주 호평을 받았다.)

b. Auch **Erziehungsurlaub** kommt gut an.
(교육 휴가도 또한 인기가 있다.)

 * b.에서는 '전치사 보충어'가 생략되었다.

6. SBP: Enom Eadv

(jd./etw. gelangt bis irgendwohin 누구/무엇이 어디까지 도달하다)

Der Goldpreis ist **auf einem Tiefpunkt** angekommen.
(금값이 최하점에 도달했다.)

Dann fing er an zu zählen. Als er **bei der Zahl 100** angekommen war, hielt er an.
(그 다음에 그는 세기 시작했다. 그가 숫자 100에 도착했을 때, 그는 멈추었다.)

ankommen, es es kommt an - es kam an - es ist angekommen:

1. SBP: (Edat/Epräp 1=*für*) Epräp 2(=*auf*)

(etw. ist besonders wichtig 무엇이 (누구에게) 특히 중요하다)

a. **Mir** kommt *es* **darauf** an, **was der Facharzt zu meiner Krankheit meint**.
(나에게는 그 전문의가 내 병에 대해서 어떤 의견인지가 특히 중요하다.)

b. **Für die Regierung** war *es* hauptsächlich **darauf** angekommen, **die Bevölkerung zufrieden zu stellen**.
(그 정부에게는 주민들을 만족시키는 것이 무엇보다도 중요했다.)

 * 이 때 *es*는 '문법적 주어'(Scheinsubjekt)로서 어떤 명사를 받아주는 대명사가 아니라, *es kommt mir auf etwas an*: 'Für mich ist etwas wichtig'를 뜻하는 숙어의 일부일 뿐이다. **darauf**는 '생략할 수 없는 상관사'이다.

Edat/Epräp 1은 Edat(a.의 **Mir**)과 Epräp 1(b.의 **Für die Regierung**)처럼, 둘 중에서 한 개는 반드시 오는 '양자 택일'을 뜻한다.

2. SBP: Epräp(=*auf*)
(es hängt von etw. ab 무엇에 좌우된다)

    a. *Es* kommt jetzt **auf eine schnelle Hilfe** an.
       (이제 한 개의 빠른 도움에 좌우된다.)

    b. *Es* kommt **darauf** an, **dass das schnell erledigt wird**.
       (그것이 빨리 처리되어지는지에 좌우된다.)

 ✻ *Es kommt auf etwas an.*은 '무엇에 좌우된다'를 뜻하는 숙어이다. a.와 b.의 *Es*는 '문법적 주어'(Scheinsubjekt)이다. **darauf**는 **dass das schnell erledigt wird**를 주문장에서 미리 받아주는 '상관사(相關辭)'로서 생략이 불가능하다.

    c. *Es* kommt **auf ihn/das Wetter** an, *ob wir morgen den Ausflug machen*.
       (우리가 내일 산책을 할지 여부는 그에게/날씨에 달려 있다.)

    d. *Es* kommt **auf die Bezahlung** an, *ob ich die Arbeitsstelle annehme*.
       (내가 그 일자리를 받아들일지 여부는 봉급에 달려있다.)

 ✻ c.와 d.의 *Es*는 각각 *ob wir morgen den Ausflug machen*과 *ob ich die Arbeitsstelle annehme*을 주문장에서 미리 받아주는 '상관사' *es*이다. 전치사 *auf* 다음에 오는 '4격 명사'는 '사람, 날씨, 행위명사, dass-문장 등' 이다.

    e. "Wollen wir am Sonntag einen Ausflug machen?" - "Es kommt **auf das Wetter** an."
       ("우리 일요일에 산책을 할까요?" - "그것(일요일에 산책을 하는 것)은 날씨에 달려 있습니다.")

ankündigen, kündigt an, kündigte an, hat angekündigt:

SBP: Enom Edat Eakk

(etw., das bevorsteht, jm./der Öffentlichkeit mitteilen 무엇을 누구에게 미리 알려주다)

Die Stewardess kündigt den Passagieren **die Landung des Flugzeugs** an.
(그 여자 승무원은 그 승객들에게 그 비행기의 착륙을 미리 알려준다.)

Er kündigt ihnen an, **dass er eine Vorlesung halten will/eine Vorlesung halten zu wollen**.
(그는 자신이 한 강의를 하려고 한다는 사실을 그들에게 예고한다.)

 * ankündigen의 '4격 보충어' 자리에는 'dass-문장'과 'zu-Inf.'도 올 수 있음을 알 수 있다. 접속사 dass가 안 오면 반드시 접속법 1식 wolle가 와야 함: Er kündigt ihnen an, er wolle eine Vorlesung halten. 그래야만 '간접화법'임을 알 수 있기 때문이다.

anmelden, meldet an, meldete an, hat angemeldet:

1. SBP: Enom Eakk Epräp(=*zu/für*)

(jn. für etw. registieren lassen 누구를 무엇을 위해 등록하다)

a. **Zu der Seminartagung** haben sich 420 von insgesamt 2000 Urologen sowie 160 Helferinnen angemeldet.
(전체 2000명의 비뇨기과 전문의들 중에서 420명과 160명의 간호사들이 학회에 참석하겠다고 등록했다.)

b. **Für diesen Kurs** müssen Sie sich jetzt anmelden.
(이 과정에 당신은 지금 등록해야 합니다.)

c. Genau 164 Arzthelferinnen hatten sich **zur Prüfung** angemeldet.

(정확히 164명의 간호사들이 시험을 보겠다고 등록했다.)

2. **SBP: Enom Eakk (Epräp)(=*bei*)**
   (jemandes Erscheinen offiziell ankündigen 누구의 출석을 공식적으로 예고하다)

   a. Ich habe meinen Besuch bereits telefonisch angemeldet.
   (나는 나의 방문을 이미 전화로 알렸다.)

   b. Sie wollen zu Frau Dr. Müller.
   Sind Sie angemeldet?
   (당신은 여자 박사인 뮬러 부인에게 가시려고 하시는 것이지요.
   당신의 방문이 통보되어 있습니까?)

   c. Ich möchte mich beschweren und habe mich deshalb **bei der Geschäftsführung** angemeldet.
   (나는 항의하고 싶어서 기업경영진에게 가겠다고 미리 통보했다.)

    ＊ 전치사 보충어는 a.와 b.에서 보듯이 생략이 가능하며, c.에서처럼 전치사 *bei*와 '출두받는 사람/기관'이 온다.

3. **SBP: Enom Eakk Epräp(=*an*)**
   (jn. als Schüler an etw. registrieren lassen 누구를 대학에 등록하다)

   Ich habe mich **an der Technischen Hochschule** in Hannover angemeldet.
   (나는 하노버 기술대학에 등록했다.)

4. **SBP: Enom Eakk (Epräp)(=*bei*)**
   (jn. als Einwohner/Teilnehmer registrieren lassen 누구를 전입/참가 신고하다))

   a. Wir sind umgezogen und haben *uns* in *Hamburg abgemeldet* und *in Mannheim* wieder *angemeldet*.
   (우리는 이사했다, 그래서 함부르크에서 퇴거신고를 하고 만하임에서 다시 전입신고를 했다.)

b. Sie will in ihrer Freizeit etw. unternehmen und hat sich deshalb **beim Chor der Christus-Kirche** angemeldet.
(그녀는 여가 시간에 무엇인가를 해보려고 한다, 그래서 그리스도-교회의 합창단에 가입을 신청했다.)

5. SBP: Enom Eakk (Epräp)(=*bei*)

(jemand lässt bei etw. [Institution] registrieren, dass etw., dessen Gebrauch meldepflichtig oder gebührenpflichtig ist, in Gebrauch genommen wird 관공서에 사용 등록을 하다)

a. Vergessen Sie nicht, Ihren Wagen **bei der Zulassungsstelle** anzumelden!
(당신의 차를 허가관공서에 등록하는 것을 잊지 마세요!)

b. Man muss seinen Fernseher anmelden.
(사람들은 자신의 TV를 신고해야 한다.)

 * b.에서는 '전치사 보충어'가 생략되었다.

6. SBP: Enom Eakk (Epräp)(=*bei*)

(registrieren lassen, dass etw. in Kraft tritt oder die Durchführung von etw. <Ereignis/ Handlung> offiziell erfolgt 관공서 등에 허가신청을 접수시키다)

a. Die Forum-Vertreter hatten ihre Demo **bei der Polizei** angemeldet.
(그 공청회 대표들은 그들의 시위를 경찰에 신고했다.)

b. Ich möchte ein Ferngespräch nach New-York anmelden.
(나는 뉴욕으로의 장거리전화를 접수시키고 싶습니다.)

 * b.에서는 '전치사 보충어'가 생략되었다.

annehmen, nimmt an, nahm an, hat angenommen:

1. SBP: Enom Eakk

   (etwas, das angeboten wird, in Anspruch nehmen 제안을 수락하다)

   Ich nehme **Ihre Einladung** gern an.
   (나는 당신의 초대를 기꺼이 수락합니다.)

   Muss ein Arbeitsloser **die Stelle**, die ihm das Arbeitsamt anbietet, annehmen?
   (한 무직자는 노동청이 제공하는 그 일자리를 수락해야 하는가?)

2. SBP: Enom Eakk

   (etwas auf Grund bestimmter Fakten für sehr wahrscheinlich halten 무엇을 특정한 사실을 토대로 믿다)

   a. Die Mehrzahl der Befragten hatte **einen Wahlsieg der Konservativen** angenommen.
   (설문조사를 받은 대부분의 사람들은 보수당의 선거승리를 믿었다.)

   b. Ich nehme an, **dass sie mit unserem Vorschlag einverstanden ist**.
   (나는 그녀가 우리의 제안에 동의한다고 믿는다.)

   c. Hast du angenommen, **er würde sich bei dir entschuldigen**?
   (너는 그가 너에게 사과하리라고 믿었느냐?)

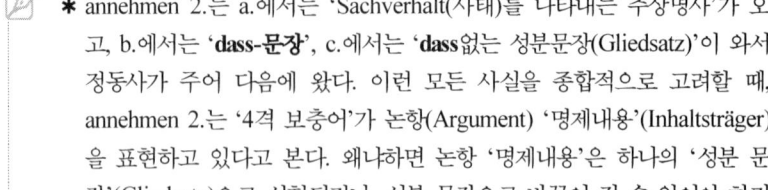

* annehmen 2.는 a.에서는 'Sachverhalt(사태)'를 나타내는 추상명사'가 오고, b.에서는 '**dass-문장**', c.에서는 '**dass**없는 성분문장(Gliedsatz)'이 와서 정동사가 주어 다음에 왔다. 이런 모든 사실을 종합적으로 고려할 때, annehmen 2.는 '4격 보충어'가 논항(Argument) '명제내용'(Inhaltsträger)을 표현하고 있다고 본다. 왜냐하면 논항 '명제내용'은 하나의 '성분 문장'(Gliedsatz)으로 실현되거나, 성분 문장으로 바꾸어 질 수 있어야 하기 때문이다(김경욱: 독일어 Valenz 문법(1990), S. 78ff. 참조): 즉 a.는 다음

과 같이 바꿀 수 있다 → *Die Mehrzahl der Befragten hatte angenommen, dass die Konservativen in der Wahl siegen würden.*

3. SBP: Enom Eakk

(einem Bewerber eine Zusage geben; ihn aufnehmen 응모자를 채용하다)

In diesem Jahr nimmt der Tischlermeister nur **einen einzigen Auszubildenden** an.
(올해에는 그 가구공-기능장이 한 사람의 수련생만 채용한다.)

4. SBP: Enom Eakk

(<geh.> jemand akzeptiert jn./etw. 누구/무엇을 승인하다)

Es kann lange dauern, bis ein Kind **den neuen Partner seiner Mutter** annimmt.
(한 애가 그의 어머니의 새 짝을 승인하기까지에는 오랜 시간이 걸릴 수 있다.)

Jeder Betroffene sollte **seine Krankheit** annehmen.
(모든 당사자는 그 자신의 병을 인정해야 할 것이다.)

5. SBP: Enom Eakk

(etwas [abstraktes Objekt: häufig Verantwortung] bewußt auf sich nehmen 책임 등을 떠맡다)

Der Sonderparteitag der SPD soll unter dem Leitmotiv "**Die Verantwortung annehmen**" stehen.
(사민당의 특별 전당대회는 "책임을 떠맡기"라는 주도 모티브 아래에서 진행되어야 할 것이다.)

Wenn die Grünen jetzt nicht **die Verpflichtung, der leidenschaftliche Anwalt ökologischer und sozialer Reformen zu sein,** annehmen, ist unser Abtreten von der politischen Bühne entschieden.
(녹색당이 생태계의 개혁과 사회의 개혁을 위한 정열적 변호사가 되는 의무를 지금 떠맡지 않는다면, 정치 무대에서의 우리들의 퇴장은 기정사실이다.)

6. **SBP: Enom Eakk**

   (etwas als Hypothese voraussetzen 무엇을 가정하다)

   Nehmen wir einmal **den Ernstfall** an: was wollen wir dann tun?
   (우리는 한 번 위급한 경우를 가정합시다: 그럴 때 우리는 무엇을 하겠는가?)

   Nehmen wir an, **dass es am Sonntag regnet**:
   man könnte dann ins Kino oder in die Schwimmhalle gehen.
   (우리는 일요일에 비가 온다고 가정해보자: 우리는 영화관에 가거나 수영장에 갈 수 있을 것이다.)

   Nehmen Sie an, **dieser Körper explodiert und wird dabei in zwei gleich große Stücke zerrissen.**
   (당신은 이 물체가 폭발하고 그 때 크기가 같은 두 조각으로 찢어지는 것을 가정해보세요.)

7. **SBP: Enom Eakk**

   (sich etwas <häufig Verhaltensweise als Eigenschaft> zu Eigen machen 어떤 습관을 지니게 되다)

   Während seiner langen Arbeitslosigkeit hatte er **die Gewohnheit** angenommen, **bis in den späten Vormittag hinein zu schlafen.**
   (그의 긴 실직기간동안에 그는 오전 늦게까지 잠자는 습관을 지니게 되었다.)

   Im Laufe der Jahre nahm der Politiker **die Mentalität eines absoluten Monarchen** an.
   (여러 해가 지나가면서 그 정치가는 절대군주의 성향을 띠게 되었다.)

8. **SBP: Enom Eakk Epräp(=*von*)**

   (jemand hält etwas [Sachverhalt] in Bezug auf jn./etwas für sehr wahrscheinlich 누구의 무엇을 믿다)

   a. **Von dir** hätte ich **eine solche Gemeinheit** nicht angenommen.
   (나는 네가 그런 비천한 일을 했으리라고 믿지 않았을 것이다.)

b. Die Regierung *setze auf Bereiche,* **von denen** sie annehme, **dass sie in den nächsten Jahren die gesamte Wirtschaft zusehends bestimmen werden,** sagte der Minister.
(정부는 그들이 앞으로 몇 년 동안 전체 경제를 두드러지게 결정할 것이라고 믿는 영역들에 **희망을 둔다고** 그 장관은 말했다.)

* *(etw.) auf jn./etw. setzen=* 'auf jn./etw. vertrauen'; 'seine Hoffnung/sein Vertrauen auf jn./etw. setzen'. 장관이 말한 내용을 전하므로 '접속법 1 식'인 *setze*가 왔다.

c. **Vom Rinderwahnsinn** hatte man zunächst angenommen, **er** *sei* **auf den Menschen nicht übertragbar.**
(광우병에 관해서 사람들은 처음에는 그것이 사람에게 전염될 수 없다고 믿었다.)

* a.는 '사람'에 관해서, b.와 c.는 '-사람'이 전치사 *von*다음에 나온다. 그리고 a.의 '4격 명사' **eine solche Gemeinheit**는 '*dass*-문장'으로 바꿀 수 있다: *Von dir hätte ich nicht angenommen, dass du so gemein wärest.* 그러므로 annehmen 8은 annehmen 2.처럼 '4격 보충어'가 논항 '명제 내용'을 표현하고 있다. c.의 접속법 1식 *sei*는 주문장의 주어가 '생각한 내용'을 그대로 전하므로 '간접화법'을 표현하기 위해서 왔다.

9. SBP: Enom Eakk (Epräp)(=*von*)

(jd. nimmt etwas von jm. entgegen 누가 누구로부터 무엇을 받다)

Der Ober wollte **von den Schülern** kein Trinkgeld annehmen.
(그 급사장은 학생들로부터 팁을 전혀 받지 않으려고 했다.)

Das Kaufhaus nimmt auch Schecks an.
(그 백화점은 수표들도 받는다.)

* 전치사 보충어가 생략되었다.

10. SBP: Enom Eakk Eobj-präd

(für sehr wahrscheinlich halten, dass jd./etwas so/ein solcher ist 누구/무엇이 어떠하다고 믿는다)

Als Unfallsursache nehmen die Experten menschliches Versagen an.
(전문가들은 사고원인이 인간적 실수라고 믿는다.)

Zunächst hatte die Kripo einen Mann **als Täter** angenommen.
(처음에는 수사경찰은 한 남자를 범인으로 믿었다.)

anrufen, ruft an, rief an, hat angerufen:

1. SBP: Enom Eakk (Eadv)

(eine telefonische Verbindung zu jm. herstellen 누구에게 전화하다)

Ich rufe Sie heute Abend noch einmal an.
(나는 오늘 저녁에 당신에게 다시 한 번 전화하겠습니다.)

Gerade hat mich mein Vater **aus London** angerufen.
(방금 나의 아버지가 런던에서 나에게 전화를 했다.)

Ich werde dich **von Berlin** anrufen.
(나는 베를린에서 너에게 전화할 것이다.)

 * '생략가능한 부사적 보충어'는 '전화하는 장소'를 나타내며, 전치사 *aus* 또는 *von*과 함께 온다.

2. SBP: Enom Eakk (Epräp)(=*gegen/um*)

(jn. <meist Gott> anflehen 누구<특히 자주 하느님>에게 간청하다)

a. In der Not rufen wir *Gott* **um Hilfe** an.
(위기에 처하면, 우리는 하느님에게 도움을 요청한다.)

* '요청하다'라는 의미를 가진 다른 동사 *bitten*도 구문적 동사가가 *jn. um etwas bitten*이다. *Gott*이 4격 보충어이고, **um** 다음에는 **Hilfe**라는 '행위 명사'가 왔다.

b. Es gibt viele Menschen, die *Gott und die Heiligen* **um ein Kind, um Erfolg, gegen die Dürre, um Wasser, um Frieden oder** wegen Krankheiten **um Genesung** anrufen.
(하느님과 성인들에게 한 아이, 성공을 간청하고, 가뭄이 오지 않게 해달라고, 물, 평화를 간청하거나 또는 병들 때문에 쾌유를 간청하는 많은 사람들이 있다.)

 * 전치사 보충어로 전치사 *um etw. anrufen*은 '무엇을 오게 해달라고 간청하다'이고, *gegen etw. anrufen*은 '무엇이 오지 않게 해달라고 간청하다'이다. *Gott und die Heiligen*은 4격 보충어로서 논항 '대상'을 나타내므로 '누구에게 간청하는지'를 알려주고 있다.

anstrengen, strengt an, strengte an, hat angestrengt:

SBP: Enom Eakk

(die Leistungsfähigkeit von jm./etw. stark beanspruchen 누구/무엇을 피곤하게 하다)

a. *Der Besuch* hat **den Kranken** sehr angestrengt.
(방문/방문객이 환자를 너무 피로하게 만들었다.)

 * *Besuch*은 '방문'과 '방문객/손님'의 의미를 다 가지고 있다:
bei jm. einen Besuch machen ('누구를 방문하다')
Besuch bekommen ('손님이 있다')

b. Die kleine Schrift strengt **die Augen** an.
(그 작은 글씨가 눈을 피곤케 한다.)

anstrengen, sich strengt sich an - strengte sich an - hat sich angestrengt:

SBP: Enom

<주로 부사적 임의첨가어와 함께 사용됨> *sich anstrengen* (mit seinen körperlichen, geistigen Kräften mehr als gewöhnlich leisten, um ein bestimmtes Ziel zu erreichen 어떤 목표를 달성하기 위해 육체적, 정신적 힘을 평소보다 더 많이 기울이다)

Du musst dich **sehr/tüchtig** anstrengen, wenn du eine gute Prüfung machen willst.
(너는 시험을 잘 치려면, 아주 노력해야 한다.)

Der Junge hat sich *in der Schule/bei dem Wettkampf* **gewaltig** angestrengt.
(그 소년은 학교에서/그 시합에서 대단히 노력했다.)

Er hat sich **sehr** angestrengt, um seinen Gästen einen schönen Abend zu bieten.
(그는 그의 손님들에게 한 아름다운 저녁을 제공하기 위해서 아주 많이 노력했다.)

* **sehr/tüchtig**와 **gewaltig**와 **sehr**는 모두 '정도'를 나타내는 '부사적 임의첨가어'이지만, 정보가치 면에서는 중요할 수 있는 내용이다. *in der Schule/bei dem Wettkampf*도 '장소/때'를 나타내는 '부사적 임의첨가어'이다.

anstehen, steht an, stand an, hat angestanden:

1. SBP: Enom Epräp(=*nach/um*)

(in einer Reihe von wartenden Personen stehen 줄서서 기다리다)

Er hat stundenlang bei einer Behörde **nach Eintrittskarten/um Brot** angestanden.
(그는 몇 시간동안이나 관청에서 입장권을 사기 위해서/빵을 구입하기 위해서

줄을 서서 기다렸다.)

Er stand am Kino **nach Karten** an.
(그는 영화관에서 표를 사기 위해서 줄을 서서 기다렸다.)

2. SBP: Enom

   a. (etw. muss erledigt werden 무엇이 처리되어야 한다)

      Heute steht eine Menge Arbeit an.
      (오늘 처리할 일이 잔뜩 쌓여 있다.)

      Was steht jetzt noch an?
      (어떤 처리할 일이 아직 남아 있는가?)

   b. SBP: Enom Epräp(=*auf/für*)
     (etw. ist festgelegt 무엇이 언제로 확정되어 있다)

      Ein Termin steht **auf Montag** an.
      (일정이 월요일로 잡혀 있다.)

      Der nächste Termin steht **für den 30. Dezember** an.
      (다음 일정은 12월 30일로 잡혀 있다.)

---

anziehen, zieht an, zog an, hat angezogen:

1. SBP: Enom Edat Eakk

   (*jm./sich*[3] *etw. anziehen*: ein Kleidungsstück auf seinen Körper bringen 옷을 입다)

   a. Sie zog **dem Kind** warme Strümpfe an.
     (그녀는 그 애에게 따뜻한 양말을 신겼다.)

   b. Sie zog **sich** den Mantel an.
     (그녀는 외투를 걸쳤다.)

* sich는 '3격'이다. 다음 예문 c.의 **mir**를 참고하라! 그리고 b.와 c.는 '유연(有緣) 재귀구조'(motivierte Reflexivkonstruktion)이다. 즉 a.의 **dem Kind**라는 '3격 보충어' 대신에 온 '3격 재귀 대명사'이다.

c. Morgen ziehe ich **mir** etwas Wärmeres an.
(내일 나는 약간 더 따뜻한 옷을 입겠다.)

2. SBP: Enom Eakk (Eadv)

(*jn./sich^4 anziehen*: jm./sich^3 die Kleidung auf den Körper bringen 누구에게 옷을 입히다)

a. Sie zog **das Kind** an.
(그녀는 그 애에게 옷을 입혔다.)

b. Du musst **dich** *wärmer* anziehen, sonst erkältest du dich.
(너는 더 따뜻하게 옷을 입어야 한다, 그렇지 않으면, 감기들 것이다.)

c. Er ist *sportlich* **angezogen**.
(그는 스포티한 옷차림이다.)

 * anziehen 2도 '유연(有緣)재귀구조'이다. 그것은 2.a.의 '4격 보충어'인 **das Kind** 대신에 b.에서처럼 '4격 재귀대명사' **dich**가 왔음을 뜻한다. *wärmer*와 *sportlich*는 '어떻게', 즉 '양태'를 표현하는 '부사적 보충어'이다. a.에서는 이 부사적 보충어가 생략되었다. 이것이 임의 첨가어가 아니고 보충어인 것은 다음 '서술화 시험'을 통해 확인된다: * *Er hat sich angezogen. Und das geschah sportlich.*

3. SBP: Enom Eakk

(jmds. Interesse in starkem Maße erregen 누구의 흥미를 강하게 유발하다)

Die Ausstellung zieht **viele Besucher** an.
(그 전시회는 많은 방문객들의 흥미를 강하게 유발한다.)

Er fühlt sich von ihr angezogen.
(그는 그녀의 매력에 마음이 끌림을 느낀다.)

 * *Ich fühle mich heute wohl.*이 '나는 오늘 기분이 좋다.'이므로, 이 구문도 잘 이해할 수 있을 것이다.

4. SBP: Enom

(<주식용어> im Preis steigen 가격이 오르다)

Die Aktien ziehen an. (Duden, 10 Bände)
(주가가 오른다.)

Die Konjunktur zieht an. (ZDF: 2010년 6월 23일 heute Journal)
(경기가 좋아지다)

arbeiten:

1. SBP: Enom

(Arbeit leisten 일하다)

Er arbeitet Tag und Nacht.
(그는 밤낮으로 일한다.)

2. SBP: Enom Epräp(=*an*)

(jemand ist mit der Herstellung, Verwirklichung oder Verbesserung von etw. <Artefakt/ geistiges Produkt/Handlung> beschäftigt 누구는 무엇<예술작품/정신적 작품/행위>의 생산/실현/개선 작업을 하고 있다)

a. Die Autorin **arbeitet an einem neuen Roman**.
(그 여류작가는 새 소설을 쓰고 있다.)

b. Die Firma **arbeitet daran, das Produkt zu verbessern**.

(그 회사는 그 생산품을 개선하는 작업을 하고 있다.)

c. Wir *arbeiten daran, dass die Gesamtschule eines Tages die alleinige Schule ist.*
(우리는 통합학교가 어느 날 유일한 학교가 되도록 작업을 하고 있다.)

 * b.와 c.에서 *daran*은 *das Produkt zu verbessern*과 *dass die Gesamtschule eines Tages die alleinige Schule ist*를 주문장에서 미리 예고해주는 '생략할 수 없는 상관사'이다. 상관사 *daran*이 오는 이유는 a.에서 보듯이 전치사 *an*이 동사 *arbeiten*과 숙어적으로 결합되어 '어떤 작업을 하고 있다'를 의미하기 때문이다.

ärgern, sich ärgert sich, ärgerte sich, hat sich geärgert:

SBP: Enom (Epräp)(=*über*)
(Ärger empfinden 화를 내다)

a. Ich habe mich **über ihn/seine taktlose Bemerkung** sehr geärgert.
(나는 그/그의 적절치 못한 말에 대해 아주 화가 났다.)

b. Er hat sich [*maßlos*] (darüber) geärgert, **nicht rechtzeitig informiert worden zu sein.**
(그는 적시(適時)에 연락받지 못한 데 대해서 화를 아주 많이 내었다.)

 * *darüber*는 '생략할 수 있는 상관사'이다. *maßlos*는 '정도'를 나타내는 부사적 임의첨가어이다.

c. Jeder ärgert sich [*auf seine Weise*].
(모두는 자신의 방식으로 화를 낸다.)

* [auf seine Weise]는 *auf seine Weise*가 '임의 첨가어'(Angabe)임을 나

타낸다. '임의 첨가어'란 생략해도 문법적으로는 괜찮지만, '어떻게' 화를 내었는지가 중요한 상황에서는 생략하면 안 될 것이다.

auffordern, fordert auf, forderte auf, hat aufgefordert:

1. SBP: Enom Eakk Epräp(=zu)
(von jm. schriftlich oder mündlich nachdrücklich verlangen, etw. zu tun 누구에게 ... 을 하도록 요구하다)

   a. Der Sänger forderte das Publikum **zum Mitsingen** auf.
   (그 가수는 청중들에게 함께 노래 부를 것을 요구했다.)

   b. Alle Eigentümer von leer stehenden Wohnungen sollten öffentlich **(dazu)** aufgefordert werden, **dass sie vermieten.**
   (빈 집들의 모든 소유주들은 그 빈집들을 세를 놓도록 공개적으로 요청받아야 할 것이다.)

   c. Sie forderte mich auf, **meine Meinung zu diesem Punkt ganz offen zu sagen.**
   (그녀는 이 문제에 관해서 솔직하게 내 의견을 말할 것을 요구했다.)

   d. Die Polizei forderte die Demonstranten über Lautsprecher auf, **sie sollten sofort auseinander gehen und den Platz räumen.**
   (경찰이 데모대들에게 확성기를 통해서 즉시 헤어져서 그 장소에서 떠날 것을 요구했다.)

* auffordern 1.의 동사 결합가는 'Enom + Eakk + Epräp(=zu)'이다. 상관사 **dazu**는 예문 b., c., d.에서 보아서 알 수 있듯이 '생략이 가능하다' zu 다음에 전치사 보충어의 종류는 a.의 '행위 명사'(*Mitsingen*), b.의 '*dass*-문장', c.의 '*zu*-Inf.'와 d.의 '*dass*가 없는 주문장 어순의 성분문장'이다.

2. SBP: Enom Eakk (Epräp)(=*zu*)

([geh] jemand bittet jn. höflich, mit ihm etwas [Handlung: Tanz] zu tun 누구에게 함께 춤을 출 것을 요청하다)

Darf ich Sie **zu diesem Tango** auffordern?
(내가 당신에게 이 탱고를 함께 출 것을 정중하게 요청해도 되겠습니까?)

Kennst du den Mann, der Karin schon dreimal **(zum Tanz)** aufgefordert hat.
(너는 카린에게 이미 세 번이나 춤을 요청한 그 남자를 아십니까?)

aufgeben, gibt auf, gab auf, hat aufgegeben:

1. SBP: Enom Eakk Epräp(=*an*)

   (etw. der Post oder Bahn zur Beförderung übergeben 우체국이나 철도에 운송을 의뢰하다)

   Ich habe sofort **ein Telegramm** an meine Mutter aufgegeben.
   (나는 즉시 어머니에게 전보를 쳤다.)

2. SBP: Enom Eakk

   (an etw. nicht mehr festhalten 무엇을 포기하다)

   Ich kann mir nicht denken, dass er **seinen Plan** endgültig aufgegeben hat.
   (나는 그가 그의 계획을 결국 포기했다는 사실을 상상할 수가 없다.)

3. SBP: Enom

   (mit einer Tätigkeit nicht durchhalten 기권하다)

   Der deutsche Läufer musste wegen einer Fußverletzung aufgeben.
   (그 독일인 주자는 발 부상 때문에 경주를 도중에 기권해야만 했다.)

 * 2.와 3.의 차이는 2.에서는 '4격 보충어'가 있지만, 3.에서는 '4격 보충어'

가 없다는 점이다.

4. SBP: Enom Eakk

(an jemandes Gesundung oder Erfolg nicht mehr glauben 누구의 건강/성공을 더 이상 믿지 않다)

Nur wer **sich selbst** aufgibt, ist wirklich verloren.
(자신의 성공 또는 건강을 포기하는 자만이 정말 패자(敗者)이다.)

5. SBP: Enom Edat Eakk

(jm. etw. auftragen 누구에게 무엇을 과제로 부과하다)

Der Lehrer gibt den Schülern immer sehr **viele Hausaufgaben** auf.
(그 선생님은 학생들에게 항상 아주 많은 과제물을 부과한다.)

aufheben, hebt auf, hob auf, hat aufgehoben:

1. SBP: Enom Eakk

(etw. aufbewahren 무엇을 보관하다)

Die Quittung müssen Sie 〔**gut**〕 aufheben.
(영수증을 당신은 잘 보관해야 한다.)

2. SBP: Enom Eakk

(etw. hochnehmen 무엇을 들어 올리다)

Die Mutter hebt tröstend **das Kind** auf.
(어머니는 그 애를 위로하면서 들어 올린다.)

3. SBP: Enom Eakk

(etw. außer Kraft setzen 무엇을 무효화시키다)

Mit diesem Spruch hat das Bundesverfassungsgericht **ein Urteil des Landesgerichts** aufgehoben.
(이 판결로 연방헌법재판소는 일심법원의 판결을 무효로 만들었다.)

4. SBP: Enom Eakk Eadv
(etw. nach oben richten 무엇을 위로 향하게 하다)

Wir heben **unsre Augen** auf *zu* Dir.
(우리는 우리들의 눈들을 너를 향해 올려본다.)

* 항상 전치사 *zu*가 오지만, '*dorthin*'으로 바꿀 수 있으므로 '방향'을 나타내는 '부사적 보충어'이다. (VALBU)에서는 '전치사 보충어'라고 되어있지만, '전치사 보충어'는 *warten auf, bitten um*처럼 동사와 이미 숙어적으로 결합되어 있고, '방향'을 나타내지는 않는다.

aufhören, hört auf, hörte auf, hat aufgehört:

1. SBP: Enom (Epräp=*mit*)
(etw. nicht mehr weiter tun 무엇을 그만두다)

a. Wann hörst du **mit der Arbeit** auf?
(언제 너는 그 일을 그만두니?)

b. Da kommt er ins Erzählen und kann nicht mehr aufhören.
(그 때 그가 이야기에 끼어들어서는 더 이상 멈출 수 없다.)

c. Man sollte **(damit)** aufhören, **über den Sprachverfall zu lamentieren**.
(우리는 언어 붕괴에 대해서 한탄하는 일을 그만두어야 할 것이다.)

* 1. b.에서는 '전치사 보충어'가 생략되었다.
  1. c.에서 보듯이 상관사 *damit*는 '부정사(Infinitiv) 구문'에서는 자주 생략된다.

2. SBP: Enom (Eadv)

(ab irgendwo sich nicht weiter erstrecken 어디에서부터 길이 끝나다)

a. *An der ägyptischen Grenze* hört **die schöne Asphaltstraße** auf.
 (이집트의 국경에서 아름다운 아스팔트 거리가 끝난다.)

b. Plötzlich hörte **der Weg** auf.
 (갑자기 그 길은 끝났다.)

* '어디에서부터' 길이 끝나는지를 나타내는 '장소'가 '생략 가능한 부사적 보충어'이다. 2. a.에서는 이 부사적 보충어가 왔지만, 2. b.에서는 생략되었다.

3. SBP: Enom (Eadv)

(ab irgendwann nicht mehr stattfinden 언제부터 공연 등이 끝나다)

a. *Wenn alle Staaten neutral werden,* hören **die Kriege** auf.
 (모든 국가들이 중립국이 되면, 전쟁들은 끝날 것이다.)

b. *Wann* hört **die Vorstellung** auf?
 (언제 그 공연은 끝나니?)

c. 〔Zu meiner großen Beruhigung〕 haben **die Asthma-Anfälle deines Vaters** aufgehört. (너의 아버지의 천식-발작이 끝나 나는 아주 안심이 되었다.)

* a.와 b.에서는 '언제'를 나타내는 부사적 보충어가 있으나, c.에서는 생략되었다.

4. SBP: Enom (Eadv)

(irgendwie enden 어떻게 끝나다)

a. Fragesätze hören **mit einem Fragezeichen** auf.
 (의문문들은 물음표로 끝난다.)

b. Der Roman hört **tragisch** auf.
(그 장편소설은 비극적으로 끝난다.)

 ✱ '어떻게'라는 논항 '양태'('Art und Weise')를 나타내는 '부사적 보충어'
가 a.의 *mit einem Fragezeichen*과 b.의 *tragisch*이다. (김경욱(1990): 독
일어 Valenz 문법, 84f. 참조)

5. SBP: Enom (Epräp=*mit*)

(an jm./etw. 〔Konkretum〕 vollzieht sich etw. 〔Vorgang〕 nicht weiter ....하기를 멈추다)

a. In dieser Stunde hast **du (damit)** aufgehört, ein Junge zu sein, und bist ein
Mann geworden.
(이 시간에 너는 한 소년이기를 그만두고, 한 성인 남성이 되었다.)

b. **Das Holz** hatte aufgehört zu brennen.
(그 목재는 타기를 멈추었다.)

 ✱ 어떤 과정이 멈추는 구체적 주체가 a.는 '사람'이고, b.는 '목재'이다. '전
치사 보충어'는 aufhören 1.에서는 '행동'을 나타내고, 주어는 '행위의 주
체'이지만, aufhören 5.는 '과정 동사'(Vorgangsverb)이므로, 주어는 '과
정의 주체'(Vorgangsträger)를 나타낸다. (김경욱(1990): 독일어 Valenz
문법, 69f. 참조)

aufmachen, macht auf, machte auf, hat aufgemacht:

1. SBP: Enom Eakk

(bewirken, dass etw. offen ist 금고를 열다)

Herr Müller machte **den Tresor** auf und nahm das Geld heraus.
(뮬러씨는 그 **금고**를 열고, 그 돈을 꺼내었다.)

2. SBP: Enom Eakk

(öffnen 창문을 열다)

Darf ich einen Moment **das Fenster** aufmachen?
(내가 잠깐 그 **창문**을 열어도 되겠습니까?)

3. SBP: Enom Eadv

(irgendwann für den Publikumsverkehr zugänglich sein 언제 문을 열다)

Viele Cafés machen schon **am Vormittag** auf.
(**많은 카페들**이 오전에 벌써 문을 연다.)

 ＊ *aufmachen* 7.과의 차이는 '4격 보충어'가 오지 않는 점이다.

4. SBP: Enom Eakk

(jemand [Person/Institution] nimmt erstmalig den öffentlichen Betrieb von etwas [Institution: Geschäft, Behörde, Praxis, Räumlichkeit] auf; eröffnen 무엇을 개업하다)

a. Mein Zahnarzt will **neue Praxisräume** aufmachen.
(나의 치과의사는 **새 진료실**들을 개업하려고 한다.)

b. Mein sohn hat in Berlin-Kreuzberg **eine kleine Reparaturwerkstätte** aufgemacht.
(내 아들이 베를린-크로이쯔베르크에 **한 작은 수리공장**을 개업했다.)

c. Bayern hat fünf **Aufnahmelager** aufgemacht.
(바이에른 주는 다섯 개의 **수용소**를 개설했다.)

5. SBP: Enom Eakk

(jemand löst etwas, das ineinander verschlungen ist, auf; aufbinden 무엇을 풀다)

Kannst du mir bitte mal **den Knoten** aufmachen?
(너는 나를 위해서 제발 그 **매듭**을 풀어줄 수 있겠니?)

6. SBP: Enom Eakk

   (etwas für etwas freigeben 무엇을 개통하다)

   Es ist sicher, *dass* man **die Brücke** wieder *aufmachen* wird.
   (사람들이 그 다리를 다시 개통시킬 것은 확실하다.)

    * **Es**는 *dass*....를 앞의 주문장에서 미리 받아주는 '상관사(相關辭)'(Korrelat)이다.

7. SBP: Enom Eakk Eadv

   (etwas irgendwann für den Publikumsverkehr zugänglich machen 가게 문을 언제 열다)

   a. Der Gemüsehändler macht **seinen Laden** heute erst **um 8 Uhr** auf.
   (그 채소장수는 오늘 8시에야 겨우 그의 가게 문을 연다.)

   b. **Wann** werden **die Geschäfte** am Sonnabend aufgemacht.
   (그 **가게들**은 토요일에는 **언제** 문이 열리는가?)

8. SBP: Enom Eadv

   (irgendwann den Betrieb aufnehmen; eröffnen 언제 백화점/사진사 등이 개업하다)

   Gestern hat am Markt **ein neues Kaufhaus** aufgemacht, und **am 1. August** wird **ein Fotograf** aufmachen.
   (어제 장터에 한 새 **백화점**이 개업했다, 그리고 8월 1일에는 한 **사진사**가 개업할 것이다.)

aufpassen, passt auf, passte auf, hat aufgepasst:

1. SBP: Enom Epräp(=*auf*)

   (auf etwas Acht geben 누구/무엇에 주의를 기울이다)

   a. Ich muss *zu Hause bleiben* und **auf die Kinder** *aufpassen*.

(나는 집에 남아서 애들을 돌보아야 한다.)

b. Kannst du bitte *(darauf) aufpassen, dass die Milch nicht überkocht?*
(너는 그 우유가 끓어서 넘치지 않도록 주의를 기울여줄 수 있겠니?)

c. Du musst beim Äpfelpflücken *(darauf) aufpassen, **nicht von der Leiter zu fallen.***
(너는 사과를 딸 때에 사다리에서 떨어지지 않도록 주의를 기울일 수 있겠니?)

 * 1. b.와 1.c.에서 '상관사' *darauf*는 잘 실현되지 않는다: VALBU, 178쪽의 aufpassen 1을 참조할 것). a., b., c.에서 보듯이 aufpassen의 '전치사격 보충어'는 전치사 *auf* 뒤에 '4격 명사' 또는 생략 가능한 상관사 *darauf* 뒤에 'dass-문장'이나 'Infinitiv mit *zu*'가 올 수 있음을 확인할 수 있다.

aufsein:

1. SBP: Enom
〔ugs〕 (offen sein 창문이 열려있다)

Das Fenster ist auf.
(그 창문은 열려있다.)

2. SBP: Enom Eadv
〔ugs〕 **(irgendwann** für den Kundenverkehr geöffnet sein 언제 상점/병원/관청이 열려있다)

Die Museen sind **montags** nicht auf.
(그 박물관들은 월요일에는 문을 열지 않는다.)

Wann ist **das Finanzamt** auf?
(언제 세무서는 문을 여는가?)

3. SBP: Enom Eadv

(irgendwann aufgestanden sein 언제 잠이 깨다)

Ich bin schon **seit Stunden** auf.
(나는 이미 몇 시간 전부터 잠이 깨어있다.)

4. SBP: Enom

a. (zugänglich sein 열려 있다)

Ich bin ins **Zimmer** gegangen, weil **es** auf gewesen war.
(나는 그 방이 열려있었기 때문에, 그 방으로 들어갔다.)

b. (nicht verschlossen sein 떠져 있다)

Das Kind war schon wach, **seine Augen** waren auf.
(그 애는 이미 깨어 있었다, 그의 두 눈은 떠져 있었다.)

aufstehen, steht auf, stand auf, ist aufgestanden:

1. SBP: Enom (Eadv)

(sich erheben 일어서다)

Er stand schnell **aus seinem Sessel** auf, um die neuen Gäste zu begrüßen.
(그는 새 손님들을 반갑게 맞아들이기 위해 그의 안락의자에서 급히 일어섰다.)

Das Fohlen stand langsam **vom Boden** auf und machte ein paar Schritte.
(그 망아지는 천천히 땅에서 일어서서 몇 걸음을 걸었다.)

Als wir hereinkamen, stand sie auf.
(우리가 들어갔을 때, 그녀는 일어섰다.)

 ✱ 부사적 보충어는 '일어서는 장소'를 나타내며, 전치사 *aus* 또는 *von*과 함

께 오며 생략이 가능하다.

2. SBP: Enom (Eadv)

(das Bett verlassen 잠이 깨다)

Ich stehe jeden Morgen **um 6 Uhr** auf.
(나는 매일 아침 6시 정각에 잠이 깬다.)

Solange Sie Fieber haben, dürfen Sie *nicht* aufstehen.
(열이 있는 동안에는 당신은 결코 침대를 떠나면 안 됩니다.)

 * 부사적 보충어는 '잠이 깨는 시각'을 나타내며 생략이 가능하다. *nicht*는 '화법적 의미 첨가어'(Modalitätsangabe)이다(김경욱(1990): 독일어 Valenz 문법, 50쪽 참조): *Sie dürfen nicht aufstehen.* → *Es ist (nach meiner Einschätzung) nicht der Fall, dass Sie aufstehen dürfen.*으로 변환이 가능하기 때문이다.

3. SBP: Enom Epräp(=*gegen*)

(jemand 〔meist **Kollektiv von Personen**〕 macht gegen einen **Diktator/Diktatur** einen Aufstand; sich erheben 독재(자)에 대해 봉기하다)

a. **Das Volk** *war* **gegen seine Unterdrücker** *aufgestanden.*
(**국민**은 그들의 **압제자**들에 대항해서 봉기했다.)

b. Wir haben in der DDR **eine Bevölkerung,** *die* **gegen die Tyrannei** *aufgestanden ist.*
(우리는 동독에 **독재**에 대항하여 봉기한 **주민**들을 갖고 있다.)

c. Die ganze Gesellschaft müsse *aufstehen* "**gegen die sinnlose Gewalt auf den Straßen**".
(전 사회가 "의미 없는 거리의 **폭력**"에 대해 맞서야 한다.)

 * 전치사 *gegen* 다음에는 '독재자/독재'가 오는 것을 알 수 있다. 주어로는

'국민/주민/사회'와 같은 '집합명사'가 자주 온다.

aufwachen, wacht auf, wachte auf, ist aufgewacht:

1. SBP: Enom (Epräp=*aus*)

(aus etw. in den Wachzustand übergehen 잠이 깨다)

Die junge Frau ist immer noch nicht **aus ihrer Ohnmacht** aufgemacht.
(그 젊은 여인은 아직 **실신상태에서** 깨어나지 못했다.)

Ich bin [**von dem Lärm**] aufgewacht.
(**나는 소음에 의해** 잠에서 깨어났다.)

 * 전치사 보충어는 전치사 *aus*와 함께 오며 깨어나기 전의 상태, 즉 '잠, 꿈, 마취, 혼수상태'를 나타내며, 생략이 가능하다. von dem Lärm은 '잠이 깬 원인'을 나타내는 '부사적 임의 첨가어'이다.

2. SBP: Enom

(jemand [Person/Institution] wird sich einer Sache/seiner Situation bewusst; wach werden, [geh.] erwachen 각성하다)

a. Es gibt sicher **eine Menge Leute**, die *durch Tschernobyl* aufgewacht sind.
(체르노빌로 인해서 각성한 **다수의 사람들**이 있는 것은 확실하다.)

Durch die schlechten Ergebnisse bei der Meinungsumfrage ist **die Regierungspartei** kurz vor den Wahlen aufgewacht.
(그 여론조사의 나쁜 결과들을 통해서 **여당**은 선거 직전에 현실에 대해서 각성했다.)

 * aufwachen 2.는 '자신이 처한 어려운 상황을 깨닫게 되는 것'을 aufwachen 1.의 '잠에서 깨어나는 것'에 비유해서 만들어진 표현으로 추측된다. 주어로는 '사람' 또는 '조직'이 온다. *durch*가 이끄는 전치사구는 '각성의 원

인'을 표현하는 '부사적 임의 첨가어'이다.

ausdehnen, dehnt aus, dehnte aus, hat ausgedehnt:

1. a. SBP: Enom Eakk

(den Umfang von etw. vergrößern 무엇의 부피를 확대하다)

Die Hitze hatte die Eisenbahnschienen ausgedehnt.
(더위가 철로들의 부피를 확대시켰다.)

b. SBP: Enom Eakk Eadv

(über einen bestimmten Bereich hinaus erweitern 어떤 범위 이상으로 확장시키다)

China hatte seine Herrschaft **bis über den Amur hinaus** ausgedehnt.
(중국은 그의 통치권을 아무르강 넘어 까지 확장시켰다.)

c. SBP: Enom Eakk Epräp(=*auf*)

(etw. in etw. einbeziehen 무엇을 무엇에 포함시키다)

Er hat die Nachforschungen **auf die ganze Stadt** ausgedehnt.
(그는 그 도시전체를 그 조사에 포함시켰다.)

2. SBP: Enom Eakk Eadv

(verlängern 연장하다)

Er hat seinen Besuch **bis zum folgenden Tag** ausgedehnt.

ausdehnen sich, dehnt sich aus, dehnte sich aus, hat sich ausgedehnt:

1. SBP: Enom

(etw. bekommt einen größeren Umfang/ein größeres Volumen 무엇이 확대되다/팽창되다)

Luft dehnt sich *bei Erwärmung* aus.
(공기는 데우면 팽창한다.)

 * *sich ausdehnen*의 의미는 '확대되다'이므로, 이 재귀구조는 '수동태 경쟁 형태로서의 재귀구조'이다. 따라서 주어의 의미부류는 주로 '사물'이고, 의도유무시험은 성립되지 않는다: **Luft überlegt sich, ob sie sich ausdehnen soll*. *bei Erwärmung*은 임의 첨가어이다: *Luft dehnt sich aus. Das geschieht bei Erwärmung*.

2. SBP: Enom Eadv
(etw. erstreckt sich irgendwohin/etw. reicht über etw. hinweg 무엇이 어디로 확장되다)

In kurzer Zeit hatte sich die Kältewelle *über Zentraleuropa* ausgedehnt.
(짧은 시간에 한냉전선이 중앙유럽위로 **확장**되었다.)

3. SBP: Enom Eadv
(sehr lange dauern 아주 오래 지속되다)

Die Sitzung dehnte sich *bis tief in die Nacht* aus.
(그 회의는 밤늦게까지 연장되었다.)

 * 2.와 3.에서 '어디로' 확장되는지 또는 '언제까지' 연장되는지를 나타내는 *über Zentraleuropa* 또는 *bis tief in die Nacht*와 같은 '부사적 보충어'가 반드시 온다.

ausgeben, gibt aus, gab aus, hat ausgegeben:

1. SBP: Enom Eakk Epräp(=*für*)

(irgendwieviel an Geld für etwas verbrauchen 무엇을 위해 얼마의 돈을 지출하다)

Paul gibt **viel Geld** für seine Hobbys aus.
(파울은 그의 취미들을 위해 많은 돈을 지출한다.)

2. SBP: Enom Eakk

(etwas offiziell in Umlauf bringen 무엇을 유통시키다)

Ab Herbst gibt die Bundesbank **neue Geldscheine** aus.
(가을부터 독일연방은행은 새 지폐를 발행한다.)

3. SBP: Enom Eakk

(etwas spendieren 무엇을 선심 쓰다)

Der Gast gab **eine Runde Schnaps** aus.
(그 손님이 소주 한 잔씩을 내었다.)

4. SBP: Enom Eakk (Epräp)(=*an*)

(etwas austeilen/verteilen 무엇을 배급하다)

Helfer vom Roten Kreuz geben **Kleider und Decken** *an die Flüchtlinge* aus.
(적십자사의 보조원들은 의복들과 이불들을 피난민들에게 배급한다.)

* *an die Flüchtlinge*는 '미리 언급되었을 경우'나 문맥을 통해 분명할 경우에는 생략이 가능하다.

5. SBP: Enom Eakk Eobj-präd

(etwas als ein solches hinstellen/darstellen 무엇을 무엇이라고 사칭하다)

Der Betrüger gab sich **als Arzt** aus.
(그 사기꾼은 자신이 의사라고 사칭(詐稱)했다.)

ausgehen, geht aus, ging aus, ist ausgegangen:

1. SBP: Enom
(aufhören zu funktionieren 꺼지다)

Das **Licht** ist ausgegangen.
(전기가 꺼졌다.)

2. SBP: Enom
(zum Vergnügen in ein Lokal gehen 외식하다)

a. Junge Leute gehen *am Sonnabend meist* aus.
(젊은이들은 토요일에 대부분 *외식*한다.)

b. Am Wochenende wird häufig ausgegangen.
(주말에 자주 외식하게 된다.)

c. Gehst du heute Abend aus?
(너는 오늘 저녁에 외출하니?)

 * a.에서 이태릭체로 된 부분은 '임의 첨가어'(Angabe)이다:
Junge Leute gehen aus. Das geschieht meist am Sonnabend.

3. SBP: Enom
(das Haus verlassen 외출하다)

a. Als er nach Hause kam, war die ganze Familie ausgegangen.
(그가 집으로 왔을 때에는, 가족 모두가 외출하고 없었다.)

b. Der Arzt hat dem Kranken geraten, täglich mindestens einmal auszugehen.
(그 의사는 그 환자에게 매일 적어도 한 번은 외출할 것을 충고했다.)

4. SBP: Enom
(ausfallen 빠지다)

a. Er bekommt eine Glatze, ihm sind beinahe alle Haare ausgegangen.
(그는 대머리가 되었다, 그에게서 거의 모든 머리칼이 다 빠져 버렸다.)

b. Wenn das Zahnfleisch entzündet ist, werden die Zähne locker und gehen aus.
(잇몸이 염증이 생겼으면, 치아들은 헐거워지고 빠진다.)

5. SBP: Enom
(zu Ende gehen 고갈되다)

Jugoslawiens Apotheker sind verzweifelt, denn die Medikamente gehen ihnen aus.
(유고의 약사들은 절망하고 있다, 왜냐하면 의약품들이 고갈되고 있기 때문이다.)

6. SBP: Enom Epräp(=*auf*)
(jemand/etwas [geistiges Produkt] strebt nach etwas [abstraktes Objekt: häufig **Negatives/Handlung**] 무엇을 노리다)

a. Es gibt immer Menschen, die *auf Geld, Gewinn oder Betrug ausgehen*.
(돈, 이익과 사기를 목표로 삼는 사람들이 항상 있다.)

b. Dieser Film *geht* nur *auf billige Effekte aus*.
(이 필름은 값싼 효과들만을 노린다.)

c. Bei Familie Meyer gibt es viel Streit, weil die größeren Geschwister ständig *darauf ausgehen, die kleinen Schwestern zu ärgern*.
(마이어씨 가족에게는 많은 싸움이 벌어진다, 왜냐하면 손위 형제자매들이 끊임없이 손아래 자매들의 분통을 터지게 하는 것을 목표로 삼기 때문이다.)

7. SBP: Enom Epräp(=*von*)

(etwas zum Ausgangspunkt seiner Überlegungen nehmen; etwas zu Grunde legen 무엇을 자신의 생각의 토대로 삼다)

a. Sie haben sich in dieser Gelegenheit nicht richtig verhalten, weil Sie *von falschen Voraussetzungen* ausgegangen sind.
(당신은 이 기회에 옳지 않게 처신했습니다, 왜냐하면 당신은 잘못된 전제조건들에서 출발했기 때문입니다.)

b. Die neueren wissenschaftlichen Untersuchungen gehen *von einem höheren Vitaminbedarf des älteren Menschen* aus.
(최근의 학문적 연구들은 노인층이 더 많은 비타민을 필요로 한다는 가설에서 출발합니다.)

c. Die Gerichte gehen *davon* aus, *dass ein Autofahrer, der Kinder auf der Straße sieht, sofort das Tempo herabzusetzen und zu hupen hat.*
(법원들은 도로 위에서 애들을 보는 운전수는 즉시 속도를 낮추고 경적을 울려야 한다는 가설에서 출발합니다.)

d. Bisher war ich immer *davon* ausgegangen, *umso freundlicher im Geschäft behandelt zu werden, je mehr ich einkaufe.*
(지금까지 나는 항상 내가 물건을 많이 구입하면 할수록, 상점에서 더 친절하게 대우받는다는 가설에서 출발했습니다.)

 ✻ c.와 d.의 *davon*은 '생략할 수 없는 상관사'이다.

8. SBP: Enom Epräp(=*von*)

(von jemandem veranlasst werden 누구에 의해 야기되다)

Diese Pläne und Anregungen sind *von der UNO* ausgegangen.
(이 계획들과 자극들은 유엔에 의해서 야기되었다.)

9. SBP: Enom Epräp(=*von*)

(der Ursprung von etwas sein 무엇의 근원이다)

a. **Vom Maler Picasso** ist eine große Faszination ausgegangen.
(화가 피카소에게서 큰 매력이 발산되었다.)

b. **Vom Sonnenuntergang am Meer** geht ein unglaublicher Zauber aus.
(바닷가에서의 낙조로부터 믿을 수 없는 매력이 발산된다.)

10. SBP: Enom Eadv

(irgendwie enden 어떻게 결말이 나다)

a. Die meisten Menschen lieben Romane und Filme, die **gut** *ausgehen*, solche, die **schlecht** *ausgehen*, sind weniger beliebt.
(대부분의 사람들은 결말이 좋은 소설들과 필름들을 사랑한다, 결말이 나쁜 소설들과 필름들은 더 적게 사랑받는다.)

b. Jeder Besucher des Films 'Titanic' weiß von Anfang an, **wie** die Geschichte *ausgeht*.
(영화 '티타닉'의 모든 방문객은 처음부터 어떻게 그 이야기가 결말이 나는지를 안다.)

 ✱ '어떻게'에 해당하는 *gut, schlecht*와 *wie*는 논항 '양태'(Art und Weise)를 나타내는 '부사적 동사보충어'이다.

11. SBP: Enom Eadv

(Straße nimmt von irgendwo seinen Ausgang; abzweigen 도로가 어디에서부터 갈라진다)

Von dieser Kreuzung gehen mehrere Fernstraßen *aus*.
(이 교차로에서 여러 개의 원거리교통용 도로들이 갈라진다.)

ausmachen, macht aus, machte aus, hat ausgemacht:

1. **SBP: Enom Eakk**

   (etwas abschalten 전기를 끄다)

   Machen Sie bitte **das Licht** aus!
   (전기를 제발 끄세요!)

2. **SBP: Enom Eakk Epräp(=mit)**

   (etwas mit jm. vereinbaren 무엇을 누구와 합의하다)

   Haben Sie **einen Termin** *mit dem Direktor* ausgemacht?
   (당신은 사장/교장님과 약속 날짜를 잡았습니까?)

3. **SBP: Enom Eakk**

   (etwas nicht weiter brennen lassen 담배를 끄다)

   Thomas machte **die Zigarette** aus, als er in den Bus stieg.
   (토마스는 버스에 탈 때, 담뱃불을 껐다.)

4. **SBP: Enom Eakk**

   (etwas ermitteln 무엇을 밝혀내다)

   Die Kriminalpolizei konnte noch nicht **die Ursache des Brandes und seine Verursacher** ausmachen.
   (형사경찰은 아직 화재의 원인과 범인들을 밝혀낼 수 없었다.)

5. **SBP: Enom Eakk**

   (die wesentlichen Elemente von etwas bilden 무엇의 본성을 이루다)

   Ehrgeiz, Fleiß und Ehrlichkeit machen **seinen Charakter** aus.

(명예욕, 근면과 정직이 그의 성격의 본질적 특성을 이룬다.)

6. **SBP: Enom Eakk Eadv**

    (feststellen, dass etwas irgendwo vorhanden ist; erkennen 알아보다)

    Auf den Fotos konnte man **einzelne Personen** ausmachen und sogar noch **die Nummernschilder ihrer Autos**.
    (사진들에서 사람들은 한 사람, 한 사람의 얼굴과 심지어 그들의 자동차들의 번호판들까지 확인할 수 있었다.)

    Endlich machten die Reisenden *am Horizont* **Hügel und einige schwebende Vögel** aus.
    (드디어 그 여행자들은 수평선상에서 언덕들과 몇 마리의 날아다니는 새들을 확인했다.)

---

auspacken, packt aus, packte aus, hat ausgepackt:

1. **SBP: Enom Eakk**

    (etwas völlig leer machen 가방을 비우다)

    Ich muss noch **die Koffer** auspacken.
    (나는 그 가방들을 완전히 비워야 한다.)

2. **SBP: Enom Eakk (Eadv)**

    (etwas von irgendwo herausnehmen 옷을 어디에서 꺼내다)

    Der Gast packte **seine Kleidung und Wäsche** *aus dem Koffer* aus.
    (그 손님은 그의 옷과 세탁물을 그 가방에서 꺼내었다.)

     * *aus dem Koffer*는 '물건이 꺼내어지는 장소'를 나타내는 '생략가능한 부사적 보충어'이다.

3. SBP: Enom Eakk (Eadv)

(etwas aus seiner Umhüllung nehmen 무엇을 포장지에서 꺼내다)

a. Er packte **die Gläser** ganz vorsichtig *aus der Holzwolle* aus.
(그는 그 유리컵들을 아주 조심스럽게 대팻밥에서 꺼내었다.)

b. Beide Mädchen begannen, **ihre Geschenke** auszupacken.
(두 소녀들은 그들의 선물들의 포장을 풀고 끄집어내기 시작했다.)

* auspacken 2.는 '가방 등에서 꺼내다'이고, auspacken 3.은 '포장지 등에서 꺼내다'이다. *Holzwolle*(대팻밥)는 '포장의 한 종류'이고, 생략이 가능한 부사적 보충어이다.

ausruhen (sich), ruht (sich) aus, ruhte (sich) aus, hat (sich) ausgeruht:

SBP: Enom (Epräp)(=*von*)

(sich durch Ruhe von etwas erholen 충분한 휴식을 통해 무엇에서 회복되다)

Am Wochenende kann man (sich) *von der Arbeit* ausruhen.
(주말에는 일로부터 벗어나 푹 쉴 수 있다.)

Du solltest (dich) jetzt erst einmal ein paar Tage ausruhen.
(너는 이제 우선 며칠간 (푹) 쉬어야 한다.)

* *sich ausruhen*은 '푹 쉬다'라는 의미이고, 이 때 *sich*는 '강조'하는 기능을 가지고 있으나, 생략이 가능하다. *von der Arbeit*는 '생략 가능한 전치사격 보충어'이다.

ausschließen, schließt aus, schloss aus, hat ausgeschlossen:

1. SBP: Enom Eakk
(etwas völlig unmöglich machen; ausschalten 무엇을 배제시키다)

Man kann *nicht* jedes Risiko ausschließen.
(우리는 모든 위험의 가능성을 다 배제할 수는 없다.)

 * *nicht*는 '화법적 임의첨가어'(Modalitätsangabe)이다: *Es ist (nach meiner Einschätzung) nicht der Fall, dass man jedes Risiko ausschließen kann.*
(김경욱(1990): 독일어 Valenz 문법, 50쪽 참조)

2. SBP: Enom Eakk
(etwas für völlig unmöglich halten 무엇을 불가능하다고 여기다)

a. Die Feuerwehr schloss eine Gasexplosion als Unglücksursache aus.
(소방서는 사고의 원인으로서 가스폭발은 완전히 제외시켰다.)

b. Die Kriminalpolizei schließt (es) nicht aus, dass in diesem Fall ein Verbrechen vorliegt.
(형사경찰은 이 사건에 한 개의 범죄행위가 개입되어 있다는 가능성을 제외시키지 않는다.)

3. SBP: Enom Eakk Epräp(=*von*)
(jn. an etw. nicht teilnehmen lassen 누구/공공기관을 무엇에서 제외시키다)

Die UNO hat den Staat, der sich nicht an die Beschlüsse hält, **von den weiteren Beratungen und Verhandlungen** ausgeschlossen.
(국제연합은 결의들을 준수하지 않는 그 국가를 계속되는 협의들과 협상들에서 제외시켰다.)

4. **SBP: Enom Eakk Epräp(=*von*)**

   (etwas von etwas ausnehmen 무엇(구체적 사물)을 무엇에서 제외시키다)

   a. Japan hat bisher Reis **vom Import** ausgeschlossen.
   (일본은 지금까지 쌀을 수입에서 제외시켰다.)

   b. Diese Ware ist **vom Umtausch** ausgeschlossen.
   (이 상품은 교환에서 제외되어 있다.)

5. **SBP: Enom Eakk Epräp(=*aus*)**

   (jm. die Zugehörigkeit zu etwas verweigern 누구를 무엇에서 축출하다)

   Die Europäische Gemeinschaft wird dieses Land **aus allen internationalen Organisationen** ausschließen.
   (유럽연합은 이 나라를 모든 국제기구들로부터 축출할 것이다.)

6. **SBP: Enom Eakk Eadv(=*aus*)**

   (jn. aussperren 누구를 추방하다)

   Seine Frau hat ihn **aus der Wohnung** ausgeschlossen.
   (그의 부인이 그를 집 밖으로 쫓아내었다.)

---

aussehen, sieht aus, sah aus, hat ausgesehen:

1. **SBP: Enom Esubj-präd**

   (den optischen Eindruck erwecken, so zu sein ....한 시각적 인상을 주다)

   Sie sehen wieder *besser* aus.
   (당신은 다시 더 좋아 보인다.)

2. **SBP: Enom Esubj-präd**

   (den Eindruck erwecken, so zu sein ...한 인상을 주다)

Die wirtschaftliche Lage sieht *gut* aus.
(경제사정이 좋아 보인다.)

 * 1.과 2.의 차이는 1.은 '시각적 인상'에 관해서이고, 2.는 '실제적 내부구조'에 관해서이다.

3. SBP: Enom Esubj-präd
(auf etw. schließen lassen ...할 것 같다)

Der Himmel sieht *nach Regen* aus.
(하늘을 보니 비가 올 것 같다.)

 * 3.은 '*Der Himmel sieht aus, als ob es regnen würde*'로 의미풀이된다. 즉 1.과 2.의 형용사가 '*als ob*-구문'으로 실현되었다고 볼 수 있다. (VALBU, 196쪽)에는 3.의 *nach Regen*이 '전치사격 보충어'로 표기되어 있으나, 필자는 Wolf교수의 견해를 따라서 위의 의미풀이를 고려해서 이것 또한 1.과 2.의 형용사처럼 주어의 상태를 나타내는 '주격 보어'라는 견해이다.

aus sein, ist aus, war aus, ist ausgewesen:

1. SBP: Enom
(nicht mehr in Betrieb sein 운휴중이다)

Ich glaube, **die Heizung** ist *aus*.
(나는 난방이 꺼졌다고 믿는다.)

 * 동사 *glauben* 다음에 *dass*가 올 때에는 Ich *glaube, dass die Heizung aus ist.*로 정동사 *ist*가 문장 끝에 오게 된다. 그러나 접속사 *dass*가 생략되면 정동사 *ist*는 2번째에 오게 된다. 그리고 요즘에는 '간접화법'을 표현할 때에도 '접속법 1식'인 *sei*보다 '직설법'인 *ist*를 더 선호하는 경향이

나타나기 시작했다.

2. SBP: Enom Eadv
(zu Ende sein 사건(대부분 행사)이 끝나다)

Samstags ist *die **Schule*** schon *um 11 Uhr* aus.
(토요일에는 학교는 이미 11시 정각에 끝난다.)

Wann ist *das **Theater*** aus?
(언제 연극이 끝나는가?)

3. SBP: Enom
(nicht mehr vorrätig sein 재고가 없다)

Meine Zigaretten sind *aus*, ich muss mir neue kaufen.
(내 담배가 다 떨어졌다, 나는 새 담배를 사야 한다.)

Die Brötchen sind *aus*, auf dem Büfett liegen noch Reste vom Käse und ein paar Tomaten.
(하드롤 빵들이 다 떨어졌다. 셀프 서비스 판매대 위에는 치즈의 나머지와 몇 개의 토마토들만 놓여있다.)

4. SBP: Enom Epräp(=*auf*)
(etwas gerne haben mögen 무엇을 노린다)

a. Die Männer sind ***auf dein Geld*** aus.
(그 남자들은 너의 돈을 노린다.)

b. Er war schon immer ***darauf*** *aus*, ***viele Länder kennen zu lernen***.
(그는 이미 오래전부터 언제나 많은 나라들을 알려고 노력했다.)

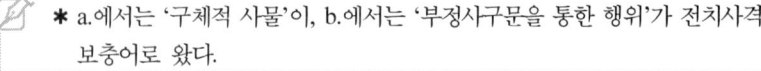
* a.에서는 '구체적 사물'이, b.에서는 '부정사구문을 통한 행위'가 전치사격 보충어로 왔다.

5. SBP: Enom

(ausgegangen sein 외출하다)

Alexandra ist nicht zu Hause, sie ist mit ihren Freundinnen aus.
(알렉산드라는 집에 없다, 그녀는 그녀의 여자 친구들과 외출했다.)

Warst du gestern Abend aus?
(너는 어제 저녁에 외출했었니?)

aussprechen, spricht aus, sprach aus, hat ausgesprochen:

1. SBP: Enom Eakk Eadv

(etw. irgendwie artikulieren 무엇을 어떻게 발음하다)

Wie spricht man dieses Wort aus?
(어떻게 이 단어를 발음하느냐?)

 ＊ **Wie**는 논항 '양태'를 나타내는 '부사적 동사 보충어'이다.

2. SBP: Enom Edat Eakk

(jm. etw. bekunden 누구에게 무엇을 표명하다)

Er sprach allen Mitarbeitern **seinen Dank** für die geleistete Arbeit aus.
(그는 모든 동료들에게 수행한 업무에 대해서 감사를 표명했다.)

3. SBP: Enom Eakk

(etw. äußern 무엇을 개진/선언하다)

a. Er sprach *seine Meinung* [offen] aus.
(그는 자신의 의견을 솔직하게 개진했다/털어놓았다.)

Sein Arbeitgeber sprach *die Kündigung* aus.

(그의 고용주는 해고를 선언했다.)

Wegen der Steuerdelikte in Millionenhöhe müssen die Richter durchaus harte **Freiheitsstrafen** aussprechen.
(수백만 유로단위의 세금불법행위들 때문에 판사들은 꼭 엄한 금고형을 선고해야 한다.)

Wir können kein **Schreib- und Publikationsverbot** aussprechen, sondern nur Empfehlungen aussprechen. (nach Spiegel, 32/93, S. 64)
(우리는 어떠한 저술금지령과 출판금지령도 내릴 수 없고, 단지 그렇게 하도록 권고를 할 수 있을 따름입니다.)

 ＊ *Kündigung/Freiheitsstrafen/Schreib- und Publikationsverbot aussprechen* 은 '법률 언어'로서, 그렇게 사용하면 바로 법적 구속력을 갖게 된다.

b. Schließlich hat Oberbürgermeister Widder bereits deutlich ausgesprochen, **dass sich die Zentralwäscherei wirtschaftlich tragen muss.**
(결국 시장 빗더는 중앙세탁소는 재정적으로 자립해야 한다고 이미 분명히 **언급**했다.)

c. Wir Schriftsteller konnten aussprechen, **was viele fühlten aber nicht zu sagen wagten.**
(우리 작가들은 많은 사람들이 느꼈지만, 감히 말할 수 없었던 것을 **말할 수 있었다.**)

d. Er verlangt, dass offen ausgesprochen werde, **was man denke und was man wolle.**
(그는 사람들이 생각하고 원하는 것을 솔직히 말해질 것을 요구한다.)

 ＊ d.와 같은 '*werden*-Passiv'의 주어는 대부분 'was-문장'의 형태로 실현된다. *aussprechen* 3의 '4격 보충어'는 b., c.와 d.에서 보듯이 문장 형태로 바꾸어질 수 있으므로 논항 '명제 내용'(Inhaltsträger)을 나타낸다. (김경욱(1990): 독일어 Valenz 문법, 78f. 참조)

e. **Die Kündigungen** sind *zwar* noch nicht ausgesprochen, *aber* alle *rechnen damit*.
(해고들은 아직 발표되지는 않았지만, 모두는 그것을 예상한다.)

 * *zwar~ aber*는 '....이긴 하지만, ...이다'를 뜻한다.
*rechnen damit*은 '*rechnen mit den Kündigungen*'(해고를 예상하다)를 뜻한다.

ausziehen, zieht aus, zog aus, hat/ist ausgezogen:

1. SBP: Enom Eadv

a. (von irgendwo wegziehen 어디로부터 이주하다)

Das Institut für deutsche Sprache *ist* im Juni 1992 **aus seinem alten Gebäude** *ausgezogen*.
(독일어 협회는 1992년 6월에 그들의 오래된 건물에서 이주했다.)

b. SBP: Enom Epräp(=auf)
(jd. macht sich auf, um etw. [Handlung] zu tun, etw. [Ereignis] zu erleben; aufbrechen ...을 하기 위해 길을 떠나다)

Die jungen Leute *waren* nicht **auf Abenteuer**, sondern **auf Arbeitssuche** *ausgezogen*.
(그 젊은이들은 모험을 위해서가 아니라, 일을 찾아서 길을 떠났다.)

c. SBP: Enom Eadv
(jd. [Kollektiv von Personen] verlässt etw. [Gremium/indirekt Ort] als Ausdruck des Protests 항의의 표시로 어디를 떠나다)

Die Abgeordneten der Grünen *zogen* **aus dem Plenarsaal** *aus*, um gegen den Verlauf der Debatte zu protestieren.
(녹색당의 의원들은 토론의 과정에 대해 항의하기 위해서 전체 회의장을 떠

났다.)

d. SBP: Enom Eadv

(jd. [Kollektiv von Personen] geht von irgendwo in einer bestimmten Ordnung weg 일정한 대형으로 어디를 떠나다)

Nach dem Wettkampf zogen die Sportler mit Marschmusik **aus dem Stadion** aus.
(시합이 끝난 후에 그 운동선수들은 행진곡에 맞추어 경기장을 떠났다.)

2. a. SBP: Enom Eakk

(jm. Kleidungsstücke vom Körper nehmen 누구의 옷을 벗기다)

Robert *zog sich*[4] *aus* und sprang ins Wasser.
(로베르트는 자신의 옷을 벗고 물속으로 뛰어 들었다.)

Sie *zog mich aus*, wusch mich, half mir in den Schlafanzug.
(그녀는 나의 옷을 벗겼고, 나를 씻겼고, 내가 잠옷을 입는 것을 도와주었다.)

b. SBP: Enom (Edat) Eakk

(jm. etw. vom Körper nehmen 누구의 옷을 벗기다)

Die Mutter hat den Kindern die nassen Sachen ausgezogen.
(어머니는 그 애들에게서 젖은 옷가지들을 벗겼다.)

c. SBP: Enom Eakk

(etw. länger, größer machen 무엇을 끄집어내다)

Das Teleskop kann man *ausziehen*.
(그 망원경을 우리는 떠 길게 끄집어낼 수 있다.)

d. SBP: Enom Eakk Eadv

(etw. herausziehen 무엇을 뽑아내다)

Der Gärtner zieht **das Unkraut** *aus den Beeten* aus.
(그 정원사는 잡초를 화단에서 뽑아낸다.)

beachten, beachtet, beachtete, hat beachtet:

1. **SBP: Enom Eakk**

   (etw. einhalten 무엇을 준수하다)

   a. Beachten Sie bitte **die Vorfahrt**!
      (운전할 때 선행권을 잘 준수하세요!)

   b. **Die Vorschriften** müssen genau beachtet werden.
      (그 규정들은 정확하게 준수되어야 한다.)

   c. Bei Überweisungen, der Eröffnung von Auslandskonten und finanziellen Urlaubsvorbereitungen haben die Bundesbürger bisher die unterschiedlichsten **Bestimmungen** beachten müssen.
      (송금, 외국계좌의 개설과 재정적 휴가 준비를 할 때에 독일국민들은 지금까지 아주 상이한 규정들을 준수해야만 했다.)

2. **SBP: Enom Eakk (Eadv)**

   (etw. berücksichtigen 무엇을 고려하다)

   a. Beachten Sie auch **den Hinweis** auf Seite 3!
      (3쪽에 있는 힌트도 참고하세요!)

   b. Beachten Sie bitte, **dass die Ämter am Feiertag geschlossen sind**!
      (관청들이 공휴일에는 문을 열지 않는다는 점을 고려하세요!)

    ＊ beachten 2. b.에서 보듯이 '4격 보충어'는 'dass-문장'으로도 실현될 수 있다.

   c. Was *ist* **beim Ausfüllen des Antrages** *zu beachten*?
      (그 신청서의 설문에 답할 때 무엇을 고려해야 하느냐?)

* beachten 2. c.에서 *ist zu beachten*은 'muss beachtet werden'을 뜻한다.
beim Ausfüllen des Antrages는 '생략할 수 있는 부사적 보충어'이다.

beantragen, beantragt, beantragte, hat beantragt:

1. SBP: Enom Eakk (Epräp)(=*bei*)
   (in einem Antrag um Gewährung von etw. bitten 무엇의 발급을 신청하다)

   a. Hast du schon **einen neuen Paß** beantragt?
      (너는 이미 새로운 여권의 발급을 신청했느냐?)

   b. **Die Zulassung des neuen Medikaments** muss beim Bundesgesundheitsamt in Berlin beantragt werden.
      (새 의약품의 허가는 베를린의 독일연방보건부에 신청해야 한다.)

   c. Kann man **den Zuschuss** auch (mündlich) oder muss man ihn (in schriftlicher Form) beantragen?
      (그 보조금을 구두로도 신청할 수 있는가 또는 문서형태로 신청해야만 하는가?)

   d. Beantragen Sie bitte das Kindergeld *bei dem für Sie zuständigen Arbeitsamt*.
      (자녀수당을 당신을 담당하는 노동청에 신청하십시오!)

* *bei dem für Sie zuständigen Arbeitsamt*는 '생략할 수 있는 전치사보충어'이다.

2. SBP: Enom Eakk
   (die Beschlussfassung zur Realisierung von etw. vorschlagen 무엇을 실현하기 위한 결의안을 제안하다)

a. Die sozialdemokratische Bundestagsfraktion wird **die Aufhebung des Nachrüstungsbeschlusses vom November 1983** beantragen.
(사민당은 1983년 11월의 군비확장결정의 무효화를 위한 결의안을 제안할 것이다.)

b. Sie beantragte (bei der Debatte über den Staatshaushalt 1985/86), **dass die 22 Millionen für den Verfassungsschutz an die Schutzpolizei umgewidmet werden sollen**.
(그녀는 1985/86의 국가예산에 관한 토론에서 헌법보호를 위한 2천 2백만 유로가 보안 경찰로 용도를 변경하도록 결의안을 제안했다.)

c. Die SPD-Opposition im Stadtrat hat beantragt, **die Straße von Bergen nach Belsen in Anne-Frank-Straße umzutaufen**.
(시 참사회의 사민당-반대파는 베르겐의 거리 이름을 안네-프랑크-거리의 벨젠으로 개명하도록 결의안을 제안했다.)

 ＊ beantragen 2의 a.의 4격 보충어는 b.에서는 'dass-문장'으로, c.에서는 'Infinitiv mit *zu*'로 실현되었다. 'dass-문장'과 'Infinitiv mit *zu*'에서 '상관사'는 오지 않는다.

bedeuten, bedeutet, bedeutete, hat bedeutet:

1. SBP: Enom Eakk
(etw. als Bedeutung haben 무엇을 의미하다)

Bedeutet das etwa, **dass du damit einverstanden bist**?
(그것은 대체로 네가 그것에 동의한다는 것을 뜻하는가?)

2. SBP: Enom Eakk
(ein Anzeichen für etw. sein 무엇의 징조이다)

Michael ist noch nicht da, das bedeutet **nichts Gutes**.

(미하엘이 아직 오지 않았다, 그것은 좋은 징조가 아니다.)

3. SBP: Enom Eakk Epräp(=*für*)
(für jn. etw. darstellen 누구에게 무엇이다)

a. Diese Reise bedeutet *für* uns **ein Abenteuer**.
(이 여행은 우리에게는 한 개의 모험이다.)

b. Es hat *für die alte Frau* **ein großes Glück** bedeutet, dass alle ihre Kinder sie zu Weihnachten besucht haben.
(그 노파에게는 그녀의 모든 자식들이 성탄절에 그녀를 방문했다는 것은 한 개의 큰 행운이었다.)

c. *Für alle berufstätigen Frauen* würde es **eine große Erleichterung** bedeuten, eine Hilfe im Haushalt zu haben.
(가사에 한 보조원을 갖는다는 것은 모든 직장 여성들에게는 한 개의 큰 안심을 나타낼 것이다.)

4. SBP: Enom Eakk (Epräp)(=*für*)
(für jn. etw. zur Folge haben 누구에게 어떤 결과를 초래하다)

a. Sein Tod bedeutet **einen großen Verlust** *für uns*.
(그의 죽음은 우리에게 결과적으로 한 개의 큰 손실을 초래할 것이다.)

b. Eine Firma zu schließen, bedeutet, **dass viele Menschen arbeitslos werden**.
(한 회사의 문을 닫는다는 것은 결과적으로 많은 사람들의 실직을 초래할 것이다.)

 * 예문 b.에서 '전치사 보충어'는 생략되었다.

5. SBP: Enom Edat/Epräp Emens
(jm. irgendwieviel gelten 누구에게 얼마만큼 가치가 있다)

a. Er hat zwei Töchter, die **ihm** *alles* bedeuten.
(그는 그에게 모든 것이나 다름없는 두 딸을 갖고 있다.)

b. Deine Hilfe bedeutet **mir** *viel*.
(너의 도움은 나에게 많은 가치가 있다.)

c. Die Beilegung des Konflikts hat **für die UNO** *mehr als alles andere* bedeutet.
(그 분쟁의 해결은 유엔에게 다른 어떤 것보다 더 값진 것이었다.)

* '척도 보충어'(Mensuralergänzung)는 명사의 4격이나 형용사나 부사로 실현되고, 척도를 나타낸다: *Die Vorlesung dauert* **drei Stunden/lange**. *Das Paket wiegt* **einen Zentner/viel**. (Norbert Richard Wolf (2003): *Ebenen der Valenzbeschreibung: Die syntaktische Ebene*. In: Dependenz und Valenz 1. Halbband. Berlin/New York. S. 408)

6. SBP: Enom Esubj-präd
(einen solchen sprachlichen Inhalt haben 어떤 언어적 의미를 갖고 있다)

Was bedeutet dieses Wort?
(이 단어의 의미는 무엇인가?)

7. SBP: Enom Edat Eprop
(jm. etw. zu verstehen geben 누구에게 무엇의 암시를 주다)

Man hat ihm bedeutet, **dass er wahrscheinlich entlassen wird**.
(사람들은 그가 아마도 해고될 것이라고 그에게 암시를 주었다.)

* '명제 보충어'(Propositionalergänzung)는 '말하기 동사'와 '생각하기 동사'의 내용이 문장 형태로만 올 수 있는 경우이다: *Der Arzt denkt,* **dass alles gut geht**.(*denken*은 'meinen, annehmen'의 의미로) *Er antwortet,* **dass er kommt**. (Norbert Richard Wolf (2003): *Ebenen der Valenzbeschreibung: Die syntaktische Ebene*. In: Dependenz und Valenz 1. Halbband.

Berlin/New York. S. 408)

bedienen, bedient, bediente, hat bedient:

1. **SBP: Enom Eakk**

   (für jn. eine Dienstleistung ausführen 누구의 시중을 든다)

   Frau Breitmaier bedient **den Gast** selber.
   (브라이트마이어 부인은 그 손님에게 직접 시중든다.)

2. **SBP: Enom Eakk**

   (etw. korrekt funktionieren lassen; handhaben 기계를 조종하다)

   Maschinen dieses Typs kann man leicht bedienen.
   (이 유형의 기계들은 쉽게 다룰 수 있다.)

3. **SBP: Enom Eakk**

   (etw. zufrieden stellen 무엇을 만족시키다)

   Dem Minister wurde vorgeworfen, er bediene einseitig **die Interessen der Gewerkschaften**.
   (그 장관은 일방적으로 노조들의 이익들만 만족시킨다고 비난받았다.)

4. **SBP: Enom Eakk**

   (für etw. eingesetzt werden 어떤 노선에 투입되다)

   Mehrere Fluggesellschaften bedienen **die Strecke New York-Frankfurt**.
   (여러 항공회사들이 뉴욕-프랑크푸르트 노선에 비행기들을 운항하고 있다.)

5. **SBP: Enom Eakk Epräp(´ =** *mit***)**

   (jn. mit etw. versorgen 누구에게 무엇을 제공하다)

Die Medien bedienen **die Bevölkerung** *mit vielfältigen Informationen.*
(대중 매체들은 주민들에게 다양한 정보들을 제공한다.)

6. SBP: Enom Eadv

   (als Bedienung arbeiten 종업원으로 일하다)

   Viele Studenten finanzieren ihr Studium damit, dass sie *in einer Kneipe oder in einem Café* bedienen.
   (많은 대학생들은 술집이나 카페에서 종업원으로 일하는 것으로 그들의 학비를 번다.)

---

beeinflussen, beeinflusst, beeinflusste, hat beeinflusst:

1. SBP: Enom Eakk

   (bewirken, dass sich jd./etw. ändert 무엇에 영향을 끼치다)

   a. Dieses *Ereignis* hat **die Wahl** beeinflusst.
   (이 사건이 그 선거에 영향을 미쳤다.)

   b. Wahrscheinlich hat außer Marx niemand **das Denken unseres Jahrhunderts** so beeinflusst wie Freud.
   (아마 칼 마르크스 이외에는 아무도 프로이드처럼 우리 세기의 사상에 영향을 많이 끼친 사람은 없다.)

   c. Tatsächlich hat der französische Maler Delacroix **die Maler seines Jahrhunderts**, noch über die Impressionisten hinaus, maßgeblich beeinflusst.
   (실제로 프랑스화가 데라크라와는 인상파예술가들 이상으로 그와 같은 세기의 화가들에게 결정적으로 영향을 끼쳤다.)

    ＊ 주어는 a.에서 보듯이 '사람'도 가능하다. 이것은 '넓은 의미의 행위의 주체'이다.(김경욱(1990): 69f. 참조) 4격 보충어로 오는 명사의 의미부류도 '사람'뿐만 아니라 '선거, 생각'과 같은 '추상명사'도 가능하다.

2. **SBP: Enom Eakk Epräp(=*in*)**

   (Einfluss nehmen auf jn., damit er sich in etw. ändert 누구에게 영향을 끼쳐 무엇이 달라지게 하다)

   Eltern und Schulen versuchen, **die Kinder** *in ihren Weltanschauungen* zu beeinflussen.
   (부모들과 학교들은 애들에게 영향을 끼쳐서 애들의 세계관이 바뀌도록 시도한다.)

3. **SBP: Enom Eakk (Eadv)**

   (mittels irgendetwas auf jn./etw. Einfluss nehmen 무슨 수단으로 누구/무엇에 영향을 끼치다)

   a. Sie können allerdings *mit einer gesunden Ernährung* **ihren Gesundheitszustand** beeinflussen.
   (그들은 물론 건강한 식사로 그들의 **건강상태**에 영향을 끼칠 수 있다.)

   b. Ich habe auf keinen Fall versucht, **den Zeugen** zu beeinflussen.
   (나는 결코 그 **증인**에게 영향을 끼치려고 시도하지 않았다.)

    * 3.a.는 '건강 상태'가 영향을 끼치는 '대상'(AD)이고, 3.b.는 '사람'이 '대상'이다. 논항 '수단'을 나타내는 '부사적 보충어'는 b.에서 보듯이 생략이 가능하다.

---

begeben sich, begibt sich, begab sich, hat sich begeben:

1. **SBP: Enom Eadv**

   (*sich irgendwohin begeben* 'irgendwohin gehen oder fahren' '어디로 가다')

   Er hat sich *auf den Heimweg* begeben.
   (그는 고향으로 떠났다.)

Er hat sich *zur Ruhe/zu Bett* begeben.
(그는 휴식을 취하러/침대로 갔다.)

Er hat sich *zum Arzt/in ärztliche Behandlung* begeben.
(그는 의사에게/의사의 진찰을 받으러 갔다.)

2. SBP: Enom

<주로 과거형과 완료형으로 사용됨> (<geh.> *sich begeben* 'sich ereignen' '일어나다')

Dies *begab sich* vor fünf Jahrhunderten/in einem fernen Land.
(이것은 5백 년 전에/한 먼 나라에서 일어났다.)

In dem Märchen *begab sich* **eine überraschende Wendung**.
(그 동화에서 한 개의 깜짝 놀라게 하는 이야기의 대반전이 생겼다.)

Es *begab sich,* **dass ein Augustinermönch gegen den Ablass auftrat**.
(한 아우구스티너파 수도승이 면죄부에 대항하는 일이 일어났다.)

 * **Es**는 dass ...를 받는 '상관사'이다.

Damals *hat sich* **etwas Erstaunliches/Außergewöhnliches** *begeben*.
(그 당시에 어떤 놀랄만한 일/특별한 일이 일어났다.)

Es *hat sich* **Folgendes** *begeben*.
(다음과 같은 일이 일어났다.)

 * **Es**는 'Platzhalter'이다. **Folgendes**가 문두에 오면, 없어지는 특징이 있다:
Folgendes hat sich begeben.

begegnen, begegnet, begegnete, ist begegnet:

1. SBP: Enom Edat (Eadv)

(mit jm./etw. unbeabsichtigt zusammentreffen 누구와 우연히 만나다)

Ich hatte meinen Freund zwei Jahre nicht gesehen, und [jetzt] bin ich ihm [zufällig] *auf der Straße* begegnet.
(나는 내 친구를 2년 동안 보지 못했다, 그리고는 지금 길에서 우연히 그를 만났다.)

2. **SBP: Enom Edat Eadv**
   (sich gegenüber jm./etw. irgendwie verhalten 누구에게/무엇에 어떻게 대하다)

   a. Sie begegnete **jedem Menschen** *freundlich*.
      (그녀는 모든 사람에게 친절하게 대했다.)

   b. [Noch] begegnen viele Deutsche **dem Euro** *mit Skepsis*.
      (아직 많은 독일 사람들은 유로화에 대해 회의적으로 대한다.)

 ＊ 3격 보충어로는 a.에서처럼 '사람'뿐만 아니라, b.에서처럼 '사물'도 온다. 부사적 보충어는 논항 '양태'를 나타낸다.

3. **SBP: Enom Edat Eadv**
   (jd. [Person/Institution] / [auch Mittel] stellt sich etw. [meist **unangenehmer Vorgang**/ indirekt Konkretum] mittels irgendetwas [als Gegenmaßnahme] entgegen; bekämpfen 무엇에 어떤 수단으로 대처하다)

   a. Der Patient kann **der Krankheit** *durch ein niedriges Gewicht und durch regelmäßige Kontrolle der Blutzuckerwerte* begegnen.
      (그 환자는 그 **병**에 낮은 체중과 당 수치의 규칙적 조절을 통해 대처할 수 있다.)

   b. **Diesem Gift** kann man [nur] *mit Gegengift* begegnen.
      (이 **독**은 단지 해독제로써만 대처할 수 있다.)

   c. Höhere Deiche könnten **einer Sturmflut** *besser* begegnen.
      (더 높은 둑/제방들이면 **해일**에 대해서 더 잘 대처할 수 있을 것이다.)

d. Die Schulbuchverlage versuchen **dem Umsatzverlust** *dadurch* zu begegnen, *dass sie sich an der Entwicklung von Lehr- und Lernprogrammen beteiligen.* (그 교과서 출판사들은 매상고의 손실에 대해 그들이 가르치고 배우는 계획들의 실현에 직접 참여함으로서 대처하려고 한다.

* 1.은 '우연히 만나다'이고, 2.는 '....하게 대하다'이고, 3.은 '...에 ...로 대처하다'이다. 2.에서는 '양태'(Art und Weise)를 나타내는 *freundlich* 와 *mit Skepsis*와 같은 Eadv이 꼭 필요하다. 3.에서는 동사행위의 '수단'(Instrument)을 나타내는 논항이 Eadv으로 필요하고, 상관사 *dadurch* 또는 *damit*는 생략이 불가능하다. 3. c.에서 보듯이 '수단'이 주어 자리를 이미 차지하고 있으면, 따로 '수단'을 나타내는 '부사적 동사보충어'는 오지 않는다.(김경욱(1990): 독일어 Valenz 문법, S. 80f. 참조)
a., b., c., d.의 3격 보충어에 오는 명사들의 공통적 의미특성은 '불유쾌한 일'이라는 점이다.

begründen, begründet, begründete, hat begründet:

1. SBP: Enom Eakk Epräp(=*mit*)

(etw. als Grund für etw. angeben 무엇으로 무엇의 이유를 설명하다)

Womit hat er diesen Schritt begründet?
(무엇으로 그는 이 조치의 이유를 설명했느냐?)

Die Polizei hat die Absperrung an der Unfallstelle **mit der drohenden Explosionsgefahr** begründet.
(경찰은 사고지역의 차단을 임박한 폭발의 위험으로 그 이유를 설명했다.)

* 전치사보충어는 논항 '수단'을 나타낸다.

2. SBP: Enom Eakk

(die Grundlage für etw. [Institution/geistiges Produkt: Theorie, Fachgebiet] legen 창설하

다)

   a. Wir Deutschen in Ost und West begründen heute **unseren gemeinsamen Staat**.
     (동(東)과 서(西)의 우리 독일인들은 오늘날 우리들 공동의 국가의 기초를 세운다.)

   b. Burt Lancaster begründete in Amerika eine eigene **Film- und Theaterproduktion**.
     (버트랑카스터는 미국에 그 자신의 영화제작사와 연극제작사를 세웠다.)

   c. Vor genau fünfzig Jahren hatte Yukawa **die Teilchenphysik** begründet.
     (정확하게 50년 전에 유카와는 미립자 물리학을 창설했다.)

3. SBP: Enom Eakk
(der **Rechtfertigungsgrund** für etw. 〔abstr. Objekt/Handlung〕 sein 무엇을 정당화하다)

   a. Die Behörde prüft, ob die Angaben, die **den Antrag** begründen, sachlich richtig sind.
     (당국은 그 신청서를 정당화하는 진술들이 객관적으로 옳은지 검토한다.)

   b. Die schlechte Disziplin der Schüler begründet **die strengen Maßnahmen des Direktors**.
     (그 학생들의 나쁜 규율이 교장선생님의 그 엄한 조치들을 정당화시킨다.)

4. SBP: Enom Eakk
(etw. 〔Artefakt/Substanz/geistiges Produkt〕 ist die Grundlage für etw. 〔abstraktes Objekt: Ansehen, Position in der Öffentlichkeit〕 무엇이 무엇의 토대를 이루다)

   a. Innerhalb von zwei Jahren sind drei Romane von Joseph Zoderer erschienen, die **seinen Ruf als Erzähler** begründen.
     (2년 이내에 소설가로서의 그의 명성을 뒷받침해주는 요셉 쪼더러의 세 소설들이 출간되었다.)

   b. Unsere Produkte genießen Weltruf und begründen **unsere führende**

Stellung auf dem Weltmarkt.
(우리 제품들은 세계적 명성을 누리고 있고, 세계시장에서의 우리의 지도적 위치의 토대를 이룬다.)

c. Der exquisite Rotwein begründet **den Ruf der Region Bardolo im Piemont.**
(그 정선된 적포도주는 피몽의 바르도로 지역의 명성의 근거를 이룬다.)

d. Die Oper "La Traviata" begründete **Verdis Weltruhm.**
(오페라 "라 트라비아타"는 베르디의 세계적 명성의 토대가 되었다.)

5. SBP: Enom Eakk Epräp(=*auf*)
(etw. auf etw. aufbauen 무엇을 무엇의 토대 위에 구축하다)

a. Karl Max begründete **seine Theorien** *auf Hegels Dialektik*.
(칼 막스는 그의 이론들을 헤겔의 변증법 위에 구축했다.)

b. Die großen Städte des Ruhrgebiets begründeten **ihren ganzen Wohlstand** *auf dem Bergbau und der Stahlindustrie*.
(루르지역의 대도시들은 그들의 복지를 광산업과 제강공업 위에 구축했다.)

begrüßen, begrüßt, begrüßte, hat begrüßt:

1. SBP: Enom Eakk
(jn. willkommen heißen 누구를 환영하다)

Der Oberbürgermeister konnte stellvertretend für alle Bürger **die Ehrenbürger der Stadt** begrüßen.
(그 시장님은 모든 시민들을 대표해서 그 도시의 명예시민들을 환영할 수 있었다.)

Mutter und Sohn begrüßten **einander** mit einer herzlichen Umarmung.
(어머니와 아들은 다정한 포옹으로 서로 인사를 했다.)

* '4격 보충어'로 논항 '대상'(AD)이 '사람'으로서 주로 온다.

2. SBP: Enom Eakk
(das Zustandekommen von etwas positiv bewerten 무엇을 긍정적으로 평가하다)

   a. Die Gewerkschaft ÖTV begrüßt **den Versuch der Universität Bremen, neue Formen des Lehrens und Lernens zu erproben.**
(공공 근무, 운송과 교통 노조는 가르치기와 배우기의 새로운 형태들을 시험 해보는 브레멘 대학의 시도를 긍정적으로 평가한다.)

 * ÖTV: Gewerkschaft Öffentliche Dienste, Transport und Verkehr(공공 근무, 운송과 교통 노조)

   b. Der Beschluss der Außenminister begrüßt **die Bereitschaft der Vereinigten Staaten, mit der Sowjetunion über Programme der strategischen Verteidigung zu diskutieren.**
(외무부장관들의 그 결의는 전략적 방어의 계획들에 관해서 구소련과 토론할 준비가 되어있는 미국의 태도를 긍정적으로 평가한다.)

   c. Jeder wird gewiss begrüßen, **dass dieser Arzt hoffnungslos Schwerkranken wieder Lebenshoffnung machen will.**
(모두는 이 의사가 쾌유의 가능성이 없는 중환자들에게 다시 생명의 희망을 불어 넣어주려는 것을 확실히 긍정적으로 평가할 것이다.)

   d. Der Verein würde (**es**) sehr begrüßen, **auch junge Leute zu seinen aktiven Mitgliedern zu zählen.**
(그 협회는 젊은이들조차 그들의 활동적 구성원으로 편입시키려는 것을 아주 긍정적으로 여길 것이다.)

   e. Im Interesse einer möglichst schadstofffreien Luft ist **der Kauf eines Katalysator-Autos** sehr zu begrüßen.
(될 수 있는 대로 해로운 물질이 없는 공기를 위해서는, 촉매-자동차의 구입 은 아주 긍정적으로 평가되어야 한다.)

f. **Es** ist zu begrüßen, *dass wir uns auf ein gemeinsames Vorhaben geeinigt haben.*
(우리가 한 개의 공통의 계획에 합의했다는 것은 긍정적으로 평가받아야 한다.)

g. **Es** wäre zu begrüßen, *wenn die Verantwortlichen schnell zu einer Entscheidung kämen.*
(책임 있는 사람들이 빨리 어떤 결정을 내릴 수 있다면, 그것은 긍정적으로 평가되어야 할 것이다.)

* f.와 g.의 **Es**는 'dass-문장'과 'wenn-문장'을 주문장에서 미리 예고해주는 '후방 지시사'(Katapher)이면서, '상관사'(Korrelat)이다.

* begrüßen 2 '긍정적으로 평가하다'도 넓은 의미의 '지각・인지 동사'에 포함될 수 있고, 목적어의 형태는 'dass-Satz, Infitiv mit zu, 동사에서 파생된 명사, 형용사에서 파생된 명사'로서, 의미는 '어떤 행위 또는 상태를 긍정적으로 평가하다'를 나타내고, 예문 c(dass-Satz)와 d(Infinitiv mit zu)가 가능하므로 논항 '명제 내용'(IT)을 요구함을 알 수 있다. 다음 시험을 통해서도 그것은 확인될 수 있다. 왜냐하면 논항 '명제 내용'은 문장형태의 문장성분이 오거나, 문장이 아닌 동사보충어(a, b, e)는 다음과 같이 문장형태(a', b', e')로 바꾸어질 수 있다는 특징이 있기 때문이다:

a'. *Die Gewerkschaft ÖTV begrüßt, dass die Universität Bremen neue Formen des Lehrens und Lernens zu erproben versucht.*

b'. *Der Beschluss der Außenminister begrüßt, dass die Vereinigten Staaten mit der Sowjetunion über Programme der strategischen Verteidigung zu diskutieren bereit ist.*

e'. *Im Interesse einer möglichst schadstofffreien Luft ist es zu begrüßen, wenn man ein Katalysator-Auto kaufen würde/ein Katalysator-Auto zu kaufen.*

behalten, behält, behielt, hat behalten:

1. SBP: Enom Eakk

(etw. nicht hergeben 무엇을 보관하다)

Darf ich den Prospekt behalten?
(내가 그 설명서를 계속 가지고 있어도 됩니까?)

2. SBP: Enom Eakk

(etw. nicht vergessen 무엇을 잊지 않다)

Ich muss mir alles aufschreiben, ich kann nichts mehr behalten.
(나는 모든 것을 나를 위해 기록해두어야 한다, 나는 아무것도 더 이상 오래 기억할 수가 없다.)

3. SBP: Enom Eakk

(etw. beibehalten 무엇을 계속 보유하다)

Wäre es nicht besser, wenn jeder Partner in der Ehe seinen eigenen Familiennamen behalten würde?
(결혼에서 부부가 각자 자신의 성을 계속 보유하게 된다면, 더 좋지 않겠어?)

4. SBP: Enom Eakk

(etw. bewahren 무엇을 유지하다)

Mein Vater hat lange seine dunklen Haare behalten.
(나의 아버지는 오랫동안 그의 검은 머리칼을 유지했다.)

5. SBP: Enom Eakk Eadv

(etw. irgendwo lassen 무엇을 어디에 두다)

Ein Quäker behält beim Grüßen den Hut auf dem Kopf.
(퀘이크 교도는 인사할 때 모자를 머리에서 벗지 않고 그대로 둔다.)

6. SBP: Enom Eakk Eobj-präd

   (jn. weiterhin als einen solchen fungieren lassen 누구를 계속 무엇으로 일하게 하다)

   Viele Fussballspieler hätten Beckenbauer gerne **als Teamchef** behalten.
   (많은 축구선수들은 베켄바우어가 계속 감독직을 맡기를 마음으로 바라고 있다.)

behandeln, behandelt, behandelte, hat behandelt:

1. SBP: Enom Eakk

   (etwas zum Gegenstand der Diskussion machen 무엇을 토론의 대상으로 다루다)

   Diese Frage wird in der zweiten Hälfte des Buchs behandelt.
   (이 문제는 그 책의 후반부에서 다루어진다.)

2. SBP: Enom Eakk Eadv

   (sich jm. gegenüber irgendwie verhalten 누구를 어떻게 대우하다)

   Herr Meier behandelt **seine Angestellten** stets *korrekt und freundlich*.
   (마이어씨는 그의 직원들을 항상 옳고 친절하게 대우한다.)

    ✱ '부사적 보충어' *korrekt und freundlich*는 논항 '양태'를 나타낸다.

3. SBP: Enom Eakk (Eadv)

   (jn./etw. zu heilen versuchen 누구를 진료하다)

   Welcher Arzt hat **Sie** behandelt?
   (어떤 의사가 당신을 진료했습니까?)

Welcher Kollege hat **das Knie** behandelt?
(어떤 동료가 그 무릎을 진료했느냐?)

Die Klinik hat zunächst nur **zwölf Patienten** *mit dem neuen Präparat* behandelt.
(그 병원은 우선 12명만을 그 의약품으로 치료했다.)

4. SBP: Enom Eakk Eadv
(mit etwas irgendwie verfahren 무엇을 어떻게 취급하다)

Dieses Buch ist sehr wertvoll. Bitte, behandeln Sie es *sorgfältig*!
(이 책은 아주 가치가 있다. 제발 그것을 조심스럽게 취급하세요!)

 ✽ 논항 '양태'를 나타내는 '부사적 보충어' *sorgfältig*는 필수적이다.

5. SBP: Enom Eakk (Eadv)
(jemand wirkt mittels irgendetwas 〔Substanz/Handlung〕 chemisch oder physikalisch auf etwas ein 누가 무엇 〔물질/행위〕을 통해 무엇에 화학적/물리적으로 작용하다)

Weißt du ein Mittel, *mit dem* man unsere schöne alte Kommode gegen Holzwürmer behandeln kann?
(나무를 갉아먹는 곤충들로부터 우리들의 아름답고 오래된 옷장을 화학적으로 처리하여 지켜줄 한 약품을 너는 아느냐?)

 ✽ *mit dem*이 '생략가능한 부사적 보충어'이다.

6. SBP: Enom Eakk Eobj-präd
(jn. als einen solchen betrachten und entsprechend mit ihm vefahren 누구를 무엇처럼 취급하다)

Sie behandeln **uns** *wie Feinde*.
(그들은 우리를 적들처럼 취급한다.)

behaupten, behauptet, behauptete, hat behauptet:

1. SBP: Enom Eakk

   (mit Bestimmtheit äußern, dass etwas wahr ist, ohne dass es bewiesen wird 증명하지도 않은채 무엇이 진실이라고 확신을 가지고 주장하다)

   Es gibt zwei Lager: die einen, die dies vorausgesagt haben, die anderen, die **das Gegenteil** behaupten.
   (두 진영이 있다: 이것을 예언한 사람들과 그 반대를 주장한 다른 쪽 사람들.)

   Sie behauptet, **den Mann nicht zu kennen**.
   (그녀는 그 남자를 모른다고 주장한다.)

   Ivy behauptete, **keinen Hunger zu haben**.
   (이비는 전혀 배고프지 않다고 주장했다.)

   Willst du wirklich behaupten, Tante Eugenia, **dass du von diesen Dingen nichts weißt?**
   (오이게니아 숙모, 너는 이 일들에 대해 아무것도 모른다고 정말 주장하려고 하느냐?)

   Viele Leute haben (es) schon behauptet, **Außerirdische gesehen zu haben**, aber zweifelsfrei bewiesen wurde dies nicht.
   (많은 사람들이 지구에서 유래하지 않는 것을 보았다고 주장하지만, 이것이 의심의 여지없이 증명되진 않았다.)

    ＊ behaupten 1.은 '4격 보충어'를 요구하지만, 'Infinitiv mit *zu*'와 '*dass*-문장'이 자주 그 자리에 온다.

2. SBP: Enom Eakk

   (etwas bewahren 무엇을 유지하다)

   Das Unternehmen will **seine führende Stellung in der Wirtschaft** weiterhin

behaupten.
(그 기업은 경제에서의 자신의 지도적 위치를 계속 유지하고자 한다.)

bekanntgeben, gibt bekannt, gab bekannt, hat bekanntgegeben:

SBP: Enom Eakk (Edat)

(jm. etwas offiziell mitteilen 누구에게 무엇을 공식적으로 통보하다)

Ort und Termin der Konferenz werden noch bekanntgegeben.
(그 회의의 장소와 시각은 앞으로 공표될 것이다.)

Der Verlag gab den Lesern **das Erscheinen eines neuen Romans** bekannt.
(그 출판사는 독자들에게 한 새 소설의 출판을 공표했다.)

Er gibt bekannt, **dass alle hohe Leistungen erbringen müssen.**
(그는 모두 다 높은 업적을 내어야 한다고 공표한다.)

"Die Automobilfirma gab bekannt, **dass sie in den nächsten Monaten 2.000 Arbeitnehmer entlassen wird.**
(그 자동차회사는 다음 몇 달 동안에 2000명의 노동자를 해고할 것이라고 공표한다.)

Präsident Reagan gab bekannt, **per Hubschrauber Bergen-Belsen und Bitburg aufsuchen zu wollen.**
(리간 대통령은 헬리콥터를 타고 베르겐-벨젠과 비트부르크를 방문하려고 한다고 공표했다.)

"**Die Sitzung wird für eine Stunde unterbrochen**", gab der Vorsitzende bekannt.
("그 회의는 한 시간 동안 중단된다"고 의장이 공표했다)" (VALBU, 226)

* *bekanntgeben*(공표하다)은 '말하기 동사'로서, 'dass-Satz'와 'Infinitiv mit *zu*'와 'direkte Rede' 등의 문장형태의 보충어를 허용하므로 논항 '명제 내용'을 요구한다.

bekennen, sich bekennt sich - bekannte sich - hat sich bekannt:

SBP: Enom Epräp(=*zu*)

(zu jm./etw. stehen; für jn./etw. offen eintreten 누구/무엇을 편들다; 누구/무엇을 위해 공개적으로 나서다)

Er bekannte sich **zu seinen Taten**. (Duden, 10 Bände)
(그는 그의 행동들을 고백했다.)

Nur wenige seiner früheren Freunde bekannten sich **zu ihm**. (Duden, 10 Bände)
(그의 예전 친구들 중 적은 수의 사람만 그의 편을 들었다.)

bemerken, bemerkt, bemerkte, hat bemerkt:

1. SBP: Enom Eakk

   (etw./jn. wahrnehmen 무엇/누구를 알아채다)

   a. Thomas bemerkte **seinen Freund** erst, als dieser ihn ansprach.
      (토마스는 그의 친구가 그에게 말을 걸었을 때, 비로소 그를 알아보았다.)

   b. Der Lehrer bemerkt **Inges Abwesenheit**.
      (선생님은 잉게의 부재(不在)를 알아챈다.)

   c. **Das** habe ich gar nicht bemerkt.
      (그것을 나는 전혀 알아채지 못했다.)

   d. Der Unfallzeuge hatte nicht bemerkt, **dass der Radfahrer die Änderung der Fahrtrichtung angezeigt hatte**.
      (그 사고의 증인은 그 자전거 타는 사람이 운전방향의 변경을 예고했던 것을 알아채지 못했다.)

e. Jürgen hatte sofort bemerkt, **wie die Tür langsam geöffnet wurde**.
(유르겐은 그 문이 천천히 열리는 것을 즉시 알아챘다.)

 * *bemerken*('알아채다')는 '지각 · 인지 동사'이다. 그러므로 논항 '명제 내용'을 요구하고, 그 사실은 예문 d.와 e.와 같은 '성분 문장'(Gliedsatz)이 올 수 있는 것이 증명해주고 있다.

2. SBP: Enom Eakk
(etw. zu etw. äußern 무엇에 대해 무엇을 언급하다)

a. Der Politiker bemerkte zu dem Vorfall nur **wenige Worte**.
(그 경찰관은 그 사건에 대해 단지 몇 마디만 언급했다.)

b. Ich möchte [in diesem Zusammenhang] bemerken, **dass mir eine Gehaltserhöhung fest zugesagt war**.
(나는 이 관계에 있어서 나에게 봉급인상이 확실히 약속되어 있었다는 것을 말씀드리고 싶습니다.)

c. Mein Bruder bemerkte [am Telefon], **er habe keine Zeit für einen Besuch bei uns**.
(내 형은 전화기에다 그가 우리를 방문할 시간은 없다고 말했다.)

 * *bemerken*('언급하다')은 '말하기 동사'이고, 논항 '명제 내용'을 요구함을 예문 b.와 c.와 같은 '성분 문장'(Gliedsatz)이 '4격 보충어'로 올 수 있는 것이 증명해주고 있다.

bemühen, sich bemüht sich - bemühte sich - hat sich bemüht:

1. SBP: Enom Epräp(=*um*)
(sich anstrengen, um etwas zu verwirklichen 무엇을 실현하기 위해 노력하다)

a. Die Handwerker werden sich **um den termingerechten Abschluss der Arbeiten** bemühen.
(그 수공업자들은 그 작업들을 약속된 기한에 맞게 끝내도록 노력할 것이다.)

b. Ich werde mich bemühen, **heute Abend pünktlich zu sein.**
(나는 오늘 저녁에 시간을 지키려고 노력할 것이다.)

 * a.가 기본구조이고 b.는 파생구조이다.

2. **SBP: Enom Epräp(=**um**)**
(etwas für sich zu bekommen versuchen 무엇을 얻기 위해 노력하다)

Viele Studenten bemühen sich **um einen Job für die Ferien.**
(많은 대학생들은 방학 동안의 일자리를 얻으려고 노력한다.)

3. **SBP: Enom Epräp(=**um**)**
(jemandes Zuneigung zu gewinnen versuchen 누구의 애정을 얻으려고 시도하다)

Anngret war schlank und hübsch. Es wäre zu verstehen gewesen, wenn sich der Sohn eines reichen Bauern **um sie** bemüht hätte.
(안그렡은 날씬하고 예뻤다. 한 부유한 농부의 아들이 그녀에게 구애를 했다면 이해될 수 있었을 것이다.)

4. **SBP: Enom Epräp(=**um**)**
(sich um jn. kümmern 누구를 돌보다)

Der Arzt, der zufällig am Unfallort anwesend war, bemühte sich sofort **um die Verletzten.**
(우연히 사고 현장에 있었던 그 의사는 즉시 그 부상자들을 돌보아주었다.)

5. **SBP: Enom Eadv**
(sich irgendwohin begeben 어디로 움직이다)

Wir danken Ihnen allen, dass Sie sich **hierher** bemüht haben!
(여기에 와 주신데 대해서 우리는 여러분 모두에게 감사드립니다.)

benutzen, benutzt, benutzte, hat benutzt:

1. SBP: Enom Eakk (Eadv)
(etw. irgendwozu gebrauchen 무엇을 무엇을 위해 이용하다)

   a. Benutzen Sie bitte **die öffentlichen Verkehrsmittel**.
     (제발 공공의 교통수단들을 이용하십시오.)

 * *benutzen*의 '4격 보충어'는 '구상 명사 Konkretum'이고, *nutzen*의 '4격 보충어'는 '추상 명사 Abstraktum'이다.

   b. Die Gefangenen benutzen **das Essbesteck** *für den Bau eines Fluchttunnels*.
     (그 죄수들은 식사도구를 도주용 터널을 만드는 데 이용한다.)

   c. **Dieses Mittel** wird meist *dafür* benutzt, *den Kreislauf anzuregen*.
     (이 약은 주로 혈액순환을 자극하는 데 이용된다.)

* *dafür*는 den Kreislauf anzuregen을 위한 '생략할 수 없는 상관사'이다.

   d. Die Einwohner sammeln **Regenwasser** in großen Behältern, das sie *zum Baden und Waschen* benutzen.
     (주민들은 목욕하고 씻는 데 이용할 빗물을 큰 용기들에 모은다.)

* 전치사 *für*와 *zu*로 표현되는 '목적'을 나타내는 부사적 보충어는 a.에서 보듯이 생략이 가능하다.

2. SBP: Enom Eakk Eadv
(etwas irgendwozu in Anspruch nehmen 무엇을 무엇을 위해 이용하다)

a. Er hat **alle einflussreichen Personen seiner Umgebung** zum Karrieremachen benutzt.
(그는 자기 주위의 모든 영향력 있는 사람들을 자신의 경력을 쌓는 데 이용했다.)

b. **Esel** werden meist dafür benutzt, Lasten zu transportieren.
(당나귀들은 대개 짐들을 운반하는 데 이용된다.)

 * dafür는 Lasten zu transportieren을 위한 '생략할 수 없는 상관사'이다.

c. Er benützt **sein Luftgewehr**, um die Spatzen aus dem Garten zu verjagen.
(그는 참새들을 정원에서 쫓아내기 위해서 자신의 공기총을 이용한다.)

3. SBP: Enom Eakk Eadv

(etwas irgendwozu wahrnehmen 무엇을 무엇에 이용하다)

a. Am Sonntag haben wir **das schöne Wetter** für einen weiten Ausflug benutzt.
(일요일에 우리는 좋은 날씨를 멀리 소풍가는 데 이용했다.)

b. Die europäischen Staaten benutzten **den Anlass** zur innenpolitischen Profilierung.
(그 유럽 국가들은 그 계기를 국내정치적 부각에 이용했다.)

4. SBP: Enom Eakk Eobj-präd

(etw. als ein solches gebrauchen 무엇을 무엇으로서 이용하다)

Die Bankräuber benutzten **die Geiseln** als Schutz vor den Schüssen der Polizisten.
(그 은행 강도들은 인질들을 경찰관들의 사격들에 대한 보호막으로서 이용했다.)

beraten, berät, beriet, hat beraten:

1. SBP: Enom Eakk/Epräp1(=über) Epräp2(=mit)

(etwas mit jm. beratschlagen 무엇을 누구와 논의하다)

a. In der nächsten Sitzung werden wir **über diesen Punkt** *mit den Kollegen* beraten.
(다음 회의에서 우리는 이 문제에 관해서 동료들과 논의할 것입니다.)

b. Die Grünen wollen **ihre Asylpolitik** *mit Fachleuten* beraten.
(녹색당원들은 그들의 망명 정책을 전문가들과 논의해보려고 한다.)

　＊ beraten 1. '논의하다'는 a.의 **über diesen Punkt**처럼 '전치사격 보충어' 또는 b.의 **ihre Asylpolitik**처럼 '4격 보충어' 중에서 한 개를 선택적으로 요구한다.

2.SBP: Enom Eakk

(jm. einen Rat erteilen 누구에게 충고하다)

Der Verkäufer hat **den Kunden** gut beraten.
(그 판매원은 그 고객에게 충고를 잘 해주었다.)

berechtigen, berechtigt, berechtigte, hat berechtigt:

SBP: Enom Eakk Epräp(=zu)

(*ein Dokument/ein bestimmter Umstand berechtigt jn. zu etw.*: 'jm. das Recht zu etw. geben' '누구에게 무엇을 할 권리를 주다')

a. Diese Karte berechtigt ihn **zum Eintritt**.
(이 카드가 그에게 입장할 권리를 준다.)

b. Herr X ist **zur Einlösung des Schecks** nicht berechtigt.
(X 씨는 그 수표를 현금으로 찾을 권리가 없다.)

c. Er ist berechtigt, **das Schriftstück zu unterzeichnen**.
(그는 그 문서에 서명할 권리가 있다.)

d. Auf Grund dieser Behinderung ist er berechtigt, **eine Unterstützung zu beantragen.**
(이 신체장애를 이유로 그는 한 개의 보조금을 신청할 권리가 있다.)

 * c.와 d.에서 상관사 *dazu*가 생략되었다.

berichten, berichtet, berichtete, hat berichtet:

1. SBP: Enom Eakk (Edat)
   (jm. etwas mitteilen 누구에게 무엇을 보고하다)

   a. Im vorigen Jahr musste ich Ihnen berichten, **dass die Firma am Rande des Abgrunds stehe.**
   (작년에 나는 그 회사가 파멸 직전에 처해 있다는 사실을 당신에게 보고해야만 했습니다.)

    * *berichten* 1.의 동사가는 '주어 + 4격 보충어 + (3격 보충어)'이다. 다음 예문에서 보듯이 '3격 보충어'는 생략이 가능하다. 4격 보충어는 *dass*-Satz 로 자주 온다. 그것은 동사 *berichten* 1.(보고하다)의 '4격 보충어'가 논항 '명제 내용'을 요구하고 있음을 입증한다.

   b. Die Nachrichtensendungen berichten oft nur **Negatives.**
   (뉴스 방송들은 종종 부정적 사건만을 보도한다.)

2. SBP: Enom Epräp(=*über*)
   (über etwas Mitteilung machen 무엇에 대해 보도하다)

   a. Alle Zeitungen haben **über dieses Ereignis** berichtet.
   (모든 신문들이 이 사건에 관해서 보도했다.)

   b. Die Reporter berichteten **darüber/davon, dass wegen der Explosionsgefahr**

niemand in die Nähe der Unglücksstelle durfte.
(기자들은 폭발위험성 때문에 아무도 사고현장의 근처로는 들어갈 수 없었다는 사실에 관해서 보도했다.)

* *berichten* 2.의 동사가는 '주어 + *über/von*을 가진 전치사격 보충어'이다. 그리고 상관사 *darüber/davon*은 '필수적 상관사'로서 생략이 불가능하다. berichten 2. a.의 '전치사격 보충어'도 예문 2. b.에서처럼 상관사 *darüber/davon* 다음에 dass-Satz로 올 수 있음은 이 '전치사격 보충어' 또한 논항 '명제 내용'임을 입증한다.

beschäftigen, sich beschäftigt sich, beschäftigte sich, hat sich beschäftigt:

1. SBP: Enom Epräp(=*mit*)
   (seine geistige Tätigkeit nachhaltig auf etwas richten 무엇의 연구에 몰두하다)

   a. Ich beschäftige mich seit Jahren **mit diesem Problem**.
      (나는 수년 전부터 이 문제의 연구에 몰두해 왔다.)

   b. Die Wissenschaftler beschäftigen sich **damit, eine Erklärung für die Gewalt von Kindern zu finden**.
      (학자들은 애들의 폭력에 대한 이유를 알아내는 일에 몰두하고 있다.)

* damit은 eine Erklärung für die Gewalt von Kindern zu finden을 주문장에서 미리 받아주는 '생략할 수 없는 상관사'이다.

2. SBP: Enom Epräp(=*mit*)
   (sich um jn./etw. kümmern 누구를 돌보다)

   Du kannst dich ein bisschen ausruhen, Oma beschäftigt sich **mit den Kindern**.
   (너는 잠깐 푹 쉴 수 있다, 할머니가 그 애들을 돌보아주고 있으니.)

3. SBP: Enom Epräp(=*mit*)

   (etw. als Thema haben 무엇을 테마로 다루다)

   a. Die letzte Fernsehsendung beschäftigt sich **mit den Gorillas in Zentralafrika**.
   (그 마지막 TV방송은 중앙 아프리카의 고릴라들을 테마로 다룬다.)

   b. Die Reportage beschäftigt sich **damit, ob es möglich ist, die Gewalt an den Schulen zu mildern**.
   (그 시사보도는 학교에서의 폭력을 줄일 수 있는지를 테마로 다루고 있다.)

    * **damit**는 '생략할 수 없는 상관사'이다.

4. SBP: Enom Epräp(=*mit*)

   (seine Zeit mit etw. verbringen 그의 시간을 무엇으로 보내다)

   a. In seiner Freizeit beschäftigt er sich vorwiegend **mit Tennisspielen**.
   (여가에는 그는 주로 테니스경기들로 시간을 보낸다.)

   b. Hanno beschäftigte sich **damit, dass er in Gedanken eine Orchester-Ouvertüre aufführte**.
   (한노는 관현악단-서곡을 상상 속에서 연주하는 일로 시간을 보냈다.)

   c. Seit er Rentner ist, beschäftigt sich unser Nachbar **damit, Rosen zu züchten**.
   (연금생활자가 된 후에 우리 이웃은 장미재배에 시간을 보내고 있다.)

    * b.와 c.의 **damit**는 '생략할 수 없는 상관사'이다.

beschließen, beschließt, beschloss, hat beschlossen:

1. SBP: Enom Epräp(=*über*)

   (über etw. abstimmen 무엇에 관해 투표하다)

Das Bundeskabinett soll am 2. Juli **über das Budget und den Finanzplan** beschließen.
(독일연방내각은 7월 2일에 예산과 재정계획에 관해서 결의하게 되어있다.)

Darüber wird in der nächsten Sitzung beschlossen.
(그것에 관해서는 다음 회의에서 투표로 결정된다.)

2. **SBP: Enom Eakk**
   (sich zu etw. entschließen 무엇을 결심하다)

Ich habe **den Kauf einer Wohnung** beschlossen.
(나는 집을 한 채 구입하기로 결정했다.)

Wir haben beschlossen, **dass wir am Wochenende einen Ausflug in den Schwarzwald machen.**
(우리는 주말에 쉬바르쯔발트로 산책가기로 결정했다.)

Karski erlebte die größte Enttäuschung seines Lebens und beschloss, **nie wieder über das Erlebte zu sprechen.**
(카르스키는 그의 인생에서 가장 큰 실망을 체험하고서는, 경험한 것에 대해서 다시는 말하지 않기로 결심했다.)

Herr Müller beschloss, **er reist morgen ab.**
(뮬러씨는 내일 여행을 떠나기로 결정했다.)

"**Wir machen jetzt eine Pause**", beschloss der Veranstaltungsleiter.
("우리는 지금 휴식을 취한다"라고 대회주최자는 결정했다.)

 ∗ *beschließen* 2의 '4격 보충어'는 문장형태로 자주 실현된다. 그것은 '4격 보충어'가 논항 '명제내용'임을 나타낸다.

3. **SBP: Enom Eakk**
   (einen Mehrheitsbeschluss über die Einführung von etw. fassen 무엇의 도입을 다수결로 결정하다)

Deutschland, Österreich, die Schweiz und Liechtenstein beschließen **neue Regeln der deutschen Rechtschreibung**.
(독일, 오스트리아, 스위스와 리히텐스타인은 독일어 정서법의 새 규칙들을 다수결로 도입하기로 결의한다.)

Norwegens Regierung hat beschlossen, **dass im Land ein eigener Endlagerplatz für Atommüll gebaut werden soll**.
(놀웨이 정부는 자국 내에 핵 폐기물 최종 처리장을 세우기로 다수결로 결의했다.)

Die amerikanischen Streitkräfte haben beschlossen, **alle neuen Rekruten auf eine Aids-Virus-Infektion zu testen**.
(미국군대는 모든 신병들을 에이즈-바이러스-전염 여부를 시험하기로 결의했다.)

Die niederländischen Wasserwerke haben beschlossen, **sie entnehmen dem Rhein kein Wasser mehr**.
(네델란드의 상수도 시설들은 라인 강에서 더 이상 물을 빼내어 오지 않을 것을 결의했다.)

 * *beschließen* 3의 '4격 보충어'도 문장형태로 자주 실현된다. 그것은 '4격 보충어'가 논항 '명제내용'임을 나타낸다.

4. SBP: Enom Eakk

   (den Abschluss von etw. bilden 무엇의 끝을 장식하다)

   Den Abend des 1. Mai wird ein Feuerwerk beschließen.
   (불꽃 놀이가 5월 1일의 저녁을 끝낼 것이다.)

5. SBP: Enom Eakk Epräp(=*mit*)

   (etw. mit etw. beenden 무엇을 무엇으로 끝내다)

   Der Ehrengast beschloss seine Rede **mit einem Toast**.

(그 주빈은 그의 연설을 건배의 말로 끝냈다.)

Der Redner beschloss seine Ansprache **damit, dass er einen Dank an die Veranstalter des Kongresses aussprach.**
(그 연사는 그의 연설을 그 회의의 주최자에게 감사하는 것으로 끝맺었다.)

 * **damit**는 '생략할 수 없는 상관사'이다.

beschreiben, beschreibt, beschrieb, hat beschrieben:

1. SBP: Enom Eakk
(die Merkmale von etw. nennen 무엇의 특징을 설명하다)

Kannst du mir **den Weg dahin** beschreiben?
(너는 나에게 그 곳까지 가는 길을 설명할 수 있느냐?)

2. SBP: Enom Eakk
(etw. ausführen 무엇을 실행하다)

Das Flugzeug beschrieb **einen Kreis** und verschwand dann in nördlicher Richtung.
(그 비행기는 한 개의 원을 그리면서 북쪽으로 사라졌다.)

3. SBP: Enom Eakk Epräp(=*mit*)
(etw. mit etw. versehen 무엇을 무엇으로 채우다)

Am Ende der Stunde hatte der Lehrer die Tafel von oben bis unten **mit Zahlen und Formeln** beschrieben.
(수업이 끝날 때 그 선생님은 칠판을 위에서 아래까지 숫자들과 공식들로 가득 채웠다.)

besitzen, besitzt, besaß, hat besessen:

1. SBP: Enom Eakk

   (etw. als Eigentum haben 무엇을 재산으로 소유하다)

   Seine Frau besitzt ein eigenes **Auto**.
   (그의 부인은 자신의 차 한 대를 소유하고 있다.)

2. SBP: Enom Eakk

   (etw. aufweisen 무엇을 보여주다)

   Goethe sagte, Gelb besitzt eine heitere, muntere **Eigenschaft**.
   (괴테가 말하기를, 노랑은 한 개의 명랑하고 경쾌한 성질을 보여준다고.)

3. SBP: Enom Eakk

   (sexuellen Verkehr haben 성교하다)

   Er ist schon 40 und hat noch nie eine **Frau** besessen.
   (그는 이미 40세인데 아직 한 번도 여자와 잔 적이 없다.)

besorgen, besorgt, besorgte, hat besorgt:

1. SBP: Enom Eakk (Edat/Epräp)

   (etw. beschaffen 무엇을 조달하다)

   Soll ich *dir* die **Eintrittskarten** besorgen?
   (내가 너의 입장권들을 마련해주어야 되겠는가?)

   Sie wollte noch schnell ein paar hübsche **Blumen** *für Frau Jordan* besorgen, die heute Geburtstag hatte.
   (그녀는 오늘 생일인 요르단 부인을 위해 급히 몇 송이 예쁜 꽃들을 마련하려고

했다.)

2. SBP: Enom Eakk

(sich um etw. kümmern 무엇을 돌보다)

Seitdem der Vater tot ist, müssen die Kinder **den Hof** allein besorgen.
(아버지가 돌아가신 이후로, 그 애들은 농장을 홀로 돌보아야 한다.)

Junge Frauen bemuttern Senioren: Sie kaufen ein, besorgen **die Wäsche** und helfen bei der Körperpflege.
(젊은 여인들이 노인들을 어머니같이 돌본다: 그들은 장을 보고, 빨래를 해주고 신체 위생을 돕는다.)

3. SBP: Enom Eakk

(etwas erledigen 무엇을 해치우다)

Warte nicht mit dem Mittagessen auf mich, ich habe noch **eine Menge** in der Stadt zu besorgen.
(점심식사 때문에 나를 기다리지 마라, 나는 아직 시내에서 많은 일을 처리해야 한다.)

bestätigen, bestätigt, bestätigte, hat bestätigt:

1. SBP: Enom Eakk

(offiziell die Richtigkeit von etw. erklären 공식적으로 무엇의 옳음을 선언하다)

a. Die Polizei hat **die Aussage des Unfallzeugen** bestätigt.
(경찰은 그 사고증인의 발언을 공식적으로 확인했다.)

b. Das Stuttgarter Sozialministerium bestätigte [im Mai], *dass* **alles Geld ausgegeben** *sei*.
(스투트가르트의 사회복지부는 모든 돈이 다 지출되었다고 5월에 공식적으로

확인했다.)

c. Das Stuttgarter Umweltministerium bestätigte, **rasch benachrichtigt worden zu sein.**
(스투트가르트의 환경부는 급히 보고받았음을 공식적으로 확인했다.)

d. Ein Sprecher der Notenbank bestätigt, **die Bundesbank** *habe* **im freien Markt Dollar gekauft.**
(발권은행의 한 대변인은 독일연방은행이 자유 시장에서 달러를 구입했다는 사실을 공식적으로 확인한다.)

* bestätigen 1.은 '공식적으로 무엇이 옳다고 확인하다'를 뜻하며, '주어 + 4격 보충어'를 요구한다. 예문 b., c., d.는 '4격 보충어의 파생형태'이다. b.에서는 접속사 **dass**가 있으므로 정동사 *sei*가 문장 끝에 왔지만, d.에서는 **dass**가 오지 않았음으로 정동사 *habe*가 부문장의 주어 바로 다음에 오게 되었다. 예문 b., c., d.를 통해 '4격 보충어'는 논항 '명제 내용'임을 알 수 있다.

2. SBP: Enom Eakk

(etw. rechtskräftig machen 무엇을 확정적으로 만들다/추인하다)

Der Bundesgerichtshof hat **das Urteil** nicht bestätigt, und der Fall wurde an das Landgericht zurückgewiesen.
(독일 연방재판소는 그 판결을 추인하지 않았고, 그 사건은 일심법원으로 되돌려 보내졌다.)

3. SBP: Enom Eakk

(jn. als rechtsgültig eingesetzt erklären 누구를 적법한 후보로 선언하다)

Der Parteivorstand bestätigte **die Kandidaten für die nächsten Wahlen.**
(그 당수는 그 후보들을 다음 선거들을 위한 적법한 후보임을 선언했다.)

4. **SBP: Enom Eakk**

   (beweisen, dass etw. zutrifft 무엇이 옳음을 증명하다)

   Das Ergebnis bestätigte insgesamt **den Spitzenstandard deutscher Reaktortechnologie**.
   (그 결과는 전체적으로 독일의 원자로 기술이 최첨단의 수준이라는 주장이 옳음을 증명했다.)

5. **SBP: Enom Eakk Edat**

   (etw. für zutreffend erklären 무엇이 옳음을 선언하다/확인하다)

   Würden Sie mir bitte die **Zusage** schriftlich bestätigen?
   (당신은 당신이 승낙한다는 사실을 제발 저에게 문서로 확인해주시겠습니까?)

6. **SBP: Enom Eakk Edat**

   (jm. etw. bescheinigen 누구에게 무엇을 증명하다)

   Hiermit bestätige ich Ihnen **den Empfang Ihrer Sendung vom 2.8. 2008**.
   (이것으로 저는 당신에게 2008년 8월 2일에 당신이 보낸 물건을 받았음을 증명합니다.)

7. **SBP: Enom Eakk Eobj-präd**

   (jemandes Ernennung als einen solchen für rechtsgültig erklären 누구를 무엇으로 임명한 것을 합법적이라고 선언하다/인준하다)

   Die Gemeindevertretung bestätigte **Peter Krüger** als *Stellvertreter*.
   (그 지방의회는 페터 크뤼거를 대표로 인정했다.)

---

bestehen, besteht, bestand, hat bestanden:

1. **SBP: Enom Eakk**

   (etwas erfolgreich absolvieren 무엇에 합격하다)

Er hat die **Prüfung** bestanden.
(그는 그 시험에 합격했다.)

2. SBP: Enom Epräp
(aus etwas zusammengesetzt sein 무엇으로 합성되어 있다)

Der Mensch besteht vorwiegend **aus Wasser**.
(인간은 주로 물로 이루어져 있다.)

3. SBP: Enom Eadv
(vorhanden sein 존재하다)

Das Schulgebäude besteht **seit 1906**.
(그 학교건물은 1906년부터 세워져 있었다.)

Unsere Firma besteht genau **100 Jahre**.
(우리 회사는 정확하게 설립한 지 100년 되었다.)

 ✱ '부사적 보충어'는 '언제 이후로' 또는 '얼마 동안'을 나타낸다.

4. SBP: Enom Epräp(=*auf*)
(auf etwas beharren 무엇을 고집/주장하다)

Er besteht **auf seinem Recht**.
(그는 그의 권리를 주장한다.)

Sie besteht **auf kirchlicher/kirchliche Trauung**.
(그녀는 교회에서 결혼식을 할 것을 고집한다.)

Er besteht **auf sofortiger Begleichung der Rechnung**.
(그는 그 계산서의 즉각적인 청산을 주장한다.)

Ich bestehe ***darauf*, dass du den von dir angerichteten Schaden ersetzt**.
(나는 네 자신이 야기한 손해를 네가 배상할 것을 주장한다.)

Er bestand *darauf*, seine Frau mit dem Auto zu einem Altersheim zu bringen, wo sie arbeitet, und sie wieder dort abzuholen.
(그는 그의 부인을 차로 그녀가 일하는 한 양로원에 데려다주고, 다시 그녀를 그곳에서 데려올 것을 고집했다.)

 * *darauf*는 '생략할 수 없는 상관사'이다.

5. SBP: Enom Epräp(=*in*)
(etw. als Inhalt haben 무엇을 내용으로 갖고 있다)

Der wahre Gottesdienst bestand für Leibniz **in Wissenschaft**.
(참된 예배의 대상은 라이프니쯔에게는 학문이었다.)

6. SBP: Enom Epräp(=*gegen*) v Eadv
(sich gegen jn. bzw. irgendwo behaupten 누구에 대해/어떤 장소에 대해 자신의 능력을 증명해 보이다)

a. Nun mussten die sechsjährigen Springpferde **vor den Augen der Richter** bestehen.
(그 6살배기 도약경기용 말들은 심판관들의 눈앞에서 자신의 능력을 증명해 보여야 했다.)

b. Mit dieser Leistung kannst du **überall** bestehen.
(이런 성적으로 너는 어디에서나 인정받을 수 있다.)

c. Es war ihm immer ein Problem, **gegen seinen jüngeren Bruder** *im Kampf um die Gunst des Vaters* zu bestehen.
(아버지의 호감을 얻기 위한 싸움에서 그의 동생에 대항하여 자신의 진가를 증명한다는 것은 그에게 항상 한 개의 어려운 문제였다.)

 * a.와 b.에서는 '부사적 보충어'만 왔고, d.에서는 '전치사 보충어'(**gegen seinen jüngeren Bruder**)와 '부사적 보충어'(*im Kampf um die Gunst des Vaters*)가 다 왔다. 'v'는 두 보충어 중에서 하나만 오거나 또는 둘 다 올

수 있음을 뜻한다.

bestellen, bestellt, bestellte, hat bestellt:

1. **SBP: Enom Eakk Edat/Epräp1(=*an*) (Epräp2)(=*von*)**
   (etw. überbringen 무엇을 전달하다)

   Bestellen Sie bitte **einen Gruß** *an* **Ihre Frau**!
   (제발 당신 부인에게 제 인사를 전달해주세요!)

   Mein Freund hat mir **herzliche Grüße** *von seinem Bruder* bestellt.
   (내 친구는 그의 형의 진심어린 인사를 나에게 전달했다.)

2. **SBP: Enom Eakk**
   (den Auftrag geben, etw. bereitzustellen 무엇을 주문하다)

   Ich habe *mir* schon einen **Kaffee** bestellt, was möchtest du trinken?
   (나는 이미 커피 한 잔을 주문했다, 너는 무엇을 마시고 싶니?)

    * *mir*는 'für mich'로 의미풀이가 되는 '이익의 3격'이다.

3. **SBP: Enom Eakk Eadv1 v Eadv2**
   (die Weisung geben, dass jemand kommen soll 누구에게 오라고 지시하다)

   a. Jochen hat **seine Freundin** *für 8 Uhr an den Bahnhof* bestellt.
      (요헨은 그의 여자친구를 8시에 역으로 오도록 지시했다.)

   b. **Frau Petit** ist *für 14 Uhr aufs Ausländeramt* bestellt.
      (쁘티 부인은 14시에 외국인담당관청으로 오도록 지시를 받았다.)

    * Eadv1은 '장소'이고, Eadv2는 '시간'이다.

4. SBP: Enom Eakk

(etwas bearbeiten 무엇을 경작하다)

Nach den Hochwasserschäden ist die zentrale Frage, wann **das Land** wieder bestellt werden kann, noch völlig offen.
(홍수로 피해를 입은 후에, 언제 그 땅이 다시 경작될 수 있는가라는 주된 문제는 아직 전적으로 미해결 상태이다.)

5. SBP: Enom Eakk Eobj-präd

(jn. zu jm. bestimmen 누구를 무엇으로 임명하다)

Kanzler Kohl hatte **Herrn Biedenkopf** einst *zum Generalsekretär der Partei* bestellt.
(콜 수상은 언젠가 비덴코프씨를 당의 사무총장으로 임명했다.)

 * (VALBU, 254쪽)에서는 *zum Generalsekretär der Partei*를 '전치사 보충어'로 규정하고 있지만, *Herr Biedenkopf wird zum Generalsekretär der Partei*에서 보듯이 *zum Generalsekretär der Partei*는 '목적 보어'이다.

besuchen, besucht, besuchte, hat besucht:

1. SBP: Enom Eakk

(an etwas eingeschrieben sein, um eine Ausbildung zu erhalten 학교에 다니다)

Meine Tochter besucht **das Gymnasium**.
(내 딸은 김나지움에 등록해서 다니고 있다.)

2. SBP: Enom Eakk (Eadv)

(jn. aufsuchen 누구를 방문하다)

Besuchen Sie **uns** [doch mal]!
(우리를 꼭 한 번 방문해주세요!)

Max darf **seine Freundin** nicht *bei ihren Eltern* besuchen.
(막스는 그의 여자 친구를 그녀의 부모집으로 방문해선 안 된다.)

3. SBP: Enom Eakk

    (an etwas 〔Veranstaltung〕 als Zuschauer/Zuhörer teilnehmen 행사에 청중으로 참여하다)

    Seit unsere Sekretärin in Rente ist, besucht sie **Konzerte, Theateraufführungen, Vorträge über Kunst und Geschichte und sogar einen Yogakurs**.
    (우리 여비서가 연금생활을 들어간 후에, 그녀는 연주회들, 연극공연들, 예술과 역사에 관한 강연들과 심지어 요가과정에 청중으로 참여한다.)

4. SBP: Enom Eakk

    (sich zu einem Ort begeben, um etwas anzuschauen 관광하기위해 방문하다)

    Viele Touristen besuchen **den Bergfriedhof in Heidelberg**.
    (많은 관광객들이 하이델베르크에 있는 산 위의 묘지를 관광하기 위해서 방문한다.)

5. SBP: Enom Eakk

    (auf etwas 〔geistiges Produkt: Internetseite〕 zugreifen 홈 페이지를 방문하다)

    Wer allgemeine Forschungsinformationen sucht, kann **die Homepage der Deutschen Forschungsgemeinschaft** besuchen.
    (보편적인 연구정보들을 찾는 사람은 독일 연구단체의 홈 페이지를 방문할 수 있다.)

beteiligen sich, beteiligt sich, beteiligte sich, hat sich beteiligt:

SBP: Enom Epräp(=*an*)

(bei etw. aktiv mitwirken 무엇에 능동적으로 참여하다)

a. Alle Mitglieder des Vereins haben sich **an der Vorbereitung des Ausflugs** beteiligt.
(그 협회의 모든 회원들은 그 소풍의 준비에 참여했다.)

b. Der Schüler beteiligte sich lebhaft **am Unterricht**.
(그 학생은 수업에 활발하게 참여했다.)

 * 전치사격 보충어로서 전치사 *an* 다음에 오는 명사는 주로 '행동'을 표현하는 명사이다.

c. **An dem Handelsboykott** waren nur wenige Länder beteiligt.
(무역 거부에는 단지 소수의 국가들만 참여했다.)

 * c.는 재귀구조 후의 상태를 나타내므로 '상태 재귀'(Zustandsreflexiv)이다:

d. Nur wenige Länder hatten sich an dem Handelsboykott beteiligt. →
e. Nur wenige Länder waren an dem Handelsboykott beteiligt. →
f. die an *dem Handelsboykott* **beteiligten** Länder (그 무역 거부에 참여한 국가들)

* d.가 재귀구조의 '과거완료형'이고, e.는 재귀구조의 완료형 뒤에 나타난 상태를 나타내므로 '상태 재귀'(Zustandsreflexiv)라고 불린다. e.의 *waren beteiligt*처럼 과거분사형의 '서술적 용법'이 가능해야, f.와 같은 '부가적 용법'(Attribut)이 가능해지게 된다.

betragen, beträgt, betrug, hat betragen:

SBP: Enom Emens

(einen Wert oder ein Ausmaß oder eine Anzahl von irgendwieviel aufweisen 얼마나 많은 값/부피/수(數)를 나타내다)

Die Verluste der Firma betrugen **1 Million Euro**.

(그 회사의 손실은 일백만 유로나 되었다.)

Die Miete beträgt **560 Euro** monatlich.
(집세는 매 달 560유로이다.)

 ✱ '척도 보충어'(Mensuralergänzung)는 '척도의 단위'를 나타낸다. 4격 보
충어나 형용사로 실현된다.

betrügen, betrügt, betrog, hat betrogen:

1. **SBP: Enom Eakk**
   (jn. bewusst täuschen 누구를 의식적으로 속이다)

   a. Hat Holger Börner **seine Wähler** betrogen?
      (홀거 뵈르너는 그의 유권자들을 의식적으로 속였는가?)

   b. Er betrügt immer *beim Kartenspiel.*
      (그는 카드게임을 할 때에는 언제나 속임수를 쓴다.)

   c. Er ist *beim Kauf seines neuen Autos* betrogen worden.
      (그는 그의 새 차를 구입할 때에 속았다.)

    ✱ 1. b.에서는 '속이는 행위가 벌어지는 상황'을 나타내는 'bei-전치사구'가
   왔기 때문에, '4격 보충어'가 생략될 수 있다.

2. **SBP: Enom Eakk Epräp(=*um*)**
   (jn. durch Betrug um etwas bringen 누구를 사기로 얼마를 빼앗다)

   Sein Partner hat **ihn** um *5000 Euro* betrogen.
   (그의 동업자가 그로부터 5000유로를 사취했다.)

3. **SBP: Enom Eakk (Epräp)**(=*mit*)

   (jm. untreu werden 누구에게 신의를 지키지 않다)

   Der Gemüsehändler schlug seine Frau nicht, betrog **sie** niemals *mit anderen Frauen*.
   (그 채소장수는 그의 부인을 구타하지 않았고, 다른 여자들과 간통하여 그녀를 속인 적이 한 번도 없었다.)

beweisen, beweist, bewies, hat bewiesen:

1. **SBP: Enom Eakk (Edat)**

   (den Beweis für etwas liefern 무엇을 증명하다)

   a. Er konnte nicht **die Richtigkeit seiner Behauptung** beweisen.
   (그는 자신의 주장이 옳다는 것을 증명할 수 없었다.)

   b. Kannst du (*es*) mir beweisen, **dass du Recht hast**?
   (너는 네가 옳다는 것을 나에게 증명할 수 있느냐?)

   c. Er hat (*es*) 〔beim Unfall〕 bewiesen, **er behält auch in schwierigen Situationen einen kühlen Kopf**.
   (그는 자신이 어려운 상황들에서도 냉철한 두뇌를 유지한다는 것을 사고 때 증명해보였다.)

   d. Ihr müsst (*es*) uns erst beweisen, **ob eure Geschichte wahr ist**.
   (너희들은 너희들의 이야기가 사실인지 아닌지를 우리들에게 우선 증명해보여야 한다.)

   e. Mr. T. konnte damit beweisen, **was für ein mutiger Mann er ist**.
   (T씨는 그것으로 그가 얼마나 용감한 남자인지를 증명할 수 있었다.)

   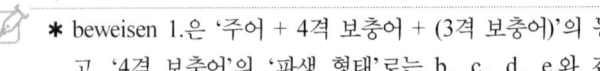
   * beweisen 1.은 '주어 + 4격 보충어 + (3격 보충어)'의 동사가를 갖고 있고, '4격 보충어'의 '파생 형태'로는 b., c., d., e.와 같은 '성분 문장'

(Gliedsatz)이 올 수 있다. 이 사실은 '4격 보충어'가 논항 '명제 내용'임을 입증한다. 그리고 b., c.와 d.의 '상관사 *es*'는 생략이 가능하다.

2. SBP: Enom Eakk

(das Vorhandensein von etwas zeigen 무엇이 있음을 보여주다)

Die Bürger sollen Ruhe und Besonnenheit bewahren und **staatsbürgerliches Bewußtsein** beweisen.
(시민들은 조용함과 신중함을 유지해야 할 것이고, 국민 의식이 있음을 보여주어야 할 것이다.)

3. SBP: Enom Eakk (Edat)

(der Beweis für etwas sein 무엇에 대한 증거이다)

Seine heftige Reaktion auf meine Frage beweist mir **seine tiefe Verärgerung**.
(나의 질문에 대한 그의 격렬한 반응은 나에게 그가 많이 화가 났다는 증거이다.)

bewerben sich, bewirbt sich, bewarb sich, hat sich beworben:

1. SBP: Enom Epräp1(=*für/um*) (Epräp2)(=*bei*)

(sich um etw. bemühen 무엇을 얻기 위해 지원하다)

Nur drei Mitarbeiter haben sich **um diese Stelle** beworben.
(세 직원만 이 자리에 지원했다.)

Viele junge Menschen bewerben sich *beim Rundfunk oder beim Fernsehen* **für einen Ferienjob**.
(많은 젊은이들이 라디오방송이나 TV에서 방학기간의 아르바이트를 구한다.)

2. SBP: Enom Epräp1(=für)

   (sich darum bemühen, für die Teilnahme an etwas ausgewählt zu werden 무엇에 참가하기 위해 응모하다)

   Auch Schulen können sich **für die Ausstellung** bewerben.
   (학교들도 전람회에 참가할 수 있다.)

3. SBP: Enom Epräp1(=um)

   (sich um das Wohlwollen von jemandem bemühen 누구의 호감을 얻기 위해 노력하다)

   Mehr als 4.000 Kandidaten hatten sich **um die Gunst der Wähler** beworben.
   (4000명 이상의 후보들이 선거인단의 호의를 사려고 노력했다.)

   Viele junge Männer hatten sich **um sie** beworben, aber sie wollte unabhängig bleiben.
   (많은 젊은 남자들이 그녀에게 구애했으나, 그녀는 처녀로 남아있고자 했다.)

4. SBP: Enom Epräp1(=um) (Epräp2)(=bei)

   (sich bei jm. mit einem Antrag um den Zuschlag für etw. bemühen 무엇을 신청하다)

   a. Georgien hatte sich vor vier Jahren **um die Mitgliedschaft bei der Welthandelsorganisation** beworben.
   (코가서스는 4년 전에 세계무역기구의 구성원이 되도록 신청했었다.)

   b. Projekt-Schulen können sich direkt *bei der Berliner Zeitung* **darum bewerben, dass das Konzert bei ihnen stattfindet.**
   (프로젝트-학교들은 베를린 신문사에 직접 그 연주회가 자신의 학교들에서 개최될 것을 신청할 수 있다.)

    * 4.b.의 *bei der Berliner Zeitung*은 '신청 장소'를 나타낸다. **darum**은 '생략할 수 없는 상관사'이다.

   c. "Wir haben uns bei der Landesregierung **um Mittel für den Garten**

beworben", erklärte Nast-Kolb zur Finanzierung.
("우리는 주정부에 정원을 위한 재원을 신청했다"고 나스트-콜프는 재정에 관해 설명했다.)

5. SBP: Enom (Epräp)(=*bei*) Esubj-präd
(sich um die Einstellung als ein solcher bemühen 무엇으로서 취직을 응모하다)

Wir haben einen Aushang gemacht, und mehrere Schülerinnen haben sich *bei uns* **als Babysitter** beworben.
(우리는 벽보를 게시했다, 그리고 여러 여학생들이 우리에게 보모 자리에 응모했다.)

6. SBP: Enom Eadv
(sich bemühen, irgendwohin zu kommen 어디로 가려고 노력하다)

Junge Menschen bewerben sich gerne **ins Ausland**, am liebsten **in die USA**.
(젊은 사람들은 기꺼이 외국으로, 가장 많이 미국에 가서 일하고 싶어 한다.)

bezeugen, bezeugt, bezeugte, hat bezeugt:

SBP: Enom Eakk
(als Zeuge vor Gericht einen Sachverhalt bestätigen 법정에서 증인으로서 실상을 확인하다/무엇을 증언하다)

a. Er bezeugte **die Wahrheit der Aussage**.
   (그는 그 발언이 진실임을 증언했다.)

b. Er bezeugte, **dass er den Angeklagten am Tatort gesehen hat**.
   (그는 자신이 피고를 범행현장에서 보았다고 증언했다.)

 ✱ *bezeugen*은 '주어 + 4격 보충어'의 동사가를 갖고 있지만, 예문 b.에서 보듯이 '파생구조'로 'dass-문장'도 가능하다. 그러므로 '4격 보충어'는 논

항 '명제 내용'을 나타낸다.

beziehen sich, bezieht sich, bezog sich, hat sich bezogen:

1. **SBP: Enom Epräp(=*auf*)**
   (sich auf etwas berufen 무엇을 증거로 끌어대다/무엇에 호소하다)

   In seinem Brief bezieht er sich **auf das Gespräch mit Herrn Meier am 2. Oktober.**
   (그의 편지에서 그는 10월 2일에 있었던 마이어 씨와의 대화를 증거로 끌어대고 있다.)

   Die Bundesländer beziehen zich **darauf, dass die Regelung der Rundfunkangelegenheiten ihre Aufgabe sei.**
   (독일의 주들은 방송문제들의 조정은 그들의 과제라는 점에 호소한다.)

    * darauf는 dass-이하를 주문장에서 미리 예고하는 '생략할 수 없는 상관사'이다.

2. **SBP: Enom Epräp(=*auf*)**
   (auf etwas beruhen 무엇에 토대를 두다)

   Die französische Verfassung von 1792 bezog sich **auf die amerikanische Verfassung von 1787.**
   (1792년의 프랑스 헌법은 1787년의 미국 헌법에 토대를 두었다.)

3. **SBP: Enom Epräp(=*auf*)**
   (etwas betreffen 무엇과 관계가 있다)

   a. Diese Zahlen beziehen sich **auf das vergangene Jahr.**
   (이 숫자들은 작년과 관계가 있다.)

b. Die Kennzeichnung "Alltag" bezieht sich also mehr **darauf, dass es sich um Menschen wie du und ich handelt.**
("일상"이란 표기는 그러므로 너와 나와 같은 사람들에 관한 것이라는 사실과 더 많이 관계가 있다.)

 ＊ 3.b.의 **darauf**는 '생략할 수 없는 상관사'이다.

bieten, bietet, bot, hat geboten:

1. SBP: Enom Eakk (Edat)
   (etwas anbieten 무엇을 제공하다)

   Die Firma bietet ihren Mitarbeitern ein ausreichendes Gehalt.
   (회사는 회사원들에게 충분한 봉급을 제공한다.)

2. SBP: Enom (Edat) Epräp Eakk
   (irgendwieviel für etwas geben wollen 무엇에 대해 얼마를 제안하다)

   a. Er hat mir **für den alten Wagen** 1,000 Euro geboten.
   (그는 그 오래 된 차 값으로 1000유로를 제안했다.)

   b. Eine Familie mit 4 kleinen Kindern hat 250 Euro **dafür** geboten, **dass man ihr eine Wohnung vermittelt.**
   (4명의 적은 어린애들을 가진 한 가족이 그들에게 살 집을 주선해주는 대가로 250유로를 제안했다.)

   c. Viel Geld hat sie mir **dafür** geboten, **ihr das Schiff zu verkaufen.**
   (그녀는 그녀에게 그 배를 파는 대가로 많은 돈을 제안했다.)

 ＊ 2. b.와 2. c.의 **dafür**는 '생략할 수 없는 상관사'이다.

3. **SBP: Enom Eakk**

   (etwas darstellen 무엇을 나타내다/무엇이다)

   Diese Arbeit bietet uns keine Schwierigkeiten.
   (이 일은 우리들에게 전혀 어려운 일이 아니다.)

4. **SBP: Enom Eakk Edat**

   (etwas gewähren 무엇을 주다/허락하다)

   Die Kirche bietet den politisch Verfolgten Asyl.
   (교회는 정치적으로 박해당하는 사람들에게 피난처를 허락한다.)

5. **SBP: Enom Eakk (Edat)**

   (jm. etwas in Aussicht stellen 누구에게 무엇을 약속하다)

   Frau Köhler bietet demjenigen, der ihren Hund zurückbringt, eine Belohnung von 25 Euro.
   (쾰러 부인은 그녀의 개를 돌려주는 사람에게 25유로의 보수를 약속한다.)

6. **SBP: Enom Eakk (Edat)**

   (etwas darbieten 무엇을 공연하다)

   Die 10 Turnerinnen aus Erlangen boten ein Programm, von dem alle begeistert waren.
   (에르랑겐에서 온 10명의 여자 체조선수들이 공연한 한 프로그램이 모든 사람들을 열광시켰다.)

billigen, billigt, billigte, hat gebilligt:

SBP: Enom Eakk

(erklären, dass man etwas für gut hält 무엇에 동의하다/무엇을 승인하다)

Sie billigte **seinen Plan/seinen Vorschlag/seine Haltung/seine Ansicht**.
(그녀는 그의 계획/제안/태도/견해에 동의했다.)

Die Eltern billigten **den Entschluß ihrer Tochter, mehrere Jahre im Ausland zu studieren**.
(부모님들은 그들의 딸이 여러 해 동안 외국에서 공부하겠다는 결심을 승인했다.)

Als Ihr Arzt kann ich **es** nicht billigen, **dass Sie so viel arbeiten**.
(당신의 주치의로서 나는 당신이 그렇게 일을 많이 하는 것을 승인할 수 없습니다.)

bitten, bittet, bat, hat gebeten:

1. SBP: Enom (Eakk) Epräp(=*um*)

   (den Wunsch nach der Verwirklichung von etwas äußern)

   a. Er bittet *mich* **um Geld**.
   (그는 나에게 돈을 요구한다.)

   b. Darf ich einen Augenblick **um Ihre Aufmerksamkeit bitten**?
   (내가 잠깐 당신의 주의를 요청해도 되겠습니까?)

   c. Ich bitte **um Hilfe**.
   (나는 (너의) 도움을 요청한다.)

> ✱ 1. b.와 1. c.에서 보듯이, 동사 *bitten*의 '4격 보충어'는 생략이 가능하지만, '전치사격 보충어'는 생략이 불가능하다. 'jn. um etw.[4](사물/행위) bitten': '어떤 사람에게 무엇(물건/행동)을 요청하다', 즉 '4격 보충어'가 '요구받는 사람'이고, '전치사격 보충어'가 '요구되는 물건/행동'을 나타낸다. 1. c.에서처럼 면전에 있는 사람에게 요청할 때에는 너/당신(*dich/Sie*)이 자주 생략된다.

2. **SBP: Enom (Eakk) Epräp(=*zu*)**

   (jn. zu etwas einladen 누구를 어디에 초대하다)

   a. Der Manager hatte kürzlich *Freunde* **zu seiner Geburtstagsfeier** gebeten.
   (그 지배인은 최근에 친구들을 그의 생일파티에 초대했었다.)

   b. Heiner Müller hatte **zu einer Kafka-Lesung** gebeten.
   (하이너 뮬러는 카프카 독회에 사람들을 초대했다.)

    ∗ a.의 '4격 보충어'는 b.에서는 생략되었다. 즉 '생략 가능한 4격 보충어'이다. 전치사 **zu** 다음에는 '행사(行事) 또는 행위명사(nomina actionis)'가 온다.

3. **SBP: Enom Eakk Eadv**

   (jn. auffordern, irgendwohin zu kommen 누구에게 어디로 오라고 요청하다)

   a. Schließlich hatte man noch den Politikprofessor Johannes Agnoli **auf die Tribüne** gebeten.
   (결국 사람들은 정치학교수 요한네스 아그노리를 연단 위로 오르도록 요청했었다.)

   b. Vor Beginn der Rede wurde Kohl **in ein Hinterzimmer** gebeten.
   (연설을 시작하기 전에 콜은 뒷방으로 들어오도록 요청받았다.)

    ∗ 3.의 전치사구는 '방향'을 나타내므로 전치사 다음의 명사는 '4격'이다.

4. **SBP: Enom Epräp1(=*für*) (Epräp2)(=*bei*)**

   (sich an jn. wenden, um zu Gunsten von jm. Unterstützung zu erwirken 누구에게 선처를 부탁하다)

   Die Eltern baten *beim Direktor* **für ihren Sohn**, der wegen schlechter Disziplin die Schule wechseln sollte.
   (부모님들은 교장선생님에게 나쁜 행실 때문에 전학가게 된 그들의 아들을 잘

봐달라고 부탁했다.)

bleiben, bleibt, blieb, ist geblieben:

1. SBP: Enom (Epräp)(=*für*)

   (als Rest von etwas vorhanden sein 무엇의 나머지로서 있다/남아 있다)

   Für sein Hobby bleibt ihm kaum noch Zeit.
   (그의 취미를 위해 그에게 남는 시간은 거의 없다.)

2. SBP: Enom Eadv

   (sich von irgendwo nicht entfernen 어디에서 떠나지 않다)

   Bleiben Sie bitte **am Apparat**!
   (제발 전화기 옆에 계속 자리를 지키세요!)

3. SBP: Enom Esubj-präd

   (weiterhin so sein 계속 그렇다)

   Die SPD bleibt **verlässlich**.
   (사민당은 계속 신뢰할 수 있다.)

4. SBP: Enom Esubj-präd

   (weiterhin einen solchen darstellen 계속 그런 사람이다)

   Er blieb viele Jahre **Präsident seines Landes**.
   (그는 많은 해 동안에 그의 나라의 대통령이었다.)

5. SBP: Enom

   (weiterhin Bestand haben 계속 존속하다)

Vieles vergeht und wird vergessen, aber die Werke von Shakespeare werden bleiben.
(많은 것이 사라지고 잊혀진다, 그러나 쉐익스피어의 작품들은 변하지 않고 영속할 것이다.)

6. SBP: Enom Edat
(jm. als Möglichkeit verbleiben 누구에게 가능성으로 남아있다)

Der Partei blieb nur noch eine kleine Chance, die Wahl zu gewinnen.
(그 당이 그 선거를 이길 가능성은 작았다.)

7. SBP: Enom Epräp(=bei)
(an etwas festhalten 무엇을 고수하다)

Ihr könnt sagen, was Ihr wollt, ich bleibe **bei meiner Meinung**.
(너희들이 무슨 말을 하든, 나는 내 의견을 고수하겠다.)

8. SBP: Enom Epräp(=in)
(etwas aufrechterhalten 무엇을 계속 유지하다)

Wir haben uns vorgenommen, auch in Zukunft **in engem Kontakt** zu bleiben.
(우리는 앞으로도 계속 긴밀한 접촉을 유지하기로 결심했다.)

10. SBP: Enom Epräp(=bei)
(nicht ausscheiden 물러나지 않는다)

Sie bleibt als Sekretärin **bei Dr. Meyer**.
(그녀는 마이어 박사의 여비서로 계속 일한다.)

Moderator Thomas Gottschalk bleibt weitere fünf Jahre **beim ZDF**.
(TV 사회자 토마스 고트샬크는 앞으로 5년간 계속 ZDF에서 일한다.)

11. SBP: Enom Eadv

(sich irgendwo halten 어디에 계속 있다)

Der Betrieb und seine Ingenieure unternehmen alle Anstrengungen, um **auf dem neuesten Stand der Technik** zu bleiben.
(그 기업과 그 기업의 기술자들은 최신 기술수준을 유지하기 위해서 모든 노력을 다 한다.)

12. SBP: Enom Eadv

(von irgendwo nicht weggenommen werden 어디로부터 치워지지 않다)

Es muss entschieden werden, ob die Reliquien **am Ort** bleiben oder in die Heimat des Heiligen gebracht werden sollen.
(성자의 유해와 유품을 그 자리에 그대로 두어야 할지 또는 성인의 고향으로 운반되어야 할지 결정되어야 한다.)

blühen, blüht, blühte, hat geblüht:

1. SBP: Enom

(in Blüte stehen 꽃이 피어 있다)

Als es bei euch noch schneite, blühten bei uns schon **die Bäume**.
(너희들이 있는 곳에 아직 눈이 내렸을 때, 우리들이 있는 곳에는 이미 나무들에 꽃이 피었다.)

2. SBP: Enom

(gut gedeihen 번성하다)

"**Keine Gesellschaft** kann blühen und glücklich sein, wenn die Mehrheit arm ist", warnte Smith.
("다수가 가난하면, 어떤 사회도 번성하고 행복할 수 없다."고 스미스는 경고했다.)

braten, brät, briet, hat gebraten:

1. SBP: Enom Eakk

(etwas in der Pfanne gar werden lassen 무엇을 굽다)

Ich brate (dir) (schnell) ein Schnitzel.
(나는 너를 위해 빨리 커틀릿을 굽는다.)

* (dir)는 '이익의 3격'이고 'für dich'로 해석된다.

Sind die Steaks (schon) gebraten?
(그 스테이크는 이미 다 익었는가?)

Wenn die Kinder aus der Schule kommen, bekommen sie (heute) Fischstäbchen gebraten.
(애들이 학교에서 오면, 오늘 생선네모살점을 구운 요리를 먹게 된다.)

2. SBP: Enom Eadv

(irgendwielange in der Pfanne liegen 얼마동안 구워지다)

Das Fleisch muss **zehn Minuten** braten.
(그 육류는 10분간 구워져야 한다.)

3. SBP: Enom Eakk Eadv

(etwas irgendwielange garen 무엇을 얼마동안 굽다)

Braten Sie die Kartoffelscheiben, **bis sie goldbraun und knusprig sind**.
(그 감자조각들을 금갈색으로 되어서 바삭바삭할 때까지 구우세요.)

Du musst die Leber in der heißen Margarine **fünf bis acht Minuten** braten.
(너는 그 간을 뜨거운 마가린에 5-8분간 구워야 한다.)

4. SBP: Enom Eadv

(sich irgendwo sonnen 어디에서 일광욕하다)

Wer [stundenlang] **am Strand** in der prallen Sonne brät, riskiert schwere Hautschäden.
(몇시간 동안 해변에서 땡볕에 일광욕하는 사람은 심한 피부손상을 초래한다.)

bremsen, bremst, bremste, hat gebremst:

1. SBP: Enom

(die Bremse betätigen 제동하다)

Der Fahrer des Wagens hatte zu scharf gebremst.
(그 차의 운전수는 급제동을 걸었다.)

Der Bus bremste ruckartig und wir stiegen aus.
(그 버스는 갑자기 제동을 걸었고, 우리는 차에서 내렸다.)

  ＊ 주어로는 '사람/차량'이 올 수 있다.

2. SBP: Enom Eakk

(die Geschwindigkeit von etwas verlangsamen 무엇의 속도를 늦추다)

Der junge Fahrer konnte **seinen Wagen** nicht rechtzeitig bremsen und fuhr gegen einen Heuwagen.
(그 젊은 운전수는 그의 차의 속도를 제 때 줄일 수 없어서, 한 건초차를 들이받았다.)

  ＊ *bremsen* 1이 *bremsen* 2와 다른 점은 '4격 보충어'가 오지 않는다는 점이다.

3. SBP: Enom Eakk
(die Wirkung von etwas abschwächen 무엇의 효과를 약화시키다)

a. Viel trinken bremst den **Appetit**.
(술을 많이 마시는 것은 식욕을 감퇴시킨다.)

b. **Den Fall des Euros** hat (*es*) wenig gebremst, *dass die Banken Stützkäufe betätigt haben.*
(은행들이 지지 구매를 작동시켰지만, 유로화의 하락세를 별로 약화시키지 못했다.)

 * b.의 (*es*)는 '생략가능한 상관사'이다.

4. SBP: Enom Eakk (Epräp)(=*in*)
(etwas/jn. behindern 무엇을 제어하다)

a. Es war nicht mehr möglich, den **Kampfhund** zu bremsen.
(그 투견을 더 이상 제지시킬 수 없었다.)

b. Wenn er getrunken hat, *ist er nicht mehr zu bremsen*.
(그가 술을 마시고 나면, 그는 아주 유쾌해진다.)

 * *er ist nicht mehr zu bremsen*은 'er kann nicht mehr gebremst werden', 즉 '다른 사람에 의해서 더 이상 제어가 될 수 없을 정도로 기분이 좋아진다'는 뜻이다.

c. Die Wettbewerbswächter werden **Microsoft** *in seinem Erfolgskurs* nicht bremsen.
(그 경쟁감시꾼들은 마이크로소프트를 그의 성공가도에서 제어하지 못할 것이다.)

brennen, brennt, brannte, hat gebrannt:

1. SBP: Enom
(in Flammen stehen 불타오르다)

Als die Feuerwehr kam, brannte das **Haus** schon bis zum dritten Stock.
(소방대가 왔을 때, 그 집은 이미 4층까지 불타올랐다.)

2. SBP: Enom
(in Betrieb sein und dabei Licht, Wärme produzieren 난방중이다)

In dem Zimmer war es *so kalt, dass* der **Ofen** auch nachts brennen musste.
(그 방안은 너무 추웠다, 그래서 난로는 밤에도 계속 피워두어야 했다.)

* *so kalt, dass*는 '너무 추워서 그 결과 .....했다'를 뜻한다.

3. SBP: Enom Eadv
(irgendwie in Brand geraten 어떻게 타다)

Plastik brennt **gut**.
(플라스틱은 잘 탄다.)

* 부사적 보충어는 논항 '양태'를 나타낸다.

4. SBP: Enom
(Brände legen 방화하다)

Er ließ seine Truppen nach Belieben morden und brennen.
(그는 그의 부대들이 마음대로 살인하고 방화하도록 했다.)

5. SBP: Enom

(schmerzen 통증이 있다)

Seitdem ich am Computer arbeite, brennen meine **Augen**.
(내가 컴퓨터 앞에 앉아서 일하고부터, 내 두 눈이 따갑다.)

6. SBP: Enom Eakk Eobj-präd

(etwas zu etwas machen 무엇을 무엇으로 태워서 만들다)

Am Rande der Wüste brennen Frauen und Kinder die letzten Bäume und Sträucher **zu Holzkohle**.
(황야의 가장자리에서 여인들과 애들이 마지막 나무들과 덤불들을 숯으로 태우고 있다.)

7. SBP: Enom Eakk Eadv

(etwas irgendwohin anbringen 무엇을 어디에 내다)

Das Kind hatte mit einer Zigarette ein Loch **in die Couch seiner Mutter** gebrannt.
(그 애는 한 개비의 담배로 그의 어머니의 긴 소파에 구멍을 내었다.)

8. SBP: Enom Epräp(=*auf*)

(ungeduldig darauf warten 무엇을 초조하게 기다리다)

Ich brenne ***darauf***, **dass das Buch veröffentlicht wird**.
(나는 그 책이 출판되기를 초조하게 기다리고 있다.)

 * *darauf*는 '생략할 수 없는 상관사'이다.

9. SBP: Enom Epräp(=*vor*)

(etwas sehr intensiv empfinden 무엇을 아주 강하게 느끼다)

Sie brannte **vor Neugierde**, *ihren neuen Lehrer kennen zu lernen*.

(그녀는 그녀의 새 선생님을 알고 싶은 호기심에 불탔다.)

 ∗ Neugierde(호기심)은 그 의미에 의해서 '어떠한' 호기심인지를 나타내는 '명사 보충어'가 'Infinitiv mit *zu*'로 오게 되었다.

10. SBP: Enom Eadv

(sich irgendwo bemerkbar machen 어디에 보이다)

Schmerz und Hass brannten **in seinen Augen**.
(고통과 증오가 그의 두 눈에 이글거렸다.)

11. SBP: Enom Eadv

(irgendwo einen Schmerz verursachen 어디에 통증을 유발하다)

CS-Gas brennt **im Gesicht und in der Lunge** und schnürt die Kehle zu.
(CS-가스는 얼굴과 폐를 화끈거리게 하고 목을 조른다.)

bringen, bringt, brachte, hat gebracht:

1. SBP: Enom Eakk

(etwas der Öffentlichkeit darbieten 무엇을 대중에게 제공하다)

Die Abendzeitung hat **einen Bericht darüber** gebracht.
(그 석간신문이 그것에 관한 보도를 내보내었다.)

2. SBP: Enom Eakk (Edat)

(jm. etwas übergeben 누구에게 무엇을 갖다주다)

Bringen Sie *mir* bitte **ein Glas Tee**!
(저에게 한 잔의 차를 좀 갖다 주세요!)

Holen Sie **die bestellten Bücher** ab, oder sollen wir **sie** bringen?
(주문한 책들을 찾아가세요, 아니면 우리가 그 책들을 부쳐드릴까요?)

3. SBP: Enom Eakk Eadv

   (mit jm. irgendwohin mitgehen 누구를 어디로 데려다주다)

   Ich bringe **Sie** zur Bahn.
   (제가 당신을 역까지 모셔드리겠습니다.)

4. SBP: Enom Eakk Eadv

   (dafür sorgen, dass etwas irgendwohin gelangt 무엇을 어디로 운반하다)

   Der Verletzte musste sofort *ins Krankenhaus* gebracht werden.
   (그 부상자는 즉시 병원으로 운반되어야 했다.)

5. SBP: Enom Eakk (Edat/Epräp)

   (etwas zur Folge haben 무엇을 결과적으로 가져다주다)

   a. Du hast *mir* **Glück** gebracht.
      (너는 **나에게** 결과적으로 행운을 갖다 주었다.)

   b. Der Krieg brachte **Unglück** *über viele Familien*.
      (그 전쟁은 **많은 가족들에게** 불행을 갖다 주었다.)

   c. *Für die Bundesrepublik* bringt der europäische Binnenmarkt nur **Vorteile**.
      (유럽 시장은 **독일에** 이익만을 가져다준다.)

   d. Ein vierblättriges Kleeblatt in der freien Natur zu finden, soll **Glück** bringen.
      (네 잎으로 된 클로버 잎을 열린 자연에서 발견하는 것은 행운을 가져다준다고 한다.)

 * 3격 보충어와 전치사격 보충어는 '양자택일의' 관계에 있고, 전치사격 보

충어를 위한 전치사는 b.의 'über + 4격' 또는 c.의 'für + 4격'이다. d.에서는 Edat/Epräp이 생략되었다.

6. SBP: Enom Eakk Epräp(=*für*)

   (etwas als Gewinn haben 무엇을 소득으로 갖게 되다)

   Der Verkauf des Hauses hat *für jeden Erben* 100,000 Euro gebracht.
   (그 집의 판매는 각 상속자에게 10만 유로의 소득을 갖다 주었다.)

7. SBP: Enom Eakk Epräp(=*auf*)

   (der Grund sein, warum jd. seine geistige Fähigkeiten auf etwas richtet 누구가 어떤 일을 하게 하는 원인이 되다)

   Du hast **mich** *auf den Gedanken* gebracht, auch Germanistik zu studieren.
   (네가 나로 하여금 독어독문학도 공부할 생각을 하게 만들었다.)

   Viele Bücher und Zeitungen lesen, könnte **die Menschen** *darauf* bringen, *dass ihre Meinung nicht die einzige ist*.
   (많은 책들과 신문들을 읽는 것은 사람들로 하여금 자신들의 의견만이 유일하지는 않다는 생각을 할 수 있게 할 것이다.)

    ✽ *darauf*는 '생략할 수 없는 상관사'이다.

8. SBP: Enom Eakk Epräp

   (bewirken, dass jd. in oder aus etwas gerät 누구를 어떤 상태로 되게 하다)

   a. Das Schaukeln des Bootes hat **mich** *aus dem Gleichgewicht* gebracht.
      (그 보트의 흔들거림이 나를 균형을 잃게 만들었다.)

   b. Der Zustand, in dem das Wohnzimmer ist, bringt **mich** *in Wut*.
      (거실이 처해있는 상태가 나를 화가 나게 한다.)

    ✽ 전치사격 보충어는 '*aus* + 3격/*in* + 4격'이다.

9. **SBP: Enom Eakk Epräp(***durch* + 4격/*über* + 4격**)**
   (bewirken, dass jd. etwas übersteht 누가 무엇을 극복하게 하다)

   Das Geld wird **ihn und seine Freundin** vielleicht *über die nächsten zwei Jahren* bringen.
   (그 돈이 그와 그의 여자 친구가 아마도 다음 2년을 잘 극복하도록 할 것이다.)

   Ich habe **meine Geranien** nicht *durch die kalte Jahreszeit* gebracht.
   (나는 나의 양아욱들이 그 추운 계절을 극복하게 하지 못했다.)

10. **SBP: Enom Eakk Epräp(***um* + 4격**)**
    (bewirken, dass jd. etwas Positives nicht mehr hat 누구에게서 무엇을 빼앗다)

    Der Dieb brachte **mich** *um mein Geld*.
    (그 도둑이 나에게서 내 돈을 빼앗아 갔다.)

11. **SBP: Enom Eakk Epräp(***zu* + 3격**)**
    (bewirken, dass jd./etwas etwas tut 누구/무엇이 무엇을 하게하다)

    a. Sie hat **ihren Kanarienvogel** *zum Sprechen* gebracht.
       (그녀는 그녀의 카나리아 새가 말하게 만들었다.)

    b. Wie bringt man **Kinder und Jugendliche** *dazu, Bücher zu lesen.*
       (어떻게 애들과 젊은이들이 책들을 읽도록 할 수 있는가?)

    * *dazu*는 *Bücher zu lesen*을 앞에서 미리 받아주는 '생략할 수 없는 상관사'이다. 그 이유는 a.의 '전치사 보충어' *zum Sprechen*에서 찾을 수 있다.

12. **SBP: Enom Eakk Eadv**
    (etwas irgendwohin transportieren 무엇을 어디로 운송하다)

    Eine Spedition bringt **den bestellten Wein** wöchentlich *von Berlin nach Hamburg*.
    (한 운송회사가 주문받은 그 포도주를 매주 베를린에서 함부르크로 운송한다.)

13. SBP: Enom Eakk Eadv

(bewirken, dass etwas irgendwieviel an Geschwindigkeit, Gewicht, Menge erreicht 무엇이 얼마나 나가게 하다)

Die lange Krankheit hat **ihr Gewicht** *unter 50 kg* gebracht.
(그 오랜 병이 그녀의 체중을 50kg 보다 적게 나가게 만들었다.)

Wir haben **unsere Inflation** *unter drei Prozent* gebracht.
(우리는 우리들의 물가 인상율을 3% 아래로 내렸다.)

기능동사 *bringen*을 가진 'Funktionsverbgefüge 기능동사 구문'

zum Abschluss bringen: Wir bringen noch heute **die Vorbereitungen** zum Abschluss.
(우리는 오늘 중에 그 준비들을 끝내겠다.)

zum Ausdruck bringen: Ich möchte hiermit **mein Mißfallen** zum Ausdruck bringen.
(나는 이것으로 내 불만을 표현하고 싶다.)

zu Ende bringen: Er hat noch **nichts** zu Ende gebracht.
(그는 아직 아무 것도 끝내지 않았다.)

in Erfahrung bringen: Es gelang mir nicht, **die Abfahrtszeit des Zuges** in Erfahrung zu bringen.
(나는 그 기차의 출발시각을 알아낼 수가 없었다.)

zu Fall bringen: Die Opposition hat **das Gesetz** zu Fall gebracht.
(야당은 그 법률을 무효로 만들었다.)

in Gang bringen: Es war schwer, **den Motor** wieder in Gang zu bringen.
(그 모터를 다시 작동시키는 것은 어려웠다.)

in Gefahr bringen:	Mit seinem riskanten Fahrstil hat er **sich** oft in Gefahr gebracht. (그의 위험한 운전스타일로 그는 자신을 자주 위험에 빠뜨렸다.)
unter Kontrolle bringen:	Durch vorsichtiges Bremsen brachte er **das Fahrzeug** wieder unter Kontrolle. (조심스러운 제동으로 그는 그 자동차를 다시 통제할 수 있게 되었다.)
in Ordnung bringen:	Ich muss **meine Papiere** endlich einmal in Ordnung bringen. (나는 내 서류들을 마침내 한 번 정돈해야 한다.)
zur Sprache bringen:	Bevor die Konferenz zu Ende geht, möchte ich noch **ein wichtiges Problem** zur Sprache bringen. (그 회의가 끝나기 전에, 나는 한 중요한 문제를 안건에 부치고 싶다.)
in Verbindung bringen:	Viele **italienische Politiker** werden **mit der Mafia** in Verbindung gebracht. (많은 이태리 정치가들은 마피아와 관계를 맺게 된다.)

danken, dankt, dankte, hat gedankt:

1. SBP: Enom Edat v Epräp(=*für*)

   (jm. seinen Dank für etwas aussprechen 누구에게 무엇에 대해서 감사하다)

   a. Ich danke Ihnen für diesen Hinweis.
      (나는 당신에게 이 힌트를 준 데 대해서 감사한다.)

   b. Ich danke dir *(dafür)*, **dass du mich im Krankenhaus besucht hast**.
      (나는 네가 나를 병원으로 방문해준 데 대해서 너에게 감사한다.)

* *(dafür)*는 **dass du mich im Krankenhaus besucht hast**를 앞에 있는 주문 장에서 미리 예고해주는 '생략할 수 있는 상관사'이다.

2. **SBP: Enom Eakk Edat**

   (geh. jemand verdankt etwas [Sachverhalt] jm. 무엇을 누구의 덕택으로 갖게 되다)

   a. Diesem Arzt danke ich **mein Leben**.
   (나는 이 의사 덕분에 내 생명을 구했다.)

   b. Ich danke *es* Herrn Müller, **erfahren zu haben, dass** die Frist für die Abgabe des Manuskripts verlängert wurde.
   (나는 원고의 제출기한이 연장되었다는 것을 뮐러 씨 덕택에 알게 되었다.)

 * *es*는 **erfahren zu haben, dass....**를 받는 '생략할 수 없는 상관사'이다.

   c. Diesen strengen Maßnahmen ist **die Eindämmung der Seuche** zu danken.
   (그 전염병의 확산을 저지할 수 있는 것은 이 엄격한 조치들 덕분이다.)

dasein, ist da, war da, ist dagewesen:

1. **SBP: Enom**

   (anwesend sein 출석해 있다)

   Ich weiß nicht, ob **Frau Müller** da ist.
   (나는 뮐러 부인이 그 곳에 와 있는지 여부를 모른다.)

2. **SBP: Enom Eadv**

   (vorhanden und verfügbar sein 재고가 있다)

   Ist noch genügend **Sand** *auf der Baustelle* da?

(건설공사현장에 아직 모래가 충분히 있니?)

3. SBP: Enom
   (im Besitz seiner Fähigkeiten sein 제 정신이다)

   Nach der Narkose ist er zwar aufgewacht, aber **er** ist noch nicht ganz da.
   (마취 후에 그는 깨어나긴 했지만, 아직 제 정신이 아니다.)

4. SBP: Enom
   (eingetreten sein 생기다)

   So ein **Fall** ist noch nie da gewesen.
   (그런 경우는 아직 생긴 적이 없다.)

5. SBP: Enom Epräp(*für/zu*)
   (zu etwas bestimmt sein 무엇을 위해 있다)

   Der Staat ist *für die Menschen* da und nicht die Menschen *für den Staat*.
   (국가가 국민을 위해 있지, 국민이 국가를 위해 있는 것이 아니다.)

   Der Sonntag ist *zum Ausruhen* da.
   (일요일은 휴식을 위한 날이다.)

dauern, dauert, dauerte, hat gedauert:

1. SBP: Enom Emens
   (irgendwielange vor sich gehen 얼마동안 계속되다)

   Die **Sitzung** hat nur *eine halbe Stunde* gedauert.
   (그 회의는 단지 30분만 계속되었다.)

* '척도 보충어'(Emens)는 척도의 단위를 나타내며, 4격이나 형용사나 부사로 실현된다.

2. SBP: Enom
(Bestand haben 존속하다)

Unsere **Freundschaft** wird dauern.
(우리 우정은 변치 않고 존속할 것이다.)

3. SBP: Enom Eakk
(jm. Leid tun 누구를 가슴 아프게 하다)

Die Kranken dauerten ihn so, dass er beschloss, in der zerstörten Stadt zu bleiben, um ihnen zu helfen.
(그 환자들이 그를 너무 가슴 아프게 해서, 그는 그들을 돕기 위해서 그 파괴된 도시에 남기로 결정했다.)

dauern, es es dauert - es dauerte - es hat gedauert

SBP: Emens

(eine irgendwielange Zeit vergeht, bis etwas eintritt 무슨 일이 일어날 때까지 얼마나 오랜 시간이 지나가다)

Es dauert manchmal **lange**, bis man ein Visum bekommt.
(입국사증을 받기까지는 이따금 오래 걸린다.)

 * *Es dauert*의 *Es*는 '문법적 주어'(Scheinsubjekt)로서 동사의 일부이지 동사보충어가 아니다. **lange**는 '부사'로서 '척도 보충어'이다. 다음 예는 '척도 보충어'가 4격과 형용사로 실현된 경우이다: *Das Paket wiegt* **einen Zentner/viel**.

dienen, dient, diente, hat gedient:

1. **SBP: Enom Edat**

   (für etw. förderlich sein 무엇을 위해 도움이 되다)

   Bessere Verkehrsverhältnisse dienen **allen**, sie dienen **der Allgemeinheit**.
   (더 좋은 교통사정은 모두에게 도움이 된다, 그것들은 공익에 도움이 된다.)

   Solche Kontakte dienen **der Verbesserung der internationalen Beziehungen**.
   (그러한 접촉들은 **국제적 관계들의 개선에 이바지한다**.)

    * 3격 보충어로는 '사람'/'과정'/'행위'가 올 수 있다.

2. **SBP: Enom Epräp(=_zu_)**

   (zu etw. verwendet werden 무엇에 이용되다)

   Das Verkehrsschild dient **zur Warnung** vor Wild.
   (그 교통표지판은 야생동물에 대한 경고로 이용된다.)

   Der Impfstoff dient nur **zum oralen Gebrauch** und darf nicht injiziert werden!
   (그 와친은 단지 먹는 데만 이용되고 주사로 놓아서는 안 된다!)

    * 전치사 _zu_ 다음에는 '동사에서 파생된 행위명사'(nomina actionis)가 주로 온다.

3. **SBP: Enom Esubj-präd**

   (für jn./etw. die Funktion eines solchen erfüllen 누구를 위해 무엇의 기능을 하다)

   Dieser Raum dient **als Aufenthaltsraum**.
   (이 공간은 휴게실로서 **이용된다**.)

   Der Dollar dient international **als Zahlungsmittel** für Mineralöl.

(달러는 국제적으로 석유에 대한 **지불수단으로서 이용된다**.)

4. SBP: Enom Edat
(zu Gunsten von jm. wirken 누구를 위해 봉사하다)

Er bekam das Bundesverdienstkreuz, weil er **seinem Land** viele Jahre gedient hatte.
(그는 그의 국가를 위해서 오랜 세월 봉사했기 때문에, 독일연방 공로십자훈장을 받았다.)

eignen sich, eignet sich, eignete sich, hat sich geeignet:

1. SBP: Enom Epräp(=*für*)
(die erforderlichen Eigenschaften für etw. haben 무엇에 적당하다)

Er eignet sich sehr **für diese Stelle**.
(그는 이 자리에 적임이다.)

Der Computer eignet sich bestens **dafür, schnell einwandfreie Manuskripte herzustellen**.
(컴퓨터가 빨리 결함이 없는 원고들을 만들어내는 데 가장 알맞다.)

2. SBP: Enom Esubj-präd
(die erforderlichen Eigenschaften haben, um etwas zu sein 무엇이 되는 데 필요한 특성을 갖고 있다)

Ich will meinen Beruf wechseln, weil ich mich nicht **zum/als Lehrer** eigne.
(나는 내가 선생님으로 적당하지 않기 때문에 내 직업을 바꾸려고 한다.)

Dieses Thema eignet sich nicht **als Gegenstand einer öffentlichen Diskussion**.
(이 주제는 공개적 토론의 대상으로 적당하지 않다.)

Dieser verkaufsoffene Einkaufsabend eignet sich hervorragend *dazu*, **einmal in Ruhe mit der ganzen Familie bummeln zu gehen**.
(상점들이 문을 연 이 구매 저녁은 가족이 모두 함께 한 번 조용히 산책하기에 아주 적당하다.)

 ✽ *dazu*는 einmal in Ruhe mit der ganzen Familie bummeln zu gehen을 미리 받아주는 '상관사'로서 생략할 수 없다.

eindringen, dringt ein, drang ein, ist eingedrungen:

1. SBP: Enom Eadv

    (in etw. dringen 무엇 안으로 스며들어가다)

    Die Salbe dringt schnell **in die Haut** ein.
    (그 연고는 피부 안으로 빠르게 스며든다.)

2. SBP: Enom Eadv

    (sich³ gewaltsam und unbefugt Zutritt in ein Gebäude verschaffen 폭력적으로 자격없이 한 건물 안으로 침입하다)

    Die Diebe sind durch ein Fenster **in das Haus** eingedrungen.
    (그 도둑들은 한 창문을 통해서 그 집 안으로 침입했다.)

3. SBP: Enom Epräp(=*auf*) Eadv

    (jn. mit einer Waffe tätlich angreifen 무기를 가지고 누구를 공격하다)

    Er drang *mit einem Messer* **auf sie** ein.
    (그는 칼을 한 개 들고서 그녀에게 공격했다.)

 ✽ *mit einem Messer*는 논항 '수단'을 나타내는 '부사적 보충어'이다.

einfallen, fällt ein, fiel ein, ist eingefallen:

1. SBP: Edat Eprop

   (jm. aus der Erinnerung heraus wieder bewusst werden 누구에게 다시 기억되다)

   a. *Mir* ist eingefallen, **wie das Buch heißt**.
   (나는 그 책 이름이 무엇인지 생각이 떠올랐다.)

   b. Erst abends fiel (es) *der Frau* ein, **dass sie den Lottoschein zwar ausgefüllt, aber nicht abgegeben habe**.
   (저녁에 비로소 그녀에게 그녀가 그 복권을 다 채웠지만, 제출하지 않았다는 생각이 떠올랐다.)

   c. Im Moment fällt es *mir* nicht ein, **woher das Zitat stammt**.
   (지금 이 순간에는 당장 나는 그 인용문이 어디에서 유래하는지 생각이 떠오르지 않는다.)

    * a., b., c.의 공통점은 '3격 보충어' 이외의 보충어가 모두 '문장 형태'의 동사보충어인 '명제 보충어'로서 논항 '명제 내용 Inhaltsträger'을 나타낸다. '3격 보충어'는 논항 '지각과 인지의 주체 Bewusstseinsträger'(김경욱 (1990): 독일어 Valenz 문법, 72쪽 참조)이다.

2. SBP: Enom

   (in sich zusammenfallen 무너지다/붕괴하다)

   Ein Stück der hohen Mauer ist eingefallen.
   (그 높은 벽의 한 부분이 무너졌다.)

3. SBP: Enom

   (plötzlich einsetzen 갑자기 시작되다)

   Als **die Dunkelheit** einfiel, musste die Suche nach weiteren Schiffbrüchigen

eingestellt werden.
(갑자기 어둠이 시작되었을 때, 난파당한 사람들을 더 이상 수색하는 것은 중단되어야 했다.)

4. SBP: Enom (Epräp)(=*in*)

(in etw. einstimmen 무엇을 함께 하다)

Der Pfarrer begann das Vaterunser, und **die Gemeinde** fiel ein.
(그 신부님은 주기도문을 시작했다, 그러자 예배에 참석한 신도들도 함께 기도했다.)

Jemand in der Runde stimmte ein Lied an, und **alle anderen** fielen *in den Gesang* ein.
(모임의 누군가가 한 노래를 부르기 시작하자, 다른 사람들이 모두 그 노래를 함께 불렀다.)

5. SBP: Enom Eadv

(irgendwohin eindringen 어디로 침입하다)

Dezember 1979 fielen **sowjetische Truppen** *in Afghanistan* ein.
(1979년 12월 소련 군대들이 아프가니스탄에 침입해 들어왔다.)

6. SBP: Enom Eadv

(irgendwie irgendwohin gelangen 어떻게 어디까지 도달하다)

Das Zimmer hat ein Dachfenster, *durch das* nur wenig **Licht** einfällt.
(그 방은 단지 약간의 빛만이 스며들어오는 한 지붕창을 갖고 있다.)

eingehen, geht ein, ging ein, ist eingegangen:

1. SBP: Enom Eadv

(wird historisch bedeutsam werden 역사적으로 중요해질 것이다)

Dieses Ereignis wird *in die Geschichte* eingehen.
(이 사건은 역사에 중요한 사건으로 남을 것이다.)

2. SBP: Enom Edat Eadv

(jd. begreift etw. in bestimmter Weise 누가 무엇을 어떤 방식으로 이해하다)

Ihm gehen **Formeln** *leicht* ein.
(그는 공식들을 쉽게 이해한다.)

 * *leicht*는 논항 '양태'를 나타내는 '부사적 보충어'이다.

Es will *mir* nicht eingehen, **warum er das tut**.
(왜 그가 그것을 하는지, 나는 이해할 수 없다.)

3. SBP: Enom

(zu leben aufhören 죽다)

Unsere Katze ist eingegangen.
(우리 고양이가 죽었다.)

4. SBP: Enom

(Ein Kleidungsstück wird beim Waschen kleiner oder enger 옷이 빨아서 줄어들다)

Die Bluse ist durch die Wäsche eingegangen.
(그 브라우스는 빨래를 통해 줄어들었다.)

5. SBP: Enom Epräp(=*auf*)

(sich mit etw. befassen 무엇을 다루다)

Auf dieses Thema will **ich** später eingehen.
(이 주제에 대해서 나는 나중에/추후에 논의하겠다.)

6. SBP: Enom Eakk

   (sich vertraglich an etw. binden 계약으로 자신에게 어떤 의무를 지우다)

   Sie ging *die Ehe mit ihm* ein.
   (그녀는 그와 결혼을 했다.)

   Er wollte *kein Risiko* eingehen.
   (그는 어떤 위험도 감행하려고 하지 않았다.)

    * 그 밖에도 *eine Wette/ein Bündnis mit jm./Verpflichtungen eingehen* '내 기를 걸다/누구와 동맹을 맺다/의무를 지다' 등이 자주 사용된다.

7. SBP: Enom Eadv

   (an entsprechender Stelle ankommen 해당되는 장소에 도착하다)

   Der Betrag ist noch nicht *auf unserem Konto* eingegangen.
   (그 액수는 아직 우리 계좌에 들어오지 않았다.)

einrichten, richtet ein, richtete ein, hat eingerichtet:

1. SBP: Enom Eakk

   (etwas ermöglichen 무엇을 가능하게 하다)

   a. "Versuche bitte um 6 Uhr zu Hause zu sein!" - "Ja, ich werde **das einrichten**."
   ("6시 정각에 집에 있도록 좀 해봐!" - "예, 저는 그렇게 하겠습니다.")

   b. Kannst du **es** einrichten, **dass wir uns heute kurz treffen**?
   (너는 우리가 오늘 잠깐 만날 수 있게 주선할 수 있니?)

   c. Kannst du **es** einrichten, **die Brötchen einzukaufen**, bevor du zur Arbeit gehst?

(너는 일하러 가기 전에 빵을 구입해 올 수 있겠니?)

* 동사 einrichten 1의 '4격 보충어'는 a.의 대명사 **das** 이외에는 '문장형태'로만 실현되고, 그 때 상관사 **es**는 b.와 c.에서 보듯이 생략되지 않는다.

2. SBP: Enom Eakk Epräp(=*mit*)

   (etwas mit etwas füllen 무엇을 무엇으로 채우다)

   Ich habe meine Wohnung **mit alten Möbeln** eingerichtet.
   (나는 내 집을 오래된 가구들로 채웠다.)

3. SBP: Enom Eakk (Eadv)

   (etwas irgendwo neu schaffen 무엇을 새로 설치하다)

   Diese Abteilung wurde neu eingerichtet.
   (이 부서는 새로 설치되었다.)

   An den S-Bahnhöfen sollen mehr Abstellplätze für Fahrräder eingerichtet werden.
   (도시-전철역들에 자전거를 위한 더 많은 거치장소들이 설치되어야 한다.)

4. SBP: Enom Eakk Epräp(=*nach* + 3격/*auf* + 4격)

   (sich nach etwas richten 무엇에 맞추어 살다)

   Sie hatte ihr Leben **nach den Bedürfnissen ihres Mannes und ihrer Kinder** eingerichtet.
   (그녀는 그녀의 인생을 남편과 애들의 필요에 따라서 영위했다.)

   Die Maschinen werden **auf die Erfordernisse der Produktion** nach der Urlaubszeit eingerichtet.
   (그 기계들은 휴가철이 지난 후의 생산의 요구량에 맞추어 조절된다.)

einschalten, schaltet ein, schaltete ein, hat eingeschaltet:

1. **SBP: Enom Eakk**
   (etwas in Betrieb setzen 무엇을 작동시키다)

   Können Sie bitte **die Heizung** einschalten?
   (당신은 그 난방을 좀 켜줄 수 있습니까?)

2. **SBP: Enom Eakk (Epräp)**($=in$)
   (jn. in etw. hineinziehen 누구를 무엇에 개입시키다)

   Die Staatsanwaltschaft in Frankfurt hat **das Bundeskriminalamt** *in die Ermittlungen* eingeschaltet.
   (프랑크푸르트의 검찰은 연방범죄수사국을 수사에 개입시켰다.)

3. **SBP: Enom Eakk (Eadv)**($=in/zwischen$ + 4격)
   (etwas einfügen 무엇을 삽입하다)

   Zwischen die Texte schaltete der Sprecher **einen kurzen Kommentar** ein.
   (텍스트들 사이에 그 연사는 한 개의 짧은 주해를 삽입했다.)

   Die Händler haben *in die Verkaufskette* einfach fiktive **Handelsorganisationen** eingeschaltet.
   (그 소매상인들은 판매 사슬에 단지 허구의 무역기구들을 끼워 넣었다.)

   Er schaltete eine kleine **Pause** ein, während ihn Melzov wohlwollend ansah.
   (그는 멜쪼프가 그를 호의적으로 바라보는 동안에 짧은 휴식을 중간에 넣었다.)

 * 부사적 보충어가 생략되었다.

einsetzen, setzt ein, setzte ein, hat eingesetzt:

1. SBP: Enom Eakk (Eadv)
(etw. irgendwozu benutzen 무엇을 어디에 이용하다)

a. Die Wissenschaftler überlegen, ob man **Toxine** *zur Krebsbekämpfung* einsetzen könnte.
(학자들은 세균성의 독소들을 암의 퇴치에 이용할 수 있을지 여부를 심사숙고하고 있다.)

b. In Firmen setzt man immer mehr **Computer** ein.
(회사들에서는 점점 더 많은 컴퓨터를 업무에 이용한다.)

* a.의 *zur Krebsbekämpfung*과 같은 '목적'을 나타내는 '부사적 보충어'는 b.에서 보듯이 생략이 가능하다.

c. **Die UNO-Truppen** wurden *für die Sicherung der Grenze* eingesetzt.
(유엔의 군부대들은 국경의 방비를 위해 투입되었다.)

* '목적'을 나타내는 '부사적 보충어'는 a.에서처럼 전치사 *zu* 또는 c.에서처럼 전치사 *für*가 사용된다.

d. Er könnte **seinen mächtigen Lobbyapparat** *dazu* einsetzen, *dass die Firmen und Verbraucher ihre gezahlten Energiesteuern zurückerhalten.*
(그는 그의 강력한 로비 기구를 회사들과 소비자들이 그들이 지불한 에너지 세금들을 도로 받는데 이용할 수 있을 것이다.)

* 상관사 *dazu*는 생략할 수 없다.

e. **Bakterien** wurden (*dafür*) eingesetzt, das Meer vom Ölteppich zu reinigen.
(박테리아들이 바다를 기름띠로부터 정화시키는 데 이용되었다.)

f. **Hunde** wurden (*dazu*) eingesetzt, leichte Wagen zu ziehen.
(개들은 가벼운 마차들을 끄는 데 이용되었다.)

 * e.의 상관사 *dafür*와 f.의 상관사 *dazu*는 생략이 가능하다.

2. **SBP: Enom Eakk**
(etw. riskieren 무엇을 걸다)

Bei diesem waghalsigen Sprung hat er **sein Leben** eingesetzt.
(이 위험한/무모한 도약에 그는 그의 생명을 걸었다.)

 * 4격 보충어로 오는 명사의 의미부류는 주로 'Leben/Gesundheit/Geld'이다.

3. **SBP: Enom Eakk Epräp(=*gegen*)**
(etw. gegen etw. verwenden 무엇을 무엇에 대항하여 이용하다)

Vitamine können auch vorbeugend *gegen Herzinfarkt oder Krebs* eingesetzt werden.
(비타민들이 심근 경색이나 암에 대항하여 이용될 수 있다.)

4. **SBP: Enom Eakk Epräp(=*in*)**
(jm. etw. gewähren 누구에게 무엇을 주다)

Nach dem Skandal konnte man **den Richter** nicht mehr *in sein Amt* einsetzen.
(그 스캔들 후에는 그 판사에게 더 이상 그의 직책을 줄 수가 없었다.)

Nach der Revolution hat die neue Regierung **alle politischen Häftlinge** wieder *in ihre Rechte* eingesetzt.
(혁명 후에 새 정부는 모든 정치적 수감자들에게 다시 그들의 권리들을 돌려주었다.)

5. SBP: Enom Eakk (Eadv)

(etw. in eine offene Stelle einfügen 무엇을 빈자리에 끼워 넣다)

Mir hat der Zahnarzt zwei **Stiftzähne** *in die Lücke* eingesetzt.
(그 치과의사는 나에게 두 개의 계속치(繼續齒)를 빈틈에 끼워 넣었다.)

Die Arbeiter haben die **Fenster** eingesetzt.
(그 노동자들은 그 창문들을 끼워 넣었다.)

 ＊ *in die Lücke*와 같은 '방향'을 나타내는 '부사적 보충어'는 생략될 수 있다.

6. SBP: Enom Eakk Eobj-präd

(jn./etw. als einen solchen/als ein solches bestimmen 누구/무엇을 누구/무엇으로 결정하다)

Da wir keine Kinder haben, haben wir **unsere Neffen** *als Erben* eingesetzt.
(우리는 애가 한 명도 없기 때문에, 우리는 우리 조카들을 상속인으로 결정했다.)

Kann man **Attentate und Waffengewalt** *als Mittel der Politik* einsetzen?
(우리는 암살들과 무력 사용을 정치의 수단으로 결정할 수 있는가?)

Die UNO setzte **die Schauspielerin** *als Botschafterin* ein.
(유엔은 그 여배우를 여자 대사로 임명했다.)

7. SBP: Enom Eadv

(irgendwo beginnen 어디에서 시작하다)

Die Fahrt war schwierig, der Regen setzte *kurz hinter Mannheim* ein und hielt bis Lyon an.
(차편 여행은 힘들었다, 비는 만하임 바로 다음에서 시작해서 리용까지 계속되었다.)

Die Lähmungserscheinungen setzen *in den Beinen* ein und gehen dann weiter
zu den Hüften bis zu den Armen.
(마비 현상들은 다리들에서 시작해서, 계속 엉덩이를 거쳐서 두 팔까지 간다.)

8. **SBP: Enom Eadv**
   (irgendwann beginnen 언제 시작하다)

Die Entwicklung zum demokratischen Denken hatte schon *vor der französischen
Revolution* eingesetzt.
(민주적 사고로의 발전은 프랑스 혁명 이전에 이미 시작되었다.)

Erst im dritten Akt setzt der Chor mit einem langsamen Satz ein.
(3악장에서 비로소 합창단은 한 개의 느린 악장으로 시작한다.)

entdecken, entdeckt, entdeckte, hat entdeckt:

1. **SBP: Enom Eakk Eadv**
   (etwas irgendwo ausfindig machen 무엇을 어디에서 찾아내다)

Ich habe hier **ein nettes Weinlokal** entdeckt.
(나는 여기에서 호감이 가는 포도주 전문술집을 한 개 찾아내었다.)

Hermann hat drüben am Waldrand **etwas Merkwürdiges** entdeckt.
(헤르만은 건너편 숲가에서 어떤 이상한 것을 발견했다.)

2. **SBP: Enom Eakk**
   (die Existenz von etwas bisher Unbekanntem erkennen 지금까지 알려지지 않았던 무엇
   의 존재를 인식하다/무엇을 발견하다)

1492 entdeckte Columbus **die Neue Welt**.
(1492년 콜럼버스는 새 세계를 발견했다.)

3. SBP: Enom Eakk

(bei jm. das Talent als Künstler o.Ä. erkennen) 누구에게서 예술가 등으로서의 재능을 알아내다)

Ihr Talent hat man früh entdeckt.
(그녀의 재능을 사람들은 일찍 알아보았다.)

4. SBP: Enom Eakk Epräp(=*in*)

(plötzlich feststellen, dass jd./etwas jd./etwas ist 누구/무엇이 누구/무엇임을 갑자기 확인하다)

Die großen Regisseure entdeckten *in dem Mann* mit dem traurigen Gesicht **den Komiker**.
(그 위대한 감독들은 슬픈 표정을 가진 그 남자가 희극배우임을 갑자기 확인했다.)

Die Regierungspartei entdeckte plötzlich *in der Steuerreform* **ein wichtiges Wahlkampfthema**.
(여당은 갑자기 세제 개혁이 한 개의 중요한 선거전 주제임을 확인했다.)

 ✱ 전치사 *in*을 가진 전치사 보충어는 '사람/추상적 대상'이 모두 가능하다.

5. SBP: Enom Eakk Eobj-präd

(plötzlich etw./jn. als ein solches/einen solchen einschätzen 무엇/누구를 갑자기 무엇/누구로 인정하다)

Die Grünen entdeckten **den Kampf gegen die Kernenergie** als *ihr eigenes Anliegen*.
(녹색당원들은 핵에너지에 투쟁을 그들 고유의 관심사임을 인정했다.)

Die Industrie hat jetzt **die Geisteswissenschaftler** als *Führungskräfte* entdeckt.
(산업계는 이제 정신 과학자들을 지도적 인물들로 평가했다.)

entlassen, entlässt, entließ, hat entlassen:

1. SBP: Enom Eakk (Eadv)

   (jemandes Aufenthalt in etw. offiziell beenden 누구를 퇴원시키다)

   Der Chefarzt wollte **den Patienten** erst am Montag entlassen.
   (그 주임 의사는 그 환자를 월요일에서야 비로소 퇴원시키려 했다.)

   Der Patient kann nächste Woche *aus dem Krankenhaus* entlassen werden.
   (그 환자는 다음 주에 퇴원할 수 있다.)

2. SBP: Enom Eakk (Eadv)

   (jn. nicht weiterbeschäftigen 누구를 해고하다)

   Wenn wir keine Aufträge bekommen, müssen wir **einen Teil unserer Arbeiter** entlassen.
   (우리가 더 이상 주문을 받지 못하면, 우리는 우리 노동자들의 일부를 해고해야 한다.)

   Wer in der Sowjetunion die Bücher des verfolgten Schriftstellers Solschenyzin liest, wird *aus seiner Arbeit* entlassen.
   (소련에서 박해받는 작가 솔제니친의 책들을 읽는 사람은 그의 직장에서 해고된다.)

entscheiden sich, entscheidet sich, entschied sich, hat sich entschieden:

1. SBP: Enom Epräp

   (etwas auswählen 결정하다)

   Für welchen Anzug haben Sie sich entschieden?
   (당신은 어떤 옷을 사기/입기로 결정했습니까?)

Wir haben uns (*dafür*) entschieden, **dass wir eine Eigentumswohnung kaufen.**
(우리는 개인소유주택을 사기로 결정했다.)

Die Industrie hat sich entschieden, **ihre Entsorgungsprobleme in Niedersachsen zu lösen.**
(산업계는 그들의 쓰레기처리 문제들을 니더작센주에서 해결하기로 결정했다.)

Wir haben uns *dagegen* entschieden, **dass unser Haus in diesem Jahr renoviert wird.**
(우리는 우리 집을 올 해 수리하지 않기로 결정했다.)

Die SPD wird sich auf ihrem Parteitag *dagegen* entscheiden, **ihr Parteiprogramm zu ändern.**
(사민당은 그들의 전당대회에서 그들의 당의 강령을 바꾸는 것을 반대할 것이다.)

✻ 상관사 *dafür*는 생략이 가능하지만, 상관사 *dagegen*은 생략할 수 없다.
*für/gegen etw. sich entscheiden*은 '무엇에 찬성/반대하다'이다.

2. SBP: Enom Eadv

(sich irgendwann ergeben als eine von mehreren Möglichkeiten 언제 결정되다)

Welche Mannschaften ins Finale kommen, entscheidet sich **bei den Ausscheidungsspielen.**
(어떤 팀들이 결승전에 오는지는 예선경기들에서 결정된다.)

Morgen wird (es) sich entscheiden, wie viele Studenten beim Ausflug mitkommen.
(내일 얼마나 많은 대학생들이 소풍에 함께 가는지 결정될 것이다.)

entschuldigen, entschuldigt, entschuldigte, hat entschuldigt:

1. SBP: Enom (Eakk)

(für etwas Verständnis zeigen 무엇을 용서하다)

Entschuldigen Sie bitte, **dass ich störe**.
(제가 방해하는 것을 용서해주세요.)

Entschuldigen Sie, ist das der Sonderzug nach Passau?
(미안합니다만, 그것이 파사우 행 특별열차입니까?)

 ✱ *Entschuldigen Sie*는 방해 또는 불손으로 여겨지는 '질문', '요청'과 '행동'의 직전에 사용되는 '겸손'을 표현하는 상투어이다.

2. **SBP: Enom Eakk**
   (etwas erklärlich und entschuldbar machen; rechtfertigen 무엇을 정당화시키다)

Entschuldigt **ein Stau oder dichter Nebel auf der Autobahn** verspätete Lieferungen?
(정체나 고속도로위의 짙은 안개가 지연된 배달들을 정당화시킬 수 있는가?)

Dass die Verkäuferin private Probleme hat, entschuldigt ihre Unfreundlichkeit nicht.
(그 여점원이 개인적인 문제를 갖고 있는 것이 그녀의 불친절함을 정당화시키지는 않는다.)

3. **SBP: Enom Eakk Epräp(=*bei*)**
   (eine Erklärung für jemandes Abwesenheit vorbringen und dafürum Verständnis bitten 누구의 부재에 대한 설명을 하고 그것에 대한 이해를 구하다)

Würden Sie mich bitte **bei der Firma** entschuldigen?
(당신이 내가 왜 회사에 못 가는지 설명하고 이해를 구해줄 수 있겠습니까?)

4. **SBP: Enom Eakk Epräp(=*mit*)**
   (etwas mit etwas rechtfertigen 무엇을 무엇으로 정당화시키다/변명하다)

Der Ministerpräsident entschuldigte das Fehlen des Ministers **damit, dieser müsse an einer Konferenz teilnehmen.**

(총리는 그 장관의 결석을 그가 한 회의에 참석해야 한다는 사실로 정당화시켰다.)

entschuldigen sich, entschuldigt sich, entschuldigte sich, hat sich entschuldigt:

SBP: Enom (Epräp1)(=*bei*)(Epräp2)(=*für*)

(jm. gegenüber sein Bedauern für etwas ausdrücken, das ihm von selbst angetan wurde 누구에 대해 자신이 한 일에 대해 사과하다)

a. Er hat sich **für diese Bemerkung** *bei mir* entschuldigt.
(그는 자신이 이 말을 한 것에 대해서 나에게 사과했다.)

b. Ich entschuldige mich, **dass ich ihn in der Eile nicht sofort erkannt habe**.
(나는 서두르다가 그를 즉시 알아보지 못한 것을 사과한다.)

c. Gestern hat sich Herr Müller bei uns *(dafür)* entschuldigt, **in letzter Zeit manchmal so gereizt und nervös gewesen zu sein**.
(어제 뮬러씨는 자신이 최근에 이따금 너무 흥분하고 신경질적이었던 데 대해서 우리한테 사과했다.)

 ＊ b.와 c.에서 상관사 *dafür*는 생략될 수 있음을 알 수 있다.

d. Die Regierung sollte sich *bei ihrem Volk* entschuldigen.
(정부는 그들의 국민에게 사과해야 할 것이다.)

 ＊ d.에서 보듯이 전치사 *für*를 가진 '전치사 보충어'도 생략될 수 있다.

entsprechen, entspricht, entsprach, hat entsprochen:

1. SBP: Enom Edat

(den von etwas geforderten Maßstäben gerecht werden 무엇이 요구하는 수준에 상응하다)

Die Qualität dieses Artikels entspricht nicht **unseren Vorstellungen**.
(이 논문/기사의 질은 우리 기대에 상응하지 못한다.)

2. SBP: Enom Edat

(Wunsch/Bitte/Forderung nachkommen 소원/부탁/요구를 들어주다)

Mit dem Strafmaß entsprach das Gericht **der Forderung der Staatsanwaltschaft**.
(그 형량으로 법정은 검찰의 요구를 들어주었다.)

 * 3격 보충어는 '행위 명사'(nomina actionis)이다.

3. SBP: Enom Edat

(gleichwertig mit jemand anderem/etwas anderem sein 누구와/무엇과 대등하다)

Welcher deutsche Dichter entspricht schon **Goethe**?
(어떤 독일 작가가 괴테와 대등한가?)

Nach unseren Vorstellungen entspricht die Leidenschaft keineswegs **der tiefen Liebe**.
(우리 생각에는 열정은 결코 깊은 사랑과 대등하지 않다.)

 * **Goethe**는 **der tiefen Liebe**처럼 '3격 보충어'이다.

erfinden, erfindet, erfand, hat erfunden:

1. SBP: Enom Eakk

(etwas Neues hervorbringen 무엇을 발명하다)

Der Ingenieur Rudolf Diesel hat **den Dieselmotor** erfunden.

(기술자 Rudolf Diesel이 디젤 모터를 발명했다.)

2. SBP: Enom Eakk
(sich etwas Fiktives ausdenken 허구의 이야기를 고안해내다)

Aus Scham erfindet sie **Ausreden**.
(수치심 때문에 그녀는 핑계를 고안해낸다.)

Die Figuren des Romans sind frei erfunden.
(그 소설의 인물들은 실제로 살아있는 인물에 따라서 만들어진 것이 아니고, 자유롭게 고안된 것이다.)

erfüllen, sich erfüllt sich - erfüllte sich - hat sich erfüllt:

1. SBP: Enom
(Wirklichkeit werden 사실로 되다/이루어지다)

Der Wunsch nach engerer Zusammenarbeit hat sich nicht erfüllt.
(긴밀한 협조에 대한 소원은 이루어지지 않았다.)

Die Hoffnung, *mehr Studentinnen würden automatisch später auch den Professorinnenanteil unter den Hochschullehrern vergrößern*, habe sich nicht erfüllt.
(더 많은 여대생들은 자동적으로 나중에 대학교수들 중에서 여교수들의 비중을 확대시킬 것이라는 희망은 이루어지지 않았다.)

 ★ 주어로 오는 명사는 주로 'Wunsch(소원)/Hoffnung(희망)/Vorhersage(예언)'이다. **Die Hoffnung**의 구체적 내용은 *mehr Studentinnen würden automatisch später auch den Professorinnenanteil unter den Hochschullehrern vergrößern*이다.

2. **SBP: Enom Eadv**

(in etwas seinen adäquaten Ausdruck finden 무엇에서 적절히 표현된다)

In der Dialektik von Geben und Nehmen erfüllt sich der Sinn von Liebesbeziehungen.
(주기와 받기의 변증법 안에서 연애관계의 의미가 적절히 표현된다.)

In diesem jungen Eistanzpaar erfüllt sich überzeugend die Einheit von sportlicher Leistung und tänzerischer Ausdruckskraft.
(이 젊은 한 쌍의 빙상 무용가에게서 스포츠적 능력과 무용가적 표현력의 단일성이 확실하게 표현되고 있다.)

ergeben, ergibt, ergab, hat ergeben:

1.1. **SBP: Enom Eakk**

(etw. als Ergebnis haben 무엇을 결과로 갖다)

Die Abstimmung ergab **eine große Mehrheit für unseren Kandidaten**.
(투표결과는 우리 후보의 큰 승리였다.)

1.2. **SBP: Enom Epräp(=aus)**

(aus etw. als Ergebnis zustande kommen 무엇에서 어떤 결론이 도출되다)

Aus dem Gesagten ergibt sich, **dass nur eine einzige Möglichkeit besteht**.
(말해진 내용으로 볼 때, 한 가지 가능성만 남는다는 결론이 나온다.)

2. **SBP: Enom**

(dem militärischen Gegner keinen Widerstand mehr leisten und sich in seine Gewalt/in die Gefangenschaft begeben 항복하다)

Die Soldaten haben sich ergeben.
(그 군인들은 항복했다.)

3. SBP: Enom Edat

(sich einer Sache mit ganzer Hingabe widmen 어떤 일에 몰두하다)

Er hat sich ganz *seiner Arbeit* ergeben.
(그는 그의 일에 몰두했다.)

(기능동사 *ergreifen*을 가진 'Funktionsverbgefüge 기능동사 구문')

Beruf ergreifen: Viele Abiturienten ergreifen sofort einen Beruf, wenn sie das Gymnasium beendet haben.
(많은 김나지움 졸업반 학생들은 김나지움을 졸업하자 마자 즉시 한 개의 직업을 잡는다.)

Initiative ergreifen: Wenn niemand die Initiative ergreift, wird alles beim Alten bleiben.
(아무도 주도권을 잡아서 앞장서지 않으면, 모든 것이 옛날 그대로 남아 있을 것이다.)

Macht ergreifen: Eine Offiziersclique hat geputscht und die Macht ergriffen.
(한 장교 일당이 쿠데타를 일으켜 권력을 장악하였다.)

Maßnahme ergreifen: Die Regierung ergreift Maßnahmen, um den Preisanstieg zu dämpfen.
(정부는 물가 상승을 완화시키기 위해 적절한 조치를 취한다.)

erhöhen, erhöht, erhöhte, hat erhöht:

1. SBP: Enom Eakk

(bewirken, dass etw. höher wird 무엇을 인상하다/증가시키다)

Die **Regierung** wird sicherlich bald wieder die Steuern erhöhen.
(정부는 확실히 곧 세금을 다시 인상할 것이다.)

Stress erhöht die Adrenalinproduktion.
(스트레스가 아드레날린 생산을 증가시킨다.)

 * **Stress**는 '사람'이 아니므로, '넓은 의미의 행위의 주체'이다. (김경욱, 1990: 69f. 참조)

2. SBP: Enom Eakk
   (bewirken, dass etw. zunimmt 증가시키다)

   Das Tempo der Deutschlandpolitik erhöht nicht ihre Glaubwürdigkeit.
   (독일 정책의 속도가 그들의 신뢰성을 증가시키지는 않는다.)

3. SBP: Enom Eakk
   (jm. einen höheren Rang zuweisen 누구에게 높은 자리를 주다)

   Schon in der Bibel steht: Wer sich selbst erhöht, der soll erniedrigt werden.
   (성경에 이미 쓰여 있다: 자신을 높이는 자는 낮추어질 것이다.)

4. SBP: Enom Eakk (Eadv)
   (etwas höher machen 무엇을 더 높게 만들다)

   [Anfang des Jahrhunderts] ließ der Besitzer das Gebäude *um ein Stockwerk* erhöhen.
   (그 세기 초에 소유주는 그 건물을 한 층 더 높였다.)

   Nach der letzten Hochwasserkatastrophe hatte man den Deich [erheblich] erhöht.
   (지난 홍수재난이후에 그 제방을 현저하게 높였다.)

5. SBP: Enom Eakk

(an etw. zunehmen lassen 무엇을 증가시키다)

〔Bei Stress〕 erhöht der Körper die Adrenalinproduktion.
(스트레스를 받으면, 육체는 아드레나린 생산을 증가시킨다.)

〔Unter Einwirkung von Nässe〕 erhöhen Metalle ihre Leitfähigkeit.
(습기의 영향을 받으면, 금속들은 그들의 전도력을 증가시킨다.)

erhöhen, sich erhöht sich - erhöhte sich - hat sich erhöht:

1. SBP: Enom (Emens)

(um irgendwieviel zunehmen 얼마만큼 증가하다)

Die Zahl der Toten hat sich inzwischen *auf 14* erhöht.
(죽은 사람들의 수는 그 사이에 14명으로 늘어났다.)

2. SBP: Enom

(sich verstärken 강해지다/커지다)

Bei zu hoher Fahrgeschwindigkeit erhöht sich **die Gefahr**, *die Kontrolle über das Fahrzeug zu verlieren*.
(너무 속도를 올리면, 자동차에 대한 통제력을 잃을 위험성이 더 커진다.)

 ✱ 'die Gefahr 위험성'을 수식해주어 어떤 위험성인지 나타내는 부분이 뒤에 오는 'Infinitiv mit *zu*'이다.

erinnern, erinnert, erinnerte, hat erinnert:

1. SBP: Enom Eakk Epräp(=*an*)

(jm. etw. ins Bewusstsein rufen 누구에게 무엇을 상기시키다)

Würden Sie mich bitte **an den Termin** noch einmal erinnern?
(당신은 나에게 제발 다시 한 번 그 약속기한을 상기시켜주시겠습니까?)

2. SBP: Enom Eakk Epräp(=an)
(die Erinnerung an etw. Bekanntes hervorrufen 알려진 무엇을 기억나게 하다)

Das erinnert mich **an ein ähnliches Ereignis**.
(그것은 나에게 한 개의 비슷한 사건을 기억나게 한다.)

3. SBP: Enom Epräp(=an)
(die Erinnerung an etw. wach halten 무엇에 대한 기억을 새롭게 하다)

An dieses Ereignis erinnert eine Ausstellung in der Heidelberger Universitätsbibliothek.
(하이델베르크의 대학 도서관에서의 한 박람회가 이 사건을 상기시킨다.)

Das Kreuz auf dem Felsen erinnert *daran*, **dass hier ein Bergsteiger abgestürzt ist**.
(그 바위 위의 십자가는 여기에서 한 등산객이 추락했다는 것을 상기시킨다.)

 * *daran*은 '생략할 수 없는 상관사'이다.

erinnern, sich erinnert sich - erinnerte sich - hat sich erinnert:

SBP: Enom Egen/Epräp(=an + 4격)
(jn./etw. im Gedächtnis gespeichert haben und ihn/es wieder ins Bewusstsein rufen 누구/무엇을 기억하다)

Ich kann mich noch gut **daran** erinnern.
(나는 아직 그것을 잘 기억할 수 있다.)

Ich erinnere mich gern **an die Ferien.**
(나는 즐겨 그 휴가를 기억한다.)

Im Rückblick erinnern wir uns nur **des Außergewöhnlichen.**
(회고할 때 우리는 특별한 것만 기억한다.)

 * *jn. an etw.*[4] *erinnern*은 '누구에게 무엇을 상기시키다'이고, *sich*[4] *an etw.*[4] *erinnern*은 '무엇을 기억하다'를 뜻한다. *jn.*자리에 *sich*[4]가 왔으므로 '有緣(유연) 재귀구조'(motivierte Reflexivkonstruktion)이다.

erkennen, erkennt, erkannte, hat erkannt:

1. SBP: Enom Eakk
(etw. mit dem Verstand erfassen; begreifen) 무엇을 깨닫다/파악하다

Der Autofahrer erkannte **die gefährliche Situation** rechtzeitig und bremste.
(그 운전수는 위험한 상황을 제 때 알아채고, 브레이크를 밟았다.)

Er erkannte, **dass er sich geirrt hatte.**
(그는 자신이 틀렸다는 것을 깨달았다.)

Peter erkannte **(es)** plötzlich, **welch großen Fehler er gemacht hat.**
(페터는 그가 얼마나 큰 실수를 저질렀는지 갑자기 깨달았다.)

2. SBP: Enom Eakk (Epräp)(=*an* + 3격)
(etw. identifizieren/auf Grund von etw. jn./etw. genau bestimmen 누구/무엇을 알아보다)

Ich habe **ihn** gleich *an seiner Stimme* erkannt.
(나는 그의 음성을 듣고 즉시 그 임을 알아챘다.)

Die Verschlimmerung der Krankheit erkannte ich *am Anstieg des Fiebers.*
(그 병의 악화를 그는 열이 올라가는 것을 보고 알아챘다.)

Er hat (es) sofort erkannt, **dass die Bremsen defekt waren.**
(그는 그 브레이크가 고장이 났다는 것을 즉시 알아챘다.)

3. SBP: Enom Eakk Eadv

(etwas optisch wahrnehmen 무엇을 시각적으로 지각하다)

Auf dem Foto kann man kaum **etwas** erkennen.
(그 사진에서는 거의 아무 것도 알아볼 수 없다.)

4. SBP: Enom Eakk Epräp(=*in* + 3격)

(feststellen, dass jd./etw. jd./etw. ist 누구가/무엇이 무엇임을 깨닫다)

Erst spät erkannte man *in Shakespeare* **den großen Dramatiker.**
(나중에서야 비로소 사람들은 쉐익스피어가 위대한 극작가임을 깨달았다.)

Die acht Karlsruher Richter hingegen erkennen *in der Demonstrationsfreiheit* **ein elementares demokratisches Grundrecht.**
(그 여덟 명의 칼스루헤의 판사들은 그에 반해 시위의 자유가 본질적인 민주주의의 기본권임을 깨달았다.)

5. SBP: Enom Eakk Eobj-präd

(jn./etw. als einen solchen/ein solches einschätzen 누구/무엇을 누구/무엇으로 인정하다)

Slawisten waren es, die **Mandelstam** *als einen der bedeutendsten Dichter dieses Jahrhunderts* erkannt hatten.
(슬라브어학 연구자들이 만델스탐을 이 세기의 가장 중요한 작가들 중의 한 사람으로 인정한 사람들이다.)

Erst vor wenigen Jahren hat **es** die Bundesrepublik *als Notwendigkeit* erkannt, *dass eine Pflegeversicherung eingeführt werden muss.*
(몇 년 전에 비로소 독일은 간병보험이 도입되어야만 하는 것이 필수적임을 인정했다.)

* **es**는 *dass*-이하를 받아주는 '생략할 수 없는 상관사'이다.

6. SBP: Enom Epräp(=*auf* + 4격)
   (ein Urteil fällen, das auf etw. lautet 어떤 판결을 선고하다)

   Der Richter hat in dem Prozess gegen die beiden jugendlichen Einbrecher **auf eine Geldstrafe** erkannt.
   (그 판사가 그 두 사람의 젊은 침입자들에 대해서 벌금형을 선고했다.)

erklären, erklärt, erklärte, hat erklärt:

1. SBP: Enom Eakk
   (für etw. Grund sein 무엇의 이유이다)

   a. Die Scheidung der Eltern erklärt **die schlechten Leistungen des Schülers**.
   (부모의 이혼이 그 학생의 나쁜 성적의 이유이다.)

   b. Im Kosobo herrscht Krieg. Dies erklärt, **dass so viele Menschen im Land auf der Flucht sind**.
   (코소보는 아직 전쟁상태이다. 그것이 그 나라의 그렇게 많은 사람들이 피난 가고 있는 이유이다.)

   c. Der Ferienbeginn erklärt, **weshalb es an diesem Wochenende so große Staus auf den Autobahnen gab**.
   (휴가의 시작이 이 번 주말에 고속도로들에서 있은 큰 교통체증들의 이유이다.)

2. SBP: Enom (Edat) Eprop
   (jm etw. mitteilen 누구에게 무엇을 알리다/선언하다)

   Jochen erklärte seinem Vater, *dass er nicht Medizin studieren will*.

(요헨은 자신의 아버지에게 그는 의학을 공부하지 않겠다고 선언했다.)

Der Reisende erklärte, *vom Reisebüro nicht richtig informiert worden zu sein*.
(그 여행자는 여행사로부터 옳게 통보받지 못했다고 알렸다.)

 ＊ 이태릭체인 'dass-문장'과 'Infinitiv mit *zu*'가 '명제 보충어'이며 논항 '명제 내용'을 나타낸다.

3. SBP: Enom Eakk (Edat)
   (jm. etw. verständlich machen 누구에게 무엇을 설명하다)

   a. Wie wollen Sie dem Finanzamt **diese Einkünfte** erklären?
      (당신은 세무서에 이 수입들을 어떻게 설명하려고 하십니까?)

   b. Können Sie mir erklären, **wie dieser Apparat bedient wird**?
      (당신은 이 기구를 어떻게 취급하는지 저에게 설명해줄 수 있습니까?)

   c. Wer kann erklären, **was das Zeichen bedeutet**?
      (그 기호가 무엇을 의미하는지, 누가 설명할 수 있습니까?)

4. SBP: Enom Eakk Epräp(=*mit*)
   (etw. mit etw. begründen 무엇을 무슨 이유로 설명하다)

   a. Die Regierung erklärt ihr schlechtes Ergebnis bei der letzten Wahl **mit der Verärgerung der Bevölkerung über die hohe Arbeitslosigkeit**.
      (정부는 지난 선거에서의 그들의 나쁜 결과를 높은 실직율에 대한 주민의 심한 분노로서 그 이유를 설명한다.)

   b. Die Mängel in der Selbstverwaltung Palästinas erklärt PLO-Chef Arafat *damit*, **dass die versprochene Auslandshilfe nur spärlich fließt**.
      (팔레스타인의 자치행정에서의 결함들을 팔레스타인 해방기구-의장 아라파트는 약속된 외국원조가 단지 드문드문/찔끔찔끔 흘러들어온 사실로 그 이유를 설명한다.)

* b.의 *damit*는 '생략할 수 없는 상관사'이다.

5. SBP: Enom Eakk Eobj-präd
(äußern, dass etw. etw. ist 무엇이 무엇임을 선포하다)

Clinton hat die Sanierung von Wirtschaft und Finanzen **zur zentralen Aufgabe** erklärt.
(클린튼은 경제와 재정의 건전화를 중심과제로 선포했다.)

6. SBP: Enom Eakk Eobj-präd
(jn./etw. offiziell als jn./etw. bezeichnen 누구/무엇을 공식적으로 누구/무엇이라고 부르다)

Der Richter erklärte die Aussage des Zeugen **für eine Lüge** und den jungen Mann **für den Täter und für schuldig**.
(그 판사는 그 증인의 발언을 거짓말이라고 말하고, 그 젊은 남자가 범인이고, 죄가 있다고 말했다.)

Mein Nachbar hat mich beleidigt und **für/als einen Lügner** erklärt.
(내 이웃은 나를 모욕했고, 나를 사기꾼이라고 불렀다.)

erkundigen, sich erkundigt sich - erkundigte sich - hat sich erkundigt:

SBP: Enom Epräp1(=*nach/über*) (Epräp2)(=*bei*)
(jm. Fragen stellen, um Auskunft über jn./etw. zu bekommen 누구/무엇에 관해 정보를 얻기 위해 누구에게 질문하다)

Wir erkundigen uns **nach der Abfahrt des Zuges**.
(우리는 기차의 출발시각을 물었다.)

Hast du dich schon **nach einem Zug** erkundigt?
(너는 이미 기차 편을 알아보았느냐?)

Eine junge Anglistikstudentin erkundigte sich **über ihre Chancen nach dem Examen.**
(한 젊은 영어영문학을 공부하는 여대생이 시험 후의 기회들에 대해서 문의했다.)

Der Arbeitgeber darf sich auch **danach** erkundigen, **ob ansteckende Krankheiten vorliegen.**
(고용주는 전염병들이 존재하는지에 관해서도 질문할 수 있다.)

Erkundigen Sie sich bitte *bei Ihrer Krankenkasse*, **welche Möglichkeiten Sie für einen lückenlosen Versicherungsschutz haben.**
(빈틈없는 보험을 통한 보호를 위해서 당신은 어떤 가능성들을 가지고 있는지 제발 당신의 의료보험조합에 한 번 문의해보세요.)

＊ *sich erkundigen*은 전치사 **nach** 또는 **über**와 결합하고, 상관사 **danach/ darüber**는 생략이 가능하다.

erlauben, erlaubt, erlaubte, hat erlaubt:

1. SBP: Enom Eakk (Edat)
(jm. die Erlaubnis für etw. geben 누구에게 무엇을 허가하다)

Die ungarische Regierung hatte einseitig die Ausreise der DDR-Bürger erlaubt.
(항가리 정부는 일방적으로 동독국민들의 출국을 허가했다.)

Dieses Verkehrszeichen erlaubt dem Auto- und Motorradfahrer maximal 50 Stundenkilometer.
(이 교통표지판은 자동차운전자와 오토바이운전자에게 최대 시속 50km를 허용한다.)

Manche Kulturen erlauben das gemeinsame Bad erst nach gründlicher Reinigung.
(많은 문화들은 철저한 세척 후에서야 비로소 공동 목욕을 허용한다.)

Wer hat Ihnen erlaubt, meine Briefe zu öffnen.
(누가 당신에게 내 편지를 열어보게 허락했는가?)

Würden Sie erlauben, dass ich an Ihrem Tisch Platz nehme?
(당신은 제가 당신과 같은 식탁에 앉는 것을 허용해주시겠습니까?)

* erlauben 1.의 주어로는 '사람/조직/법률/기호/문화' 등이 온다. '사람/조직'은 '좁은 의미의 행위의 주체'이지만, '법률/기호/문화'는 '넓은 의미의 행위의 주체'이다. (김경욱(1990): 독일어 Valerz 문법, 69f. 참조)

2. SBP: Enom Eakk (Edat)
(jm. etw. ermöglichen 누구에게 무엇을 가능하게 하다)

Der Computer erlaubt eine Umsetzung von Gedankengängen, die anders nicht realisierbar sind.
(컴퓨터가 달리는 실현될 수 없는 사고과정들의 변환을 가능케 한다.)

Sein Gesundheitszustand erlaubte es ihm nicht, eine so anstrengende Reise zu machen.
(그의 건강상태가 그렇게 힘든 여행을 하는 것을 그에게 불가능하게 했다.)

* *erlauben* 2의 주어로는 '-human', 특히 '기계/상태'가 자주 온다.

erledigen, erledigt, erledigte, hat erledigt:

1. SBP: Enom Eakk
(etwas vollständig durchführen 무엇을 완전히 수행하다)

Könnten Sie das für mich erledigen?
(당신은 나를 위해 그것을 해결하실 수 있겠습니까?)

Die Hausaufgaben hat der Schüler selbstständig zu erledigen.
(그 숙제를 그 학생은 혼자서 처리해야 한다.)

2. SBP: Enom Eakk

(jn./etwas zu Grunde richten 누구/무엇을 해치우다)

Einen Verfolger habe ich erledigt, nun ist nur noch einer am Leben.
(한 추적자를 나는 해치웠다, 이제 단지 한 사람만 살아 있다.)

Wir haben **den Terror** nicht an der Wurzel erledigen können.
(우리는 테러를 뿌리채 제거하지는 못했다.)

ermöglichen, ermöglicht, ermöglichte, hat ermöglicht:

SBP: Enom Eakk (Edat)

Meine Eltern ermöglichen *mir* ein **Studium in Amerika**.
(내 부모님이 나의 미국에서의 공부를 가능케 해준다.)

Das feuchtwarme Klima ermöglicht **den Anbau von Bananen**.
(온섭(溫濕)한 기후가 바나나의 경작/재배를 가능케 한다.)

 * *jm.*은 '생략이 가능한 보충어'이고, 4격 보충어는 주로 '행위 명사'이다.

eröffnen, eröffnet, eröffnete, hat eröffnet:

1. SBP: Enom Eakk

(den Betrieb von etw. aufnehmen 개업하다)

Noel P. Keane eröffnet **ein Informationscenter** in der Innenstadt.
(노엘 페 케안느는 도심에 한 정보센터를 연다.)

Das Geschäft wird am 15. Mai eröffnet.
(그 가게는 5월 15일에 개점됩니다.)

2. SBP: Enom Eakk (Epräp)(=*mit*)

(etw. mit etw. beginnen lassen; einleiten 무엇을 무엇으로 시작하게 하다)

Ich eröffne **die Diskussion**.
(나는 토론의 개최를 선언합니다.)

Mit dem gemeinsamen Singen der Nationalhymne und einer Sinfonie von Mozart wurde **der Festakt** eröffnet.
(국가를 함께 부르고 모차르트의 교향곡과 더불어 축제의식은 개막되었다.)

3. SBP: Enom Eakk

(den Anfang von etw. bilden 무엇의 시작을 이루다)

Eine leidenschaftliche Liebesszene eröffnet **das Theaterstück**.
(한 개의 열정적인 사랑의 장면이 그 연극작품의 시작을 이룬다.)

4. SBP: Enom Edat Eakk

(jm. etw. zugänglich machen 누구에게 무엇을 이용할 수 있게 하다)

Einstein hat der Wissenschaft **ungeahnte Einsichten in die Mechanismen des Universums** eröffnet.
(아인스타인은 우주의 메카니즘에 대한 예기치 못한 통찰들을 학문에 이용할 수 있게 만들었다.)

5. SBP: Enom Edat Eakk

(jn. von etw. in Kenntnis setzen 누구에게 무엇에 관해 알려주다)

Im Krankenhaus eröffnet ihr der Arzt nach dem Röntgen **die Diagnose**: Oberschenkelhalsbruch.
(병원에서 그 의사는 뢴트겐사진 촬영 후에 그녀에게 진단결과를 알려준다: 대퇴 경부 골절.)

6. SBP: Enom Epräp(=mit)
   (mit etw. beginnen 무엇으로 시작되다)

   Die neue Spielzeit eröffnet **mit der Oper** "Lohengrin".
   (새 공연기간은 오페라 "로헨그린"으로 시작된다.)

7. SBP: Enom Eadv1 v Eadv2
   (irgendwann erstmalig den Betrieb aufnehmen; öffnen, aufmachen 언제 문을 열다)

   Am Marktplatz wird *am 1. Juli* ein großes Kaufhaus eröffnen.
   (광장에 7월 1일에 한 개의 큰 백화점이 문을 열 것이다.)

* Eadv1은 '시점'이고, Eadv2는 '장소'이다. 'v'은 둘 중 한 개의 보충어만 오거나 두 보충어가 다 올 수 있음을 나타낸다.

* 그 밖에도 다음과 같은 전문용어들이 자주 사용된다:
(군대용어) *das Feuer eröffnen*: 사격하기 시작하다
(경제용어) *einen Konkurs eröffnen*: 파산하기 시작하다
(은행용어) *ein Konto eröffnen*: 한 구좌를 개설하다
(법률용어) *ein Testament eröffnen*: 유언을 공개하다;
           ein Verfahren eröffnen: 소송을 시작하다.

erreichen, erreicht, erreichte, hat erreicht:

1. SBP: Enom Eakk
   (es schaffen, bis zu etwas zu gelangen 무엇을 타다)

Wenn wir uns beeilen, erreichen wir noch **den 8-Uhr-Zug**.
(우리는 서두르면, 아직 8시-열차를 탈 수 있다.)

2. SBP: Enom Eakk Eadv

(mit jm. in Verbindung treten 누구와 접촉하다)

[Bis 17 Uhr] können Sie **mich** [im Büro] erreichen.
(17시까지 당신은 나를 사무실에서 만나실 수 있습니다.)

Unter der Nummer 331930 können Sie **die einsatzbereiten Helfer** erreichen.
(331930번으로 당신은 출동할 준비가 되어있는 보조원들을 만날 수 있습니다.)

* *Unter der Nummer 331930*는 논항 '양태'(Art und Weise)를 나타내는 부사적 보충어이다.

Man kann **mich** im Institut *telefonisch oder auch per Fax oder E-Mail* erreichen.
(사람들은 연구소에 있는 나를 전화로 또는 팩스로 또는 이-메일로 만날 수 있습니다.)

* *telefonisch oder auch per Fax oder E-Mail*은 논항 '양태'(Art und Weise)를 나타내는 부사적 보충어이다.

3. SBP: Enom Eakk Eadv

(etw. mittels irgendetwas zu Stande bringen 무엇을 수단으로 무엇을 이루다)

Mit Liebe und Geduld erreicht man **viel**.
(사랑과 인내로 사람들은 많은 것을 이룬다.)

Die Einsparung könne auch *dadurch* erreicht werden, *dass Stellen vorübergehend nicht besetzt werden*.
(절약은 일자리들을 잠정적으로 채우지 않는 것으로 이루어질 수 있다.)

* Mit Liebe und Geduld와 dadurch, dass Stellen vorübergehend nicht besetzt werden은 논항 '수단'(Instrument)을 나타내는 '부사적 보충어'이다. dadurch는 '생략할 수 없는 상관사'이다.

4. SBP: Enom Eakk
(etwas erlangen 무엇에 도달하다)

Diese Züge erreichen **eine Geschwindigkeit von 200 Kilometern.**
(이 기차들은 시속 200킬로의 속도까지 낼 수 있습니다.)

erscheinen, erscheint, erschien, ist erschienen:

1. SBP: Enom Edat Esubj-präd
(den Anschein erwecken, so zu sein 어떤 인상을 불러일으키다)

Dieser Punkt erscheint mir **besonders wichtig.**
(이 문제는 나에게 특별히 중요해 보인다.)

2. SBP: Enom Eadv1 v Eadv2
(irgendwo irgendwann herausgegeben werden 어디에서 언제 출판되다)

Das neue Wörterbuch wird **beim Klett-Verlag in Stuttgart** erscheinen.
(그 새 사전은 스트트가르트의 크레트-출판사에서 간행될 것이다.)

 * Eadv1은 '출판사와 출판 장소'이다.

Der Roman "Die Schlafwandler" von Hermann Broch erschien **im Dezember 1932.**
(헤르만 브로흐의 소설 "몽유병자"는 1932년 12월에 출판되었다.)

Die Zeitschrift erscheint **monatlich**.
(그 잡지는 매월 간행된다.)

 * Eadv2는 '출판의 시점 또는 출판의 시간 간격'이다.

3. SBP: Enom Eadv

(irgendwo sichtbar werden 어디에 나타나다)

Es war ganz still im Wald. Da erschien ein Reh **hinter den Bäumen**.
(숲속은 아주 고요했다. 그 때 나무들 뒤에서 사슴 한 마리가 나타났다.)

4. SBP: Enom Eadv

(irgendwo gedruckt sein 어디에 인쇄되어 있다)

Wöchentlich erscheinen **in den Fachzeitschriften** neue Berichte.
(매 주마다 전문잡지들에는 새 보고서들이 인쇄되어 있다.)

5. SBP: Enom (Eadv)

(sich irgendwo einfinden 어디에 도착하다)

Es ist die Pflicht aller Kollegen, **auf/zu den Versammlungen und bei/zu den Vorträgen** zu erscheinen.
(모임들과 강연들에 나타나는 것이 모든 동료들의 의무이다.)

Alle Gäste waren schon erschienen, nur der Gastgeber noch nicht.
(모든 손님들이 이미 다 왔다, 주인만 아직 오지 않았다.)

erschrecken 1 erschrickt, erschrak, ist erschrocken:

SBP: Enom

(einen Schreck bekommen 놀라다)

Erschrick nicht!
(놀라지 마라!)

Ich bin erschrocken.
(나는 놀랐다.)

erschrecken II erschreckt, erschreckte, hat erschreckt:

SBP: Enom Eakk
(Angst und Entsetzen auslösen 누구를 놀라게 하다)

Hast du mich aber erschreckt!
(그러나 너는 나를 놀라게 했어!)

 * *erschrecken* 1.은 '자동사'로 '놀라다'이고, *erschrecken* 2.는 '타동사'로서 '놀라게 하다'이다. *Ich bin erschrocken.*은 '상태의 변화'를 나타내므로 *sein*과 더불어 완료형을 만들었다.

erwarten, erwartet, erwartete, hat erwartet:

1. SBP: Enom Eakk
   (mit etw. rechnen 무엇을 예상하다)

Wir hatten nichts anderes erwartet.
(우리는 다른 어떤 것도 예상하지 않았다.)

Der Wetterdienst erwartet für das Wochenende Kälte und Schnee.
(기상통보는 주말에 추위와 눈을 예상하고 있다.)

Ich hatte erwartet, dass sie sofort Ja sagen würde.
(나는 그녀가 즉시 예라고 말할 것을 예상했다.)

Wenn er allerdings erwartet hatte, **damit Erstaunen und Bewunderung zu erregen**, würde er enttäuscht.
(그가 그것으로 놀라움과 경탄을 불러일으킬 것을 기대했다면, 그는 실망했을 것이다.)

2. SBP: Enom Eakk (Eadv)

(warten, dass etw. irgendwann eintritt 무엇을 언제 기다리다)

Ich erwarte **einen Anruf aus Berlin**.
(나는 베를린으로부터 전화 한 통을 기다리고 있다.)

Wir erwarten *heute Abend* **Gäste**.
(우리는 오늘 저녁에 손님들을 맞이할 것이다.)

 * *heute Abend*와 같은 '시점'(Zeitpunkt)을 나타내는 부사적 보충어의 생략이 가능하다.

3. SBP: Enom Eakk

(jm. bevorstehen 누구 앞에 다가오다)

Die Geretteten erwartet ein nuklearer Dauerwinter nach einer Atombombenexplosion.
(원자폭탄의 폭발 다음의 원자핵의 장기겨울이 구조된 사람들을 기다리고 있다.)

4. SBP: Enom Eakk Epräp(=*von*)

(etw. von jm./etw. verlangen 누구/무엇으로부터 무엇을 요구하다)

Eltern erwarten oft zu viel **von ihren Kindern**.
(부모는 가끔 그들의 애들로부터 너무 많이 요구한다.)

Was erwarten wir **von neuem Jahr**?
(우리는 새 해로부터 무엇을 요구/기대합니까?)

Von der Landesregierung erwartet die Stadt, *dass sie Druck auf Thyssen und die Bundesregierung ausübt.*
(그 도시는 주정부가 티센과 연방정부에 압력을 가할 것을 주정부로부터 바라고 있다.)

Kein Mensch erwartet **von den Zuschauern**, *sich schuldig zu fühlen, weil sie den Unfall nicht verhindern konnten.*
(아무도 관중들로부터 그들이 그 사고를 막을 수 없었기 때문에 자신이 죄인이라고 느낄 것을 요구하지는 않는다.)

5. SBP: Enom Eakk (Eadv)

(für jn. irgendwo vorhanden sein 누구를 위해 어디에 존재하다)

Bei deinen Eltern erwartet dich **eine große Überraschung.**
(너의 부모님은 너를 놀라게 할 일을 한 개 갖고 계신다.)

erziehen, erzieht, erzog, hat erzogen:

1. SBP: Enom Eakk (Eadv)

(jn. in seiner charakterlichen Entwicklung formen 누구를 특별하게 교육하다)

Willst du dein Kind **zweisprachig** erziehen?
(너는 네 애를 이중 언어로 교육시키려는가?)

Die Kinder sollten **gewaltfrei und angstfrei** erzogen werden.
(애들은 폭력 없이 그리고 불안이 없게 교육되어야 한다.)

 * 생략할 수 있는 부사적 보충어는 논항 '양태'를 나타낸다.

2. SBP: Enom Eakk Epräp(=zu)

(jn. zu etw. anleiten 누구를 무엇을 하도록 지도하다)

a. Kinder sollten **dazu** erzogen werden, selbständig zu sein.
(애들은 스스로 독립하도록 교육받아야 한다.)

b. Durch die Jugendhaft soll der Verurteilte **dazu** erzogen werden, **einen rechtschaffenen und verantwortungsvollen Lebenswandel zu führen.**
(청년구류형을 통해서 유죄판결을 받은 자는 정직하고 책임질 줄 아는 처신을 하도록 지도받아야 할 것이다.)

c. Eltern sollten ihre Kinder erziehen, **sich vorsichtig und rücksichtsvoll im Straßen- und Bahnverkehr zu bewegen.**
(부모들은 그들의 애들에게 도로교통과 철도교통에서 조심스럽고 사려깊게 움직이도록 지도해야 할 것이다.)

 * c.에서 보듯이 **dazu**는 '생략이 가능한 상관사'이다.

essen, ißt, aß, hat gegessen:

1. SBP: Enom (Eakk)

(etw. zu sich nehmen 무엇을 먹다)

Ich esse gern **Birnen**.
(나는 배를 즐겨 먹습니다.)

Unsere Katze isst nicht viel.
(우리 고양이는 많이 먹지 않습니다.)

2. SBP: Enom Eadv1 v Eadv2

(ein Mahlzeit einnehmen 식사하다)
Eadv1은 '장소', Eadv2은 '시점'이다.

Haben Sie schon **zu Mittag** gegessen?
(당신은 이미 점심 식사를 했습니까?)

Viele Studenten essen **in der Mensa**.
(많은 대학생들은 대학구내식당에서 식사한다.)

Sonntags wird pünktlich **um 13 Uhr** gegessen.
(일요일에는 정확하게 13시 정각에 식사한다.)

Bis 22 Uhr kann man **im** "**Dorfkrug**" warm essen, später nur noch kalt.
(22시까지는 "마을 선술집"에서 따뜻한 식사를 할 수 있다, 그러나 더 늦은 시각에는 찬 음식만 먹을 수 있다.)

 ＊ *essen* 2는 *gehen*과 함께 'zum Essen in ein Restaurant gehen'의 의미로 자주 사용된다: *Samstags **gehen** wir oft **essen**, weil ich keine Zeit zum Kochen habe.*(토요일에는 내가 요리할 시간이 없어서 우리는 자주 외식하러 간다.)

fahren I fährt - fuhr - ist gefahren:

1. SBP: Enom (Eadv)
(sich mit Hilfe einer Antriebskraft irgendwohin bewegen 어디로 차를 타고가다)

Wollen wir **nach Hause** laufen oder fahren?
(우리는 집으로 걸어 갈까요 아니면 타고 갈까요?)

Wohin fährt diese Straßenbahn?
(이 전차는 어디로 갑니까?)

Der Aufzug fährt gerade **nach oben**.
(그 승강기는 위로 향해 똑 바로 간다.)

Von welcher Haltestelle fahren die Busse **in Richtung Klinik**?
(어떤 버스정류장에서 버스들이 병원 방향으로 갑니까?)

Wenn das Schiff **stromaufwärts** fährt, dauert die Fahrt länger.

(그 배가 강 상류로 거슬러 올라가면, 항해는 더 오래 걸린다.)

 ∗ 주어로는 '비행기 이외의 모든 탈것'이 가능하다.

2. SBP: Enom

(Fahrzeug bewegt sich mit Hilfe einer Antriebskraft fort 차가 엔진의 도움으로 움직이다)

Gestern habe ich den Wagen aus der Werkstatt abgeholt. Unser **Auto** fährt wieder!
(어제 나는 그 차를 수리소에서 찾아왔다. 우리 차는 다시 움직인다.)

Fährt dieser **Zug** elektrisch oder mit Diesel?
(이 기차는 전기로 움직이는가 또는 디젤로 움직이는가?)

3. SBP: Enom Eakk

(jemand nimmt mit einem Fahrzeug an Wettkampf teil 누가 탈것으로 경주에 참가하다)

Rudi Altig *hat* auch **Sechstagerennen** *gefahren*.
(루디 알티히는 '6일 경주'에도 참가했다.)

 ∗ 특히 '스포츠언어'에서 현재완료형이 *haben*과 함께 만들어질 수 있다.

4. SBP: Enom Eakk

(jemand<Person in Fahrzeug>/etw.<Fahrzeug außer Flugzeug> erzielt beim Fahren etw.<Rekord, Geschwindigkeit, Figur> 누구<차안의 사람>/<비행기외의 탈것>이 어떤 기록을 달성하다)

Ich wette, dass der Schlitten aus der Schweiz wieder **einen Rekord** fährt.
(나는 스위스에서 온 썰매가 다시 기록을 세울 것이 틀림없는 사실이라고 믿는다.)

Wie viel Stundenkilometer fährt der Eurocity?
(유로시티는 시속 몇 킬로미터를 낼 수 있는가?)

Auch in Monte Carlo *hat* der Ferrari **eine Rekordzeit** *gefahren*.
(몬테 카를로에서도 페라리가 기록을 세웠다.)

 * 특히 '스포츠언어'에서 현재완료형이 *haben*과도 함께 만들어질 수 있다.

5. SBP: Enom Eadv
(mit Hilfe eines Fahrzeugs irgendwohin reisen 차를 타고 어디로 여행하다)

Im nächsten Urlaub wollen wir **an die See** fahren.
(다음 휴가에는 우리는 바다로 드라이브하려고 합니다.)

6. SBP: Enom Eadv
(sich plötzlich irgendwohin bewegen 갑자기 어디로 움직이다)

Als das Telefon läutete, fuhr sie erschrocken **in die Höhe**.
(전화벨이 울렸을 때 그녀는 깜짝 놀라서 일어섰다.)

Er sprang aus dem Bett und fuhr hastig **in seine Hosen**.
(그는 침대에서 뛰쳐나와서 급히 바지를 입었다.)

Blitzschnell fuhr der Fuchs **aus seinem Bau**.
(아주 빨리 그 여우는 그의 건물에서 달려 나왔다.)

Die Kugel fuhr ihm **durch die Stirn**.
(총알이 그의 이마를 관통했다.)

Gestern ist ein Blitz **in die alte Eiche** neben der Kirche gefahren.
(어제 번개가 교회 옆 떡갈나무 고목 속으로 관통해 들어왔다.)

 * 주어로는 '사람/동물/구체적 사물/자연력'이 올 수 있다.

7. SBP: Enom (Eadv)
(etw. irgendwie steuern 무엇을 어떻게 운전하다)

Frau Müller fährt immer sehr **vorsichtig**.
(뮬러부인은 항상 아주 조심스럽게 운전한다.)

Der Motorradfahrer ist bei dichtem Nebel **mit überhöhter Geschwindigkeit** gefahren.
(그 오토바이운전수는 짙은 안개 속에 과속으로 달렸다.)

 * 생략할 수 있는 부사적 보충어는 '양태'를 나타낸다.

8. SBP: Enom Eadv1 (Eadv2)
(mit Hilfe von etw. irgendwohin greifen 무엇의 도움으로 어디로 더듬다)

Der Unbekannte fuhr *mit der Rechten* **in seine Manteltasche** und hielt plötzlich ein Messer in der Hand.
(그 낯선 남자는 오른 손으로 그의 외투호주머니 속을 더듬더니, 갑자기 손에 칼 한 개를 쥐고 있었다.)

Sie war nur flüchtig *mit dem Staubtuch* **über die Möbel** gefahren.
(그녀는 걸레로 가구 위로 단지 후딱 스쳐지나갔다.)

 * Eadv1은 '방향', (Eadv2)은 '도구'이다.

fahren II fährt - fuhr - hat gefahren:

1. SBP: Enom Eakk Eadv
(etw. in einem Fahrzeug irgendwohin bringen 무엇을 차로 어디로 보내다)

Wir hätten **dich** gern *nach Hause* gefahren.
(우리는 너를 기꺼이 집으로 차로 데려다주고 싶습니다.)

2. **SBP: Enom Eakk**

   (jd. benutzt oder besitzt etw.<Fahrzeug> 누가 무엇<차>을 이용/소유하다)

   Viele Jungen träumen davon, später **einen Truck** zu fahren.
   (많은 젊은이들은 나중에 언젠가 트럭을 몰게 되는 꿈을 꾼다.)

   Als junger Mann hatte er ein Motorrad, jetzt fährt er **einen Mittelklassewagen**.
   (젊은 남성으로서 그는 한 대의 오토바이를 가지고 있었다, 지금 그는 중형차를 몬다.)

3. **SBP: Enom Eakk**

   (etw. bedienen 무엇을 취급/조종하다)

   Ein Ingenieur erklärte den Schülern, wie man **einen Hochofen** fährt.
   (한 기술자가 그 학생들에게 어떻게 용광로를 취급하는지 설명했다.)

4. **SBP: Enom Eakk Eadv**

   (etw. irgendwohin lenken 무엇을 어디로 몰고 가다)

   Hast du **den Wagen** *auf den Hof* oder *in die Garage* gefahren?
   (너는 그 차를 앞뜰로 몰고 갔느냐 또는 차고로 몰고 갔느냐?)

fallen, fällt, fiel, ist gefallen:

1. **SBP: Enom Eadv**

   (sich nach unten bewegen 아래로 떨어지다)

   Das Glas ist **auf den Boden** gefallen.
   (그 유리잔이 땅에 떨어졌다.)

   Frau Müller ist beim Fensterputzen **von der Leiter** gefallen.
   (뮬러부인은 창문을 닦다가 사다리에서 떨어졌다.)

Etwas fiel **aus ihren Händen** und klatschte zu Boden.
(무엇이 그녀의 손에서 떨어져서 땅에 충돌하여 탁 하고 소리났다.)

2. SBP: Enom (Emens)

(sich hinsichtlich Wert oder Anzahl oder Größe oder Höhe schnell um irgendwieviel verringern 값 또는 수 또는 크기 또는 높이가 갑자기 얼마만큼 감소되다)

Die Temperatur ist ganz plötzlich gefallen.
(기온이 아주 갑자기 떨어졌다.)

Wird **der Euro** fallen?
(유로화의 가치는 떨어질 것인가?)

In Amerika ist **der Anteil** *derer*, **die Stromgewinnung aus Kernkraft befürworten**, *von 40 Prozent auf 34* gefallen, in England *von 60 auf 40*.
(미국에서는 핵에너지로부터 전기를 얻는 것을 찬성하는 사람들의 비율이 40%에서 34%로 떨어졌다, 그리고 영국에서는 60%에서 40%로 떨어졌다.)

* *derer*는 '후방 지시사'(Katapher)로서 뒤에 오는 관계대명사 주격 **die**가 나타내는 내용, 즉 *핵에너지로부터 전기를 얻는 것을 찬성하는 사람들*을 받아주는 복수 2격의 지시대명사이다. 이렇게 *derer*는 수식하는 명사 뒤에 오지만, *deren*은 수식받는 명사 앞에 오고 앞의 명사 *ihre Freunde*를 지시하므로 '전방지시사(Anapher)'이다.
Sie begrüßte ihre Freunde und deren Kinder.
*von 40 Prozent auf 34*가 '척도 보충어'이다.

In der vergangenen Nacht fiel **das Thermometer** stellenweise *bis unter -10 Grad*.
(간밤에 온도계가 -10도 아래로 내려간 곳도 몇 군데 있었다.)

3. SBP: Enom

(etw.<Grenze, Tabu> fällt als Beschränkung weg 제약으로서 무엇<국경, 금기>이 사라지다)

Es wird noch eine Weile dauern, bis auch **die letzte Grenze** in Europa gefallen ist.
(유럽에 마지막 국경마저 사라질 때 까지는 아직 한 동안 걸릴 것이다.)

Seit Beginn des 20. Jahrhunderts sind viele **Tabus** gefallen.
(20세기 초 이후로 많은 금기사항들이 사라졌다.)

4. **SBP: Enom**

   (etw. Umkämpftes <konkr. Objekt: meist Bauwerk, Gebiet> wird erobert 얻기 위해서 투쟁했던 무엇<구체적 대상: 대부분 건물, 지역>이 정복되다)

   Nach wochenlanger Belagerung ist die **Festung** trotz erbitterter Gegenwehr gefallen.
   (수주 간의 포위 후에 그 요새는 격렬한 방어에도 불구하고 정복되었다.)

5. **SBP: Enom Epräp(=an)**

   (etw. kommt durch Erbschaft oder Eroberung in jemandes Besitz 무엇이 상속 또는 정복을 통해 누구의 소유가 되다)

   Da der Verstorbene keine Verwandten hatte, ist der Nachlass **an den Staat** gefallen.
   (고인(故人)이 친척이 없었기 때문에, 유산은 국가에 귀속되었다.)

   Nach dem 2. Weltkrieg fiel ein Teil Polens **an die Sowjetunion**.
   (2차 대전 후에 폴란드의 일부는 소련의 소유가 되었다.)

6. **SBP: Enom Epräp(=auf)**

   (jn. betreffen 누구에게 해당되다)

   Als der Diebstahl entdeckt wurde, fiel der Verdacht sofort **auf ihn**.
   (도둑질이 발각되었을 때, 그 의혹은 즉시 나에게 떨어졌다.)

   Der Hauptgewinn ist **auf die Losnummer 327,174** gefallen.
   (1등 당첨은 복권번호 327,174에게 떨어졌다.)

7. SBP: Enom Epräp(=*durch*)

(etw. nicht bestehen 무엇에 불합격하다)

Wer **durch die Fahrprüfung** fällt, kann sie nach einigen zusätzlichen Fahrstunden wiederholen.
(운전면허시험에 불합격한 사람은 그 시험을 몇 시간의 추가 주행연습 후에 반복할 수 있다.)

8. SBP: Enom Epräp(=*in*)

(in etw. geraten 무엇<육체적/심리적 상태>에 빠지다)

Ich legte mich auf das Sofa und fiel sofort **in einen traumlosen Schlaf**.
(나는 소파에 눕자마자 꿈도 꾸지 않는 깊은 잠에 빠져들었다.)

Nach dem Tod ihres Sohnes fiel sie **in eine tiefe Depression**.
(그녀의 아들의 죽음 후에 그녀는 깊은 우울증에 빠져들었다.)

9. SBP: Enom Epräp(=*in*)

(zu etw. gehören 무엇에 속하다)

Dialektgeografie fällt nicht **in mein Fach**.
(방언 지리학은 내 전문분야가 아니다.)

Gehen Sie bitte zu Herrn Müller, Ihr Fall fällt **in seinen Zuständigkeitsbereich**.
(뮬러씨에게 가십시오, 당신의 경우는 그의 담당영역에 속합니다.)

10. SBP: Enom Epräp(=*in/unter* + 4격)

(jd./etw. ist auf Grund seiner Merkmale unter etw. <abstr. Objekt: Begriff, Klasse> einzuordnen; zählen zu 누구/무엇은 그 특성을 토대로 무엇<추상적 대상: 개념, 종류>로 분류될 수 있다; …에 속하다)

'Sollen' und 'wollen' fallen **in die Gruppe der Modalverben**.
('Sollen'과 'wollen'은 화법조동사로 분류될 수 있다.)

Hohn, Schadenfreude und albernes Dauergelächter fallen nicht **unter die Kategorie "heilsamer Humor"**.
(조소, 남의 불행을 기뻐하는 마음, 바보 같은 계속적 웃음은 "약이 되는 유머"의 범주에 속하지 않는다.)

11. SBP: Enom Epräp(=unter + 4격**)**

(von etw. betroffen sein 무엇에 해당되다)

Welche Pflanzen und Tiere fallen **unter den Artenschutz**?
(어떤 식물들과 동물들이 종(種)의 보호에 해당되는가?)

Welche Arzneimittel **unter die neuen Bestimmungen** fallen, wird man morgen in der Zeitung lesen können.
(어떤 의약품들에 새 규정이 적용되는지를 내일 신문에서 읽을 수 있을 것이다.)

12. SBP: Enom (Epräp)(=über + 4격**)**

(über etw. stürzen 무엇에 걸려 넘어지다)

Pass auf, dass du nicht **über den Putzeimer** fällst!
(너는 청소 물통에 걸려 넘어지지 않도록 주의하라!)

Der Torwart wollte den Ball fangen und ist dabei rückwärts **gegen den Torpfosten** gefallen.
(골키퍼는 그 공을 잡으려했다 그러나 그 때 그는 뒷 쪽으로 골대 쪽으로 넘어졌다.)

Fällt man unglücklich **auf den Rücken**, kann dies zu einer Wirbelsäulenverletzung führen.
(불행하게도 뒤로 나자빠지면, 이것은 척추의 부상으로 될 수 있다.)

13. SBP: Enom Eadv

(irgendwohin gelangen 어디에 도착하다)

Ein schmaler Lichtstrahl fällt **auf die riesige dunkle Hecke**.

(한 가느다란 불빛이 그 거대한 어두운 덤불 위로 비추고 있다.)

Im Vorübergehen fiel *ihr Blick* **auf einen roten Mantel** im Schaufenster.
(지나가면서 그녀의 시선은 쇼 윈도우 안의 한 빨간 외투로 향했다.)

 * 주어는 '빛/시선'이다.

14. SBP: Enom Eadv

(etw.<Ereignis/Handlung> findet irgendwann statt 무엇<사건/행위>이 언제 개최된다)

In diesem Jahr fällt *Silvester* **auf einen Freitag**.
(올해에는 섣달 그믐날이 금요일이 된다.)

In meine Zeit fiel auch *die Vorbereitung der Olympischen Spiel*e.
(올림픽 경기의 준비도 내 임기 중에 생겼다.)

15. SBP: Enom (Emens)

(in seinem Niveau um irgendwieviel zurückgehen 수준이 얼마만큼 낮아지다)

Infolge der langanhaltenden Trockenheit ist der Wasserstand in den Talsperren **mehrere Meter** gefallen.
(오래 지속되는 가뭄 때문에 골짜기의 댐의 수위가 몇 미터 더 낮아졌다.)

16. SBP: Enom (Eadv)

(etw. wird irgendwo [geistiges Produkt: Text/Handlung: Äußerung] erwähnt 무엇이 어디에 [정신적 산물: 텍스트/행위: 발언] 언급되다)

Dein Name ist **weder im Rechenschaftsbericht des Vorsitzenden noch bei der anschließenden Diskussion** gefallen.
(네 이름은 의장의 해명서에도, 그에 잇따른 토론에서도 언급되지 않았다.)

Auffallend oft fällt **während seiner Ausführungen** der Name Frankfurt.
(눈에 뛰게 자주 프랑크푸르트라는 이름이 그의 묘사 중에 언급된다.)

Er hat deinen Namen **in dem Gespräch** *fallen lassen*.
(그는 너의 이름을 그 대화에서 언급하지 않았다.)

 ＊*fallen* 16은 자주 *lassen*과 결합하여 사용된다.

17. SBP: Enom Eadv
(irgendwann erfolgen 사건이 언제 일어나다)

Die endgültige Entscheidung soll **im Juli** fallen.
(최종적 결정은 7월에 일어날 것이다.)

18. SBP: Enom (Eadv1) (Eadv2)
(als Soldat irgendwo irgendwann ums Leben kommen 군인으로서 언제 어디에서 죽다): (Eadv1)은 '언제', (Eadv2)은 '장소'이다.

In Berlin gibt es ein Ehrenmal für die sowjetischen Soldaten, die **beim Kampf um Berlin** gefallen sind.
(베를린에는 베를린을 얻기 위한 전투에서 죽은 소련 군인들을 위한 기념비가 한 개 있습니다.)

Mein vater ist **im Winter 1944** an der Ostfront in Polen gefallen.
(내 아버지는 1944년 겨울 폴란드의 동부전선에서 전사했습니다.)

19. SBP: Enom Eadv1 v Eadv2
(*irgendwie* **irgendwohin** herabhängen 어떻게 어디로 늘어뜨려져 있다): Eadv1은 '방향', Eadv2은 '양태'를 나타낸다.

Ihr fällt das schwarze Haar *in dichten Locken* **auf die Schultern**.
(그녀의 검은 머리칼은 숱이 많은 파머로 어깨 위로 늘어뜨려져 있다.)

fehlen, fehlt, fehlte, hat gefehlt:

1. SBP: Enom Edat
(nicht zur Verfügung stehen 누구에게 무엇이 없다/부족하다)

Dazu fehlt mir die Zeit.
(그것을 하기에는 나에게 시간이 부족하다)

Dieser Theorie fehlte jegliche wissenschaftliche Basis.
(이 이론에는 어떤 학문적 토대도 없었다.)

2. SBP: Enom Eadv
(irgendwo nicht vorhanden sein, wo es sein sollte 당연히 있어야 할 곳에 무엇이 없다)

Auf dem Brief fehlt der Absender.
(그 편지에는 발송인의 이름이 없다)

Dieses Buch fehlt **in Ihrer Bibliothek**!
(이 책이 당신의 도서관에 없군요!)

Von den Tätern fehlt bis jetzt jede Spur.
(범인들은 지금까지 아무런 흔적도 없이 사라졌다.)

3. SBP: Enom (Eadv1) (Eadv2)
(irgendwo irgendwann nicht anwesend sein, obwohl die Anwesenheit erwünscht oder erwartet wird 누구가 출석이 기대됨에도 불구하고, 어디에 언제 결석하다): (Eadv1): 장소, (Eadv2): 시점.

Sie hat zwei Tage **in der Schule** gefehlt.
(그녀는 이틀 학교에 결석했다.)

Du darfst **beim Konzert** nicht fehlen. Es ist das schönste in diesem Jahr.
(너는 음악회에 결석해서는 안 된다. 그것은 올해 가장 아름다운 음악회이다.)

Du hast **gestern** gefehlt.
(너는 어제 결석했다.)

4. SBP: Enom Edat

(jd. wird von jm. vermisst 누구가 없어서 그립다)

Meine Mutter fehlt mir sehr.
(나는 어머니를 아주 그리워한다.)

Meine Arbeit und die Freundschaft der Kollegen werden mir fehlen.
(내 일과 동료들의 우정이 나는 그리울 것이다.)

5. SBP: Enom (Edat) Epräp(=zu)

(bei jm. zur Erreichung von etw. nicht vorhanden sein 누구에게 무엇을 이루는 데 부족하다)

Fünf Kilogramm fehlen noch **zum Kampfgewicht**.
(아직 5 킬로그램이 규정체중에 부족하다.)

Der Sieg ist nähergerückt. Drei Punkte fehlen noch.
(승리는 더 가까이 다가왔다. 아직 3점이 부족하다.)

 * 문맥을 통해 '전치사 보충어'의 내용이 zum Sieg으로 분명히 알 수 있으면, 이 전치사 보충어는 생략될 수 있다.

feiern, feiert, feierte, hat gefeiert:

1. SBP: Enom Eakk

(etw. festlich begehen 무엇을 축하하다)

Wir haben gestern **Karls Geburtstag** gefeiert.
(우리는 어제 칼의 생일을 축하했다.)

2. SBP: Enom

(sich in fröhlich gestimmter Gesellschaft aufhalten 축제를 즐기다)

Manche Studenten studieren selten, feiern aber mit ihren Freunden in der Kneipe fast jeden Abend.
(많은 대학생들은 공부는 드물게 하지만, 그들의 친구들과 술집에서 거의 매일 저녁 축제를 즐긴다.)

feststellen, stellt fest, stellte fest, hat festgestellt:

1. SBP: Enom Eakk

(jn./etw. ermitteln 누구/무엇을 찾아내다)

Der Absender des Briefes konnte nicht festgestellt werden.
(그 편지의 발송인은 찾아낼 수 없었다.)

Das Gericht muss feststellen, **ob der Angeklagte für seine Tat verantwortlich ist oder nicht.**
(법원은 그 피고가 그의 행동에 책임이 있는지 또는 없는지 알아내어야 한다.)

2. SBP: Enom Eprop

(nachdrücklich auf etw. hinweisen 확실히 말하다)

Ich möchte feststellen, **dass ich so etwas nie behauptet habe.**
(나는 그런 것을 주장한 적이 없음을 확실히 말하고 싶습니다.)

Der Obduktionsbericht stellte fest, **dass Vivian Carpenter kurz vor ihrem Tod mehrere Gläser Wein zu sich genommen hatte.**
(부검 결과보고는 비비안 카펜터가 그녀가 죽기 직전에 여러 잔의 포도주를 마셨다고 확실히 말했다.)

 ✻ '명제 보충어'(Eprop)는 논항 '명제 내용'을 나타낸다.

3. SBP: Enom Eakk Eadv

(die Existenz von etw. irgendwo durch gezieltes Untersuchen entdecken 어디에서 무엇의 존재를 의도적 조사를 통해 발견하다)

Der Arzt stellte *bei ihm* **einen schweren Herzfehler** fest.
(그 의사는 그에게서 중증(重症)의 심장 결함을 한 개 발견해내었다.)

Das Wasserwirtschaftsamt in München stellte *im Trinkwasser* **Blei** fest.
(뮨헨의 수돗물관리청은 식수에서 납을 발견해내었다.)

finden, findet, fand, hat gefunden:

1. SBP: Enom Eakk

(erreicht haben, etwas zu bekommen 무엇을 구하다)

Er hat wieder **Arbeit** gefunden.
(그는 다시 일/직장을 구했다.)

Die Tochter meiner Freundin kann in ihrem ländlichen Wohnbezirk keinen geeigneten **Ausbildungsplatz** finden.
(내 여자 친구의 딸은 그녀의 시골 거주구역에 적당한 교육장소를 하나도 구할 수 없다.)

2. SBP: Enom Eakk

(etw. entdecken; herausfinden 찾아내다)

Er hat **die Lösung des Problems** gefunden.
(그는 그 문제의 답을 찾았다.)

3. SBP: Enom Eakk (Eadv)

(sehen, dass sich etw. irgendwo befindet 무엇이 어디에 있는 것을 발견하다)

Ich kann **meinen Schlüssel** nicht finden.
(나는 내 열쇠를 발견할 수 없다.)

Ich habe **10 Euro** *auf der Straße* gefunden.
(나는 10유로를 거리에서 발견했다.)

4. SBP: Enom Eakk Eobj-präd

(jn./etw. als einen solchen/ ein solches/so beurteilen 누구/무엇을 누구/무엇으로 판단하다)

Ich finde *die deutschen Mädchen* **prima**.
(나는 독일 소녀들이 최고라고 생각한다.)

Ich finde *diesen Artikel* sehr **interessant**.
(나는 이 기사를 아주 재미있다고 여긴다.)

Ich finde *es* **schön**, *dass du mich besuchst*.
(네가 나를 방문하는 것을 나는 아주 좋다고 여긴다.)

 * 여기에서 *es*는 생략할 수 없는 상관사이다.

Klassische Musik hören, finde ich **entspannend**.
(고전 음악을 듣는 것이 나는 긴장을 풀어준다고 여긴다.)

Wie du deine Hausaufgaben machst, finde ich **nicht gut**.
(네가 숙제를 하는 방법을 나는 좋지 않다고 여긴다.)

5. SBP: Enom Eakk

(für jn./etw. ist jd. vorhanden 누구/무엇을 위해 누가 존재하다)

Unsere Tochter findet überall Verehrer.
(우리 딸의 경배자들이 도처에 있다.)

Van Goghs Bilder fanden erst nach seinem Tod Käufer.

(반 고흐의 그림들을 위한 구매자는 그가 죽은 후에 나타났다.)

6. SBP: Enom Eakk Epräp(=*an*)
   (jm. gefällt etw. an jm./etw. 누구/무엇의 무엇이 누구의 마음에 들다)

   a. Haselbach fand plötzlich etwas Gutes **an Beschlüssen der rot-grünen Koalition**.
   (하젤바흐는 갑자기 적-녹 연립당의 결의들이 마음에 들었다.)

   b. Was findest du Schönes **daran, im Regen spazieren zu gehen**.
   (비가 올 때 산책하는 것이 네 마음에 드느냐?)

   c. Ich finde nichts Schlimmes **daran, wie sie sich gestern benommen hat**.
   (그녀가 어제 한 행동을 나는 전혀 나쁘게 여기지 않는다.)

    ✱ b.와 c.에서 **daran**은 '생략할 수 없는 상관사'이다.

7. SBP: Enom Eakk Eadv
   (etw. irgendwo vorfinden 무엇을 어디에서 발견하다)

   Die Lösungen finden Sie **auf Seite 44**.
   (해답들을 당신은 44쪽에서 발견할 것입니다.)

   Als ich nach Hause kam, fand ich den Hund **im Schlafzimmer**, was mir gar nicht gefiel.
   (내가 집으로 왔을 때, 나는 그 개를 침실에서 발견했다, 그런데 그것은 전혀 내 마음에 들지 않았다.)

8. SBP: Enom Eakk Eobj-präd
   (jn./etw. so vorfinden 무엇을 어떤 상태로 발견하다)

   Eine Nachbarin fand ihn **tot im Sessel**.
   (한 이웃여성이 안락의자에 죽어 있는 그를 발견했다.)

Die Polizei fand den Vermissten **schlafend in seinem Wagen**.
(경찰은 그 실종자가 그의 차 안에서 자고 있는 것을 발견했다.)

Als er die Tür **verschlossen** fand, versuchte der Mann durchs Fenster zu klettern.
(그는 그 문이 잠겨 있는 것을 발견하자, 창문을 통해 기어 들어가려고 했다.)

 * *finden* 7.은 '장소'를 나타내는 '부사적 보충어'를 요구하는 반면에, *finden* 8.은 '목적격보어'를 요구한다.

9. SBP: Enom Epräp(=*zu*)

(Zugang zu etw. bekommen 무엇에 이르다)

Ich fand erst spät **zur modernen Kunst**.
(나는 늦게서야 비로소 현대예술을 만나게 되었다.)

Der Eiskunstläufer verpatzte bereits seinen Auftaktsprung und fand nie **zur gewohnten Leistung**.
(그 남자 피규어 스케이팅선수는 이미 그의 시작 도약을 망쳤다, 그리고 그는 늘 내었던 성적을 다시는 낼 수가 없었다.)

10. SBP: Enom Eadv

(irgendwohin gelangen 어디에 도착하다)

Der berühmte Hund Lassie fand wieder **nach Hause**.
(그 유명한 개 라시는 다시 집에 도착했다.)

Der verlorene Sohn fand nach vielen Abenteuern wieder **zu seiner Familie**.
(그 잃어 버려진 아들은 많은 모험들 후에 다시 그의 가족에게로 도착했다.)

11. SBP: Enom Eprop

(die Meinung vertreten, dass etw. ist oder sein soll 무엇이 있어야 한다는 의견이다)

Die Unternehmer finden, **dass die Steuern gesenkt werden müssen.**
(기업가들은 세금들이 인하되어야 한다는 의견이다.)

Ich finde, **es ist ein Zeichen von Kreativität, wenn etwas nicht festgelegt wird.**
(나는 무엇이 확정되지 않으면, 그것은 창의력의 한 징표라는 의견이다.)

 * '명제 보충어'(Eprop)는 논항 '명제 내용'(Inhaltsträger)을 나타낸다.

기능동사 *finden*을 가진 '기능동사 구문'

Anwendung finden: Der Paragraph 17 kann in diesem Zusammenhang keine Anwendung finden.
(제 17조항은 이 관계에서 응용될 수 없다.)

Beachtung finden: Die Änderungsvorschläge der Opposition fanden keine Beachtung.
(야당의 변경제안들은 무시되었다.)

Beifall finden: Der Änderungsvorschlag fand allgemeinen Beifall.
(그 변경제안은 많은 사람의 갈채를 받았다.)

Berücksichtigung finden: Die Bewerbung des Kandidaten X fand keine Berücksichtigung mehr, weil der Bewerbungstermin verstrichen war.
(후보자 X의 응모는 응모기한이 경과했기 때문에 고려되지 않았다.)

Interesse finden: Der neue Modeartikel findet bei den Käufern kein Interesse.
(그 새 유행 품목은 구매자들의 관심을 끌지 못한다.)

Unterstützung finden:	Bei wem kann ich für meine Pläne Unterstützung finden? (누구에게서 나는 내 계획에 대한 지지를 받을 수 있는가?)
Verständnis finden:	Peter findet bei seinem Vater kein Verständnis für sein teures Hobby. (페터는 그의 아버지에게서 그의 돈이 많이 드는 취미에 대한 이해를 얻지 못한다.)
Verwendung finden:	Diese Ware findet in Europa keine Verwendung mehr. (이 상품은 유럽에서 더 이상 사용되지 않는다.)
Zustimmung finden:	Sein Vorschlag findet bei allen Mitgliedern Zustimmung. (그의 제안은 모든 구성원들에게서 동의를 받는다.)

fliegen, fliegt, flog, ist geflogen:

1. SBP: Enom Eadv

(sich durch die Luft irgendwohin bewegen 어디로 날아가다)

Der Vogel flog **auf den Baum**.
(그 새는 그 나무 위로 날아갔다.)

Wir fliegen **ab Frankfurt via Genf und Beirut**.
(우리는 프랑크푸르트에서 비행기로 출발하여 제네바와 베이루트를 경유합니다.)

2. SBP: Enom

(ein Flugzeug steuern 비행기를 조종하다)

Der Pilot ist unter Alkoholeinfluss geflogen und hatte große Mühe bei der Landung.

(그 조종사는 술을 마시고 비행기를 조종했다, 그래서 그는 착륙할 때 애를 먹었다.)

3. **SBP: Enom Eakk**

   (beim Fliegen etw. ausführen 비행하면서 어떤 모양을 만들다)

   Der Pilot soll **eine Linkskurve** fliegen, damit der Lotse die Maschine auf seinem Radarschirm identifizieren kann.
   (그 조종사는 항공 관제관이 그 비행기를 그의 레이더 스크린에서 확인할 수 있게 하려면, 왼쪽으로 커브를 그리며 날아야 한다.)

4. **SBP: Enom Epräp(=*auf*)**

   (sich von etw. sehr angezogen fühlen 무엇에 의해 아주 끌리다)

   Wir wussten, dass der junge Mann **auf das Mädchen mit den langen schwarzen Haaren** fliegen würde.
   (우리는 그 젊은 남자가 길고 검은 머리칼을 가진 그 소녀에게 아주 많이 끌릴 것이라는 것을 알았다.)

5. **SBP: Enom Epräp(=*durch*)**

   (etw. nicht bestehen 무엇에 불합격하다)

   Max ist **durch die Fahrprüfung** geflogen.
   (막스는 운전면허시험에 떨어졌다.)

6. **SBP: Enom Epräp(=*aus*)**

   (aus etw. ausgeschlossen werden 무엇에서 제외되다)

   Wenn du weiter so schlecht spielst, fliegst du **aus der Mannschaft**.
   (만약 네가 계속 그렇게 경기를 잘못하면, 너는 팀에서 제외된다.)

7. **SBP: Enom**

(flattern 펄럭이다/나부끼다)

Die Fahnen fliegen im Wind.
(깃발들이 바람에 펄럭인다.)

8. **SBP: Enom Emens**

(eine Geschwindigkeit von irgendwieviel erzielen 어떤 기록을 세우다)

Eldon W. Joersz flog mit seiner Lockheed SR-71A **3,529.56 km/h**, den offiziellen Weltrekord.
(엘돈 베. 요에르쯔는 그의 록히드 SR-71A로 시속 3,529.56 km로 공식적 세계 기록을 세웠다.)

9. **SBP: Enom Eadv**

(eine Flugverbindung irgendwohin unterhalten 어디로 향하는 노선을 설치/운영하다)

Die Lufthansa fliegt **ab Frankfurt** mehrmals am Tag **nach New York**.
(루프트한자 항공사는 하루에 여러 번 프랑크푸르트에서 뉴욕으로 비행한다.)

 ∗ '부사적 보충어'로 nach + 3격/ab + 3격 이외에도 via + 4격이 올 수 있다:
United Airlines fliegt **via Drehkreuz Chicago** nach Minneapolis.
(연합 항공은 회전문 시카고를 경유하여 미네아폴리스로 비행한다.)

10. **SBP: Enom Eadv**

(schnell irgendwohin laufen 빠르게 어디로 달려가다)

Der Junge war so glücklich über sein Zeugnis, dass er **nach Hause** flog.
(그 소년은 그의 성적증명서에 대해 너무 기뻐서 집으로 급히 달려갔다.)

11. **SBP: Enom Eadv**

(irgendwohin geschleudert werden 어디로 내던져지다)

Sie flog **aus dem Sattel**.
(그녀는 안장에서 내던져졌다.)

Der Ball flog **über die Linie ins Aus**.
(그 볼은 선 넘어 바깥으로 날아갔다.)

folgen, folgt, folgte, ist gefolgt:

1. **SBP: Enom Edat**

   (etw. verstehen 무엇을 이해하다)

   Ich konnte **seinen Worten** nicht immer folgen.
   (나는 그의 말을 항상 이해할 수 있는 것은 아니었다.)

2. **SBP: Enom (Edat/Epräp)(=**auf**)**

   (nach etw. kommen 무엇 뒤에 오다)

   a. **Auf Regen** folgt Sonnenschein.
      (비 온 후에 햇빛이 뒤따른다.)

   b. Es folgen die Nachrichten.
      (뉴스가 뒤따릅니다.)

   c. **Dem Besuch von Vizepremier Jao Jilin im Juli** folgt im Herbst eine Begegnung der Außenminister.
      (7월에 부수상 야오 일린의 방문에 이어서 가을에 외무장관들의 만남이 뒤따른다.)

 ✱ 주어이외에는 '3격 보충어/전치사 *auf*를 가진 전치사격 보충어'가 오지만, 예문 b.에서 보듯이 이 두 보충어는 생략이 가능하다.

3. **SBP: Enom Edat (Epräp(=*bei*)/Eadv)**

   (etwas akzeptieren und danach handeln; befolgen 무엇을 수락하고 그것에 따라 행동하다)

   Er ist *bei seiner Berufswahl* **dem Rat seines Vaters** nicht gefolgt.
   (그는 그의 직업선택에 있어서 그의 아버지의 충고를 따르지 않았다.)

   Der Künstler folgte *in seinen früheren Gemälden* **verschiedenen Vorbildern**.
   (그 예술가는 그의 옛날 그림들에서 여러가지 다른 모범들을 따랐다.)

   Mit diesem Schritt zur Versöhnung mit den Gewerkschaften folgte der Minister **einer Empfehlung des französischen Präsidenten**.
   (노조와의 화해를 위한 이 조치로 그 장관은 프랑스 대통령의 권고를 따랐다.)

4. **SBP: Enom Edat (Eadv)**

   (sich hinter jm./etw. irgendwohin bewegen 누구/무엇의 뒤를 따라 어디로 가다)

   Folgen Sie **mir**!
   (당신은 저를 따라 오세요!)

   Ich würde **dir** folgen *bis ans Ende der Welt*.
   (나는 이 세상의 끝까지라도 너를 따르겠다.)

   Er folgte **ihr** mit den Augen, *bis sie um die Ecke bog*.
   (그는 그녀가 모퉁이를 돌아갈 때까지 그녀를 눈으로 좇았다.)

5. **SBP: Enom Epräp(=*aus*)**

   (die Konsequenz von etw. sein 무엇의 결과이다)

   Was folgt **daraus**?
   (무엇이 그것의 결과인가?)

   Seine Fehler folgen **aus einer schlechten Erziehung**.
   (그의 실수들은 나쁜 교육의 결과이다.)

Aus den Untersuchungen folgt, welche Maßnahmen zu ergreifen sind.
(그 연구들로부터 어떤 조치들을 취해야 되는지가 나온다.)

6. SBP: Enom Edat
(sich nach Maßgaben richten 무엇의 기준에 따르다)

Die Länge der Röcke folgt **der Mode**.
(스커트들의 길이는 유행에 따른다.)

7. SBP: Enom Edat
(jemand hört oder schaut mit Aufmerksamkeit etw. zu; verfolgen 무엇을 주의 깊게 듣거나 보다)

Die Studenten folgten **dem Vortrag** des chinesischen Professors mit Interesse.
(그 대학생들은 그 중국교수의 강연을 흥미를 가지고 경청했다.)

folgern, folgert, folgerte, hat gefolgert:

SBP: Enom Epräp(=*aus*) Eakk
(auf Grund der Beurteilung von etw. folgerichtig denkend zu einem bestimmten Ergebnis kommen 무엇에서 어떤 결론을 얻다)

Das Gericht konnte **aus dem lückenhaften Beweismaterial** *die Schuld des Angeklagten* nicht folgern.
(법원은 불충분한 증거자료로부터 피고는 유죄라는 결론을 내릴 수는 없었다.)

 * *die Schuld des Angeklagten*는 *dass der Angeklagte schuld sei*로 바꿀 수 있으므로, 4격 보충어는 논항 '명제 내용'을 나타낸다.

Der Lehrer folgert **aus einer schriftlichen Leistungskontrolle**, *dass die Schüler den Unterrichtsstoff verstanden haben.*

(그 선생님은 필기로 하는 성적검사로 학생들이 그 수업 재료를 이해했다는 결론을 내린다.)

Daraus, dass Petra keine Einwände vorbrachte, folgerte ihre Freundin, *dass sie den Vorschlag annehmen würde.*
(페트라가 아무런 이의도 제기하지 않았다는 사실에서 그녀의 여자 친구는 페트라가 그 제안을 받아들일 것이라는 추론을 했다.)

 ✱ 동의어는 *schließen*이다.

fordern, fordert, forderte, hat gefordert:

1. SBP: Enom (Epräp)(=*von*) Eakk

(von jm. nachdrücklich verlangen, dass er etwas zur Verfügung stellt 무엇을 누구로부터 강력히 요구하다)

Der Anwalt forderte *vom Gericht* **Freispruch für den Angeklagten.**
(그 변호사는 법원으로부터 피고에 대한 무죄판결을 요구했다.)

Er forderte **ein höheres Gehalt/die Bestrafung der Schuldigen.**
(그는 더 많은 월급/그 죄인들의 처벌을 요구했다.)

2. SBP: Enom Eakk

(körperliche Bedürfnisse wie Schlafen, Essen, Trinken müssen befriedigt werden 잠, 식사, 마시기와 같은 육체적 요구는 충족되어야 한다)

Der Unfall hat **mehrere Menschenleben** gefordert.
(그 사고로 여러 사람이 죽었다.)

Der Körper fordert **sein Recht.**
(육체적 욕구는 강압적으로 장시간 억누를 수 없다.)

* 2.의 용법은 1.의 '전의적 용법'이다. (모델 독한사전 711쪽 참조) 또는 (Duden, 10 Bände *fordern* 참조)

3. SBP: Enom Eakk

   (jm. große Leistungen abverlangen 누구로부터 큰 기량을 요구하다)

   Der Trainer/Diese Aufgabe hat **ihn** stark gefordert.
   (그 트레이너(감독)/이 과제는 그가 그의 기량을 최대로 발휘하도록 요구했다.)

4. SBP: Enom Eakk (Epräp)(=zu)

   (jd. fordert jn. zu etw.(Handlung: Zweikampf) heraus 누가 누구에게 결투를 신청하다)

   Er hat **ihn** *zum Duell* gefordert.
   (그는 그에게 결투를 신청했다.)

fragen, fragt, fragte, hat gefragt:

1. SBP: Enom (Eakk1) (Eakk2)

   (jm. eine Frage stellen 누구에게 질문하다)

   a. Darf ich Sie **etwas** fragen?
      (제가 당신에게 무엇을 물어보아도 좋겠습니까?)

   b. Er fragte mich, **ob ich etwas zu essen bei mir hätte**.
      (그는 내가 먹을 것을 갖고 있는지 나에게 물었다.)

    * 1.은 2개의 4격 보충어를 요구하는 데, 한 개는 '질문 받는 사람'이고, 나머지 한 개는 '질문 내용'이다. b.에서는 '질문 내용'으로 **ob**-문장이 왔다.

2. SBP: Enom (Eakk) Epräp(=*nach*)

(sich bei jm. nach jm./etw. erkundigen 누구에게 누구/무엇에 대해 묻다)

Hat jemand **nach mir** gefragt?
(누군가가 나의 안부를 물었는가?)

Der Tourist fragte **nach dem Weg** zum Bahnhof und der Uhrzeit.
(그 관광객은 역으로 가는 길과 몇 시인지 물었다.)

Sie hätte *Bernhard* so gern **danach** gefragt, aber sie brachte vor Scham kein Wort über die Lippen.
(그녀는 베른하르트에게 그것에 관해 묻고 싶었으나, 부끄러워서 한 마디도 못 했다.)

3. SBP: Enom (Eakk) Epräp(=*um*)

(jn. um etw. bitten 누구에게 무엇을 요청하다)

Viele Hörer schreiben an die Redaktionen der Rundfunksender und fragen sie **um Rat und Hilfe**.
(많은 청취자들은 방송국의 제작진에게 편지를 쓰고 그들에게 충고와 도움을 간청한다.)

4. SBP: Enom Epräp(=*nach*)

(sich um jn./etw. kümmern 누구/무엇에 대해 관심을 가지다)

Nach Vaters Bedürfnissen fragt keiner.
(아버지의 욕구에 대해서는 아무도 관심이 없다.)

Der Junge macht, was er will, er fragt nicht **danach**, ob es erlaubt ist.
(그 소년은 하고 싶은 대로 한다, 그는 그것이 허용되는지에 대해서는 관심이 없다.)

 * *danach*는 '생략할 수 없는 상관사'이다.

5. SBP: Enom Epräp(=nach)

(nach etw. suchen; sich beschäftigen mit etw. 무엇을 추구하다; 무엇을 다루다)

Der Autor fragt in seinem letzten Buch **nach dem Sinn des Lebens**.
(그 작가는 그의 마지막 저서에서 인생의 의미를 추구하고 있다.)

Am 13. November fragt Gerald Häfner in seinem Vortrag **danach**, **ob eine "neue politische Kultur" möglich sei**.
(11월 13일에 게랄드 해프너는 그의 강연에서 한 개의 "새로운 정치 문화"가 가능한지를 다루고 있다.)

 * *danach*는 '생략할 수 없는 상관사'이다.

freuen, freut, freute, hat gefreut:

SBP: Enom Eakk

(bei jm. Freude hervorrufen 누구에게 기쁨을 불러일으키다)

Dein Erfolg freut uns alle.
(네 성공은 우리 모두를 기쁘게 한다.)

Mich freut, **dass alles so gut geklappt hat.**
(모든 것이 그렇게 잘 성공한 것이 나를 기쁘게 한다.)

Uns würde (es) sehr freuen, **dich bald wieder zu sehen**.
(너를 곧 다시 볼 수 있게 되면, 그것은 우리를 아주 기쁘게 할 것이다.)

freuen, sich sich freut - sich freute - hat sich gefreut:

1. SBP: Enom Epräp(=*auf*)

(etw. mit Freude erwarten 무엇을 기뻐하면서 기다리다)

Ich freue mich schon **auf meinen nächsten Urlaub**.
(나는 이미 다음 휴가를 기쁜 마음으로 기다리고 있다.)

Man darf sich **darauf** freuen, **die Sängerin in der kommenden Spielzeit öfter zu hören**.
(그 여가수를 다가오는 공연기간에 더 자주 듣게 되는 것을 기뻐하면서 기다려도 좋다.)

Ich freue mich **(darauf), wie er staunen wird, wenn ich plötzlich vor ihm stehe**.
(나는 내가 갑자기 그의 앞에 나타나면, 그가 얼마나 놀랄지를 기뻐하면서 기다리고 있다.)

2. SBP: Enom Epräp(=*über*)

(über etw., das einem zuteil wird, Freude empfinden 자신에게 주어지는 무엇에 대해서 기뻐하다)

Ich habe mich **über Ihr Geschenk** sehr gefreut.
(나는 당신의 선물에 대해서 아주 기뻐했다.)

Hunderte von Spaziergängern freuten sich am vergangenen Wochenende in den Parks **(darüber), wie alles grünt und blüht**.
(수백명의 산보객들은 지난 주말에 공원들에서 만물이 초록색 싹을 내고 꽃피는 데 대해서 기뻐했다.)

Ich freue mich, **wieder hier zu sein**.
(나는 다시 여기에 오게 되어서 기쁘다.)

3. SBP: Enom Egen/Epräp(=*an*)

(am Vorhandensein von etw. Freude haben 무엇이 있어서 기쁘다)

Die Großeltern freuen sich **ihrer Enkel**.
(할아버지와 할머니는 그들의 손자들이 와서 기뻐한다.)

Der Wanderer freut sich **an der schönen Landschaft.**
(그 방랑자는 아름다운 경치를 보고 기뻐한다.)

frieren, friert, fror, hat gefroren:

SBP: Enom (Epräp)(=*an*)

(an etw. Kälte empfinden und darauf physisch reagieren 추위에 얼다)

Wenn **Sie** frieren, mache ich das Fenster wieder zu.
(당신이 추우시면, 제가 그 창문을 다시 닫겠습니다.)

Der Bettler fror *an Händen und Füßen.*
(그 거지는 두 손과 두 발이 다 얼었다.)

frieren, es es friert - es fror - es hat gefroren:

SBP: es friert

(es herrscht eine Temperatur von null Grad oder weniger 영하로 되다)

In Moskau hat es heute Nacht schon gefroren.
(모스크바에는 오늘 밤에 벌써 영하로 내려갔다.)

 * *es friert*의 *es*는 *es regnet*의 *es*처럼 '문법적 주어'(Scheinsubjekt)이다. 그러므로 '0가'이다.

frühstücken, frühstückt, frühstückte, hat gefrühstückt:

1. SBP: Enom

(die erste Mahlzeit des Tages zu sich nehmen 아침 식사를 하다)

Haben Sie schon gefrühstückt?
(당신은 이미 아침 식사를 했습니까?)

2. SBP: Enom Eakk

(etw. bei der ersten Mahlzeit des Tages zu sich nehmen 아침 식사로 무엇을 먹다)

Das Kind hat daheim jeden Morgen **Roggenmüsli** gefrühstückt.
(그 애는 집에서 매일 아침식사로 호밀 뮈스리를 먹었다.)

fühlen, fühlt, fühlte, hat gefühlt:

1. SBP: Enom Eakk (Eadv)

(etw. irgendwo physisch wahrnehmen 무엇을 어디에서 육체적으로 느끼다)

a. Er fühlte **einen starken Schmerz** *im rechten Arm*.
(그는 오른 팔에 심한 통증을 느꼈다.)

b. Er fühlte, **dass ihn eine Biene gestochen hatte**.
(그는 벌 한 마리가 그를 쏘았다는 것을 느꼈다.)

c. Er fühlte, **wie der Schmerz allmählich nachließ**.
(그는 고통이 점점 가라앉는 것을 느꼈다.)

2. SBP: Enom Eakk

(etw. durch Tasten prüfen 무엇을 만져서 검토하다)

Fühl mal **die Beule**!
(혹을 한 번 만져 봐!)

fühlen, sich fühlt sich - fühlte sich - hat sich gefühlt:

SBP: Enom Esubj-präd
(das physische oder psychische Gefühl haben, so zu sein 어떤 육체적 또는 심리적 느낌을 갖다)

"Wie fühlen Sie sich heute?" - "Ich fühle mich heute **besser**."
("오늘 기분이 어떻습니까?") - ("저는 오늘 기분이 더 좋습니다.")

Ich fühle mich **fremd** hier.
(나는 여기가 낯설다.)

fürchten, fürchtet, fürchtete, hat gefürchtet:

1. SBP: Enom Eakk
(voller Angst und Sorge mit etwas rechnen 무엇을 걱정하다)

   a. Umweltexperten fürchten **Klimaveränderungen von globalem Ausmaß**.
   (환경전문가들은 전 세계적 규모의 기후변화들을 두려워하고 있다.)

   b. Ich fürchte, **wir müssen wieder von vorn anfangen**.
   (나는 우리가 앞에서부터 다시 시작해야 할까봐 걱정이다.)

   c. Viele Eltern fürchten, **durch Verbote die Liebe ihrer Kinder zu verlieren**.
   (많은 부모들은 금지들을 통해 그들의 애들의 사랑을 잃을까봐 걱정이다.)

   d. Petra fürchtet, **sie hat Krebs**.
   (페트라는 자신이 암에 걸렸을까봐 걱정이다.)

   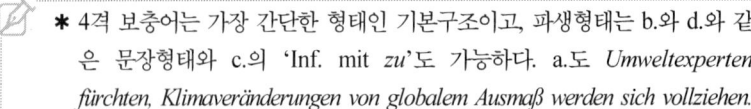 ＊ 4격 보충어는 가장 간단한 형태인 기본구조이고, 파생형태는 b.와 d.와 같은 문장형태와 c.의 'Inf. mit *zu*'도 가능하다. a.도 *Umweltexperten fürchten, Klimaveränderungen von globalem Ausmaß werden sich vollziehen.*

으로 바꿀 수 있다. c.도 *Viele Eltern fürchten, sie werden durch Verbote die Liebe ihrer Kinder verlieren.*으로 바꿀 수 있다. 즉 이 예문들은 '문장 형태'로 바꿀 수 있다. 이것은 이 '4격 보충어'가 논항 '명제 내용'임을 뜻한다. *fürchten* 1은 '지각·인지 동사'(Bewusstseinsverben)에 속하는데, 이 동사군은 '지각'(Perzeption)과 '인지'(Kognition)를 내용으로 하는 동사들인데, '의도성'(Intention)이 없다는 것이 그 특징이다. (김경욱(1990): 독일어 Valenz 문법, S. 68f. 참조)

2. SBP: Enom Eakk

(jd. empfindet etw.<Sachverhalt/Handlung/indirekt Konkretum> als bedrohlich und hat Angst davor 누가 무엇을 위협적으로 느끼고 그것에 대해 불안해하다)

"Fürchtest du **den Tod**?"
(너는 죽음을 두려워하는가?)

Wir fürchten **seine unüberlegten Handlungen**.
(우리는 그의 생각 없는 행동들을 두려워한다.)

Alle jungen Autoren fürchten **diesen Literaturkritiker**.
(모든 젊은 작가들은 이 문학 비평가를 두려워한다.)

3. SBP: Enom Eakk Eobj-präd

(jd. hat vor jm.<Person/Institution>/etw.<Konkretum> Angst, weil dieses ein solcher/solches/so ist 누가 누구/무엇에 대해, 이 사람/이것이 그런 사람/그러한 것/그렇기 때문에 불안하다)

a. Viele Bundesbürger betrachten die Neubürger mit großer Reserve und fürchten **sie** *als Arbeitsplatzkonkurrenz*.
(많은 독일 국민들은 새 국민들을 아주 조심스럽게 관찰하고, 그들에 대해 직장 경쟁자로서 불안해한다.)

b. Dies alles ist jedoch kein Grund, **die IBM** *als einen Dämon oder als einen unüberwindlichen Koloss* zu fürchten.
(이 모든 것은 그러나 IBM을 한 개의 악령으로서 또는 무적의 거인으로 두

려워 할 이유는 전혀 아니다.)

 * IBM은 영어로서 *International Business Machines (Corporation)*의 약자로
서, 독일어로는 *US-Konzern für Büromaschinen und Datenverarbeitungsanlagen*
(사무용 기계와 자료정리설비를 위한 미국-콘체른)이다.

   c. Wegen der zahlreichen engen Kurven wird **diese Straße** von Autofahrern *als extrem gefährlich* gefürchtet.
   (수많은 좁은 커브길 때문에 이 도로는 운전수들에게 극도로 위험한 두려움
의 대상이다.)

4. SBP: Enom Epräp(=um)
<geh>(jd. <Person/Institution> sieht jn./etw.<Sachverhalt/Konkretum/abstraktes Objekt> in Gefahr und macht sich deshalb große Sorgen 누가 누구/무엇<사태/구상명사/추상적 대상>이 위기에 처해있는 것을 보고 걱정을 많이 한다)

   a. Sie fürchten **um die Ruhe in dieser ländlichen Gegend**, wenn ein riesiger Baumarkt gebaut wird.
   (그들은 한 개의 거대한 건축시장이 지어지면, 이 시골 지방의 조용함이 위기에 처할까봐 걱정이다.)

   b. 57 Prozent der Facharbeiter fürchten **um ihre Jobs**.
   (전문노동자의 57%는 그들의 일자리를 잃을 까봐 걱정이다.)

   c. Viele Krankenhäuser fürchten **um ihren Ruf**, wenn bekannt wird, dass sie zur Kooperation mit Transplantationszentren bereit sind.
   (많은 병원들은, 그들이 장기 이식센터와 협조할 준비가 되어 있는 사실이 알려지면, 그들의 명성을 잃을 까봐 걱정이다.)

 * a.는 'Sachverhalt'(사태)가, b.는 'Konkretum'(구상명사)가, c.는 'abstraktes Objekt'(추상적 대상)이 전치사격 보충어로 온 예문이다.

fürchten, sich fürchtet sich - fürchtete sich - hat sich gefürchtet:

SBP: Enom (Epräp)(=*vor*)

(jn./etw. als bedrohlich empfinden und große Angst vor ihm haben 누구/무엇을 두려워 하다)

a. "Was hast du?" - "Ich fürchte mich."
   ("너는 왜 그러니?" - "나는 두렵다.")

 * a.에서는 전치사 보충어가 생략되었다.

b. Viele Kinder fürchten sich **vor Hunden**.
   (많은 애들은 개들을 두려워한다.)

c. Viele Eltern fürchten sich **davor, ihren Kindern etwas zu untersagen**.
   (많은 부모들은 그들의 자식들에게 무엇을 금지하는 것을 두려워한다.)

d. Jeder Fussballer fürchtet sich **(davor), irgendwann einmal ein Eigentor zu schießen**.
   (모든 축구선수는 자신도 언젠가 한 번 자살골을 넣을 수 있다는 것을 두려워한다.)

e. Die jungen Frauen fürchten sich am meisten, **dass sie nicht mehr arbeiten dürfen**.
   (그 젊은 부인들은 그들이 더 이상 일할 수 없게 될 것을 가장 두려워한다.)

füttern, füttert, fütterte, hat gefüttert:

1. SBP: Enom Eakk Epräp(=*mit*)
   (Tieren Futter geben 동물들에게 사료를 주다)

Die Bäuerin füttert **die Schweine** *mit Kartoffeln*.
(그 여자농부는 돼지들에게 감자들을 사료로 준다.)

2. SBP: Enom Eakk Epräp(=*mit*)

    (jm. Nahrung in den Mund geben 누구에게 음식을 먹여주다)

    Die Mutter füttert **den Säugling/den Patienten** *mit Brei*.
    (어머니는 그 젖먹이/환자에게 죽을 먹인다.)

 * *füttern* 1은 '가축'을 '4격 보충어'로 갖는 반면에, *füttern* 2는 '아기/환자/노인 등 스스로 식사를 할 수 없는 사람'을 '4격 보충어'로 갖는다.

gehören, gehört, gehörte, hat gehört:

1. SBP: Enom Eadt

    (Eigentum von jm. sein 누구의 재산이다)

    Gehört **Ihnen** das Haus?
    (그 집은 당신 것입니까?)

2. SBP: Enom Epräp(=*zu*)

    (Teil von etw. sein 무엇의 일부이다)

    Das gehört **zu meinen Aufgaben**.
    (그것은 나의 과제들에 속한다.)

 * 1.은 '소유', 2.는 '소속'을 뜻한다.

gelten, gilt, galt, hat gegolten:

1. SBP: Enom (Edat/Epräp) Esubj-präd

   (von jm. so angesehen werden 누구에 의해 그렇게 간주되다)

   Er gilt **als Fachmann** auf diesem Gebiet.
   (그는 이 분야의 전문가로 간주된다.)

   Für die ganze Generation galt der Name Gretna Green **als Synonym für Hoffnung, Freiheit und Unabhängigkeit.**
   (모든 세대에게 그레트나 그린이란 이름은 희망, 자유와 독립의 동의어로 간주되었다.)

   Den Ägyptern galt und gilt der Schlamm des Nils fast **als heilig**.
   (에집트인들에게는 나일강의 진창은 거의 성스럽게 간주되었고 또 현재에도 간주되고 있다.)

2. SBP: Enom (Epräp)(=*für*) (Eadv)

   (irgendwann für etw. gültig sein; in Kraft sein 언제 무엇에 유효하다)

   Mein Paß gilt **noch ein Jahr**.
   (내 여권은 아직 1년 더 유효하다.)

   Diese Vorschrift gilt nicht **für alle Krankenkassen**.
   (이 규정은 모든 의료보험조합에 다 유효하진 않다.)

3. SBP: Enom Edat

   (auf etw. ausgerichtet sein 무엇을 향해 있다)

   Mein hauptsächliches Interesse gilt **der klassischen Musik** und besonders **den Komponisten des 18. Jahrhunderts.**
   (나의 주된 관심은 고전 음악 그리고 특히 18세기의 작곡가들에게 향해 있다.)

4. SBP: Enom Edat Emens

(jm. irgendviel wert sein 누구에게 얼마만큼 가치 있다)

Uns gilt es **viel**, *an der Feier teilnehmen zu dürfen*.
(그 축제에 참가해도 되는 것은 우리들에게 많은 가치가 있다.)

 ✱ *es*는 *an der Feier teilnehmen zu dürfen*을 주문장에서 미리 받아주는 '상관사'(相關辭)이다.

---

genehmigen, genehmigt, genehmigte, hat genehmigt:

SBP: Enom (Edat) Eakk

(amtlich/offiziell die Ausführung einer Absicht, die jd. als Antrag vorgebracht hat, gestatten 누구가 청원한 의도의 실행을 허가하다)

Der Chef genehmigte dem Arbeiter **den Sonderurlaub**.
(사장은 그 노동자에게 특별휴가를 허락했다.)

Er genehmigte ihr **das Gesuch/den Antrag auf den Aufenthalt**.
(그는 그녀에게 체류에 대한 신청을 허락했다.)

Er genehmigte ihr, **am Wochenende nach Hause zu fahren**.
(그는 그녀에게 주말에 집으로 가도 좋다고 허락했다.)

Es wurde ihm nicht genehmigt, **ins Ausland zu reisen**.
(외국으로의 여행이 그에게 허가되지 않았다.)

*Die Kommune genehmigte, **dass die Umgehungsstraße gebaut wird**.*
(지방자치단체는 우회도로를 만드는 것을 허락했다.)

*Der Offizier genehmigte dem Rekruten, **zur Hochzeit seines Bruders nach Hause zu fahren**.*
(그 장교는 신병에게 그의 형의 결혼식 때 집으로 가는 것을 허락했다.)

* *genehmigen*의 반대말은 *verbieten*이고, 둘 다 '의지동사'에 속한다. 그러므로 이 동사들은 논항 '명제 내용'(Inhaltsträger)을 요구한다: *"Die Kommune genehmigte, **dass die Umgehungsstraße gebaut wird**. (지방자치단체는 **우회도로를 만드는 것을** 허락했다.) Der Offizier genehmigte dem Rekruten, **zur Hochzeit seines Bruders nach Hause zu fahren**. (그 장교는 신병에게 **그의 형의 결혼식 때 집으로 가는 것을** 허락했다.)"* (WVE, 244); *Der Arzt verbot dem Patienten, **wie bisher viel zu rauchen**.(의사는 그 환자에게 **지금까지처럼 많이 흡연하는 것을** 금지했다.)* (WVE, 173): *genehmigen*은 dass-Satz와 Infintiv mit *zu*를 허용하고, *verbieten*도 Infinitiv mit *zu*를 보충어로서 허용하므로 논항 '명제 내용'을 요구함을 알 수 있다.

geschehen, geschieht, geschah, ist geschehen:

1. SBP: Enom

(sich vollziehen 일어나다)

Es muss sofort etwas geschehen.
(즉시 무슨 일이 일어나야 한다.)

2. SBP: Enom Edat

(jm./etwas widerfahren 누구에게 일어나다)

Den Gefangenen ist nichts geschehen.
(그 포로/죄수들에게는 아무 일도 일어나지 않았다.)

3. SBP: Enom Epräp(=*aus*)

(sich aus etw. vollziehen 무엇에서 생겨나다)

Der Mord geschah **aus Eifersucht**.

(살인은 질투에서 생겨났다.)

 ＊ 전치사 보충어는 '기원/원인'(Origo)을 나타낸다.

4. SBP: Enom Epräp(=*mit*)
(sich mit etw./jm. vollziehen 무엇/누구에게 일어나다)

Und was geschieht **mit der Autoindustrie und ihren Arbeitsplätzen**?
(자동차 산업과 그들의 일자리들은 어떻게 되는가?)

Als Ibrahim Özcan endlich begreift, was **mit ihm** geschehen soll, versucht er sich zu wehren.
(이브라힘 외즈칸이 마침내 그에게 무슨 일이 생길지 이해하게 되자, 그는 저항을 시도한다.)

5. SBP: Enom Eadv
(irgendwie verlaufen 어떻게 진행되다)

Warum muss immer alles **in Eile** geschehen.
(왜 모든 일은 항상 급히 진행되어야 하는가?)

 ＊ 부사적 보충어는 '양태'를 나타낸다.

6. SBP: Enom Eadv1(장소) v Eadv2(시간)
(Ereignis vollzieht sich irgendwo irgendwann 사건이 어디에서 언제 일어나다)

Viele Unfälle geschehen **im Haus und im Garten**.
(많은 사고들이 집 안과 정원에서 발생한다.)

Es geschah **am helllichten Tag**.
(그것은 밝은 대낮에 일어났다.)

Kurz vor den Ferien geschieht nicht mehr viel **in den Schulen**.

(방학 직전에는 학교들에서는 많은 일이 일어나지 않는다.)

* v는 '장소'만 오거나 또는 '시간'만 오거나 또는 둘 다 오는 것을 나타낸다.

gestehen, gesteht, gestand, hat gestanden:

1. SBP: Enom Edat Eakk

   (Unrecht, das man begangen hat, bekennen 자신이 저지른 잘못을 고백하다)

   Er hat ihr **sein Vergehen** gestanden.
   (그는 자신의 위법행위를 그녀에게 고백했다.)

2. SBP: Enom Edat Eakk

   (Gefühle offen aussprechen 감정을 솔직히 고백하다)

   a. Der Junge gestand dem Mädchen **seine Liebe**.
   (그 청년은 그 소녀에게 그의 사랑을 고백했다.)

   b. Ich muss zu meiner Schande gestehen, **dass ich vergessen habe, das Buch zurückzugeben**. (Duden, 10 Bände)
   (나는 수치스럽게도 그 책을 돌려주는 것을 잊어버린 것을 고백해야 한다.)

* *gestehen*은 '말하기 동사'이고, b.에서 '*dass*-문장'을 허용하고, a.는 '*dass*-문장'으로 변형될 수 있으므로 논항 '명제 내용'을 요구한다: *Der Junge gestand dem Mädchen, dass er es liebt.*

glauben, glaubt, glaubte, hat geglaubt:

1. SBP: Enom Eprop

(überzeugt sein 확신하다)

Ich glaube, **dass er Recht hat.**
(나는 그가 옳다고 확신한다.)

Die Zeugin glaubt, **am Tatort ein rotes Auto gesehen zu haben.**
(그 여자증인은 범행현장에서 한 대의 빨간 차를 보았다고 확신한다.)

In Paris war er, glaube ich, **nie.**
(나는 그가 파리에 간 적이 없다고 확신한다.)

2. SBP: Enom Edat Eakk

(davon überzeugt sein, dass etw. der Wahrheit entspricht 무엇이 사실에 부합한다고 확신하다)

Die Wähler glauben den Politikern nicht mehr **jede Wahlversprechung.**
(유권자들은 정치가들의 선거공약을 더 이상 믿지 않는다.)

3. SBP: Enom Epräp(=*an*)

(fest davon überzeugt sein, dass etw. existiert 무엇이 존재하는 것을 믿다)

Er glaubt **an Gott.**
(그는 하느님을 믿는다.)

gratulieren, gratuliert, gratulierte, hat gratuliert:

SBP: Enom Edat Epräp(=*zu*)

(jm. zu etw. Glückwünsche aussprechen 누구에게 무엇을 축하하다)

Ich gratuliere *dir* **zum Geburtstag.**
(나는 너의 생일을 축하한다.)

Darf ich *dir* **zur bestandenen Prüfung** gratulieren?

(내가 너의 시험합격을 축하해도 되겠니?)

Bei der Überreichung der Medaille gratulierte der Bürgermeister *dem jungen Lebensretter* **(dazu), so viel Mut bewiesen zu haben.**
(메달을 수여할 때 시장은 그 젊은 생명 구조자에게 그렇게 많은 용기를 보여준 것에 대해 축하했다.)

 * **dazu**는 '생략가능한 상관사'이다.

gründen, gründet, gründete, hat gegründet:

1. SBP: Enom Eakk
(etwas ins Leben rufen 무엇을 창설하다)

Die Stadt wurde vor 500 Jahren gegründet.
(그 도시는 500년 전에 창설되었다.)

2. SBP: Enom Eakk Epräp(=*auf*)
(etwas als Grundlage für etwas benutzen 무엇을 무엇에 대한 근거로 이용하다)

Seinen Optimismus gründet der Industriemanager *auf einflussreiche Mitarbeiter*.
(그의 낙관론의 근거로 그 공장경영자는 영향력 있는 동료들을 내세웠다.)

Die Experten gründen **ihre Prognose einer Besserung der wirtschaftlichen Lage** *darauf, dass die Arbeitslosenzahlen zurückgegangen sind*.
(그 전문가들은 경제사정이 개선될 것이라는 그들의 진단의 근거로 실업자 수가 감소했다는 사실을 내세웠다.)

 * *darauf*는 '생략할 수 없는 상관사'이다.

3. SBP: Enom Epräp(=auf/in)

(seine Grundlage in etwas haben 무엇에 자신의 토대를 두고 있다)

Der gute Ruf der Firma Carl-Zeiss-Jena gründet *auf* der Qualität ihrer Produkte.
(칼-짜이스-예나 회사의 명성은 그 회사 제품들의 품질에 토대를 두고 있다.)

Le Pens politischer Erfolg gründet *darauf, dass er gegen die Nordafrikaner ist.*
(레 펜의 정치적 성공은 그가 북 아프리카인들에 반대한다는 데 토대를 두고 있다.)

Die Popularität des Schriftstellers gründet *darin, dass er eine verständliche Prosa schreibt.*
(그 작가가 인기가 있는 이유는 그가 이해하기 쉬운 산문을 쓴다는 데 있다.)

 * *darauf*와 *darin*은 '생략할 수 없는 상관사'이다.

grüßen, grüßt, grüßte, hat gegrüßt:

1. SBP: Enom Eakk

(jm. einen Gruß entbieten 누구에게 인사하다)

Wer war die Frau, die du eben gegrüßt hast?
(네가 방금 인사한 그 부인은 누구인가?)

2. SBP: Enom Eakk Epräp(=von)

(jm. jemandes Grüße übermitteln 누구에게 누구의 인사를 전하다)

Ich soll Sie **von Frau Meier** grüßen.
(마이어 부인이 당신에게 인사를 전해달라고 합니다.)

handeln, handelt, handelte, hat gehandelt:

1. SBP: Enom Epräp(=*mit*)
   (mit etw. Geschäfte machen 무엇으로 장사하다)

   Er handelt **mit Obst und Gemüse**.
   (그는 과일과 채소 장사를 한다.)

2. SBP: Enom Eadv
   (irgendwie tätig sein 어떻게 행동하다)

   Wir konnten **nicht anders** handeln.
   (우리는 달리 행동할 수가 없었다.)

3. SBP: Enom Eakk Eadv
   (etw. auf den Markt bringen 무엇을 시장에 내놓다)

   Sie können **Ihre Aktien** 〔On-Line oder per Telefon〕 an der Börse handeln.
   (당신은 당신의 주식들을 온라인이나 전화로 주식시장에서 거래할 수 있다.)

4. SBP: Enom Epräp(=*mit*)
   (mit jm. Geschäfte machen 누구와 장사하다)

   Auf der internationalen Messe in Düsseldorf sollten auch kleinere Firmen die Gelegenheit erhalten, **mit ausländischen Firmen und Geschäftsleuten** zu handeln.
   (뒤셀도르프의 국제박람회에서는 비교적 작은 회사들도 외국 회사들이나 외국인 사업가들과 장사하는 기회를 가져야 할 것이다.)

5. SBP: Enom Epräp(=*über* + 4격/*von* + 3격)
   (über etw. reden 무엇에 관해 말하다)

Jan Assmann handelt **über ägyptische Vorstellungen von gerechter Ordnung und deren Gefährdung**.
(얀 아스만은 정의로운 질서와 그것을 위태롭게 하기에 대한 이집트사람들의 생각들에 대해서 이야기한다.)

In seiner Vorlesung von 1866 handelte Theodor Mommsen **vom römischen Privatrecht**.
(1866년의 그의 강의에서 테오도르 몸젠은 로마의 사법(私法)에 관해 말했다.)

6. SBP: Enom Epräp(=*von* + 3격)
(etw. zum Thema haben 무엇을 주제로 갖다)

Borcherts Stück "Draußen vor der Tür" handelt *davon*, **dass ein Kriegsversehrter nach Hause kommt, nirgendwo willkommen ist und Rechenschaft von seinem Oberst fordert**.
(보르헤르트의 작품 "문밖에서"는 한 전쟁불구자가 집으로 돌아오지만, 아무 곳에서도 환영받지 못하고, 그의 대령에게 설명을 해줄 것을 요구하는 것을 주제로 갖고 있다.)

 ＊ *davon*은 '생략할 수 없는 상관사'이다.

7. SBP: Enom Epräp1(=*mit*) Epräp2(=*um*)
(feilschen 흥정하다)

Der Kaufmann handelt mit seinem Kunden **um einen höheren Preis**.
(그 상인은 그의 고객과 더 높은 가격을 받으려고 흥정한다.)

8. SBP: Enom Epräp(=*an*) Eadv
(sich jm. gegenüber irgendwie verhalten 누구에 대해 어떻게 처신하다)

Nach seinem Unfall hat der Chef großzügig **an ihm** gehandelt und ihn auf einen Schonplatz gesetzt.
(그의 사고이후로 사장은 그를 관대하게 대했고, 그를 쉬운 일자리로 옮겨주었

다.)

8. SBP: Enom Esubj-präd
(als ein solcher tätig sein 그런 사람으로 활동하고 있다)

Der Angestellte handelt **als Vertreter seiner Firma**.
(그 직원은 그의 회사의 대표로 활동하고 있다.)

handeln, sich es es handelt sich - es handelte sich - es hat sich gehandelt

SBP: Epräp(=*um*)
(es geht um jn./etw. 누구/무엇이 문제이다)

Worum handelt es sich?
(무엇이 문제인가?)

Es handelte sich einzig und allein ***darum***, gemeinsam ein Kind aus einem brennenden Haus zu retten.
(오로지 불타는 집에서 한 애를 공동으로 구하는 것이 문제였다.)

 * *darum*은 '생략할 수 없는 상관사'이다.

hassen, hasst, hasste, hat gehasst:

1. SBP: Enom Eakk
(für jn. Hass empfinden 누구를 미워하다)

Ich hasse **dich**!
(나는 너를 미워한다!)

2. SBP: Enom Eakk

(etw. heftig ablehnen 무엇을 아주 싫어하다)

Ich hasse **diese dauernden Aufregungen**.
(나는 이러한 계속적인 자극들을 싫어한다.)

a. Mein Mann hasst **es, dass die Kinder so laut Musik hören**.
(내 남편은 애들이 음악을 그렇게 시끄럽게 듣는 것을 아주 싫어한다.)

b. Ich hasse **es, auf den Kellner zu warten**.
(나는 그 급사를 기다리는 것을 아주 싫어한다.)

 ✱ a.와 b.의 *es*는 '생략할 수 없는 상관사'이다.

heben, hebt, hob, hat gehoben:

1. SBP: Enom Eakk (Eadv)

(etw. mit Muskelkraft nach oben bewegen 무엇을 들어 올리다)

"Heben Sie **die Hände** *über den Kopf*, und lehnen Sie sich gegen die Wand", fuhr er fort.
("당신은 두 손을 머리 위로 올리고, 벽을 향해 기대세요",라고 그는 계속 말했다.)

Den Koffer kann ja kein Mensch heben.
(그 가방은 아무도 들어 올릴 수가 없군요.)

2. SBP: Enom Eakk Eadv

(etw. auf eine abstrakte Stufe bringen 무엇을 추상적 단계로 끌어올리다)

Hegel hebt **die Religionskritik** auf eine neue Ebene.
(헤겔은 종교비평을 새로운 단계로 끌어올린다.)

3. **SBP: Enom Eakk (Emens)**

(etw. um irgendwieviel verstärken 무엇을 얼마만큼 향상시키다)

Seine Witze haben **die Stimmung bei den Gästen** *um einiges* gehoben.
(그의 익살이 손님들의 기분을 약간 고무시켰다.)

Wir wollen **den Wohlstand der Bürger** heben, versprechen alle Politiker.
(우리는 시민들의 복지를 향상시키려한다고, 모든 정치가들은 약속한다.)

4. **SBP: Enom Eakk Eadv**

(bewirken, dass etw. irgendwohin bewegt wird 무엇을 어디로 올려놓다)

Die große Welle hat **das Boot** *ans Ufer* gehoben.
(그 큰 파도가 그 보트를 해안에 올려놓았다.)

---

heiraten, heiratet, heiratete, hat geheiratet:

1. **SBP: Enom Eakk**

(mit jm. die Ehe eingehen)

Willst du **mich** heiraten?
(너는 나와 결혼하겠니?)

2. **SBP: Enom Eadv**

(durch Eheschließung irgendwohin kommen 결혼을 통해 어디로 오다)

Nach dem Krieg haben viele deutsche Mädchen **ins Ausland**, besonders **nach Amerika** geheiratet.
(전쟁 후에 많은 독일 소녀들은 외국으로, 특히 미국으로 시집갔다.)

heißen, heißt, hieß, hat geheißen:

1. **SBP: Enom Eakk**

   (etw. als Bedeutung haben)

   Du bist nicht einverstanden. Was soll denn das heißen?
   (너는 동의하지 않는다. 그것은 도대체 무엇을 의미합니까?)

   Was heißt das Wort "studieren"?
   ("공부하다"라는 단어의 의미는 무엇인가?)

2. **SBP: Enom Epräp Esubj-präd**

   (in etw. ein solches als sprachliche Entsprechung haben 어떤 언어에서 어떻게 불리다)

   Wie heißt das **auf Deutsch**?
   (그것은 독일어로 무엇이라고 말해집니까?)

   Was heißt "danke sehr", "auf Wiedersehen", und "ich bitte um Entschuldigung" **im Englischen**?
   ("대단히 감사합니다"와 "안녕"과 "용서를 빕니다"는 영어로 무엇이라고 합니까?)

3. **SBP: Enom Esubj-präd**

   (einen solchen Namen haben 이름이 무엇이다)

   Wie heißen Sie?
   (당신의 이름은 무엇입니까?)

   Der höchste Berg in den Alpen heißt **Mont Blanc**.
   (알프스에서 가장 높은 산의 이름은 몽브랑이다.)

4. SBP: Enom Epräp(=*für*) Esubj-präd

(für jn. etw. zur Folge haben 누구에게 어떤 결과를 가져오다)

Er hat seine Pläne geändert. **Was** heißt das für uns?
(그는 그의 계획들을 변경했다. 그것은 우리들에게 어떤 결과를 갖고 오는가?)

Die Arbeitslosigkeit heißt für die Betroffenen, **dass sie ein geringes Einkommen haben.**
(실직이란 해당자들에게 그들이 적은 수입을 갖게 된다는 결과를 초래한다.)

Sparen heißt für unsere Familie, **in der nächsten Zeit keine neue Kleidung zu kaufen, bescheiden zu essen und nicht mehr ins Kino zu gehen.**
(절약이란 우리 가족에게는 당분간 새 옷을 사지 않고, 검소하게 식사하고, 영화관에 더 이상 가지 않는 것을 뜻한다.)

5. SBP: Enom Eakk Eobj-präd

(jn./etw. als einen solchen/ein solches charakterisieren 누구/무엇을 어떻게 특징짓다)

Andreas Papandreou hatte Helmut Kohl **den größten Europäer** geheißen.
(안드레아 파판드로는 헬무트 콜을 가장 위대한 유럽인이라고 불렀다.)

6. SBP: Enom Epräp

(nach jm. benannt sein 누구를 따라 명명되다)

Johannes heißt **nach seinem Großvater.**
(요하네스는 그의 할아버지 이름에 따라서 그렇게 불린다.)

7. SBP: Enom Esubj-präd

(ein solches sein 그러한 것이다)

Integration heißt das Ziel aller Bemühungen.
(모든 노력의 목표는 통합이다.)

8. SBP: Enom Esubj-präd

(lauten ....라는 내용이다)

"Seoul in die Welt, die Welt nach Seoul", heißt der Slogan der Asienspiele.
(아시안 게임들의 슬로건은 "서울을 세계 안으로, 세계를 서울로"이라는 내용이다.)

heißen, es es heißt - es hieß - es hat geheißen:

1. SBP: (Epräp) Eprop

   (es wird behauptet, dass etw. der Fall ist 어떠하다고 주장되다)

   Es heißt, es gebe neue Schwierigkeiten.
   (새로운 어려움들이 있다고 주장된다.)

   Von einem Aufenthalt an der Nordsee heißt es, **dass er günstig für Asthmatiker sei.**
   (북해에서의 체재에 관해 그것이 천식환자들에게 좋다고 주장된다.)

   Über ihn heißt es, **dass er heimlich Gedichte schreibt.**
   (그는 몰래 시들을 쓴다고 주장된다.)

    * 전치사 보충어는 전치사 von 또는 über와 오고 생략이 가능하다. 나머지 한 개의 보충어는 항상 문장 형태이므로 '명제 보충어'(Propositionalergänzung) 이고, 논항 '명제내용'을 나타낸다.

2. SBP: Eadv Eprop

   (irgendwo steht gedruckt, dass etw. der Fall ist 어디에 ...라고 인쇄되어 있다)

   Es heißt *bei Schiller*, **dass gegen Dummheit selbst Götter vergebens kämpfen.**
   (쉴러의 작품에는 어리석음에 대해서는 신들마저도 헛되이 싸운다는 말이 있다.)

   In Artikel 12a, Absatz 4 des Grundgesetzes heißt es, **dass "Frauen auf keinen**

Fall Dienst mit der Waffe leisten dürfen".
(독일연방헌법의 12a항, 4절에는 "여성들은 어떤 경우에도 무기를 가지고 봉사해서는 안 된다"고 적혀 있다.)

helfen, hilft, half, hat geholfen:

1. SBP: Enom (Edat) (Epräp)(=*bei*)

   (bei jm. eine gesundheitliche Besserung bei etw. bewirken 누구에게 어떤 병에 도움을 주다)

   Die Tabletten haben **mir** gut geholfen.
   (그 알약들이 나의 쾌유에 큰 도움이 되었다.)

   Bei Diabetes helfen Insulinspritzen und Diät.
   (당뇨병에는 인슐린주사들과 식이요법이 효과가 있다.)

2. SBP: Enom Edat v Epräp(=*bei*) (Eadv)

   (jm./etw. mittels irgendetw. ermöglichen, bei etw. erfolgreich zu sein 누구/무엇이 무엇을 이용해서 성공하게 하다)

   Der Schäferhund hilft dem Schäfer **beim Hüten der Schafe**.
   (그 양을 지키는 개는 그 양치기에게 양들을 망볼 때 도와준다.)

   Mir würde (es) **bei der Ausübung meines Jobs** helfen, Autofahren zu können.
   (운전할 줄 안다는 것이 내 일을 수행할 때 나에게 도움이 될 것이다.)

   Kannst du uns **bei unserem Umzug** *mit deinem Auto und deiner großen Leiter* helfen?
   (너는 우리가 이사할 때 너의 차와 큰 사다리로 우리를 도와줄 수 있겠니?)

   * *mit deinem Auto und deiner großen Leiter*는 논항 '수단'(Instrument)을 나타내는 '생략가능한 부사적 보충어'이다.

3. **SBP: Enom (Edat) Epräp(=*gegen*)**
   (jm. bei der Bekämpfung von etw. nützlich sein 누구에게 무엇의 퇴치에 도움이 되다)

   Deine Tabletten und der Tee haben *mir* **gegen die Kopfschmerzen und den Husten** geholfen.
   (네가 준 알약들과 차가 나의 두통과 기침의 치료에 도움이 되었다.)
   Gegen den Terror hilft kein Kompromiss.
   (어떤 타협도 테러를 제압하는 데 도움이 되지 않는다.)
   Gegen die Virusgrippe hilft (es), sich rechtzeitig impfen zu lassen.
   (늦지 않게 예방접종하는 것이 바이러스 독감에 대처하는 데 도움이 된다.)

4. **SBP: Enom Edat Eadv**
   (jm. behilflich sein, irgendwohin zu gelangen 누가 어디로 가도록 도와주다)

   Die alte Frau kann schlecht sehen. Ich werde ihr **über die Straße und in den Bus** helfen.
   (그 노파는 잘 볼 수 없다. 내가 그녀가 도로를 건너고 버스를 타도록 돕겠다.)

5. **SBP: Enom Edat Eadv**
   (jm. behilflich sein, irgendwoheraus zu kommen 누가 어디에서 빠져 나오도록 도와주다)

   Der Arzt hat mir **aus meiner verzweifelten Lage**.
   (그 의사가 내가 절망적인 상태에서 빠져나오는 데 도와주었다.)

   Es half uns **aus der Krise**, dass wir diese Last auf uns nahmen.
   (우리가 이 짐을 짊어진 것이 우리가 위기에서 탈출하는 데 도움을 주었다.)

   Mir hilft (es) **über meinen Schmerz und meine Trauer**, dass alle so verständnisvoll zu mir sind.
   (모두가 나에게 그렇게 이해심이 많은 것이 나의 고통과 슬픔을 극복하는 데 도움이 되었다.)

herstellen, stellt her, stellte her, hat hergestellt:

1. SBP: Enom Eakk

   (etw. anfertigen 무엇을 생산하다)

   In dem Betrieb werden **Fernsehapparate** hergestellt.
   (그 기업체에서는 텔레비전 수상기들이 생산된다.)

2. SBP: Enom Eakk

   (etw. zu Stande bringen 무엇을 구축하다)

   Wir wollen in Europa **Freizügigkeit** herstellen.
   (우리는 유럽에 이동의 자유를 구축하고자 한다.)

hinweisen, weist hin, wies hin, hat hingewiesen:

SBP: Enom Eakk Epräp(=*auf* + 4격)

(jn. auf etw. aufmerksam machen 누구에게 무엇을 주지시키다)

Ich möchte Sie *darauf* hinweisen, **dass das Rauchen hier verboten ist.**
(나는 당신에게 여기에서는 금연이라는 사실을 주지시키고 싶습니다.)

 * *darauf*는 '생략할 수 없는 상관사'이다.

hinzufügen, fügt hinzu, fügte hinzu, hat hinzugefügt:

1. SBP: Enom Epräp(=*zu*) Eakk

   (etw. durch etw. ergänzen 무엇을 무엇으로 보충하다)

Sie fügte **zum Geschenk** noch eine Tafel Schokolade hinzu.
(그녀는 선물에 초콜렛 한 개를 추가했다.)

2. SBP: Enom (Edat) Eakk

(etw. ergänzend äußern 무엇을 보충하여 말하다)

Haben Sie **den Ausführungen** noch etwas hinzuzufügen?
(당신은 그 상론(詳論)들에 덧붙일 말이 있습니까?)

Ich möchte noch hinzufügen, dass es sich hierbei um etw. ganz Neues handelt.
(나는 여기에는 아주 새로운 어떤 것에 관한 것이라는 점을 덧붙이고 싶습니다.)

hoffen, hofft, hoffte, hat gehofft:

1. SBP: Enom Eprop

(wünschen, dass etw. Wirklichkeit wird 무엇이 사실로 되기를 바라다)

Ich hoffe, **dass Sie mit meinem Vorschlag einverstanden sind.**
(나는 당신이 내 제안에 동의할 것을 바랍니다.)

Viele haben gehofft, **dass die Schulden der Betriebe ganz gestrichen werden.**
(많은 사람들은 그 기업들의 부채들이 완전히 말소될 것을 원했다.)

Ich hoffe, **dieser Tag wird gut.**
(나는 이 날은 날씨가 좋아지기를 바란다.)

Der Chauffeur hofft, **seinen Lada mit den defekten Stoßdämpfern bald auf den Autofriedhof bringen zu können.**
(그 운전수는 고장난 완충기들을 가진 그의 라다를 곧 자동차묘지에 가져갈 수 있기를 바란다.)

 ＊ '명제보충어'는 논항 '명제내용'이다.

2. SBP: Enom Epräp(=*auf* + 4격)

(auf etw. seine Erwartung oder sein Vertrauen setzen 무엇을 기대하다)

Alle hoffen **auf eine bessere Zukunft**.
(모두는 더 나은 미래를 기대한다.)

Dass das Zusammentreffen von Frauen aus aller Welt dazu beitragen werde, Ungerechtigkeiten und Benachteiligungen abzubauen, *darauf* hoffen viele.
(전 세계에서 온 여성들의 그 모임은 정의롭지 못한 일들과 성차별들을 제거하는 데 기여할 것이라는 것을 많은 사람들은 기대한다.)

 * *darauf*는 앞의 dass-문장을 가리키는 '전방 지시사'(Anapher)이다.

Wer hofft nicht *darauf*, **bei guter Gesundheit alt zu werden**!
(좋은 건강을 유지하면서 늙는 것을, 누가 기대하지 않겠는가!)

 * *darauf*는 '생략할 수 없는 상관사'로서 '후방지시사(Kataphor)'이다.

holen, holt, holte, hat geholt:

1. SBP: Enom Eakk

(etw. herbeibringen 무엇을 가져오다)

Ich hole mir nur schnell **ein paar Brötchen**.
(나는 단지 급히 몇 개의 빵만을 사서 가져온다.)

Ich hole lieber **mein Fleisch** beim Fleischer, und **mein Brot** beim Bäcker als im Supermarkt.
(나는 수퍼마켓에서보다 고기는 정육점에서, 빵은 빵집에서 사는 것을 더 좋아한다.)

Die Frau wartete am Ausgang, während ihr Mann **den Wagen** holte.

(남편이 그 차를 가지고 오는 동안, 그 부인은 문에서 기다렸다.)

Die Post wird jeden Morgen von der Sekretärin geholt und verteilt.
(우편물은 매일 아침 그 여비서에 의해 가져와서 분배된다.)

Sie werden nicht lange warten müssen, **das Taxi** ist schon geholt.
(당신은 오래 기다릴 필요가 없을 것입니다, 택시가 이미 호출되어 있다.)

2. SBP: Enom Eakk Eadv
(etw. von irgendwo entfernen 무엇을 어디에서 치우면서 가져다주다)

Hol bitte **die Zeitung** aus dem Briefkasten.
(우체통에서 신문을 좀 가져다 줘.)

3. SBP: Enom Eakk (Eadv)
(etw. irgendwohin kommen lassen 무엇을 어디로 부르다)

Warum haben Sie nicht sofort **einen Arzt** geholt?
(왜 당신은 즉시 의사를 한 명 부르지 않았습니까?)

Wir wollen **Jugendliche** *ins Unternehmen* holen, die bei uns normalerweise keine Chance hätten.
(우리는 우리에게서는 아무런 기회가 없을 젊은이들을 기업으로 부르려고 한다.)

horchen, horcht, horchte, hat gehorcht:

1. SBP: Enom Eadv
(heimlich bei etw. zuhören 몰래 어디에서 엿듣다)

Er horchte **an der Tür**, um zu erfahren, was sie über ihn sagten.
(그는 그들이 그에 대해서 무엇이라고 말하는지 문에서 엿들었다.)

2. SBP: Enom Eprop

(sehr aufmerksam auf bestimmte Geräusche achten 주의 깊게 일정한 소리에 귀를 기울이다)

Das Kind horcht, **ob jemand in der Wohnung ist/wie sich der Zug nähert.**
(그 애는 누군가가 그 집 안에 있는 지/기차가 다가오는 소리에 귀를 기울인다.)

3. SBP: Enom Epräp(=*auf* + 4격)

(auf jn./etw. hören 누구/무엇에게 복종하다)

Horch **auf das**, *was ich sage!*
(내가 말하는 대로 복종하라!)

 ✱ 지시대명사 **das**는 관계대명사 *was*가 받아준다.

hören, hört, hörte, hat gehört:

1. SBP: Enom Eakk

(etw. akustisch wahrnehmen 무엇의 소리를 듣다)

Der Hund hörte **die Diebe** und bellte.
(그 개는 도둑들의 소리를 듣고 짖었다.)

2. SBP: Enom Eakk

(etw. bewusst akustisch aufnehmen 무엇을 의식적으로 청취하다)

Ich höre regelmäßig **Nachrichten.**
(나는 규칙적으로 뉴스를 청취한다.)

3. SBP: Enom Eakk (Epräp)(=*von*)

(etw. durch jn. mitgeteilt bekommen 무엇을 누구에 의해 보고받다)

Ich habe **nur Gutes über den neuen Autotyp** gehört.
(나는 그 새 유형의 자동차에 대해서 장점만을 보고받았다.)

Die Geschichte habe ich *von meinem Kollegen* gehört.
(그 이야기를 나는 내 동료로부터 들었다.)

4. SBP: Enom Eakk (Epräp)(=*an*)
(mit dem Gehör etw. an etw. erkennen 무엇을 듣고 무엇을 알 수 있다)

Man hört **seine Herkunft** *an seinem Akzent.*
(그의 액센트를 듣고 그의 출신지역을 알 수 있다.)

Unser Lehrer ist heute gut gelaunt. Man hört es *an seinem fröhlichen Lachen.*
(우리 선생님은 오늘 기분이 좋다. 우리는 그것을 그의 유쾌한 웃음소리를 듣고 알 수 있다.)

 ＊ es는 앞 문장 **Unser Lehrer ist heute gut gelaunt.**을 받아준다.

5. SBP: Enom Eakk v Epräp(=*bei*)
(regelmäßig an etw. teilnehmen 규칙적으로 무엇에 참가하다)

Montags höre ich **englische Sprachgeschichte** *bei Prof. Lehnert.*
(월요일마다 나는 레너트교수의 영어발달사 강의를 듣는다.)

Hörst du in diesem Semester auch *bei Prof. Schneider?*
(너는 이번 학기에 슈나이더 교수님의 강의도 듣니?)

In den ersten Semestern hört der Student **die Vorlesungen Carl Friedrich von Weizsäckers?**
(첫 학기들에 그 대학생은 칼 프리드리히 폰 봐이체커의 강의들을 듣는다.)

6. SBP: Enom Epräp(=*auf*)
(etw. befolgen 무엇에 복종하다)

Alles hört **auf mein Kommando**!
(모두는 나의 명령을 따르라!)

7. SBP: Enom Epräp(=*von*)
(Kenntnis von etw. erhalten 무엇을 알게 되다)

Wir haben heute erst **von dem Eisenbahnunglück** gehört.
(우리는 오늘에야 비로소 그 열차사고에 대해서 소식을 들었다.)

Zwei von drei Bundesbürgern haben schon ***davon*** gehört, **dass Streusalz schädlich ist**.
(독일인 세 명 중에서 두 명은 언 길에 뿌리는 소금이 해롭다는 것을 이미 들은 적이 있다.)

 ＊ *davon*은 '생략할 수 없는 상관사'이다.

informieren, informiert, informierte, hat informiert:

1. SBP: Enom Eakk Epräp(=*über*)
(jn. über etw. unterrichten 누구에게 무엇에 관해 보고하다)

Die Mitarbeiterin hat ihren Chef sofort über die Sitzung informiert.
(그 여직원은 사장에게 즉시 그 회의에 대해서 보고했다.)

Der Regisseur informierte die Zuschauer über den Inhalt des Theaterstückes.
(그 감독은 관객들에게 그 연극작품의 내용에 대해 정보를 주었다.)

Er informierte sie (*darüber*), dass er die Autokolonne angehalten habe/die Kolonne gestoppt zu haben.
(그는 그녀에게 자신이 그 자동차 행렬을 멈추어 세웠다고 알려주었다.)

 ＊ *darüber*는 '생략가능한 상관사'이다.

2. **SBP: Enom Epräp(=*über*)**

   (über etw. Wissen vermitteln 무엇에 관해 알리다)

   Das Faltblatt informiert **über alle Veranstaltungen**.
   (신문에 접어넣은 광고전단은 모든 행사들에 대해 알린다.)

3. **SBP: Enom Eakk Epräp(=*von*)**

   (jn. von etw. in Kenntnis setzen 누구에게 무엇에 관해 알리다)

   "Wir informieren sie **von unserem Interesse**", sagt Bucher.
   ("우리는 그들에게 우리들의 흥미에 관해 알려준다"고 부허는 말한다.)

4. **SBP: Enom Eakk Epräp(=*über*)**

   (etw. für jn. deutlich machen 누구를 위해 무엇을 설명하다)

   Ein Prospekt informiert die Gäste **über die Sport- und Badeeinrichtungen des Hotels**.
   (한 안내서가 손님들에게 스포츠시설들과 수영시설들에 관해 설명해주고 있다.)

 ∗ *informieren* 1의 주어는 '사람'이고, *informieren* 4의 주어는 '사물'이다.

informieren, sich informiert sich - informierte sich - hat sich informiert:

SBP: Enom (Epräp)(=*über*)

(sich über etw. Kenntnis verschaffen 무엇에 관해 정보를 얻다)

Da hätten Sie sich vorher informieren sollen.
(그 문제에 관해서 당신은 먼저 조회해보았어야 하는데.)

Ich habe mich eingehend **über die Lage** informiert.
(나는 그 상황에 관해 상세히 정보를 수집했다.)

Wir informieren uns **über den Kurs des Dollars.**
(우리는 달러의 환율에 대해서 조사하고 있다.)

Wir informieren uns, **wie das funktioniert.**
(우리는 그것이 어떻게 작동하는지 알아보고 있다.)

Sie hatten sich zuvor informiert, **dass die Prinzessin deutsch liest und Faksimiles sammelt.**
(그들은 미리 그 공주가 독일어를 읽을 수 있고 복사물들을 수집한다는 정보를 얻었다.)

interessieren, interessiert, interessierte, hat interessiert:

1. SBP: Enom Eakk
(jemandes Interesse hervorrufen 누구의 흥미를 유발하다)

Diese Frage interessiert mich sehr.
(이 문제는 내 흥미를 아주 많이 끈다.)

Schopenhauer interessiert mich mehr als Goethe.
(쇼펜하우어가 괴테보다 더 많이 나의 흥미를 유발한다.)

Es interessiert mich einfach nicht mehr, **Theaterstücke zu schreiben.**
(연극작품들을 쓰는 것은 더 이상 나의 흥미를 끌지 않는다.)

 * **Es**는 **Theaterstücke zu schreiben**에 대한 '상관사'(Korrelat)이다.

2. SBP: Enom Eakk Epräp(=für)
(jemandes Interesse für etw. wecken 누가 무엇에 대한 누구의 흥미를 일깨우다)

Man muss die Menschen *für die Hilfsbedürftigen und Obdachlosen unter ihnen und deren Probleme und Nöte* interessieren.

(사람들로 하여금 그들 가운데 도움이 필요한 사람들과 집이 없는 사람들과 그들의 문제들에 대한 관심을 깨우쳐야 한다.)

interessieren, sich interessiert sich - interessierte sich- hat sich interessiert:

1. SBP: Enom Epräp(=*für*)

(sein Interesse auf etw. richten ...에 관심이 있다)

Ich interessiere mich sehr **für Musik**.
(나는 음악에 아주 관심이 많다.)

Kein Mensch interessiert sich **dafür, wer ihn liebt oder hasst**.
(아무도 누가 그를 사랑하는지 또는 미워하는지에 대해서 관심이 없다.)

 * *dafür*는 '생략할 수 없는 상관사'이다.,

2. SBP: Enom Epräp(=*für*)

(etw. kaufen/besitzen wollen 무엇을 구입하고자 한다)

Er interessiert sich **für die Wohnung in der Jägerstraße**.
(그는 사냥꾼거리에 있는 그 집을 사고 싶어 한다.)

kämpfen, kämpft, kämpfte, hat gekämpft:

SBP: Enom Epräp

(sich energisch für bzw. gegen die Realisierung von etw. einsetzen 무엇을 찬성 또는 반대하여 투쟁하다)

Wir müssen **gegen die Armut** kämpfen.

(우리는 빈곤에 대항해서 싸워야 한다.)

Die Gewerkschaften kämpfen **für höhere Löhne.**
(노조들은 더 많은 봉급을 위해 투쟁한다.)

Sie kämpfen **für die Gleichberechtigung der Frau.**
(그들은 여성의 동등권을 위해 투쟁한다.)

kennen, kennt, kannte, hat gekannt:

1. SBP: Enom Eakk

(von etw. Kenntnis haben 무엇에 관해 알고 있다)

Kennen Sie hier in der Nähe **ein gemütliches Restaurant?**
(당신은 이 부근에 분위기 좋은 식당을 한 군데 아는 곳이 있습니까?)

Meine Großmutter kennt **ein wirksames Mittel gegen Schnupfen.**
(내 할머니는 콧물감기에 효과적인 약을 알고 있다.)

2. SBP: Enom Eakk

(durch Erfahrung Wissen über etw./jn. haben 경험을 통해 무엇/누구에 대해 알다)

Ich kenne **mehrere Schriftsteller,** die über ihr Exil in Frankreich geschrieben haben.
(나는 프랑스에서의 망명생활에 대해서 글을 쓴 여러 작가들을 알고 있다.)

"Kennen Sie **Rom?**" - "Ja, ich kenne die Stadt sehr gut, ich bin dreimal dort gewesen."
("당신은 로마를 아십니까?" - "예, 저는 그 도시를 아주 잘 압니다, 저는 그 곳에 세 번이나 갔습니다.")

"Kennst du **das Land, wo die Zitronen blühen?**"
("너는 레몬나무들이 꽃피는 그 나라를 아는가?")

kennen lernen, lernt kennen - lernte kennen - hat kennen gelernt:

1. **SBP: Enom Eakk**

   (jemandes Bekanntschaft machen 누구와 아는 사이가 되다)

   Wo haben Sie **Ihren Mann** kennen gelernt.
   (당신은 어디에서 당신 남편을 알게 되었습니까?)

   Wo habt ihr **euch** kennengelernt?
   (너희들은 어디에서 서로를 알게 되었는가?)

2. **SBP: Enom Eakk**

   (über jn./etw. durch Erfahrung Kenntnis erlangen 누구/무엇에 관해 경험을 통해 알게되다)

   Auf seinen Reisen hat er **viele Länder** kennengelernt.
   (여행 중에 그는 많은 나라들을 알게 되었다.)

   Wer dieses Buch liest, lernt **einen Schriftsteller** kennen, den kennen zu lernen sich lohnt.
   (이 책을 읽는 사람은 알만한 가치가 있는 한 작가를 알게 된다.)

klagen, klagt, klagte, hat geklagt:

1. **SBP: Enom Epräp(=*über*)**

   (sich unzufrieden über etw. äußern 무엇에 대해 불평하다)

   Der Kranke klagte **über Schmerzen im Rücken**.
   (그 남자환자는 등의 통증에 대해 불평했다.)

   Der Patient klagte **über starke Kopfschmerzen**.

(그 환자는 심한 두통에 대해 불평했다.)

Viele Hausbesitzer klagen **über die Mieter und deren Haustiere**.
(많은 집주인들은 세입자들과 그들의 가축들에 대해서 불평한다.)

Schon seit Jahren klagt man **darüber, dass die Zahl der beim Überschreiten von Fahrbahnen verletzten Fußgänger zunimmt**.
(몇년 전부터 차도/기차선로들을 횡단할 때 부상당한 보행자들의 숫자가 증가하고 있는 데 대해서 불평한다.)

Zahlreiche Betriebe klagen **(darüber), einen zu hohen Krankenstand zu haben**.
(수많은 기업들이 너무 많은 환자수를 갖고 있는 데 대해서 불평한다.)

Die alte Frau klagt ständig **(darüber), wie schlecht die Welt sei**.
(그 노파는 얼마나 세상이 나쁜지에 대해서 항상 불평한다.)

2. SBP: Enom Epräp(=*um*)
(seine Trauer über den Verlust von etw. äußern 무엇을 애도하다)

Niemand vermochte die Frau zu trösten, die **um ihren toten Sohn** klagte.
(아무도 죽은 아들을 애도하는 그 부인을 위로할 수 없었다.)

Um den Tod des Attis klagte man.
(아티의 죽음을 사람들은 애도했다.)

Sie klagt **um das verlorene Glück**.
(그녀는 잃어버린 행복을 슬퍼한다.)

Es hat keinen Sinn, **darum** zu klagen, **dass man nicht mehr jung ist**.
(사람들이 더 이상 젊지 않다고 슬퍼하는 것은 아무런 의미가 없다.)

Sie klagt **darum, ihr Haus, ihre Freunde, die Heimat verloren zu haben**.
(그녀는 그녀의 집과 친구들과 고향을 잃은 것을 슬퍼한다.)

 ＊ **darum**은 '생략할 수 없는 상관사'이다. (VALBU, 481쪽 참조)

3. SBP: Enom (Epräp1)(=*gegen*) (Epräp2)(=*auf*)

(mit einem Gerichtsverfahren den Rechtsanspruch auf etw. durchzusetzen versuchen 고소하다)

Derzeit klagen dreimal so viele Patienten **gegen Ärzte oder Krankenhäuser** wie vor zehn Jahren.
(오늘날에는 10년 전에 비해서 3배나 되는 환자들이 의사들 또는 병원들에 대해서 고소를 제기한다.)

Der Versicherungsnehmer fühlte sich von seiner Versicherung hintergangen und klagte **auf Schadenersatz**.
(그 피 보험자는 그의 보험회사에 의해서 사기당했다고 느꼈고, 손해배상을 받기 위해서 고소했다.)

Das Unfallopfer hat *darauf* geklagt, **dass ihm ein angemessenes Schmerzensgeld gezahlt wird**.
(그 사고의 희생자는 그에게 적절한 위자료가 지불되도록 고소했다.)

Es wurde der Vorschlag gemacht, beim Bundesverfassungsgericht *dagegen* zu klagen, **dass der Euro eingeführt wird**.
(독일연방헌법재판소에 유로화의 도입을 반대하는 고소를 하자는 제안이 있었다.)

 * *darauf*와 *dagegen*은 '생략할 수 없는 상관사'이다. (VALBU, 482쪽 참조)

klappen, klappt, klappte, hat geklappt:

1. SBP: Enom Eadv

(zu Stande kommen 성공하다)

Die Zusammenarbeit zwischen den Abteilungen klappt *ausgezeichnet*.

(부서들 간의 협조는 아주 잘 된다.)

Es hat alles *gut* geklappt.
(모든 일이 잘 되었다.)

* ***Es***는 '허사(虛辭) Platzhalter'로서 주어 alles를 뒤로 가게 하여 '레마 Rhema'로 강조되게 한다: *Alles hat gut geklappt.* → **Es** *hat alles gut geklappt. ausgezeichnet/gut*은 '양태'(Art und Weise)를 나타내는 부사적 보충어이다.

Letzten Endes hat *es* gut geklappt, **dass er seine Seminararbeit über sein Lieblingsthema schreiben konnte.**
(결국 그가 그의 좋아하는 주제에 관해서 세미나의 리포트를 쓸 수 있었던 것은 성공적이었다.)

* *es*는 **dass...**를 주문장에서 미리 예고해주는 '상관사'이다.

2. SBP: Enom

(ein Geräusch hervorbringen 잡음을 내다)

Die Türen klappen.
(그 문들이 덜커덩거린다.)

kleben, klebt, klebte, hat geklebt:

1. SBP: Enom Eakk Eadv

(etw. irgendwo befestigen 무엇을 어디에 붙이다)

Ich klebe Ihnen ein Pflaster **auf die Wunde**.
(나는 당신의 상처에 한 개의 반창고를 붙여드리겠습니다.)

2. **SBP: Enom Eadv**

(irgendwie Klebkraft haben 어떻게 붙다)

Die Briefmarke klebt **gut**.
(그 우표는 잘 붙는다.)

klettern, klettert, kletterte, ist geklettert:

1. **SBP: Enom Eadv**

(mit Hilfe von Händen und Füßen irgendwohin steigen 손과 발의 도움으로 어디로 올라가다)

Die Kinder sind **auf den Baum** geklettert.
(그 애들은 그 나무위로 올라갔다.)

2. **SBP: Enom Eadv**

(sich mühsam irgendwohin bewegen 간신히 어디로 움직이다)

Ich kletterte vor dem Haus **aus dem Taxi** und entlohnte den Fahrer.
(나는 집 앞에서 택시 밖으로 간신히 나와서 운전기사에게 택시비를 주었다.)

In den Anden klettert der Zug **auf 3000 m Höhe**.
(안데스 산맥에서는 기차는 3000 m 높이까지 올라간다.)

3. **SBP: Enom Eadv**

(sich irgendwohin in ein Rangsystem einordnen 어떤 등수에 들어가다)

Fast unbemerkt sind sie **in die Tabellenspitze** geklettert.
(거의 눈치채이지 않고 그들은 수위(首位)로 올라갔다.)

4. **SBP: Enom Eadv**

(sich stufenweise nach oben ausdehnen 단계적으로 위로 불어나다)

Zwischen 15 Uhr und 16 Uhr kletterte das Wasser am Pegel Bad Kreuznach **um 16 Zentimeter auf 4.04 Meter.**
(바트 크로이쯔나흐의 수위계에서 수위는 15시와 16시 사이에 16센티미터 더 상승해서 4.04 미터에 이르렀다.)

5. SBP: Enom Eadv
(sich hinsichtlich Wert erhöhen 가치가 올라가다)

Die Zahl der Kurzarbeiter kletterte **um 480 auf jetzt 740 Personen.**
(조업단축 근로자들의 수는 480명 증가해서 지금은 740명에 이르렀다.)

Die Aktien klettern **in die Höhe.**
(주가(株價)가 오르고 있다.)

klopfen, klopft, klopfte, hat geklopft:

1. SBP: Enom (Eadv1) (Eadv2)
(mit Hilfe von irgendetwas wiederholt leicht irgendwohin schlagen 무엇의 도움으로 되풀이해서 가볍게 어디로 두드리다)

Da klopft jemand **ans Fenster.**
(저기에 누군가가 창문을 두드리고 있다.)

 ＊ ans Fenster는 (Eadv1)으로서 '방향'이다.

Der Vater der Braut klopft **mit einem Messer** gegen sein Glas, die Gäste schweigen, und er hält eine Rede.
(그 신부의 아버지는 칼로 그의 잔을 향해 두드린다, 손님들은 침묵한다, 그리고 그는 연설을 한다.)

 ＊ mit einem Messer는 (Eadv2)으로서 '수단'이다.

2. SBP: Enom

   (ein schlagendes Geräusch von sich geben 두드리는 소리를 내다)

   Ihr Herz klopfte vom schnellen Laufen.
   (그녀의 심장은 급히 뛰어와서 쿵쿵거렸다.)

3. SBP: Enom Eakk Eadv

   (etw. durch wiederholtes Draufschlagen von irgendwo entfernen 무엇을 반복적으로 두드려서 어디로부터 제거하다)

   Wenn der Staub **aus dem Teppich** geklopft wird, muss ich immer niesen.
   (먼지를 양탄자에서 털어 낼 때에는 나는 항상 재채기를 해야 한다.)

4. SBP: Enom Eakk Eadv

   (etw. durch wiederholtes Draufschlagen irgendwohin drücken 무엇을 반복적으로 두드려서 어디로 박아 넣다)

   Er klopfte vorsichtig den Nagel **in die Wand**.
   (그는 조심스럽게 그 못을 벽에 박았다.)

5. SBP: Enom Eakk Eobj-präd

   (etw. durch wiederholtes Draufschlagen bewirken, dass etw. so wird 무엇을 반복적으로 두드려서 어떻게 되게 하다)

   Immer noch klopfte der Alte krumme Nägel **gerade**.
   (아직 계속 그 노인은 구부러진 못들을 두드려서 바로 펴고 있었다.)

---

klopfen, es es klopft - es klopfte - es hat geklopft:

SBP: (Eadv)

(es wird wiederholt leicht irgendwohin geschlagen 어디로 노크 소리가 나다)

Hat es nicht eben geklopft?
(방금 노크소리가 나지 않았는가?)

 * *es klopft.*는 노크한 사람이 남자인지 여자인지 모르고, 단지 누군가가 노크하는 사실만 알 때 사용된다. 그리고 *es*는 어떤 다른 사물을 받는 대명사가 아니고 동사의 일부이다.

Es klopfte **gegen die Küchentür.** Es war die Nachbarin.
(부엌문을 노크하는 소리가 났다. 그것은 이웃여자였다.)

kochen, kocht, kochte, hat gekocht:

1. SBP: Enom

(Siedetemperatur haben 끓고 있다)

Das **Wasser** kocht.
(물이 끓고 있다.)

2. SBP: Enom Eakk

(etw. auf dem Kochherd zubereiten 무엇을 요리하다)

Die Köche in der Mensa können keine afrikanischen **Gerichte** kochen.
(대학구내식당의 요리사들은 아프리카 음식을 못 만든다.)

3. SBP: Enom Eadv

(sich zusammen mit einer Flüssigkeit irgendwielange bei Siedetemperatur in einem Topf befinden 얼마동안 끓다)

Der Reis muss etwa **20 Minuten** kochen.
(쌀은 약 20분 끓어야 한다.)

kommen, kommt, kam, ist gekommen:

1. **SBP: Enom Eadv**

   (irgendwohin gelangen 어디에 도착하다)

   Wenn Sie mal **nach Köln** kommen, besuchen Sie uns.
   (쾰른에 오시면, 우리를 방문해주세요.)

2. **SBP: Enom Eadv**

   (irgendwoher stammen 어디 출신이다)

   Meine Frau kommt **aus Norddeutschland**.
   (내 부인은 북독일 출신이다.)

3. **SBP: Enom Epräp**

   (jd. gerät aus/in etw. 어떤 상태에서 벗어나다/어떤 상태로 빠지다)

   Plötzlich bin ich **aus dem Gleichgewicht** gekommen und von der Leiter gestürzt.
   (갑자기 나는 균형을 잃고, 사다리에서 떨어졌다.)

   Die Politik hätte eine Chance, wenn die Wirtschaft **in eine schwere Krise** kommt.
   (경제가 심각한 위기에 빠지면, 정치가 기회를 가질텐데.)

   기능동사 *kommen*을 가진 '기능동사 구문'

zur Anwendung kommen: Bei der Pulverkaffeeherstellung kommt ein neues Verfahren zur Anwendung.
(가루커피 생산에 한 새로운 방법이 응용된다.)

in Betracht/Frage kommen: Der Abgeordnete A kommt wegen der Korruptionsaffäre für den Posten eines Ministers nicht in Betracht/in Frage.
(국회의원 A는 그 부패사건 때문에 장관 후보로 고려되지 않는다.)

zum Bewußtsein kommen: Dass ich in einer großen Gefahr schwebte, ist mir in der Situation selbst nicht zum Bewußtsein gekommen.
(내가 큰 위험에 처해 있었다는 사실이 그 때에는 나 자신에게 분명히 의식되지 않았다.)

zum Einsatz kommen: Die neuen Löschfahrzeuge der Feuwehr sind gestern erstmals zum Einsatz gekommen.
(소방대의 새 소방차들이 어제 처음으로 투입되었다.)

zum Entschluß kommen: Wir sind nach langen Überlegungen zu einem Entschluß gekommen.
(우리는 긴 숙고를 한 후에 결정을 하게 되었다.)

zu dem Ergebnis kommen: Nach einer langen Diskussion kamen wir zu dem Ergebnis, das Angebot anzunehmen.
(긴 토론 후에 우리는 그 제안을 받아들이기로 결론을 내렸다.)

in Gang kommen: Die Diskussion über die Abschaffung der Todesstrafe ist endlich in Gang gekommen.
(사형의 폐지에 관한 토론이 마침내 시작되었다.)

zu Hilfe kommen: Man muss den vom Erdbeben Geschädigten schnellstens zu Hilfe kommen.
(사람들은 지진에 의해 다친 사람들을 최대한 빠르게 도와주어야 한다.)

zur Ruhe kommen: Seine Sorgen um die Familie ließen ihn nicht zur Ruhe kommen.

(가족들에 대한 그의 걱정들은 그를 편안하게 하지 않았다.)

zu dem Schluß kommen: Der Arzt kam zu dem Schluß, dass der Patient wieder arbeitsfähig ist.
(그 의사는 그 환자가 다시 일할 수 있다는 결론에 도달했다.)

zum Stillstand kommen: Der Rüstungswettlauf ist noch nicht zum Stillstand gekommen.
(군비경쟁은 아직 정지되지 않았다.)

zu der Überzeugung kommen: Ich bin zu der Überzeugung gekommen, dass meine Entscheidung richtig war.
(나는 내 결정이 옳았다는 확신에 도달했다.)

zum Vorschein kommen: Wenn der Schnee schmilzt, kommen die ersten Blumen zum Vorschein.
(눈이 녹으면, 첫 꽃들이 핀다.)

können, kann, konnte, hat gekonnt:

1. **SBP: Enom Eakk**
   (etw. beherrschen 무엇을 잘 구사하다)

   Er kann ausgezeichnet **Deutsch**.
   (그는 독일어를 아주 잘 말할 수 있다.)

   Früher habe ich **das alles** gekonnt, aber ich habe schon so viel vergessen.
   (예전에는 나는 모든 것을 할 수 있었다, 그러나 나는 이미 그렇게 많이 잊어버렸다.)

   Der Regisseur ist verzweifelt, weil seine Schauspieler eine Woche vor der

Aufführung **ihren Text** immer noch nicht **auswendig können**.
(그 감독은 그의 배우들이 공연 일주일 전에도 그들의 텍스트를 아직 암기할 수 없어서 절망하고 있다.)

Können Sie **Stenografie**?
(당신은 속기를 할 수 있습니까?)

2. SBP: Enom Eadv

(die Möglichkeit haben, irgendwo tätig zu werden 어디에서 활동할 가능성이 있다)

Jörg kann nicht **an die Universität**, weil er kein Abitur hat.
(예르크는 대학입학자격시험을 안 쳤기 때문에 대학에 진학할 수 없다.)

Ulrike freut sich sehr, sie kann **zum Film**.
(울리케는 영화를 할 수 있어서 아주 기뻐한다.)

3. SBP: Enom Eadv

(jm./etw. ist es möglich, irgendwohin zu gelangen oder gebracht zu werden 누구를 어디에 데려다줄 수 있다)

Kann der Kleine heute Nachmittag **zu deiner Mutter**? Ich möchte zum Frisör.
(그 작은 사내애는 오늘 오후에 네 어머니에게 데려다 줄 수 있니? 나는 미장원/이용원에 가고 싶어.)

konzentrieren, sich konzentriert sich - konzentrierte sich - hat sich konzentriert:

SBP: Enom Epräp(=*auf*)

(seine Aufmerksamkeit auf etw. richten 무엇에 주의를 집중하다)

Er konzentriert sich nur **auf seine Arbeit**.
(그는 자신의 일에만 몰두한다.)

Wir konzentrieren uns **auf ein Problem.**
(우리는 한 문제에만 정신을 집중한다.)

kosten, kostet, kostete, hat gekostet:

1. SBP: Enom (Eakk) Emens
(irgendwieviel als Preis haben, der jm. abverlangt werden kann)

Wieviel kostet das?
(그것은 값이 얼마인가?)

Das Buch hat *mich* **12 Euro** gekostet.
(그 책은 나에게 12유로 들게 했다.)

 ＊ *mich*는 '생략이 가능한 4격 보충어'이다.

2. SBP: Enom (Eakk) Emens
(jm. etw. abverlangen 누구에게 무엇을 요구하다)

Das Examen zu bestehen, hat **viel Mühe** und **Arbeit** gekostet.
(그 시험에 합격하는 것은 많은 노력과 일을 요구했다.)

Die vielen Sitzungen in Bonn haben *den Minister* **viel Kraft** gekostet.
(본에서의 그 많은 회의들은 그 장관에게서 많은 힘을 요구했다.)

 ＊ kosten 1은 '돈의 액수'를, kosten 2는 '추상명사'를 '척도 보충어'로 요구한다. kosten 1과 kosten 2의 '사람'(4격 보충어)은 생략이 가능하다.

3. SBP: Enom Eakk/Edat Emens
(den Verlust von etw. zur Folge haben 무엇의 상실을 초래하다)

Seine kühle Reaktion auf den Reaktorunfall kostete *ihm* **die Zuständigkeit für**

den Umweltschutz.
(원자로 사고에 대한 그의 냉담한 반응은 그에게서 환경보호에 대한 담당이라는 자리를 잃게 했다.)

Die Gesundheit kann es *dich/dir* kosten, so viel zu rauchen.
(그렇게 많이 흡연하는 것은 너의 건강을 잃게 할 수 있다.)

Mit überhöhter Geschwindigkeit fahren, kann **den Führerschein** kosten.
(너무 속도를 내서 달리면 운전면허증을 잃을 수 있다.)

 ＊ 모든 사람에게 해당될 수 있을 경우에는 이 예문에서처럼 '3격/4격 보충어'는 생략될 수 있다.

4. SBP: Enom Eakk/Epräp
(den Geschmack prüfen 무엇을 맛보다)

Kosten Sie bitte **diesen Wein**! Er ist hervorragend.
(이 포도주를 맛 좀 보세요! 그것은 아주 훌륭합니다.)

Die Kinder haben schon **vom Kuchen** gekostet.
(그 애들은 이미 케이크를 맛보았다.)

Kosten Sie bitte, **ob die Suppe nicht zu salzig ist**.
(그 수프가 너무 짜지 않는지 맛 좀 보세요.)

Hast du schon gekostet, **wie gut diese neue Nachspeise ist**.
(이 새 후식이 얼마나 좋은지 너는 이미 맛보았느냐?)

kümmern, sich kümmert sich - kümmerte sich - hat sich gekümmert:

1. SBP: Enom Epräp
(das Nötige füt jn. tun 누구에게 필요한 일을 하다)

Ich muss mich **um die Kinder** kümmern.
(나는 그 애들을 돌보아야 한다.)

Der Staat muss sich **darum** kümmern, **die Arbeitslosigkeit zu verringern**.
(국가는 실업율을 줄이기 위해서 필요한 일을 해야 한다.)

 * **darum**은 '생략할 수 없는 상관사'이다.

2. SBP: Enom Epräp
(sich mit etw. befassen 무엇에 신경쓰다)

Kümmere du dich **um deine eigenen Angelegenheiten**! Ich kümmere mich auch nicht **um deine Dinge**.
(너는 너 자신의 일에나 신경쓰라! 나도 네 일은 상관하지 않을테니.)

Er kümmert sich nicht **darum, wie es mir geht**.
(그는 내가 어떻게 지내는지 신경쓰지 않는다.)

 * **darum**은 '생략할 수 없는 상관사'이다.

kündigen, kündigt, kündigte, hat gekündigt:

1. SBP: Enom (Eakk)
(eine verträgliche Vereinbarung für beendet erklären 계약의 만료를 선언하다)

Beschäftigte, die sich beruflich verändern möchten, sollten **ihren Arbeitsplatz** erst dann kündigen, wenn eine Anschlussbeschäftigung gefunden und ein neuer Arbeitsvertrag abgeschlossen ist.
(자신의 직장을 바꾸고 싶은 직장인들은 다음 직장이 구해지고 새 노동계약이 체결되고 난후에 비로소 그의 직장에 사직서를 내어야 할 것이다.)

Ich habe gekündigt.

(나는 사직서를 제출했다.)

2. SBP: Enom (Eakk) Edat
(eine verträgliche Vereinbarung zu Gunsten von jm. für beendet erklären 누구의 해고/계약만료를 통지하다)

30 Arbeitern ist zum 31. März gekündigt worden.
(30명의 노동자들에게 3월 31일부로 해고가 통지되었다.)

Der Direktor hatte seiner Sekretärin gekündigt, weil sie ständig zu spät kam.
(그 사장은 그녀가 항상 지각했기 때문에 그의 여비서에게 해고를 통지했다.)

Ein Vermieter darf einem Mieter nur unter bestimmten Bedingungen, die gesetzlich geregelt sind, **die Wohnung** kündigen.
(임대인은 법적으로 규정된 일정한 조건들 아래에서만 세입자에게 집을 비워달라고 할 수 있다.)

3. SBP: Enom Eakk Edat
(etw. für beendet erklären 무엇의 종결을 선언하다)

Das Volk hatte dem Königshaus **den Gehorsam** gekündigt.
(국민은 그 왕가에 더 이상 복종하지 않겠다고 선언했다.)

lassen, lässt, ließ, hat gelassen:

1. SBP: Enom Eakk
(etw. nicht mehr tun 무엇을 더 이상 하지 않다)

Lassen Sie bitte **das Rauchen**!
(제발 금연하세요!)

Wenn du zuckerkrank bist, musst du **die Süßigkeiten** und **den Alkohol** lassen.

(네가 당뇨환자이면, 너는 단것과 술을 더 이상 먹으면 안 된다.)

2. **SBP: Enom Eakk Edat**

   (jm. etw. nicht nehmen 누구에게서 무엇을 빼앗지 않고 허용하다)

   Seine beruflichen Pflichten lassen ihm **keine Zeit für sein Hobby**.
   (그의 직업적 의무들이 그에게 그의 취미생활을 위한 시간을 허용치 않는다.)
   Die Militärdiktatur wird der Presse **ihre Freiheit** nicht lassen.
   (군부독재는 언론에 자유를 허용치 않을 것이다.)

3. **SBP: Enom Eakk Eadv**

   (etw. nicht entfernen 무엇을 치우지 않다)

   Wo habe ich schon wieder **meine Brille** gelassen.
   (나는 내 안경을 또 다시 어디에 내버려 두었는가?)

4. **SBP: Enom Eakk Eobj-präd**

   (etw. nicht verändern, sodass es so bleibt)

   Lassen Sie bitte alles **so, wie es ist**.
   (모든 것을 지금 그대로 두세요.)

   Die plötzlichen Klimaveränderungen sollten niemanden **indifferent** lassen.
   (갑작스러운 기후변화들은 아무도 무관심하게 내버려두지 않을 것이다.)

5. **SBP: Enom Eakk Eadv**

   (erlauben, dass jd./etw. sich irgendwohin begibt 누구/무엇을 어디로 오게 하락하다)

   Unsere Mutter fühlt sich sehr schlecht, außer mir und meinem Bruder lässt sie **niemanden** zu sich.
   (우리 어머니는 기분이 아주 좋지 않다, 나와 형/동생이외에는 아무도 그녀에게 오지 못하게 한다.)

6. SBP: Enom Eakk Eadv

(veranlassen, dass etw. irgendwohin gelangt 무엇을 어디로 보내다)

Soll ich dir Wasser **in die Badewanne** lassen?
(내가 너를 위해서 욕조에 물을 보내어 줄까요?)

7. SBP: Enom Epräp(=*von*)

(von etw. absehen 무엇을 그만두다)

Wenn du gesund werden willst, dann musst du **vom Alkohol** und **von den Zigaretten** lassen!
(네가 건강해지고 싶으면, 너는 술과 담배를 그만두어야 한다.)

leben, lebt, lebte, hat gelebt:

1. SBP: Enom

(am Leben sein 살아있다)

Leben **Ihre Eltern** noch?
(당신의 부모님은 아직 생존해 계십니까?)

2. SBP: Enom Epräp(=*von*)

(von etw. seinen Lebensunterhalt bestreiten 무엇으로 생계를 유지하다)

Von der Rente allein kann sie nicht leben.
(연금만으로는 그녀는 생활할 수 없다.)

3. SBP: Enom Eadv

(irgendwo seinen Wohnsitz haben 어디에 거주하다)

Herr Müller hat lange **im Ausland** gelebt.

(뮬러씨는 오랫동안 외국에 거주했다.)

4. SBP: Enom Epräp(=*von*)/Eadv

(sich von etw.(Nahrungsmittel) bzw. irgendwie nähren 무슨 음식으로 또는 어떻게 살다)

Der Mensch lebt nicht **vom Brot** allein.
(사람은 빵만 먹고 살수는 없다.)

Als wir uns kennen lernten, hat Frank noch Fleisch und Fisch gegessen. Jetzt lebt er **vegetarisch**.
(우리가 서로 알게 되었을 때, 프랑크는 아직 고기와 생선을 먹었었다. 지금은 그는 채식주의자이다.)

5. SBP: Enom Eadv

(irgendwie existieren 어떻게 살다)

In der Fastenzeit soll man nicht **üppig** leben.
(사순절에는 흥청망청 살아서는 안 된다.)

Diese Frau lebte **in beständiger Ruhe und Heiterkeit**.
(이 여인은 항상 평온하고 명랑하게 살았다.)

6. SBP: Enom (Eadv)

(irgendwo wirken 어디에서 명맥을 유지하다)

Die Oper ist nicht tot, sie lebt **in den Opernhäusern der Welt**.
(오페라는 죽지 않았다, 그것은 세계의 오페라 극장들에서 명맥을 유지하고 있다.)

legen, legt, legte, hat gelegt:

1. SBP: Enom Eakk Eadv

(etw. irgendwohin bringen 무엇을 어디에 놓다)

Ich habe ihm **die Briefe** auf den Schreibtisch gelegt.
(나는 그에게 그 편지들을 책상위에 놓았다.)

2. SBP: Enom Eakk

(etw. installieren 무엇을 설치하다)

Für Gas haben wir **neue Leitungen** gelegt.
(가스를 위해서 우리는 새 도관(導管)을 설치했다.)

3. SBP: Enom Eakk Eadv

(etw. in eine liegende Position bringen 무엇을 눕히다)

Der Tierarzt legte **die Katze** auf den Rücken und untersuchte sie.
(그 수의사는 그 고양이를 등위에 눕히고는 진찰했다.)

4. SBP: Enom Eakk Eadv

(etw. irgendwo ablegen 무엇을 어디에 내려놓다)

Die Katze hat **die tote Maus** vor die Tür gelegt.
(고양이는 그 죽은 쥐를 문 앞에 내려놓았다.)

legen, sich legt sich - legte sich - hat sich gelegt:

1. SBP: Enom Eadv

(irgendwo eine liegende Position einnehmen 어디로 눕다)

Julia war müde und legte sich **ins Bett**.
(유리아는 피곤해서 침대에 누웠다.)

2. SBP: Enom

(geringer werden 더 적어지다)

Um halb acht ist es ganz dunkel geworden, **der Wind** legt sich, es wird schwül.
(7시 30분 정각에 아주 어두워졌고, 바람은 가라앉고, 무더워진다.)

Nach einem Monat schon legten sich **die Ängste**.
(한 달 후에는 이미 불안감들이 진정되었다.)

leiden, leidet, litt, hat gelitten:

1. SBP: Enom Epräp(=*an*)

(an etw. erkrankt sein 무슨 병을 앓고 있다)

Er leidet **an einer schweren Krankheit**.
(그는 한 중병(重病)을 앓고 있다.)

2. SBP: Enom Epräp(=*unter*)

(durch etw. physisch oder psychisch stark belastet sein 무엇 때문에 육체적으로 또는 심리적으로 심한 고통을 겪다)

Der neunjährige Junge litt besonders **unter der Trennung der Eltern**.
(그 아홉 살짜리 소년은 부모가 헤어져서 특히 심한 심리적 고통을 겪었다.)

3. SBP: Enom Eakk

(etw. erdulden müssen 무엇을 참고 견디야 한다)

Frauen, Kinder und Greise, die vor dem Bürgerkrieg auf der Flucht sind, müssen **Hunger und Kälte** leiden.
(내란을 피해서 도망간 여인들, 애들과 노인들은 배고픔과 추위를 참고 견뎌내야 한다.)

Leid tun, tut Leid, tat Leid, hat Leid getan:

1. SBP: Enom Edat

   (bei jm. Mitleid erregen 누구에게 동정심을 유발하다)

   Die Frau tut mir Leid.
   (그 여자는 나의 동정심을 유발한다.)

2. SBP: Enom Edat

   (bei jm. Bedauern hervorrufen 누구에게 유감을 유발하다)

   Es tut mir Leid, *dass ich Ihnen keine andere Auskunft geben kann.*
   (제가 당신에게 다른 소식을 전해드리지 못해 유감스럽습니다.)

    ✱ **Es**는 *dass*.....를 주문장에서 미리 받아주는 '상관사'(相關辭)이다.

leisten, leistet, leistete, hat geleistet:

1. SBP: Enom Eakk

   (etw. vollbringen 무엇을 완성/성취하다)

   Er hat auf diesem Gebiet sehr **viel** geleistet.
   (그는 이 분야에서 많은 업적을 이루었다.)

2. SBP: Enom Eakk

   (meist Zahlung tätigen 대부분 지불하다)

   Die Eltern der beiden Jungen leisteten **einen kleinen Beitrag** aus ihrer Haftpflicht.
   (그 두 젊은이들의 부모는 그들의 배상책임 때문에 적은 액수의 보험료를 납부

했다.)

3. SBP: Enom Emens
(eine Leistung von irgendwieviel haben 어떤 성능을 갖다)

Es handelt sich um einen Audi A4 mit zwei-Liter-Motor, der rund **300 PS** leistet.
(약 300마력의 성능이 있는 2-리터-엔진을 가진 Audi A4에 관한 이야기이다.)

 * 300 PS는 '척도의 단위'를 나타내는 '4격 명사'이므로 '척도 보충어'이다.
PS= Pferdestärke(마력)의 약자이다.

leisten, sich leistet sich - leistete sich - hat sich geleistet:

1. SBP: Enom Eakk
(etw. für sich selbst anschaffen 무엇을 자신을 위해 구입하다)

Das Institut hat sich endlich **moderne Computer** geleistet.
(그 협회는 마침내 현대적 컴퓨터를 구입했다.)

2. SBP: Enom Eakk
(sich etw. erlauben 자신에게 무엇을 허용하다)

Kann sich eine Zeitschrift **Unabhängigkeit** gegenüber ihren besten Anzeigekunden leisten?
(한 잡지가 그들의 최고의 광고 고객들에 대해서 자신에게 독립을 허용할 수 있을까?)

Er kann (es) sich leisten, **wählerisch zu sein**.
(그는 잘 고를 수 있다.)

3. SBP: Enom Eakk
(etw. begehen 무엇을 저지르다)

Seine Mannschaft leistete sich indes **zu viele technische Fehler**, die der Gegner ein ums andere Mal gnadenlos ausnutzte.
(그의 팀은 그 동안 너무 많은 기술적 실수들을 저질렀다, 그리고 상대 팀은 그 실수들을 번갈아가면서 무자비하게 충분히 이용했다.)

기능동사 *leisten*을 가진 '기능동사 구문'

Eid leisten: Bevor der Zeuge vor Gericht seine Aussage machte, leistete er einen Eid.
(그 증인이 법정에서 발언을 하기 전에, 선서를 했다.)

Gesellschaft leisten: Wer leistet mir heute Nachmittag Gesellschaft, wenn ich wegen meiner Krankheit zu Hause bleiben muss?
(내가 병 때문에 집에 있어야 된다면, 누가 오늘 오후에 나에게 말동무가 되어줄 수 있는가?)

Hilfe leisten: Das Rote Kreuz leistet in Katastrophenfällen Hilfe.
(적십자사가 재난의 경우들에는 도움을 준다.)

Wehrdienst leisten: In der BRD müssen alle männlichen Jugendlichen ihren Wehrdienst oder Ersatzdienst leisten.
(서독에서는 모든 청년들은 그들의 병역의무 또는 대체 복무를 해야 한다.)

Widerstand leisten: Gegen die Aufstellung der Raketen wurde von allen Seiten Widerstand geleistet.
(로켓들을 설치하는 데 대해서 모든 방면으로부터 저항에 부닥쳤다.)

Zahlung leisten: Wenn Sie das Auto abholen, müssen Sie eine Anzahlung leisten.
(당신이 그 차를 찾아 오려면, 첫 회 할부금을 지불해야 한다.)

leiten, leitet, leitete, hat geleitet:

1. SBP: Enom Eakk

(etw. als Verantwortlicher lenken 무엇을 책임자로서 이끌어가다)

Herr Müller leitet **unsere Abteilung** schon seit drei Jahren.
(뮬러 씨는 이미 3년 전부터 우리 학과/부서의 장을 맡고 있다.)

2. SBP: Enom Eakk

(den Ablauf von etw. lenken 무엇의 진행을 주관하다)

Der Schiedsrichter leitet **das Fußballspiel**.
(주심이 축구 경기를 주관한다.)

3. SBP: Enom Eakk Eadv

(jm./etw. den Weg irgendwohin zeigen 누구에게/무엇에 어디로 길을 안내하다)

Die Hausfrau umarmt die Freundinnen und leitet **sie** durch den engen Flur ins Wohnzimmer mit Ausblick auf ihren Garten.
(그 주부는 그 여자 친구들을 포옹하고, 그들을 좁은 복도를 통해 정원을 내다보는 거실로 안내한다.)

Der Lotse leitet **das Schiff** sicher bis zur Flussmündung.
(수로 안내인이 그 배를 강 입구까지 안전하게 안내한다.)

4. SBP: Enom Eakk Eadv

(etw. irgendwohin transportieren 무엇을 어디로 운송하다)

Die Sekretärin leitete **den Brief** zum Direktor.
(여비서가 그 편지를 사장에게 전달해주었다.)

5. SBP: Enom Eakk

(etw. an sich entlang wandern lassen 무엇을 전도하다)

Metalle leiten **Strom** und **Wärme**, Wasser leitet den **Schall**.
(금속들은 전기와 열을 전도하고, 물은 음향을 전도한다.)

lernen, lernt, lernte, hat gelernt:

1. SBP: Enom Eakk

(sich ein spezielles Wissen aneignen 특별한 지식을 배우다)

Er hat ausgezeichnet **Deutsch** gelernt.
(그는 독일어를 아주 잘 배웠다.)

2. SBP: Enom Eakk Epräp(=*aus*)

(aus etw. die Notwendigkeit von etw. ableiten 무엇으로부터 무엇의 필연성을 도출하다)

Man kann aus der soziokulturellen Vielfalt der Welt lernen, **dass die Welt bunt ist.**
(세계의 사회문화적 다양성으로부터 세계가 다채롭다는 것을 배울 수 있다.)

Vielleicht hat Monika aus dieser Enttäuschung endlich gelernt, **sich nicht immer auf die Hilfe anderer zu verlassen.**
(아마도 모니카는 마침내 이 실망에서 다른 사람들의 도움에 항상 의존해서는 안 된다는 사실을 배웠다.)

Hast du denn überhaupt **nichts** *daraus* gelernt, dass man deine Gutgläubigkeit so schamlos ausgenutzt hat?
(너는 사람들이 너의 선의를 그렇게 염치없게 이용한 것으로부터 도대체 아무것도 배운 것이 없느냐?)

 ＊ *daraus*는 '생략할 수 없는 상관사'이다.

3. SBP: Enom Eakk Epräp(=*von*)
(von jm./etw. etw. übernehmen 누구/무엇으로부터 무엇을 전수받다)

Er hat **(es)** von seinen Eltern gelernt, **Versprechen zu halten**.
(그는 그의 부모님들로부터 약속을 지키는 것을 배웠다.)

4. SBP: Enom Eakk v Eadv
(irgendwo eine Berufsausbildung machen 어디에서 직업을 배우다)

a. Was haben Sie gelernt?
(당신은 무슨 일을 배웠습니까?)

b. Wo haben Sie gelernt?
(당신은 어디에서 배웠습니까?)

c. Welchen Beruf haben Sie **bei welcher Firma** gelernt?
(당신은 어떤 회사에서 어떤 직업을 배웠습니까?)

d. Susi Kater lernte Verkäuferin **im Kaufhaus Sternfeld**.
(수지 카터는 백화점 스테른펠트에서 여자 점원의 일을 배웠다.)

 ＊ Eakk v Eadv은 a.처럼 4격 보충어만 실현되거나, b.처럼 부사적 보충어만 실현되거나, c.와 d.처럼 '4격 보충어'와 '부사적 보충어' 모두 다 실현될 수 있음을 나타낸다.

lesen, liest, las, hat gelesen:

1. SBP: Enom Eakk

   (etw. Schriftliches entziffern 문자를 판독하다)

   Ich kann **seine Schrift** nicht lesen.
   (나는 그의 글씨를 판독할 수가 없다.)

2. SBP: Enom Eakk

   (etw. Schriftliches inhaltlich erfassen 어떤 글의 내용을 파악하다)

   Den Artikel müssen Sie unbedingt lesen.
   (그 기사/논문을 당신은 꼭 읽어보아야 한다.)

3. SBP: Enom Eakk

   (etw. fachmännisch interpretieren 무엇을 전문가로서 해설하다)

   Kannst du **Noten** lesen?
   (너는 악보를 읽을 수 있니?)

4. SBP: Enom Eakk/Epräp(=*über*)

   (Vorlesungen halten 강의하다)

   Im Vorlesungsverzeichnis war angekündigt, dass Frau Professor Neumann **über Wieland, Goethe und Schiller** liest.
   (강의시간표에 여교수 노이만이 뷔란트, 괴테와 쉴러에 관해서 강의한다고 예고되어 있었다.)

   Im vorigen Semester hat er vor Studenten des zweiten und dritten Semesters **europäische Architektur des Mittelalters** gelesen.
   (지난 학기에 그는 2번째와 3번째 학기의 대학생들에게 중세의 유럽 건축을 강의했다.)

lieben, liebt, liebte, hat geliebt:

1. **SBP: Enom Eakk**

   (für jn. Liebe empfinden 누구를 사랑하다)

   Tristan liebt **Isolde**.
   (트리스탄은 이졸데를 사랑한다.)

2. **SBP: Enom Eakk**

   (zu etw. eine gefühlsbetonte positive Einstellung haben 무엇을 좋아하다)

   Sie liebt **ihren Beruf**.
   (그녀는 그녀의 직업을 좋아한다.)

3. **SBP: Enom Eakk**

   (etw. benötigen, um gut zu gedeihen 잘 자라기 위해 무엇을 필요로 하다)

   Alpenveilchen lieben **einen hellen Standort**.
   (시클라멘은 밝은 장소에서 잘 자란다.)

4. **SBP: Enom (Eakk)**

   (mit jm. Zärtlichkeiten austauschen; mit jm. Geschlechtsverkehr haben 누구와 애무를 교환하다; 누구와 성교하다)

   Als er **das Mädchen** lieben wollte, hat sie sich gewehrt.
   (그가 그녀를 애무하려고하자, 그녀는 저항했다.)

   Mit siebzehn Jahren hat er zum ersten Mal geliebt.
   (17살에 그는 처음으로 사랑을 나누었다.)

liefern, liefert, lieferte, hat geliefert:

1. SBP: Enom Eakk (Edat/Epräp) (Eadv)

(etw., das bestellt oder gekauft ist, zu jm. irgendwohin bringen 주문하거나 구입한 것을 누구에게 어디로 배달하다)

Wir liefern unseren Kunden **die Ware** direkt ins Haus.
(우리는 그 상품을 우리 고객들의 집 안에까지 곧장 배달해드립니다.)

Die DDR lieferte **Waren** 〔zu besonders günstigen Bedingungen〕 an die Sowjetunion.
(동독은 상품들을 특별히 유리한 조건으로 소련에 제공했다.)

2. SBP: Enom Eakk Edat

(etw. mit jm. austragen 누구와 무엇을 실행하다)

Die Terroristen lieferten dem Staat **einen erbarmungslosen Kampf**.
(그 폭력 혁명주의자들은 그 나라와 무자비한 전쟁을 수행했다.)

3. SBP: Enom Eakk (Edat)

(etw. für jn. hervorbringen 무엇을 누구를 위해 산출하다)

Der karge Boden der Kalaharisteppe liefert den Buschmännern **nur wenig Nahrung**.
(카라하리 대초원의 메마른 땅은 남아프리카의 미개 원주민들에게 단지 적은 음식물을 공급할 뿐이다.)

Die Nordsee liefert bald **keine gesunden Fische** mehr.
(북해는 곧 건강한 생선들을 더 이상 조달하지 못할 것이다.)

4. SBP: Enom Eakk (Edat)

(jm. etw. bieten 누구에게 무엇을 제공하다)

Der Unfall hat mir **interessantes Material für meine Untersuchung** geliefert.
(그 사고는 내 연구를 위해 재미있는 자료를 나에게 제공했다.)

Die Geschichte liefert **keinen Beleg** *dafür, dass Konflikte ewig dauern.*
(역사는 분쟁들이 영원히 계속된다는 것에 대한 증거를 제시하지 못한다.)

  * *dafür*....는 **Beleg**의 '명사 보충어'(Adjunkt)이다. (김경욱(1990), 독일어
    Valenz 문법, 88ff. 참조)

5. SBP: Enom Eakk (Edat/Epräp)
(jm. etw. geben 누구에게 무엇을 주다)

Borussia Dortmund lieferte *uns* 〔am Dienstag〕〔mit der verdienten 1:2-Pleite beim Regional-liga-Spitzenreiter Eintracht Trier〕 **einen weiteren Beweis seiner akuten Hilflosigkeit.**
(보루시아 도르트문트는 화요일에 지역-리그-선두주자 아인트라흐트 트리에 팀에게 당한 당연한 1:2 패배로써 팀의 절박한 속수무책의 또 하나의 증거를 우리들에게 주었다.)

Der Spion hat über viele Jahre **Informationen** *an die Gegenseite* geliefert.
(그 스파이는 오랜 세월에 걸쳐 정보들을 적에게 주었다.)

liegen, liegt, lag, hat gelegen:

1. SBP: Enom Epräp
(in etw. seine Ursache haben 무엇에 원인이 있다)

Die niedrige Zuschauerzahl beim Fussballspiel hat **am schlechten Wetter** gelegen.
(축구경기에 관중수가 적은 것은 나쁜 날씨가 그 원인이었다.)

"Bei uns klappt aber auch gar nichts."-"Das liegt **an der schlechten**

Organisation."
("우리에게는 아무 일도 성공하지 않는다."-"그것은 나쁜 조직이 그 원인이다.")

2. SBP: Enom Eadv

(sich irgendwo in einer waagerechten Position befinden 어디에 누워있다)

Michael liegt den ganzen Tag **auf der Couch** und liest.
(미카엘은 하루 종일 긴 소파에 누워서 책을 읽는다.)

3. SBP: Enom Eadv1(장소) v Eadv2(양태)

(sich irgendwo irgendwie in engem Kontakt mit einer Fläche befinden 어디에 어떻게 놓여 있다)

Der Brief liegt schon **auf Ihrem Schreibtisch**.
(그 편지는 당신의 책상 위에 이미 놓여 있다.)

Das Tischtuch liegt *schief und krumm*.
(그 테이블보는 비뚤어지게 놓여 있다.)

Die Bücher lagen *kreuz und quer* **im Regal**.
(그 책들은 서가에 이리 저리 놓여 있었다.)

4. SBP: Enom Eadv

(sich in einer geografischen Position befinden 지리적으로 어디에 위치해 있다)

Bonn liegt **am Rhein**.
(본은 라인 강가에 있다.)

loben, lobt, lobte, hat gelobt:

1. SBP: Enom Eakk

(sich über jn./etw. in Bezug auf etw. anerkennend äußern 누구/무엇을 칭찬하다)

Nicht jeder lobt **seine Mitarbeiter**.
(모든 사람이 전부 다 자신의 동료들을 칭찬하지는 않는다.)

Namhafte Leser haben **den Roman** gelobt.
(유명한 독자들이 그 소설을 칭찬했다.)

Kritiker loben, **dass Fröbe in der Lage sei, selbst aus den kleinsten Rollen eine ausgefeilte Charakterstudie zu machen**.
(비평가들은 프뢰베는 가장 작은 역할들에서도 잘 다듬어진 성격연구를 할 수 있다는 것을 칭찬한다.)

Er lobt **die Deutschen** *dafür, dass sie sich mit den Lasten ihrer Vergangenheit auseinander gesetzt und ihre Verantwortung nicht verdrängt haben*.
(그는 독일인들이 그들의 과거의 잘못들에 대해서 비판적으로 깊이 생각하고, 그들의 책임을 떨쳐버리지 않았다는 것에 대해서, 독일인들을 칭찬했다.)

 ＊ *dafür*....는 '원인'을 나타내는 '부사적 임의첨가어'(Adverbialangabe)이다.

lohnen, (sich) lohnt (sich) - lohnte (sich) - hat (sich) gelohnt:

SBP: Enom (Epräp)
(für jn. einen materiellen oder ideellen Vorteil bringen 누구를 위해 유익하다)

Das lohnt sich wirklich nicht.
(그것은 정말 아무런 도움도 되지 않는다.)

Das neue Buch von Grass würde nicht lohnen, sagte Reich-Ranicki. Aber viele haben es trotzdem gerne gelesen.
(그라스의 새 책은 읽을 만한 가치가 없을 것이다라고 라이히-라니키는 말했다. 그러나 많은 사람들이 그럼에도 불구하고 그 책을 즐겨 읽었다.)

Es hat (sich) gelohnt, dass wir den Prüfungsstoff nochmals durchgegangen sind.
(우리가 그 시험의 소재를 다시 한 번 면밀히 검토한 것은 유익했다.)

* *(sich) lohnen*은 *(sich) irren*과 마찬가지로 '생략 가능한 재귀구조'로서, *sich*를 생략해도, 그 의미가 같다: *Wenn ich (mich) nicht irre, findet die Sitzung morgen statt.* (내가 틀리지 않는다면, 그 회의는 내일 개최된다.)

Es würde sich **für die Germanistik** lohnen, ein großes zentrales Korpus der deutschen Sprache einzurichten.
(한 개의 큰 중심을 이루는 독일어의 말뭉치를 설치하는 것은 독어독문학을 위해 도움이 될 것이다.)

lösen, löst, löste, hat gelöst:

1. SBP: Enom Eakk
(etw. mental bewältigen 무엇을 풀다)

Die Aufgabe hat niemand richtig gelöst.
(그 과제를 아무도 옳게 풀지 못했다.)

* **Die Aufgabe**는 '4격 보충어'이지만 '테마'로 강조되면 문두에 올 수 있다. 그 다음에 정동사 hat이 오는 이유는 서술문에서는 정동사가 2번째에 와야 하기 때문이다.

2. SBP: Enom Eakk
(etw. annullieren 무엇을 무효화/파기하다)

Martin hat angedeutet, dass er **die Verlobung** lösen will.
(마틴은 자신이 그 약혼을 파기하려 한다는 것을 암시했다.)

3. **SBP: Enom Eakk**

   (etw. kaufen 무엇을 구입하다)

   Wenn Sie den Aussichtsturm besteigen wollen, müssen Sie vorher **eine Eintrittskarte** lösen.
   (당신이 그 전망탑에 올라가려면, 당신은 그 전에 한 장의 입장권을 구입해야 합니다.)

4. **SBP: Enom Eakk**

   (bewirken, dass etw. Negatives aufhört zu existieren 무엇(부정적 문제)을 해결하다)

   Eine Tiefgarage könnte **die Parkplatzplobleme der Altstadt** lösen.
   (지하차고는 구도시의 주차장 문제들을 해결할 수 있을 것이다.)

5. **SBP: Enom Eakk**

   (mit etw. eine Mischung bilden und es zum Verschwinden bringen 무엇을 녹여 없애다)

   Löst dieses Fleckenwasser auch **Teeflecken**?
   (이 얼룩 빼는 약은 찻물 얼룩도 녹여 없애는가?)

6. **SBP: Enom Eakk Epräp**

   (etw. aus etw. entfernen 무엇을 무엇에서 제거하다)

   Er hat **die Zitate** *aus ihrem Zusammenhang* gelöst und sie geschickt neu zusammenmontiert.
   (그는 그 인용문들을 그들의 맥락에서 분리시켜서 교묘하게 새로 조립했다.)

---

machen, macht, machte, hat gemacht:

1. **SBP: Enom Eakk**

   (etw. herstellen 무엇을 만들다)

Soll ich uns **eine Tasse Kaffee** machen?
(제가 우리가 마시도록 한 잔의 커피를 만들어야할까요?)

2. SBP: Enom Eakk

(etw. unternehmen 무엇을 하다)

Was machst du heute Abend?
(너는 오늘 저녁에 무엇을 하니?)

Im Sommer wollen wir **eine Reise nach Paris** machen.
(여름에 우리는 파리 여행을 하려고 한다.)

3. SBP: Enom Eakk Eobj-präd

(bewirken, dass etw. so wird 무엇이 어떻게 되게 하다)

Ich mache die Suppe **warm**.
(나는 그 수프를 데운다.)

Ständig lauten Geräuschen ausgesetzt sein, macht die Menschen **krank**.
(끊임없이 큰 소음들에 내맡겨진 상태는 사람들을 병들게 만든다.)

4. SBP: Enom Eakk

(einen Preis von irgendwieviel haben 값이 얼마 나가다)

Das macht zusammen **20 Euro**.
(그것은 합쳐서 20유로입니다.)

5. SBP: Enom Eakk

(jn. spielen 누구의 역할을 맡다)

Mein Großvater machte **den Nikolaus**.
(내 할아버지가 니콜라우스 역을 맡았다.)

6. **SBP: Enom Eakk**

   (etw. in den richtigen Zustand bringen 무엇을 정돈하다)

   Kannst du noch **die Betten** machen, bevor du gehst?
   (너는 가기 전에 침대를 정돈할 수 있니?)

7. **SBP: Enom Eakk**

   (etw. ausführen/erledigen 무엇을 해치우다)

   Hast du denn **deine Hausaufgaben** schon gemacht?
   (너는 네 숙제를 이미 다 했느냐?)

malen, malt, malte, hat gemalt:

1. **SBP: Enom Eakk**

   (etw. mit Farben künstlerisch schaffen 무엇을 그리다)

   Das Bild hat mein Vater gemalt.
   (그 그림은 나의 아버지가 그렸다.)

2. **SBP: Enom**

   (als Maler künstlerisch tätig sein 화가로서 활동하다)

   Ich male nicht für die Welt, sondern ich male, weil Malerei mein Metier ist.
   (나는 세상을 위해서가 아니라, 그림 그리기가 나의 직업이기 때문에 화가생활을 한다.)

3. **SBP: Enom Eakk**

   (etw. in Form eines Bildes darstellen 무엇을 그림으로 나타내다)

   Immer wieder malte der Künstler in naturalistischen Szenen **die Gräuel und**

das Leid des Krieges.
(그 예술가는 항상 다시 자연주의적 장면들 안에서 전쟁의 전율과 고통을 그림으로 나타내었다.)

4. SBP: Enom Eakk

(etw. mit Farben bestreichen 무엇을 색칠하다)

Vorsicht, **die Türen** sind frisch gemalt!
(주의하라, 그 문들은 방금 칠했음!)

meinen, meint, meinte, hat gemeint:

1. SBP: Enom Eprop (Epräp)(=*zu*)

(zu etw. etw. als Meinung haben 무엇에 대해 어떤 의견이다)

Was meinst du dazu, dass unsere Tochter zum Theater will?
(우리 딸이 극장에 가겠다는 데 대해 너의 의견은 어떠하니?)

Was meinen Sie dazu?
(그것에 대한 당신의 의견은 어떠합니까?)

Ich meine, **dass wir jetzt gehen sollten**.
(나는 우리가 지금 가야한다는 의견이다.)

Er meinte **im Recht zu sein**.
(그는 자신이 옳다고 생각했다.)

Ich meine, **er wird schon noch anrufen**.
(나는 그가 곧 또 전화할 것이라고 생각한다.)

2. SBP: Enom Eakk

(etw. wird als etw. interpretiert 무엇이 무엇으로 해석되다)

Was meint "Freiheit" in diesem Zusammenhang?
(이 맥락에서 "자유"란 무엇인가?)

"Könntest du bitte etwas tun?" meint eigentlich **"Ich möchte/will, dass du etwas tust."**
("너는 제발 무엇을 해줄 수 있겠니?"는 원래 "나는 네가 무엇을 하기를 원한다."라는 뜻으로 해석된다.)

3. **SBP: Enom Eakk (Epräp)(=*mit*)**

   (sich auf jn. Bestimmten/etw. Bestimmtes beziehen 누구/무엇을 뜻하다)

   "Wen meinst du **mit Dummkopf**?" - "Dich, natürlich."
   ("너는 바보란 말로 누구를 뜻하니?" - "물론, 너를 뜻한다.")

   Er meinte nicht Markus, sondern Bernd, als er grüßte.
   (그가 인사했을 때, 그는 마르쿠스가 아니라 베른트를 향해 한 것이었다.)

4. **SBP: Enom Eakk (Epräp)(=*zu*)**

   (zu jm. etw. sagen 누구에게 무엇을 말하다)

   "Besuch mich doch mal wieder!" meinte er freundlich **zu mir**.
   ("나를 꼭 다시 한 번 방문해!"라고 그는 나에게 다정하게 말했다.)

5. **SBP: Enom Eakk Eobj-präd**

   (jd. intendiert etw. als ein solches 누가 무엇을 그렇게 의도하다)

   Diesen letzten Satz hat er wirklich **als Drohung** gemeint.
   (이 마지막 문장을 그는 정말로 위협으로서 의도하고 말했다.)

melden, meldet, meldete, hat gemeldet:

1. **SBP: Enom Eakk**

(etw. bekannt machen 무엇을 보도하다)

Die Presse hat **die Verhaftung von drei Personen** gemeldet.
(신문은 세 사람의 체포를 보도했다.)

Ein Telegramm aus Montreal meldet, **der Dampfer Titanic sei auf eine Eisbank aufgelaufen und gesunken**.
(몬트리얼에서 온 한 전보는 기선 티타닉은 얼음덩이에 좌초하여 침몰했다고 보도한다.)

* melden 1은 '말하기 동사'이고, '4격 보충어'가 문장형태로 올 수 있으므로 논항 '명제내용'을 요구한다.

2. SBP: Enom Eakk (Edat/Epräp)

(jm. etw. mitteilen 누구에게 무엇을 보고하다)

a. Der Kraftfahrer meldete *der Polizei* **den Unfall**.
(자동차 운전수는 경찰에 그 사고를 보고했다.)

b. Sie meldete *der Polizei*, **dass ein Unfall geschehen ist/den Unfall beobachtet zu haben**.
(그녀는 사고 한 건이 발생했다고/그 사고를 관찰했다고 경찰에 신고했다.)

* b.는 a.의 '4격 보충어' 대신에 'dass-문장'이나 'zu를 가진 부정형'이 온 경우이다.

c. **Unfälle** müssen der Versicherung sofort gemeldet werden.
(사고들은 보험회사에 즉시 보고되어야 한다.)

* c.는 '수동문'으로서 '능동문의 주어'인 '보고하는 행위의 주체 Agens'가 생략되어 있다. 그러므로 청자는 보고하는 주체가 누구인지는 알 수 없고, 단지 보고되어야 한다는 사실만 확인하게 된다. melden 2도 '말하기 동사'이고, b.에서 '4격 보충어'가 문장형태로 올 수 있으므로 논항 '명제내용'을 요구한다.

d. Es stellt lediglich **die Dopingvergehen** fest und meldet **sie** *an die Internationalen Verbände*.
(그것은 단지 도핑범죄행위를 확인하고 그것을 국제협회에 보고한다.)

 * d.에서는 a.와 b.의 '3격 보충어' 대신에 '전치사격 보충어'가 논항 '대상'(AD)으로 왔다.

3. SBP: Enom Eakk (Edat)

(jn. als Besucher ankündigen 누구를 방문객으로 미리 알리다)

Haben Sie die Güte, mich **Ihrem Herrn Vater** zu melden, junger Mann.
(젊은이, 당신은 친절하게도 제 방문을 당신 아버지에게 미리 알려주시겠습니까?)

4. SBP: Enom Eakk Epräp

(etw./jn. bei jm. anzeigen 무엇을/누구를 누구에게 고소하다)

Sein Stiefvater meldete **den versuchten Raub** *bei der Polizei*.
(그의 의부는 그 강도 미수행위를 경찰에 고발했다.)

Die Mitschüler wollen **den Dieb** nicht melden.
(같은 반 학생들은 그 도둑을 고발하려고 하지 않는다.)

5. SBP: Enom Eakk Epräp

(jn. zur Teilnahme bei etw. anmelden 무엇에 누구의 참가를 알리다)

Die Lehrer melden die besten Sportler ihrer Klassen **für die Bundesjugendspiele**.
(선생님들은 그들 학급의 최고 선수들을 독일연방청년경기를 위해서 참가신청을 한다.)

Viele Sportler aus dem Rhein-Mein-Gebiet haben sich **zum 5. Volkslauf in Hattersheim** gemeldet.
(라인-마인-지역의 많은 운동선수들은 하터스하임에서 열리는 제 5회 국민달리

기대회에 참가신청을 했다.)

melden, sich meldet sich - meldete sich - hat sich gemeldet:

1. SBP: Enom (Epräp)

(mit jm. Kontakt aufnehmen, Interesse oder Bereitschaft anzeigen 누구에게 신청하다)

Auf unsere Anzeige in der Abendzeitung hat sich noch niemand gemeldet.
(저녁신문의 우리 광고에 대해서 아직 아무도 응모/신청하지 않았다.)

Interessenten können sich **bei Peter Bauer** melden.
(관심이 있는 사람들은 페터 바우어에게 신청할 수 있다.)

2. SBP: Enom (Eadv1)(=장소) (Eadv2)(=수단)

(mittels irgendetwas irgendwo seine Kommunikationsbereitschaft anzeigen 어디에서 무엇을 통해 통화의사가 있음을 알리다)

Unter der Nummer meldet sich niemand.
(그 번호로는 누구와도 통화연결이 되지 않는다.)

Auf seinem Anrufbeantworter meldet sich eine anonyme Frauenstimme.
(그의 자동응답기에서 한 익명의 여성 목소리가 들린다.)

Manche Leute melden sich am Telefon nicht **mit ihrem Namen**.
(많은 사람들이 전화기에서 자신의 이름을 말하지 않는다.)

3. SBP: Enom Epräp

(sich für etw. zur Verfügung stellen 무엇에 자진신고하다)

Jan meldet sich **für den Kriegsdienst**.
(얀이 전쟁에 나서겠다고 자진 신고한다.)

Einige Schülerinnen haben sich freiwillig **zum Küchendienst** gemeldet.

(몇몇 여학생들이 자발적으로 취사당번을 하겠다고 나섰다.)

4. SBP: Enom (Eadv)

(von irgendwoher seine Anwesenheit signalisieren 어디에서 인사하다)

In wenigen Augenblicken wird sich unser Reporter **von den Deutschen Leichtathletik-Meisterschaften** melden.
(얼마 후에 우리 기자는 독일 육상경기선수권대회로부터 인사 올릴 것입니다.)

Ich melde mich **aus dem Münchener Olympiastadion**.
(저는 뮌헨의 올림픽 경기장에서 인사드립니다.)

5. SBP: Enom (Eadv)

(sich irgendwann bemerkbar machen 언제| 드러나다)

Zahnschmerzen melden sich meistens *in der Nacht* oder *am Wochenende*.
(치통은 대부분 밤에 또는 주말에 깨달아진다.)

Nach einigen Stunden melden sich **Hunger und Durst**.
(몇 시간 후에 벌써 배고픔과 목마름이 느껴진다.)

Bei einigen Teilnehmern der Aktion meldeten sich **Skrupel**.
(그 집단행동의 몇몇 참가자들에게는 회의(懷疑)가 드러났다.)

merken, merkt, merkte, hat gemerkt:

SBP: Enom Eakk

(etw. sinnlich, mental oder physisch wahrnehmen 무엇을 감각적으로, 정신적으로 또는 육체적으로 깨닫다)

Inzwischen hat auch er gemerkt, **dass es so nicht geht**.
(그 사이에 그 역시 그것이 가능하지 않다는 사실을 깨달았다.)

Das Original und die Kopie sehen ganz gleich aus, man merkt **keinen Unterschied**.
(원본과 복사본은 똑 같아 보인다, 우리는 아무런 차이도 느낄 수 없다.)

* merken은 '지각·인지 동사'이고, '4격 보충어'가 문장형태로 올 수 있으므로 논항 '명제내용'을 요구한다.

merken, sich³ merkt sich - merkte sich - hat sich gemerkt:

SBP: Enom Eakk

(etw. bewusst im Gedächtnis speichern 무엇을 의식적으로 기억하다)

Ich kann **mir** keine Zahlen **merken**.
(나는 어떤 숫자도 기억할 수 없다.)

mitteilen, teilt mit, teilte mit, hat mitgeteilt:

SBP: Enom Eakk Edat

(jm. etw. zur Kenntnis geben; informieren 누구에게 무엇을 알려주다)

a. Der Lehrer teilte den Schülern **das Ergebnis der Arbeit** mit.
(선생님은 학생들에게 그 일의 결과를 알려주었다.)

b. Er teilte ihnen mit, **dass er mit dem Vorschlag einverstanden sei/mit dem Vorschlag einverstanden zu sein**.
(그는 자신이 그 제안에 동의한다는 사실을 그들에게 알렸다.)

c. **Der Termin für die nächste Sitzung** wird Ihnen noch mitgeteilt.
(다음 회의를 위한 약속시각은 당신에게 추후에 알려질 것이다.)

* *mitteilen*(누구에게 알려주다)은 '3가 동사'로서 '주어 + 3격 보충어 + 4

격 보충어'의 구문적 동사가이다. b.는 '4격 보충어'자리에 'dass-문장/zu를 가진 부정법'이 왔다. c.는 '수동문'으로서 '능동문의 주어'인 '알리는 행위의 주체 Agens'가 생략되어 있다. 그러므로 청자는 알려주는 주체 (Agens)가 누구인지를 알 수 없고, 단지 알려준다는 사실만 확인하게 된다. b.의 '문장형태'의 '4격 보충어'가 논항 '명제내용'임을 알려준다.

mögen, mag, mochte, hat gemocht:

1. SBP: Enom Eakk

(für jn. Sympathie empfinden 누구를 좋아하다)

Alle mögen **ihn**.
(모두는 그를 좋아한다.)

2. SBP: Enom Eakk

(Gefallen an etw. finden 무엇을 좋아하다)

Ich mag moderne **Bilder**.
(나는 현대의 회화들을 좋아한다.)

3. SBP: Enom Eakk

(Verlangen nach etw. haben 무엇에 대한 욕구를 갖다)

Magst du **eine Tasse Kaffee**?
(너는 커피 한 잔을 마시고 싶니?)

4. SBP: Enom Eadv

(Lust haben, irgendwo tätig zu werden 어디에서 활동하고 싶다)

Die meisten Kinder möchten erst **aufs Gymnasium** und dann **zur Universität**.
(대부분의 애들은 우선 김나지움에 다니고, 그 다음에 대학에 다니고 싶어한다.)

Ich möchte nicht **in den Schuldienst**.
(나는 교직에 종사하고 싶지 않다.)

 * *mögen*의 현재형 대신에 *möchten*이 자주 사용된다.

5. SBP: Enom Eadv
(Lust haben, sich irgendwohin zu begeben 어디에 가고 싶다)

Ich mag **ins Kino**.
(나는 영화관에 가고 싶다.)

Wir möchten im Sommer **in die Berge**.
(우리는 여름에 산으로 가고 싶다.)

Die Kinder möchten lieber **zur Oma**.
(그 애들은 오히려 할머니에게 가고 싶어한다.)

 * *mögen*은 또한 자주 '화법조동사'로서 사용된다: *Herr Müller, Sie möchten zum Chef kommen!* (뮬러씨, 당신은 사장님에게 오시기 바랍니다!); *Darüber möchte ich nicht sprechen.* (그것에 관해서는 나는 말하고 싶지 않습니다); *Da mögen Sie Recht haben.* (그 점에서는 당신이 옳으실지도 모릅니다.)

müssen, muss, musste, hat gemusst:

1. SBP: Enom Eakk
(gezwungen sein, etw. zu tun 무엇을 해야 한다)

"Warum bleibst du so lange im Büro?" - "Weil ich **es** muss."
(왜 너는 사무실에 그렇게 오래 있니?) - "나는 그렇게 해야만 하기 때문에."

2. **SBP: Enom Eadv**

   (gezwungen sein, irgendwo tätig zu werden 어디에서 활동할 의무가 있다)

   Jungen haben früher alle **in die Armee** gemusst, seit vielen Jahren können sie auch **zum Zivildienst.**
   (사내애들은 옛날에는 모두 군대에 가야했다, 여러해 전부터 그들은 병역대체근무도 할 수 있다.)

3. **SBP: Enom Eadv**

   (für jn. besteht die Notwendigkeit, irgendwohin zu gelangen 누가 어디로 가야 한다)

   Ich muss noch schnell **in die Stadt.**
   (나는 아직 급히 시내에 가야 한다.)

   Ich musste gestern früher **nach Hause**, weil meine Tochter sich nicht wohl fühlte.
   (나는 내 딸의 기분이 좋지 않았기 때문에, 어제 더 일찍 집으로 가야만 했다.)

nachdenken, denkt nach, dachte nach, hat nachgedacht:

1. **SBP: Enom Epräp(=*über*)**

   (sich mit etw. gedanklich beschäftigen 무엇에 대해 심사숙고하다)

   Ich habe noch nicht **über das Urlaubsziel** nachgedacht.
   (나는 휴가 목적지에 대해서 아직 심사숙고해보지 않았다.)

   Käse, Jogurt, Sauerkraut, Bier, Wein: wer dächte schon noch **darüber** nach, **dass es Bakterien sind, denen wir sie verdanken.**
   (치즈, 요구르트, 소금에 절인 양배추, 맥주, 포도주: 우리가 이들을 박테리아들 때문에 만들 수 있다는 것에 대해서 누가 이미 깊이 생각해보았을까?)

2. SBP: Enom Epräp(=*über*)

(über die Realisierung von etw. erwägen 무엇의 실현을 고려하다)

Seit letzter Woche denkt der Finanzminister auch öffentlich ***über Rücktritt*** nach.
(지난 주부터 재무부장관은 공개적으로도 사임을 고려하고 있다.)

Habt ihr mal ***darüber*** nachgedacht, ***dass ihr euch ein Haus kaufen könnte?***
(너희들은 너희의 집을 한 채 살 수 있을 것이라는 것을 한 번 고려해 본 적이 있는가?)

 ＊ nachdenken 2의 전치사 *über* 다음에 오는 명사의 의미부류는 '행위'이다.

nehmen, nimmt, nahm, hat genommen:

1. SBP: Enom Eakk

(etw. zu sich nehmen 무엇을 먹다/마시다)

Ich habe vergessen, **meine Tropfen** zu nehmen.
(나는 내 물약을 먹는 것을 잊어버렸다.)

Nach dem Essen nimmt Großvater gerne **einen Kognak**.
(식사 후에 할아버지는 즐겨 코냑 한 잔을 마신다.)

2. SBP: Enom Eakk

(sich für etw. entscheiden; wählen 무엇을 선택하다)

Ich nehme doch lieber **den blauen Pullover**.
(나는 오히려 그 푸른 색 스웨터를 선택하겠다.)

3. SBP: Enom Eakk Edat

(jm. etw. entziehen 누구에게서 무엇을 빼앗다)

Das nimmt einem **jede Freude an der Arbeit**.
(그것은 한 사람으로부터 일하는 모든 기쁨을 빼앗는다.)

4. SBP: Enom Eakk Eobj-präd
(jn./etw. so behandeln 누구/무엇을 어떠하다고 여기다)

Die Schule hat das Problem der Gewalt **viel zu leicht** genommen.
(학교는 폭력의 문제를 너무 쉽게 다루었다.)

Dass er nicht gefragt wurde, hat er **nicht so wichtig** genommen.
(그가 질문 받지 않았다는 것을 그는 그렇게 중요하게 여기지 않았다.)

Er nimmt es **nicht tragisch**, *das Spiel zu verlieren*.
(그는 그 경기에 지는 것을 비극적이라고 여기지 않는다.)

 ＊ *es*는 '생략할 수 없는 상관사'이다.

5. SBP: Enom Eakk Eadv
(etw. von irgendwo wegnehmen 무엇을 어디에서 꺼내다)

Wer hat die Flasche **aus dem Kühlschrank** genommen?
(누가 그 병을 냉장고에서 꺼내어서 가지고 왔느냐?)

6. SBP: Enom Eakk (Eadv)
(etw. benutzen 무엇을 이용하다)

Wir nehmen **den Bus**.
(우리는 버스를 이용한다.)

Für die Herstellung guter Lebkuchen nimmt man **echte Gewürze**.
(렙 쿠헨의 제조를 위해서 사람들은 진짜 향료들을 이용한다.)

Zum Schreiben nimmt Jan immer **die linke Hand**.
(글을 쓰기 위해 얀은 항상 왼 손을 이용한다.)

✱ *Für die Herstellung guter Lebkuchen*과 *Zum Schreiben*은 '목적'을 나타내는 '생략할 수 있는 부사적 보충어'이다.

7. SBP: Enom Epräp(=*für*) Eakk

(eine Zahlung von irgendwieviel für etw. verlangen und bekommen 무엇에 대한 값으로 얼마를 요구하고 받다)

Er hat **50 Euro** für die Reparatur genommen.
(그는 수리비로 50유로를 받았다.)

8. SBP: Enom Eakk

(Sex mit jm. haben 누구와 성교하다)

Die Frau sagte vor Gericht aus, der Angeklagte hätte **sie** mit Gewalt genommen.
(그 여성은 법정에서 그 피고가 그녀를 강간하였다고 증언했다.)

9. SBP: Enom Eakk

(etw. erobern 무엇을 정복하다)

Im 30-jährigen Krieg wurde **Magdeburg** von General Tilly genommen und geplündert.
(30년 전쟁때 마그데부르크는 틸리 장군에 의해서 정복당하고 약탈당했다.)

10. SBP: Enom Eakk

(sich etw. als Beispiel vorstellen 무엇을 예로 상상하다)

Nicht alle Vögel können fliegen, nimm **den Pinguin** z.B., der fliegt nicht.
(모든 새들이 날 수 있는 것은 아니다, 예를 들어 날지 못하는 펭귄을 상상해보라.)

11. SBP: Enom Eakk Edat

(jm. etw. wegnehmen 누구에게서 무엇을 빼앗다)

Der Heiratsschwindler nahm der ahnungslosen Frau **alle ihre Ersparnisse** und verschwand.
(그 결혼사기꾼은 아무것도 모르는 그 여인에게서 그녀의 전 저축금을 빼앗아 사라졌다.)

12. SBP: Enom Eakk Edat/Epräp(=*von*)

(jn. von etw. befreien 누구를 무엇에서 해방시키다)

Die freundliche Schwester nahm **die Sorge** von dem Patienten.
(그 친절한 간호사가 그 환자를 걱정으로부터 해방시켜주었다.)

Die Schönheit der Natur nahm **die Unruhe** von meiner Seele.
(자연의 아름다움이 내 영혼을 불안감에서 해방시켜주었다.)

Die paar verbindlichen Worte haben mir **die Angst bei der Prüfung** genommen.
(그 몇 마디 친절한 말들이 나를 시험의 불안에서 해방시켜주었다.)

13. SBP: Enom Eakk Epräp(=*bei*)

(sich von jm. etw. (Unterricht) geben lassen 누구에게서 수업 등을 받다)

Unsere Tochter nimmt **Klavierunterricht** bei einem bekannten Jazzpianisten.
(우리 딸은 한 유명한 재즈 피아니스트에게서 피아노교습을 받는다.)

14. SBP: Enom Eakk Eadv

(jn./etw. irgendwo (meist Körperteil) anfassen 누구의 어디를 (대부분 신체의 일부) 붙잡다)

Die Mutter nahm **das Kind** *bei der Hand* und überquerte die Straße.
(어머니는 그 애의 손을 잡고 그 도로를 횡단했다.)

Er nahm **Martha** *an den Schultern* und zog sie an sich.
(그는 마르타의 어깨를 잡고서는 그녀를 자신에게로 당겼다.)

15. SBP: Enom Eakk Eobj-präd

(etw. als ein solches interpretieren 무엇을 그러한 것으로 해석하다)

Das Schweigen der Klasse sollte man nicht unbedingt *als Zustimmung* nehmen.
(그 학급의 침묵을 동의로 해석해서는 안 될 것입니다.)

기능동사 nehmen을 가진 '기능동사 구문'

Abschied nehmen: Ich bin gekommen, um von Ihnen Abschied zu nehmen.
(나는 당신에게 작별인사를 하기위해서 왔습니다.)

in Anspruch nehmen: Kann ich Ihre Hilfe in Anspruch nehmen?
(제가 당신의 도움을 요청해도 괜찮을까요?)

in Besitz nehmen: Nach dem Tode des Vaters nahm der Sohn den Hof in Besitz.
(아버지가 돌아가신 후에 그 아들은 그 농장을 소유하게 되었다.)

Einfluß nehmen: Die Firma hat versucht, auf die Entscheidung der Regierung Einfluß zu nehmen.
(그 회사는 정부의 결정에 영향을 미치려고 시도했다.)

in Empfang nehmen: Er nahm das Geld dankend in Empfang.
(그는 그 돈을 감사하면서 받았다.)

in Kauf nehmen: Wenn Sie im Ausland studieren wollen, müssen Sie bestimmte Schwierigkeiten in Kauf nehmen.

	(당신이 외국에서 공부하려면, 당신은 일정한 어려움들을 감수해야 한다.)
Kenntnis nehmen:	Ich bestätige hiermit, dass ich von der Kündigung Kenntnis genommen habe. (나는 그 해약/해고에 대해서 통지를 받았음을 이것으로써 확인합니다.)
zur Kenntnis nehmen:	Ich habe zur Kenntnis nehmen müssen, dass meine Bewerbung abgelehnt wurde. (내 응모가 거부되었다는 것을 나는 알게 되어야만 했다.)
Notiz nehmen:	Er hatte mich wohl nicht gesehen, denn er nahm keine Notiz von mir. (그는 나에게 주의를 기울이지 않았기 때문에, 나를 아마 보지 못했다.)
Rücksicht nehmen:	Wir fuhren sehr langsam, weil wir auf die kleinen Kinder Rücksicht nehmen mussten. (우리는 그 작은 애들을 고려해야 하기 때문에, 아주 천천히 차를 달렸다.)
in Schutz nehmen:	Es ist ganz natürlich, dass Eltern ihre Kinder in Schutz nehmen. (부모가 그들의 애들을 보호하는 것은 아주 당연하다.)
Stellung nehmen:	Bitte nehmen Sie Stellung zu den hier geäußerten Vorwürfen! (여기 말해진 비난들에 대해서 당신의 입장을 말씀 좀 해주세요!)

nennen, nennt, nannte, hat genannt:

1. SBP: Enom Eakk Edat

(jm. etw. zur Kenntnis geben 누구에게 무엇을 알려주다)

Können Sie mir **ein Beispiel** nennen?
(당신은 저에게 예를 한 개 들어줄 수 있겠습니까?)

2. SBP: Enom Eakk Eobj-präd

(jm./etw. einen solchen Namen geben 누구/무엇을 무엇이라고 부르다)

Alle nennen ihn **"Dicker"**.
(모두는 그를 "뚱보"라고 부른다.)

3. SBP: Enom Eakk Eobj-präd

(jn./etw. als ein solches charakterisieren 누구/무엇을 무엇이라고 특징짓다)

Bundespräsident Richard von Weizsäcker nannte Wehner **einen "wahrhaft unerbittlichen Kämpfer für demokratische Freiheit."**
(독일대통령 리하르트 폰 바이체커는 뵈너를 "민주적 자유를 위한 정말로 엄격한 투사"라고 특징지었다.)

Reiner Gohlke nannte den ICE **ein "Markenzeichen für die Zukunft der Bahn"**.
(라이너 골케는 '대도시간 특급열차'를 "철도의 미래를 위한 상표"라고 특징지었다.)

Die Presse nannte das Ereignis **sensationell**.
(언론계는 그 사건을 남의 이목을 끈다고 특징지었다.)

* '목적 보어'는 명사로도 형용사로도 실현된다.

nützen/nutzen, nützt/nutzt, nützte/nutzte, hat genützt/genutzt:

1. SBP: Enom Eakk (Eadv)

(von etw. irgendwozu nutzbringenden Gebrauch machen 무엇을 무엇을 위해 이용하다)

Viele Studenten nutzten **die Chance** *zum Auslandsstudium*.
(많은 대학생들은 그 기회를 외국에서 공부하는 데 이용했다.)

Er hat **seinen großen politischen Einfluss** *für seine Familie* genutzt.
(그는 자신의 큰 정치적 영향력을 그의 가족을 위해서 이용했다.)

Er hat **das gute Wetter** *dafür/dazu* genutzt, *dass er endlich den Gartenzaun reparierte*.
(그는 그 좋은 날씨를 그가 드디어 정원 울타리를 수리하는 데 이용했다.)

Zehntausende von Tschechen und Slowaken hatten **die Aufhebung der Reisebeschränkungen** *dazu* genutzt, *ins Ausland zu fahren*.
(수만명의 체코인들과 슬로바키아인들은 여행제한의 해제를 외국으로 여행하는 데 이용했다.)

2. SBP: Enom Edat v Eadv

(jm./etw. irgendwieviel Nutzen bringen 누구/무엇에 얼마만큼 도움을 주다)

Gute Ratschläge nützen **uns** *wenig*.
(좋은 충고들도 우리에게 별로 도움이 되지 않는다.)

Die Professoren nützen **den künftigen Lehrern**, indem sie ihnen das Erlebnis des Forschens vermitteln.
(교수들은 그들이 미래의 선생들에게 연구의 경험을 전달해주면서, 그들에게 도움을 준다.)

Appelle und schärfe Gesetze gegen Umweltverschmutzer nützen an der

Nordsee *nichts*.
(환경 오염인들에 대한 호소들과 엄한 법률들은 북해에서는 아무런 도움이 되지 않는다.)

Es nützt auch *nichts*, **dass Frau Geiger mit der Polizei droht**.
(가이거부인이 경찰로 위협해도 아무런 소용이 없다.)

Es nutzt gar *nichts*, **Anna zu sagen, dass wir nicht bei diesem I.R. sind**.
(우리가 이 I.R.의 집에 있지 않다고 안나에게 말하는 것은 아무런 소용이 없다.)

* **Es**는 dass Frau Geiger mit der Polizei droht와 Anna zu sagen, dass wir nicht bei diesem I.R. sind를 앞의 주문장에서 미리 받아주는 '상관사'(Korrelat)이다. *wenig*와 *nichts*는 '정도'를 나타내는 '부사적 보충어'이다.

3. SBP: Enom Eakk Eobj-präd
(etw. als ein solches gebrauchen 무엇을 무엇으로서 사용하다)

Die Industrie nutzt **die Wasserkraft** als Energiequelle.
(산업계는 수력을 에너지의 원천으로서 사용한다.)

* *nützen/nutzen*의 '4격 보충어'는 '추상명사'이고, *benutzen*의 '4격 보충어'는 '구상명사'이다.

organisieren, organisiert, organisierte, hat organisiert:

1. SBP: Enom Eakk Eadv
(etw. irgendwie strukturieren 무엇을 어떻게 조직하다)

Die Veranstalter hatten **die Tagung** bestens organisiert.
(주최자들은 그 회의를 최고로 잘 조직했다.)

2. **SBP: Enom Eakk**

   (etw. veranstalten 무엇(행사)을 개최하다)

   Die Mitarbeiter haben zum Abschied des Direktors **ein Fest** organisiert.
   (회사동료들은 사장과 이별하는 데 한 개의 축제를 개최했다.)

3. **SBP: Enom Eakk**

   (dafür sorgen, dass etw. zur Verfügung steht 무엇을 조달하다)

   Er hatte **die sonst nicht käufliche Eintrittskarte** durch seine guten Beziehungen organisiert.
   (그는 달리 잘 구입할 수 없는 그 입장권을 그의 좋은 인간관계들을 통해서 조달했다.)

4. **SBP: Enom Eakk**

   (zu einer funktionstüchtigen Gruppierung zusammenfassen 회원으로 두다)

   Früher organisierten die Gewerkschaften vorwiegend **die Arbeiterschaft**, jetzt organisieren sie auch sehr viele **Angestellte**.
   (예전에는 노조들이 주로 전체 노동자를 회원으로 삼았으나, 지금은 아주 많은 사무직 사원들도 회원으로 두고 있다.)

5. **SBP: Enom Eakk Eobj-präd**

   (etw. als ein solches strukturieren 무엇을 어떤 것으로 조직하다)

   Wenn ein Fachbereich **seinen Studiengang** unattraktiv organisiert, gehen die Studenten zu einer anderen Universität.
   (대학의 한 전공계열이 그것의 학업과정을 매력적이지 않게 구성한다면, 대학생들은 다른 대학으로 간다.)

   Wissenschaftliche Institute sollte man nicht wie eine Behörde organisieren.
   (학문적 연구소들을 관청처럼 조직해선 안 될 것이다.)

orientieren, orientiert, orientierte, hat orientiert:

1. SBP: Enom Eakk Epräp(=*über*)

(jn. über etw. informieren 누구에게 무엇에 관해 정보를 주다)

Der Minister wird seinen Gast **über die innenpolitische Lage** orientieren.
(그 장관은 그의 손님에게 국내정치 상황에 대해서 알려줄 것이다.)

2. SBP: Enom Eakk Epräp(=*auf*)

(etw. auf etw. lenken/konzentrieren 무엇을 어디에 집중시키다)

Er hat alle Kräfte **auf die Erhaltung des Friedens** orientiert.
(그는 모든 힘을 평화의 유지에 집중시켰다.)

orientieren, sich orientiert sich - orientierte sich - hat sich orientiert:

1. SBP: Enom Epräp(=*nach*)

(herausfinden, wo man ist und in welche Richtung man gehen will 자신이 어디에 있는지 그리고 어디로 가야 할지 알아내다)

Wir haben uns **nach den Sternen** orientiert.
(우리는 별들을 보고 방향을 찾았다.)

2. SBP: Enom Epräp(=*an*)

(sich nach jm./etw. richten 누구/무엇을 기준으로 삼다)

Die Produktion muss sich **an der Nachfrage** orientieren.
(생산은 수요를 기준으로 삼아야 한다.)

protestieren, protestiert, protestierte, hat protestiert:

SBP: Enom Epräp(=*gegen*)
(energisch zum Ausdruck bringen, dass man mit etw. nicht einverstanden ist 항의하다)

Die Schüler protestieren **gegen die Fahrpreiserhöhung**.
(그 학생들은 운임인상에 대해 항의한다.)

Die Arbeiter protestieren **gegen die schlechten Arbeitsbedingungen**.
(그 노동자들은 그 나쁜 노동조건들에 대해 항의한다.)

prüfen, prüft, prüfte, hat geprüft:

1. SBP: Enom Eakk
(jn./etw. kontrollieren 누구/무엇을 시험하다)

Bevor ein Wagen unseren Betrieb verlässt, wird er unter den härtesten Bedingungen geprüft.
(차 한 대가 우리 공장을 떠나기 전에, 그 차는 가장 엄격한 조건들 아래에서 시험받는다.)

2. SBP: Enom Eakk
(Kenntnisse in etw. festzustellen suchen 무슨 과목을 시험해보다)

Professor Moser hat deutsche Sprachgeschichte geprüft.
(모저 교수는 독일 역사를 시험 보았다.)

3. SBP: Enom Eakk Epräp(=*auf*)
(festzustellen suchen, ob etw. vorhanden ist 무엇을 검토하다)

Das Museum hat die Gemälde **auf ihre Echtheit hin** geprüft.

(박물관은 그 그림들을 진짜인지 검토했다.)

Die Ausländerbehörde prüft die Asylbewerber **auf ihre Staatangehörigkeit**.
(그 외국인 관청은 망명 신청자의 국적을 검토한다.)

Wer hier Mitglied wird, wird gründlich *darauf* geprüft, **welche Kenntnisse er mitbringt**.
(여기에 회원이 되고자 하는 사람은 그가 어떤 지식을 가지고 오는지 철저히 검토된다.)

　* *darauf*는 '생략할 수 없는 상관사'이다.

4. SBP: Enom (Eakk) (Epräp)(=*in*)

(bei jm. Kenntnisse in etw. festzustellen suchen 누구를 어떤 분야에서 시험하다)

Der Englischlehrer will morgen **in Grammatik** prüfen.
(그 영어선생님은 내일 문법을 시험보려고 한다.)

Die Lehrlinge wurden zum Abschluss ihrer Lehre **in mehreren Fächern** geprüft.
(그 견습생들은 그들의 견습 기간이 끝날 때 여러 과목들에서 시험받았다.)

　* prüfen 4는 'Werden-Passiv'로 자주 사용된다.

putzen, putzt, putzte, hat geputzt:

1. SBP: Enom (Eakk)

(etw. sauber machen 무엇을 청소하다)

Ich muss heute noch die **Wohnung** putzen.
(나는 오늘 중으로 집을 청소해야 한다.)

2. SBP: Enom Eakk

(etw. von anhaftendem Schmutz befreien 무엇의 때를 벗겨내다)

Man sollte *sich* morgens und abends die **Zähne** putzen.
(우리는 아침저녁으로 자신의 치아를 닦아야 한다.)

 * *sich*는 '소유의 3격'으로서 '자신의 치아'를 표현한다.

Als er in den warmen Raum trat, musste der junge Mann seine **Brille** putzen.
(그 젊은 남자가 그 따뜻한 공간으로 들어왔을 때, 그는 그의 안경을 닦아야 했다.)

3. SBP: Enom (Epräp)(=*bei*)

(als Putzfrau/Putzmann tätig sein 청소부로 일하다)

Frau Andres putzt **bei Frau Müller** und ihr Mann **bei der Firma "Rein und Sauber"**.
(안드레스 부인은 뮬러 부인 댁에서 청소부로 일하고 있고, 그녀의 남편은 회사 "순수하고 깨끗한"에서 청소부로 일하고 있다.)

Viele ausländische Frauen putzen, um ihren Unterhalt zu verdienen.
(많은 외국 여성들은 그들의 생계비를 벌기 위해서 청소부로 일한다.)

raten, rät, riet, hat geraten:

1. SBP: Enom (Eakk)

(etw. erraten 무엇을 알아 맞추다/추측하다)

Rate mal, **wen ich getroffen habe**.
(내가 누구를 만났는지 알아 맞추어봐.)

2. SBP: Enom Eakk Edat

(jm. vorschlagen, etw. zu tun; anraten 누구에게 무엇을 제안하다)

Was raten Sie mir?
(당신은 저에게 무엇을 할 것을 제안하십니까?)

3. SBP: Enom (Edat) Epräp(=*zu*)

(jm. etw. empfehlen 누구에게 무엇을 추천하다)

Der Makler hat mir **zum Verkauf des Hauses** geraten.
(그 부동산 중개인은 나에게 그 집을 팔라고 권고/추천했다.)

Ich rate *dazu*, die **Sachdiskussion in den Vordergrund zu stellen**.
(나는 해당 사건에 대한 토론을 강조할 것을 권고합니다.)

Bei dem jetzigen Stand rate ich *dazu*, **dass wir den Vertrag ablehnen**.
(지금 상황에서 저는 우리가 그 계약을 거부할 것을 권고합니다.)

 ✱ raten 3의 '3격 보충어'는 생략이 가능하고, 상관사 *dazu*는 생략이 불가능하고, 그 다음에 '행위'를 나타내는 내용이 온다.(VALBU, 593 참조)

4. SBP: Enom Eakk

(etw. zu lösen versuchen 수수께끼 등을 풀다)

Das letzte **Rätsel** aus dem Magazin habe ich nicht raten können.
(그 잡지의 마지막 수수께끼를 나는 풀 수가 없었다.)

5. SBP: Enom Edat (Eadv)

(jm. irgendwie einen Rat geben 누구에게 어떻게 충고하다)

Er hat ihr **übel** geraten, als er ihr sagte, sie solle ihr Haus verkaufen.
(그가 그녀에게 집을 팔아야 한다고 말했을 때, 그는 그녀에게 나쁘게 조언했다.)

realisieren, realisiert, realisierte, hat realisiert:

1. SBP: Enom Eakk
(etw. verwirklichen 무엇을 실현하다)

Kann man **diese Pläne** realisieren?
(이 계획들을 실현될 수 있습니까?)

2. SBP: Enom Eakk
(etw. begreifen 무엇을 이해하다)

Kann oder will die Regierung **diese Tatsache** nicht realisieren?
(정부는 이 사실을 이해할 수 없는가 또는 이해하려고 하지 않는가?)

Erst als die Nationalhymne erklingt, realisiert **(es)** die junge Läuferin, **dass sie die Goldmedaille gewonnen hat**.
(국가가 울릴 때 비로소, 그 젊은 여자 주자는 자신이 금메달을 획득했음을 깨닫는다.)

Die Verantwortlichen hatten **(es)** viel zu spät realisiert, **welche Gefahr das marode Kraftwerk darstellte**.
(그 책임자들은 너무 늦게서야 그 몰락한 발전소가 어떤 위험을 내포하고 있는지를 깨달았다.)

3. SBP: Enom Eakk
(die Verwirklichung von etw. verkörpern 무엇을 구현하다)

In der christlichen Religion realisiert Maria **das Ideal der Frau**.
(기독교에서는 마리아가 여성의 이상상(理想像)을 구현하고 있다.)

rechnen, rechnet, rechnete, hat gerechnet:

1. SBP: Enom (Eakk)

(etw. nach den Regeln der Mathematik lösen 무엇을 계산하다)

Meine Tochter kann gut rechnen.
(내 딸은 잘 계산할 수 있다.)

Kommen Sie bitte an die Tafel und rechnen Sie folgende **Aufgabe**: ...
(당신은 흑판으로 좀 나오세요 그리고 다음 과제를 계산하세요: ....)

2. SBP: Enom Epräp(=*mit*)

(das Eintreten von etw. als ziemlich sicher ansehen 무엇을 예상하다)

Mit solchen Schwierigkeiten hatten wir nicht gerechnet.
(그런 어려움들을 우리는 예상하지 못했다.)

Herr Jedermann kann **damit** rechnen, **70 Jahre alt zu werden**.
(각자는 70세 까지 사는 것을 예상할 수 있다.)

Ich rechne fest **(damit), du kommst morgen**.
(나는 네가 내일 온다고 확신한다.)

Ein Autofahrer, der die Kurzparkgelegenheit missbraucht und seinen Wagen verbotswidrig mehrere Stunden dort abstellt, muss **damit** rechnen, **dass das Fahrzeug abgeschleppt wird**.
(단시간 주차기회를 악용하여 자신의 차를 금지를 어기고 몇 시간동안 그 곳에 세워두는 운전수는 그 차가 견인될 것을 각오해야 한다.)

3. SBP: Enom Eakk

(etw. ermitteln/errechnen 무엇을 계산해내다)

Ich habe **zweihundertfünfzig** gerechnet, ist das die richtige Lösung?

(나는 250을 답으로 계산해내었다, 그것은 옳은 답인가?)

Das Bundesbaumministerium rechnet, **dass pro Tag etwa hundert Hektar Boden für Siedlungszwecke verbraucht werden.**
(독일연방 수목부(樹木部)는 하루에 약 100 헥타의 땅이 주거목적을 위해서 소모된다고 계산해낸다.)

4. SBP: Enom Eakk Epräp(=*zu*)
(etw. als zu etw. gehörig betrachten 무엇을 무엇에 속하는 것으로 보다)

Man kann Österreich **zu den beliebtesten Urlaubsländern** rechnen.
(오스트리아는 가장 사랑받는 휴가국가들에 속하는 것으로 볼 수 있다.)

5. SBP: Enom Eakk Epräp(=*auf*)
(sich auf etw. verlassen 무엇을 믿다)

Die Regierung rechnet in dieser Frage fest **auf die Unterstützung der Nachbarstaaten.**
(정부는 이 문제에 있어서 이웃국가들의 지지를 확신한다.)

6. SBP: Enom Epräp(=*zu*)
(zu etw. gehören 무엇에 속하다)

Wale zählen nicht **zu den Fischen**, sie rechnen vielmehr **zur Klasse der Säugetiere.**
(고래들은 물고기에 속하지 않는다, 그들은 오히려 포유동물의 강(綱)에 속한다.)

reden, redet, redete, hat geredet:

1. SBP: Enom Epräp1(=*mit*) v Epräp2(=*über* + 4격)

(mit jm. ein Gespräch über etw. führen 누구와 무엇에 대해 대화하다)

Darüber muss ich noch mit meinem Rechtsanwalt reden.
(그것에 관해서 나는 아직 내 변호사와 대화를 해보아야 한다.)

Hat sie mit jemandem *darüber* geredet, **dass sie ihre Stelle verloren hat**?
(그녀는 자신이 일자리을 잃었다는 것에 대해서 누군가와 대화한 적이 있는가?)

Max hat mit seinem Freund *darüber* geredet, **im Sommer wieder eine Fahrradtour um den Bodensee zu organisieren.**
(막스는 여름에 다시 보덴호수 일주 자전거소풍을 조직하는 데 대해서 그의 친구와 대화했다.)

* *darüber*는 '생략할 수 없는 상관사'이다.

2. SBP: Enom (Eadv)

(seine Gedanken in Worte fassen und irgendwie aussprechen 자신의 생각을 말로 나타내다)

Früher durften die Kinder bei Tisch nicht reden.
(예전에는 애들은 식사 중에 말을 해서는 안 되었다.)

Vielleicht liegt unser Erfolg darin, dass wir *verständlich* reden.
(우리 성공의 원인은 아마 우리가 이해하기 쉽게 말한 데 있다.)

* *verständlich*는 '생략할 수 있는 부사적 보충어'이고 논항 '양태'를 나타낸다.

3. SBP: Enom Eakk

(etw. mündlich äußern 무엇을 말하다)

Er redet nur **Unsinn**.
(그는 허튼 소리만 말한다.)

Seit dem Unfall hat das Kind kein **Wort** mehr geredet.
(그 사고이후로 그 애는 아무 말도 하지 않았다.)

4. SBP: Enom Eakk/Eadv Epräp
(etw. über jn. sagen 누구에 대해 무엇이라고 말하다)

Joachim redet nur **Gutes** über seine Kollegen.
(요아힘은 그의 동료들에 관해서 좋은 점만을 이야기한다.)

Fast alle Schüler reden **schlecht** über ihre Schule.
(거의 모든 학생들은 그들의 학교에 대해 나쁘게 말한다.)

Wenn du dich so schminkst, werden die Nachbarn *über dich reden*.
(네가 그렇게 화장하면, 이웃사람들이 너에 대해 **나쁘게** 이야기할 것이다.)

Du musst die Treppenhaus öfters reinigen, die Nachbarn *reden schon*.
(너는 그 계단실을 더 자주 청소해야 한다, 이웃사람들이 (나쁜) 말들을 많이 해.)

 * '4격 보충어' 또는 '부사적 보충어'가 생략되면, 대부분 '부정적'인 의미이다. (VALBU, 599 참조)

5. SBP: Enom (Eakk) Epräp(=*mit*)
(mit jm. sprachlich Kontakt haben 누구와 말을 주고받는 사이이다)

Seit wir uns verkracht haben, redet mein Mann nicht mehr **mit mir**.
(우리가 서로 싸운 후에, 내 남편은 더 이상 나와 말하지 않는다.)

Ich glaube nicht, dass er *dummes Zeug* **mit ihr** geredet hat.
(나는 그가 그녀와 어리석은 짓거리를 말했을 것이라고 생각하지 않는다.)

Seitdem sie sich bei der Hochzeit ihres Sohnes wieder getroffen haben, reden mein Onkel und meine Tante wieder **miteinander**.
(내 삼촌과 숙모는 그들의 아들의 결혼식 때 다시 만난 이후로, 다시 서로 말을

주고 받는다.)

 * 주어가 복수이면, *mit jm.*은 *miteinander*로 대체된다.

6. SBP: Enom Epräp(=*über* + 4격/*von* + 3격)
(sich über etw. äußern 무엇에 관해 자신의 의견을 말하다)

Jeder redet **über Bildung**.
(모두 교육에 대해서 자신의 의견을 말한다.)

Er hatte nie *darüber* geredet, **dass er nach Australien auswandern wollte**.
(그는 한 번도 자신이 호주로 이민가려고 한다고 말한 적이 없었다.)

Er redete nur vage *davon,* **die Verhandlungen zügig zu Ende führen zu wollen**.
(그는 그 협상들을 신속하게 끝내려고 한다는 것을 단지 모호하게 언질만 주었다.)

 * *darüber/davon*은 '생략할 수 없는 상관사'이다.

7. SBP: Enom Epräp(=*über* + 4격/*zu* + 3격)
(über etw. eine Rede halten 무엇에 관해 연설하다)

Der Bundespräsident wird im Bundestag **zum Thema "innere Sicherheit"** reden.
(독일 대통령은 하원에서 "국내의 안전"이란 주제에 관해서 연설할 것이다.)

Auf der "Grünen Woche" in Berlin wollen Wissenschaftler *darüber* reden, **dass die Qualität des Trinkwassers auch mit der Art und der Menge der auf den Feldern verwendeten Düngemittel zusammenhängt**.
("녹색 주" 동안에 베를린에서 학자들은 식수의 질이 밭에서 사용되는 거름의 종류와 양과 또한 관계있음에 대해서 연설하려고 한다.)

 * *darüber*는 dass....이하를 주문장에서 미리 받아주는 '생략할 수 없는 상관사'이다.

regeln, regelt, regelte, hat geregelt:

1. SBP: Enom Eakk (Eadv)
(etw. mittels irgendetwas ordnen 무엇을 무엇을 수단으로 정리/조정/규정하다)

Der Verkehr im Zentrum wird *durch Ampeln* geregelt.
(시내 중심가의 교통은 신호등으로 조정된다.)

Keine Vorschrift regelt, **wie viel oder auch nur wie lange ein Richter zu arbeiten hat**.
(어떤 규정도 판사가 얼마나 많이 그리고 얼마나 오래 일해야 하는지를 규정하지 않고 있다.)

Weil die Ampeln ausgefallen waren, regelten Verkehrspolizisten **den Verkehr** *mit Trillerpfeifen und mit/durch Handzeichen*.
(신호등이 꺼졌기 때문에, 교통경찰관들은 호르라기들과 수신호로 교통을 정리했다.)

 * 부사적 보충어는 생략이 가능하며 전치사 *mit/durch*와 함께 오며 '수단'을 나타낸다.

2. SBP: Enom Eakk
(etw. regulieren 무엇을 조절하다)

Ein Thermostat regelt **die Temperatur der Heizung**.
(정온기가 난방의 온도를 조절한다.)

3. SBP: Enom Eakk Epräp(=*mit*)
(mit jm. verhandeln, um etw. zu vereinbaren 누구와 협상하여 합의를 보다)

Die SPD-Regierung wird versuchen, mit Bund und Ländern **die Frage der Entsorgung des Atommülls** zu regeln.

(SPD-정부는 연방정부와 주정부들과 핵폐기물의 처리문제를 협상하여 합의를 보려고 노력할 것이다.)

Die beiden Kontrahenten haben **das Problem** zur beiderseitigen Zufriedenheit geregelt.
(그 두 적수들은 그 문제를 쌍방이 다 만족하게 합의를 보았다.)

 * 주어가 복수이면 *mit jm.*은 생략될 수 있다.

reisen, reist, reiste, ist gereist:

1. SBP: Enom (Eadv)
(irgendwohin eine Reise machen 어디로 여행하다)

Viele Urlauber reisen [mit dem eigenen Wagen] in den Süden.
(많은 휴가 여행자들은 자신의 차를 타고 남쪽으로 여행을 간다.)

 * *in den Süden*은 '생략할 수 있는 부사적 보충어'이고, [mit dem eigenen Wagen]은 '임의 첨가어'(Angabe)이다.

2. SBP: Enom Epräp(=*in*)
(Reisen unternehmen, die in etw. ihren Zweck haben 어떤 목적으로 여행하다)

Jody Williams reiste **in diplomatischer Mission**.
(요디 윌리암스는 **외교적 임무를 목적으로** 여행을 떠났다.)

Sein Vater war Handelsvertreter und reiste **in Textilien**.
(그의 아버지는 대리상이었고, **직물류 거래를 목적으로** 여행을 떠났다.)

 * 전치사 **in** 다음에는 '임무/여행의 목적을 나타내는 상품명'이 온다.

3. SBP: Enom Eadv

(irgendwohin transportiert werden 어디로 운송되다)

Demnächst soll eine größere Anzahl von Grafiken aus den Beständen des Museums **nach London** reisen.
(우선 그 박물관 보장품 중에서 비교적 다수의 그래픽 작품들이 런던으로 운송 될 것이다.)

---

reparieren, repariert, reparierte, hat repariert:

1. SBP: Enom Eakk

(etw. instand setzen 무엇을 수리하다)

Mein **Radio** ist kaputt. Man kann **es** leider nicht mehr reparieren.
(내 라디오는 고장이 났다. 우리는 그것을 유감스럽게도 더 이상 수리할 수가 없다.)

2. SBP: Enom Eakk

(etw. beheben 무엇(고장)을 제거하다)

Der Mechaniker hat **den Schaden an unserem Auto** repariert.
(그 기계공은 내 차의 파손을 수리했다.)

Seit einigen Jahren suchen Wissenschaftler nach *Wirkstoffen*, die **Hirnverletzungen** reparieren können.
(몇 년 전부터 과학자들은 뇌의 손상들을 고칠 수 있는 작용물질들을 찾고 있다.)

 ∗ 주어로는 주로 '수공업자/생화학 물질'이 온다.

3. SBP: Enom Eakk

(etw. wieder in einen normalen Zustand bringen 무엇을 다시 정상화시키다)

Aber wie lange hat es erst gebraucht, **die deutsch-deutschen Beziehungen** zu reparieren.
(그러나 독일-독일 관계를 다시 정상화시키는 것에만에도 얼마나 오래 걸렸는가?)

 * reparieren 1, 2, 3의 의미가 다른 것은 4격 보충어로 오는 명사들의 의미 부류(semantische Klasse)가 다른 것과 관계가 있다.

reservieren, reserviert, reservierte, hat reserviert:

1. SBP: Enom Eakk (Edat/Epräp) (Eadv)
(für jn. etw. für irgendwielange freihalten 누구를 위해 얼마동안 무엇을 예약하다)

Reservieren Sie **mir** bitte *vom 1. bis zum 3. März* ein Doppelzimmer mit Dusche und WC!
(나를 위해서 3월 1일부터 3월 3일까지 샤워시설과 화장실을 갖춘 2인용 방을 한 개 예약해주세요!)

Die Lehrerin hatte **für ihre Schüler** vier Abteile in dem Zug nach Baden-Baden reservieren lassen.
(그 여선생님은 그녀의 학생들을 위해 바덴-바덴행 열차의 객실 네 칸을 예약시켰다.)

Dieser Tisch ist *für 20 Uhr* reserviert.
(이 식탁은 20시에 예약되어 있다.)

 * 생략할 수 있는 부사적 보충어는 '시점/기간'을 나타낸다.

2. SBP: Enom Eakk Epräp(=*für*)
(etw. nicht verwenden und für jn./etw. aufsparen 무엇을 사용하지 않고, 누구/무엇을 위해 남겨두다)

Das kommende Wochenende hat er ganz **für seine Familie** reserviert.

(오는 주말을 그는 그의 가족만을 위해서 남겨 두었다.)

Ich hatte den Sonntag *dafür* reserviert, **meine Weihnachtspost zu erledigen**.
(나는 일요일을 내 성탄절우편물을 처리하기 위해서 남겨 두었다.)

 * *dafür*는 '생략할 수 없는 상관사'이다.

retten, rettet, rettete, hat gerettet:

1. SBP: Enom Eakk Epräp(=*vor*)

(jn. vor etw. bewahren 누구를 무엇으로부터 구하다)

Eine junge Frau konnte im letzten Moment die Kinder **vor dem Ertrinken** retten.
(한 젊은 여성이 그 애들을 마지막 순간에 익사로부터 구조할 수 있었다.)

2. SBP: Enom Eakk Eadv

(jn. von irgendwo in Sicherheit bringen 누구를 어디로부터 구출하다)

Die Kinder konnten im letzten Moment **aus dem brennenden Haus** gerettet werden.
(그 애들은 마지막 순간에 그 불타는 집으로부터 구출될 수 있었다.)

Ein Frachter aus Panama hat 184 Srilanker **aus Seenot** gerettet.
(파나마 국적의 한 화물선이 184명의 스리랑카 사람들을 해난으로부터 구출했다.)

3. SBP: Enom Eakk Eadv

(etw. **irgendwielange** unbeschadet bewahren 무엇을 얼마동안 훼손되지 않게 유지하다)

Allein Pfarrer und Kirchen scheinen *ihre Glaubwürdigkeit* **durch die**

Krisenzeiten hindurch gerettet zu haben.
(신부님들과 교회들만이 위기의 시대를 지나면서도 그들의 신뢰성을 훼손당하지 않고 그대로 유지해 온 것 같다.)

Viele Baudenkmäler des Mittelalters wurden **durch die Jahrhunderte** in unsere Zeit gerettet.
(중세의 많은 기념비적 건축물은 수백 년을 거쳐서 우리 시대로 그대로 전해졌다.)

   ＊ 4격 보충어는 '윤리적 가치' 또는 '문화재'를 나타낸다.

riechen, es es riecht - es roch - es hat gerochen:

1. SBP: Epräp(=*nach*) (Eadv)
(es gibt irgendwo einen Geruch nach etw. 어디에 무엇의 냄새가 나다)

Hier riecht es **nach Gas**.
(여기에 가스 냄새가 난다.)

   ＊ *es riecht nach etw3* '...의 냄새가 나다'를 뜻하고, *es*는 '문법적 주어'(Scheinsubjekt)이다. 부사적 보충어는 '장소'를 나타낸다.

Auf dem Hof roch es **nach Kuhmist**.
(그 농가에서는 쇠똥거름 냄새가 났다.)

2. SBP: (Eadv1) Eadv2
(irgendwo gibt es einen irgendwie gearteten Geruch 어디에 어떤 냄새가 나다)

Hier riecht es **gut**.
(여기에는 좋은 냄새가 난다.)

In der Küche riecht es **angebrannt**.

(부엌에 탄내가 난다.)

 * (Eadv1)은 '장소'이고, Eadv2는 '양태'이다.

rufen, ruft, rief, hat gerufen:

1. SBP: Enom
(einen Ruf ausstoßen 외치다)

Hat da jemand gerufen?
(그 곳에 있는 누군가가 외쳤는가?)

2. SBP: Enom Eakk (Eadv)
(durch einen Anruf jn. irgendwohin kommen lassen 전화로 누구를 호출하다)

Wir haben sofort einen Arzt gerufen.
(우리는 즉시 의사 한 분에게 전화로 오라고 요청했다.)

Der Professor hat seine Assistenten *in sein Büro* gerufen, um mit ihnen über die neue Prüfungsordnung zu reden.
(그 교수님은 그들과 새 시험 규정에 관해 의논하기 위해 그의 조교들을 그의 사무실로 전화로 소집했다.)

 * 부사적 보충어는 '목표 장소'이고, 생략이 가능하다.

3. SBP: Enom Eakk Epräp(=*bei/mit*)
(jn. bei etw. nennen 누구를 무엇이라고 부르다)

Er rief mich gleich *beim Namen*.
(그는 곧 내 이름을 불렀다.)

(방학 직전에는 학교들에서는 많은 일이 일어나지 않는다.)

 * v는 '장소'만 오거나 또는 '시간'만 오거나 또는 둘 다 오는 것을 나타낸다.

gestehen, gesteht, gestand, hat gestanden:

1. SBP: Enom Edat Eakk
(Unrecht, das man begangen hat, bekennen 자신이 저지른 잘못을 고백하다)

Er hat ihr **sein Vergehen** gestanden.
(그는 자신의 위법행위를 그녀에게 고백했다.)

2. SBP: Enom Edat Eakk
(Gefühle offen aussprechen 감정을 솔직히 고백하다)

a. Der Junge gestand dem Mädchen **seine Liebe**.
(그 청년은 그 소녀에게 그의 사랑을 고백했다.)

b. Ich muss zu meiner Schande gestehen, **dass ich vergessen habe, das Buch zurückzugeben**. (Duden, 10 Bände)
(나는 수치스럽게도 그 책을 돌려주는 것을 잊어버린 것을 고백해야 한다.)

 * *gestehen*은 '말하기 동사'이고, b.에서 '*dass*-문장'을 허용하고, a.는 '*dass*-문장'으로 변형될 수 있으므로 논항 '명제 내용'을 요구한다: *Der Junge gestand dem Mädchen, dass er es liebt.*

glauben, glaubt, glaubte, hat geglaubt:

1. SBP: Enom Eprop

(überzeugt sein 확신하다)

Ich glaube, **dass er Recht hat.**
(나는 그가 옳다고 확신한다.)

Die Zeugin glaubt, **am Tatort ein rotes Auto gesehen zu haben.**
(그 여자증인은 범행현장에서 한 대의 빨간 차를 보았다고 확신한다.)

In Paris war er, glaube ich, **nie.**
(나는 그가 파리에 간 적이 없다고 확신한다.)

2. SBP: Enom Edat Eakk

(davon überzeugt sein, dass etw. der Wahrheit entspricht 무엇이 사실에 부합한다고 확신하다)

Die Wähler glauben den Politikern nicht mehr **jede Wahlversprechung.**
(유권자들은 정치가들의 선거공약을 더 이상 믿지 않는다.)

3. SBP: Enom Epräp(=*an*)

(fest davon überzeugt sein, dass etw. existiert 무엇이 존재하는 것을 믿다)

Er glaubt **an Gott.**
(그는 하느님을 믿는다.)

gratulieren, gratuliert, gratulierte, hat gratuliert:

SBP: Enom Edat Epräp(=*zu*)

(jm. zu etw. Glückwünsche aussprechen 누구에게 무엇을 축하하다)

Ich gratuliere *dir* **zum Geburtstag.**
(나는 너의 생일을 축하한다.)

Darf ich *dir* **zur bestandenen Prüfung** gratulieren?

4. SBP: Enom (Eakk) Epräp(=*zu*)

(jn. zu etw. auffordern 누구에게 무엇을 하도록 요구하다)

Herr Wagner ruft die Städtebauer **zu persönlichem, zu politischem, zu parteilichem Engagement.**
(바그너씨는 도시농민들에게 개인적, 정치적, 정당적 참여를 하도록 요구한다.)

Die Glocke ruft morgens und abends **zum Gebet.**
(그 종은 아침과 저녁에 기도하도록 요구한다.)

An den Wänden rufen *politische Parolen* **zum Kampf gegen den Diktator.**
(벽들에는 정치적 구호들이 그 독재자에 대해 싸우라고 요구하고 있다.)

 ※ 주어로는 *Herr Wagner*와 같이 '사람'이 오면 '좁은 의미의 행위의 주체'이고, *Die Glocke*와 *politische Parolen*과 같은 '-사람'이 오면, '넓은 의미의 행위의 주체'가 된다.

5. SBP: Enom Epräp(=*nach*)

(verlangen, dass jd. kommt oder dass etw. gebracht wird 누가 오거나 무엇을 가져오도록 요구하다)

Bei großer Angst oder im Schmerz rufen auch Erwachsene **nach ihrer Mutter.**
(아주 불안하거나 고통스러울 때 성인들도 어머니를 찾는다.)

Die alte Frau hat kein Zeitempfinden mehr und ruft auch mitten in der Nacht **nach ihrem Essen.**
(그 노파는 더 이상 시간감각이 없어서 한 밤중에도 음식을 달라고 요구한다.)

sagen, sagt, sagte, hat gesagt:

1. SBP: Enom Eakk

(etw. sprachlich zum Ausdruck bringen 무엇을 말하다)

Wer hat **das** gesagt?
(누가 그것을 말했느냐?)

Ich möchte in aller Deutlichkeit sagen, **dass mich bislang nicht ein Gegenargument überzeugt hat.**
(나는 지금까지 어떤 반론도 나를 확신시키지 못했음을 아주 분명히 말하고 싶다.)

 ＊ 4격 보충어로 'dass-문장'도 올 수 있다. 그것은 4격 보충어가 논항 '명제 내용'임을 나타낸다.

2. SBP: Enom Eakk Edat
(jm. von etw. mündlich Kenntnis geben 누구에게 무엇에 관해 알려주다)

Würden Sie mir bitte sagen, **wie spät es ist**?
(당신은 지금 몇 시인지 저에게 말해주실 수 있겠습니까?)

Hat man (es) Ihnen denn nicht gesagt, **dass die Sitzung auf nächsten Montag verschoben wurde.**
(사람들은 그 회의가 다음 월요일로 연기된 사실을 당신에게 통보해주지 않았습니까?)

3. SBP: Enom Eakk (Epräp)(=*zu*)
(jm. gegenüber etw. mündlich äußern 누구에게 무엇을 말하다)

Was hat er zu dir gesagt?
(그가 너에게 무슨 말을 하였느냐?)

"**Guten Tag! Wir haben uns lange nicht gesehen**", sagte der Nachbar freundlich zu der jungen Frau.
("안녕하세요! 우리는 오랫동안 서로 만나지 못했어요"라고 그 이웃사람이 친절하게 그 젊은 부인에게 말했다.)

4. SBP: Enom Eakk

(jd. verwendet, wenn er sich äußert, etw. [sprachlicher Ausdruck] 어떤 언어표현을 사용하다)

Wir sagen heute nicht mehr **Lehre und Forschung**, sondern **Forschung und Lehre**, das ist der Wechsel, der zukunftsweisend ist.
(우리는 오늘날 더 이상 강의와 연구라는 표현을 사용치 않고, 연구와 강의라는 표현을 사용한다, 그것은 미래지향적인 변화이다.)

In Deutschland wird morgens "**guten Morgen!**" und vor dem Schlafengehen "**gute Nacht!**" gesagt.
(독일에서는 아침에 "좋은 아침을!" 그리고 잠자러 가기 전에는 "좋은 밤을!"이라고 말해진다.)

 ∗ 4격 보충어로는 주로 '언어적 표현'이 온다.

5. SBP: Enom Eakk Edat

(bei jm. etw. [Assoziation, Empfindung] auslösen 누구에게 무엇 [연상, 감정]을 유발하다)

Sagt dir dieses Bild **etwas**?
(이 그림은 너에게 어떤 느낌을 유발시키는가?)

6. SBP: Enom Eakk Epräp(=*über/von/zu*)

(etw. über etw. äußern 무엇에 관해 무엇이라고 언급하다)

Das Lexikon sagt *über den Erfinder* nur **drei Sätze**.
(그 백과사전은 그 발명자에 대해서 단 3 문장만 언급하고 있다.)

Noch kann man *von dem neuen Medikament* nicht sagen, **ob es den Krankheitsverlauf nur verzögert oder tatsächlich die Heilungschancen erhöht**.
(아직 그 새 약에 대해서 그것이 단지 병의 진행을 지체시킨다거나 또는 실제로 치유의 기회를 높인다고 말할 수는 없다.)

Können Sie *von Ihrem Projekt* schon sagen, **wann es abgeschlossen sein wird**?
(당신은 당신의 계획에 대해서 벌써 그것이 언제 완료될 것인지 말할 수 있습니까?)

Sagt der Aufsatz **Neues** *zum Problem der freien Angaben* im Satz?
(그 작문이 문장 안의 자유스러운 임의첨가어들의 문제에 대해 새로운 것을 말하고 있는가?)

***Davon*, dass sich eine Schülerin nicht schminken darf**, sagt die Schulordnung kein Wort.
(여학생은 화장을 해서는 안 된다는 데 관해서 그 학교 규정은 한 마디의 언급도 없다.)

 * *Davon*은 '생략할 수 없는 상관사'이다.

sammeln, sammelt, sammelte, hat gesammelt:

1. SBP: Enom Eakk

   (eine Anzahl von etw. derselben Art als Hobby zusammentragen 취미로 무엇을 다량으로 모으다)

   Sammeln Sie auch **Briefmarken**?
   (당신도 또한 취미로 우표들을 수집하십니까?)

2. SBP: Enom Eakk

   (etw. in größerer Menge erfahren 무엇을 많이 경험하다)

   Während seiner Tätigkeit im Ausland konnte er **viele praktische Erfahrungen** sammeln.
   (그는 자신이 외국에서 활동하는 동안에 많은 실질적인 경험들을 축적할 수 있었다.)

3. **SBP: Enom (Eakk) (Epräp)(=***für***)**

(jd. bittet viele Menschen darum, etw. zu Gunsten von jm./etw. zu geben 많은 사람들에게 누구를/무엇을 위해 무엇을 줄 것을 요청하다)

Das Rote Kreuz sammelt **Geld und Sachspenden** *für die Erdbebenopfer*.
(적십자사는 지진의 희생자들을 위해서 돈과 현물기부를 모금한다.)

In der Schule wurde *dafür* gesammelt, **dass auch bedürftige Kinder die Studienreise mitmachen können**.
(학교에서는 가난한 학생들도 수학 여행을 함께 갈 수 있도록 모금되었다.)

 * *dafür*는 dass....를 위한 '생략할 수 없는 상관사'이다.

4. **SBP: Enom Eakk (Eadv)**

(irgendwo nach einer Menge von etw. suchen und sie zusammentragen 어디에서 무엇을 수집하다)

Die alte Frau sammelt auf den Wiesen **Heilkräuter für Tee**.
(그 노파는 초원에서 차를 만들기 위한 약초를 수집한다.)

5. **SBP: Enom Eakk (Eadv)**

(mehrere Personen/eine Menge von etw. **irgendwo** vereinigen 어디에 여러 사람/다량의 물건을 모으다)

Der Philosoph hatte viele junge Menschen **um sich** gesammelt.
(그 철학자는 많은 젊은이들을 자신의 주위에 모았다.)

Solch brisante Erkenntnisse und Informationen sind **in einem regierungsinternen Papier** gesammelt.
(그러한 논란의 소지가 있는 인식들과 정보들이 한 정부 내부의 문건에 모아져 있다.)

sammeln, sich sammelt sich - sammelte sich - hat sich gesammelt:

SBP: Enom Eadv

(irgendwo sich versammeln 어디에 집합하다)

Die Teilnehmer des Umzuges sammeln sich nach der Messe **auf dem Kirchplatz**.
(시가 행진의 참가자들은 미사 후에 교회 앞마당에 모인다.)

 * *sich sammeln*은 '모이다/집합하다'를 의미한다.

saufen, sauft, soff, hat gesoffen:

SBP: Enom Eakk

1. ((bes. von größeren Tieren) Flüssigkeit zu sich nehmen (비교적 큰 동물들이) 액체를 마시다)

    Das Pferd/das Schwein/der Hund säuft Wasser.
    (말/돼지/개가 물을 마신다.)

2. (salopp) (trinken 마시다)

    Er säuft Wodka/Bier/Wein.
    (그는 보드카/맥주/포도주를 많이 마신다.)

 * *saufen* 1의 주어는 '동물'이고, *saufen* 2의 주어는 '사람'이고 그 의미는 '동물처럼 많이 퍼마시다'이다. 문체적 특징은 '격식에 매이지 않는' (salopp)이다.

schaden, schadet, schadete, hat geschadet:

1. SBP: Enom Edat

(eine schädliche Wirkung auf etw. ausüben 무엇에 해롭다)

Die schweren Traktoren schaden dem weichen Erdboden.
(그 무거운 견인차들은 부드러운 땅에 해롭다.)

Zu viel Aufregung schadet der Gesundheit.
(너무 많은 흥분은 건강에 해롭다.)

2. SBP: Enom Edat (Eadv)

(etw. mittels irgendetwas Schaden zufügen 무엇에 무엇으로 해를 끼치다)

Er hat seiner Lunge *mit Rauchen* geschadet.
(그는 흡연으로 그의 폐를 손상시켰다.)

Den Kindern schadet **(es)** sehr, **viele Stunden am Tag fernzusehen**.
(하루에 많은 시간을 TV를 시청하는 것은 어린이들의 건강에 아주 해를 끼친다.)

Der Politiker hat sich *mit seinen unbedachten Worten* sehr geschadet.
(그 정치가는 그의 신중치 못한 말들로 자신에게 아주 해를 끼쳤다.)

 * *mit Rauchen*과 *mit seinen unbedachten Worten*은 '수단'을 나타내는 '생략할 수 있는 부사적 보충어'이다. **(es)**는 '생략할 수 있는 상관사'이다.

schaffen, schafft, schaffte, hat geschafft:

1. SBP: Enom Eakk

(etw. bewältigen/erledigen 무엇을 해치우다)

Ich weiß nicht, wie ich **die Arbeit** bis Ende des Monats schaffen soll.
(나는 내가 그 일을 월말까지 어떻게 해치워야 할지 모르겠다.)

2. SBP: Enom Eakk

(etw. erreichen 무엇에 도착하다)

Wenn wir uns beeilen, schaffen wir vielleicht noch **den 10-Uhr-Zug**.
(우리가 서두르면, 우리는 아마 10시-기차를 아직 탈 수 있을 것입니다.)

3. SBP: Enom Eakk Eadv

(etw. irgendwohin bringen 무엇을 어디로 보내다)

Wir haben unser Haus aufgeräumt und die überflüssigen Sachen **in den Keller** geschafft.
(우리는 우리 집을 정돈하였고, 불필요한 물건들을 지하실로 옮겼다.)

Die Einbrecher schaffen den Fernseher, das Videogerät schnell und leise **aus dem Haus**.
(침입자들은 TV와 비디오를 빠르고 조용히 집 밖으로 옮긴다.)

schalten, schaltet, schaltete, hat geschaltet:

1. SBP: Enom Eakk Eadv

(die Funktion von etw. einstellen 어떤 기능을 작동시키다)

Ich habe vergessen, die Waschmaschine wieder **auf Null** zu schalten.
(나는 세탁기를 다시 0에 조절하는 것을 잊어버렸다.)

2. SBP: Enom Epräp(=*auf*)

(seine Haltung in Richtung auf etw. ändern 자신의 태도를 어떤 방향으로 바꾸다)

Die militärische Führung hat jetzt vollends **auf Konfrontationskurs** geschaltet.

(군부 지도부는 이제 드디어 대결의 항로로 그들의 태도를 바꾸었다.)

3. SBP: Enom Epräp(=*auf*)

(sich auf etw. positionieren ...로 바뀌다)

Die Ampel schaltet hier schnell **auf Rot**.
(교통신호등은 여기에서 빠르게 빨간 불로 바뀐다.)

4. SBP: Enom Eadv

(eine Verbindung irgendwohin herstellen 어디로 연결시키다)

Wir schalten jetzt **nach Berlin ins Kanzleramt**.
(우리는 이제 베를린의 수상관저로 연결합니다.)

schauen, schaut, schaute, hat geschaut:

1. SBP: Enom Eadv

(seinen Blick irgendwohin richten 어디로 보다)

Er schaute **auf die Uhr**.
(그는 그 시계를 쳐다보았다.)

2. SBP: Enom Eadv

(geh.)(seine Aufmerksamkeit irgendwohin richten 어디로 주목하다)

Die Opernfreunde schauen gespannt **auf Bayreuth**, wenn eine Wagner-Oper neu inszeniert wird.
(오페라 동호인들은 바그너-오페라가 새로 상연되면, 긴장해서 바이로이트를 주목한다.)

3. **SBP: Enom Esubj-präd**

(so aussehen 어떻게 보이다)

Es herrschte eine gute Stimmung bei der Feier, alle Gäste schauten **fröhlich und vergnügt.**
(그 축제의 분위기는 아주 좋았다, 모든 손님들은 즐겁고 만족스러워 보였다.)

4. **SBP: Enom Eprop**

(prüfen mit eigenen Augen, wie etw. beschaffen ist; nachschauen 무엇이 어떠한지 눈으로 직접 검토하다)

Die Flugbegleiterin schaute, **ob jeder angeschnallt war.**
(그 스튜어데스는 모두 안전벨트를 매었는지 검토했다.)

Ich will mal schauen, **wer geklingelt hat.**
(누가 초인종을 울렸는지 내가 한 번 알아보겠다.)

5. **SBP: Enom Eprop**

(sich bemühen, etw. zu tun 무엇을 하도록 노력하다)

Schau, **dass du verschwindest!**
(꺼져버려!)

6. **SBP: Enom Eprop**

(festzustellen versuchen, ob etw. getan werden kann 무엇을 할 수 있는지 확인하다)

Wir werden schauen, **ob wir was für euch tun können.**
(우리는 우리가 너희들을 위해서 무엇을 할 수 있을지 확인해보겠다.)

scheinen, scheint, schien, hat geschienen:

1. **SBP: Enom (Eadv)**

(irgendwie leuchten 어떻게 비치다)

Heute scheint wieder die Sonne.
(오늘 해가 다시 비친다.)

Die Sterne scheinen heute Nacht besonders **hell**.
(별들이 오늘 밤 특히 밝게 비친다.)

2. SBP: Enom Esubj-präd
(den Anschein erwecken, so zu sein ...한 것처럼 보이다)

Der Zusammenstoß der beiden Autos schien **unvermeidlich**.
(그 두 자동차의 충돌은 피할 수 없는 것처럼 보였다.)

Uns scheint **(es)** sehr **zweifelhaft, ob er damit seinen Angehörigen genützt hat**.
(그가 그것으로 그의 가족들에게 도움이 되었는지 여부는 우리에게 아주 의심스러워 보인다.)

 * (es)는 ob....를 받는 '생략할 수 없는 상관사'이다.

3. SBP: Enom Eadv
(irgendwohin Licht ausstrahlen 어디로 비치다)

Die Sonne schien **durch das Fenster**.
(햇빛이 창문 사이로 비쳐 들어왔다.)

Die Lampe schien direkt **in seine Augen**.
(전구의 불빛이 그의 두 눈에 똑바로 비쳐 들어왔다.)

schenken, schenkt, schenkte, hat geschenkt:

1. SBP: Enom Eakk Edat

(jm. etw. kostenlos geben 누구에게 무엇을 선물하다)

Sie hat mir zum Geburtstag **Blumen** geschenkt.
(그녀는 내 생일날에 나에게 꽃들을 선물했다.)

2. SBP: Enom Eakk (Edat)

(etw. 〔positiver Zustand〕 bei jm. bewirken; bereiten 누구에게 어떤 긍정적 상태를 마련 해주다)

Deine Freundschaft schenkt mir neue **Lebensfreude**.
(너의 우정이 나에게 새로운 인생의 기쁨을 마련해준다.)

Enkel schenken oft **neuen Lebensmut**.
(손자들이 가끔 새로운 인생의 용기를 마련해준다.)

schicken, schickt, schickte, hat geschickt:

1. SBP: Enom Eakk (Edat/Eadv)

(veranlassen, dass etw. irgendwohin befördert wird 무엇을 어디로 부치다)

Schicke **mir** wieder mal eine Postkarte.
(나에게 다시 한 번 그림엽서 한 장을 부쳐라.)

Einen Tag später schickt Brandt einen Brief **an Präsident Kennedy**.
(하루가 지난 후에 브란트는 편지 한 장을 케네디 대통령에게 부친다.)

2. SBP: Enom Eakk (Edat/Eadv)

(jn. veranlassen, sich irgendwohin zu begeben 누구를 어디로 보내다)

Man hat mich **zu Ihnen** geschickt.
(사람들이 저를 당신에게 보냈습니다.)

Ich schicke **Ihnen** eine Patientin, bei der ich Verdacht auf eine Hautallergie habe.

(나는 이상과민성 피부의 징후가 의심되는 여자환자 한 명을 당신에게 보냅니다.)

Heute Morgen hat Wolfgang Braun sieben Mitarbeiter **auf eine Baustelle** geschickt.
(오늘 아침에 볼프강 브라운은 일곱 명의 동료를 한 건축 장소로 보내었다.)

3. SBP: Enom (Eakk) Epräp(=*nach*)
   (jn. beauftragen, etw. zu holen 누구에게 무엇을 가지고 오라고 부탁하다)

Johann Buddenbrook dankte für alle die freundlichen Worte und schickte *Thomas* **nach einer dritten Flasche Wein.**
(요한 부덴브루크는 그 모든 친절한 말에 대해 감사했다, 그리고 토마스에게 세 번째 포도주병을 가져오라고 시켰다.)

Mein Vater schickte **nach mir.**
(내 아버지는 나를 부르러 사람을 보냈다.)

 ✱ '4격 보충어'는 자주 생략된다.

4. SBP: Enom Eakk Eadv
   (bewirken, dass etw. irgendwohin gelangt 무엇을 어디로 보내다)

Die Europa-Rakete "Ariane" hat bei ihrem 13. Start in der Nacht zum Mittwoch zwei Satelliten **auf ihre Umlaufbahn** geschickt.
(유럽-로켓 "아리아네"는 화요일 밤의 13번째 출발에서 2개의 위성을 그들의 궤도로 보내었다.)

schimpfen, schimpft, schimpfte, hat geschimpft:

1. SBP: Enom Epräp(=*auf/über*)
   (sich kritisch über etw. äußern 무엇에 대해 욕설하다/질타하다)

Alle schimpfen **auf ihn**.
(모두 그를 욕한다.)

Die Kommentare der heutigen Morgenzeitungen schimpfen einhellig **über die Sparvorschläge der Regierungskoalition**.
(오늘조간신문들의 해설들은 이구동성으로 연립 정부의 절약제안들을 질타한다.)

An den Stränden von Ost- und Nordsee wird überall *darüber* geschimpft, **wie kalt und verregnet dieser Sommer ist**.
(동해와 북해의 해변들에서는 도처에서 이 번 여름이 춥고 비로 인해 망친데 대해서 욕설을 하고 있다.)

 * *darüber*는 **wie....**를 받는 '생략할 수 없는 상관사'이다.

2. SBP: Enom Epräp(=*mit*)
(jn. in heftigen Worten zurechtweisen 누구를 심한 말로 꾸짖다)

Der Arzt hat **mit mir** geschimpft.
(그 의사는 나를 심하게 꾸짖었다.)

3. SBP: Enom Eakk Eobj-präd
(etw. in beleidigender Weise als ein solches bezeichnen 무엇을 모욕적인 방법으로 무엇이라고 부르다)

Werden uns zukünftige Generationen **Umweltzerstörer** schimpfen?
(미래의 세대들은 우리를 환경파괴자라고 욕할 것인가?)

Im Verlauf der lautstarken Auseinandersetzung soll Frau Müller den Vermieter **geldgierig** und das Haus **verkommen** geschimpft haben.
(큰 소리로 싸우는 와중에 뮬러 부인은 그 임대인을 돈에 인색하다고, 그리고 그 집을 낡아빠졌다고 욕했다고 한다.)

* '목적 보어'는 '명사' 또는 '형용사'이다.

schlafen, schläft, schlief, hat geschlafen:

1. SBP: Enom
(sich im Zustand des Schlafes befinden 잠을 자다)

Haben Sie gut geschlafen?
(당신은 잘 주무셨습니까?)

2. SBP: Enom Eadv
(irgendwo übernachten 어디에서 숙박하다)

Wenn Sie mal nach München kommen, können Sie **bei uns** schlafen.
(당신이 언젠가 한 번 뮌헨으로 오시게 되면, 당신은 우리 집에서 숙박하실 수 있습니다.)

Wir haben **in einer kleinen Pension nicht weit vom See** geschlafen.
(우리는 호수에서 멀지 않은 곳에 있는 한 작은 숙박소에서 숙박했다.)

3. SBP: Enom Epräp(=*mit*)
(den Beischlaf mit jm. vollziehen 누구와 동침하다)

Er war schon dreißig und hatte noch nie **mit einer Frau** geschlafen.
(그는 이미 30세였고, 아직 한 번도 한 여자와 잔 적이 없다.)

4. SBP: Enom (Eadv)
(jemand ist **irgendwobei** 〔**Ereignis**〕 unaufmerksam oder untätig 누가 **무엇을 할 때** 〔**사건**〕 주의를 기울이지 않거나 아무런 활동을 하지 않다)

Die Umweltbehörde schlief jahrelang, jetzt ließen Richter die Batteriefabrik wegen Bleiverseuchung schließen.
(환경청은 몇 년 동안 아무 일도 하지 않다가, 이제야 판사들이 그 축전지 공장을 납 오염 때문에 문을 닫게 했다.)

Man kann sich fragen, ob Deutschland *beim* **Thema Computerentwicklung** geschlafen hat.
(사람들은 독일이 컴퓨터개발이란 주제에서 잠을 자고 있지 않았나 자문할 수 있다.)

Haben die Politiker (als Schüler) *in* **den Biologiestunden** geschlafen?
(그 정치가들은 학생시절에 생물학시간에 잠을 잤는가?)

 * '생략할 수 있는 부사적 보충어'는 전치사 *bei/in*과 함께 온다.

schlagen I(자동사), schlägt, schlug, ist geschlagen:

1. SBP: Enom Eadv

(mit hartem Schlag irgendwohin gelangen 딱 부딪히면서 어디에 도착하다)

Der Blitz ist **in den Baum** geschlagen.
(번개가 그 나무 속으로 쳐 박혔다.)

2. SBP: Enom Epräp(=*auf*)

(sich negativ auf etw. auswirken 무엇에 부정적으로 영향을 미치다)

Erregung schlägt *ihm* **auf den Magen**.
(흥분은 그의 위에 나쁜 영향을 준다.)

 * *ihm*은 '소유의 3격'으로서 **Magen**(위)의 '소유주'를 나타낸다.

Der ständige Regen schlägt mir **auf die Laune**.

(끊임없는 비는 내 기분을 망친다.)

3. SBP: Enom Epräp(=*nach*)

   (mit jm. Ähnlichkeit haben 누구와 닮았다)

   Im Alter schlägt mein Mann immer mehr **nach seinem Vater**.
   (노년에 나의 남편은 점점 더 많이 그의 아버지를 닮아간다.)

schlagen II(타동사), schlägt, schlug, hat geschlagen:

1. SBP: Enom Eakk Eadv

   (etw. irgendwohin befördern 무엇을 어디로 박아 넣다)

   Kannst du *mir* den Nagel **in die Wand** schlagen?
   (너는 나를 위해서 그 못을 벽 속으로 박아줄 수 있겠니?)

    * *mir*는 '이익의 3격'으로서 'für mich'로 해석된다.

2. SBP: Enom Eakk

   (jn. hart berühren 누구를 때리다)

   Schlagen Sie **das Kind** doch nicht!
   (당신은 제발 좀 그 애를 때리지 마세요!)

3. SBP: Enom Eakk

   (gegen jn. gewinnen 누구를 이기다)

   Er hat **den Weltmeister** geschlagen.
   (그는 그 세계 선수권자를 물리쳤다.)

4. SBP: Enom (Eadv)

(rhythmische Bewegungen machen 뛰고 있다)

Sein Herz schlug noch, als der Notarzt mit dem Krankenwagen kam.
(구급의가 환자운반차를 타고 왔을 때에는 그의 심장이 아직 뛰고 있었다.)

Ich möchte gern wissen, warum mein Herz *so unruhig* schlägt.
(나는 왜 내 심장이 그렇게 불안하게 뛰고 있는지 알고 싶다.)

 ＊ *so unruhig*는 '양태'를 나타내는 '부사적 보충어'로서 생략이 가능하다.

5. SBP: Enom Eadv1 (Eadv2)

(irgendwohin mittels irgendetwas treffen 무엇으로 어디로 치다)

Ich hatte ihm aus Versehen **auf den Arm** geschlagen.
(나는 실수로 그의 팔을 때렸다.)

Bei der UNO-Konferenz schlug Nikita Chruschtschow *mit seinem Schuh* **auf den Tisch.**
(유엔-회의석상에서 니키타 후루시쵸프는 그의 구두로 책상 위를 두드렸다.)

 ＊ Eadv1은 '방향'이고, (Eadv2)는 *mit seinem Schuh*와 같은 '수단'이다.

schließen, schließt, schloss, hat geschlossen:

1. SBP: Enom Eakk

(etw. so betätigen, dass ein Gegenstand zu ist 무엇을 닫다)

Schließen Sie bitte **das Fenster.**
(그 창문을 좀 닫아주세요.)

2. SBP: Enom Eakk

(den Betrieb von etw. einstellen 무엇의 운영을 중단하다)

Wenn wir weiter so wenig Aufträge bekommen, müssen wir **unseren Betrieb** schließen.
(우리가 계속 주문을 그렇게 적게 받으면, 우리는 우리 공장의 문을 닫아야 한다.)

3. SBP: Enom Eakk

(etw. für beendet erklären 무엇이 끝났다고 선언하다)

Die Sitzung ist geschlossen.
(그 회의는 끝났다.)

4. SBP: Enom Eakk (Epräp)(=*mit*)

(etw. mit jm. vereinbaren 무엇을 누구와 합의하다)

Wir haben **den Mietvertrag** schon geschlossen.
(우리는 그 임대 **계약**을 이미 체결했다.)

Er hat *mit seinem Geschäftspartner* **einen Pakt** geschlossen.
(그는 그의 사업 파트너와 한 개의 **계약**을 체결했다.)

 ＊ *mit seinem Geschäftspartner*는 '생략이 가능한 전치사 보충어'이다.

5. SBP: Enom Eakk/Epräp1(=*auf*) Epräp2(=*aus*)

(etw. aus etw. folgern 무엇을 어디로부터 추론해내다)

a. Was schließt du **aus seinem Verhalten**?
(너는 그의 태도로부터 무엇을 결론으로 내리는가?)

Die Archäologen schließen **aus diesen Funden** *auf einen Vulkan*.
(그 고고학자들은 이 발굴물들에서 화산을 추론해낸다.)

b. **Aus dem Beifall** schlossen die Kritiker ***darauf***, dass die Inszenierung beim Publikum gut angekommen ist.
(그 갈채소리에 그 비평가들은 그 연출/상연이 관중들에게 좋은 반응을 불러 일으켰다는 결론을 얻었다.)

c. Die Astronomen schließen ***daraus***, **dass die Radioquelle eine große Leuchtkraft hat,** auf die Tatsache, dass sie außerhalb unserer Milchstraße liegt.
(그 천문학자들은 그 전파원이 한 개의 큰 광도를 갖고 있다는 사실로부터 그 전파원은 우리 은하 바깥에 있다는 사실을 결론으로 유추해내었다.)

 * *daraus*와 *darauf*는 '생략할 수 없는 상관사'이다.

d. Die Wissenschaftler schlossen *aus dieser Tatsache,* **dass Schuppen keine Krankheit sind.**
(과학자들은 이 사실로부터 비듬은 병이 아니라는 결론을 내렸다.)

e. Man kann aus den Trümmern des zerstörten Hauses nicht schließen, **ob es sich um einen Unfall oder Brandstiftung handelt.**
(파괴된 집의 폐허로부터 사고인지 방화인지 추론할 수는 없다.)

f. Aus der neuen Statistik kann man nicht schließen, **wie die Entwichlung weitergehen wird.**
(새로운 통계로는 어떻게 발전되어 갈지를 추론해낼 수 없다.)

 * '4격 보충어'로서 d.의 **dass...**, e.의 **ob...**와 f.의 **wie...**가 왔다.

6. SBP: Enom Eakk Eadv
(etw. irgendwohin zur Aufbewahrung legen und dort einschließen 무엇을 어디에 보관하고 잠그다)

Ich hatte die Papiere **in den Schreibtisch** geschlossen.
(나는 그 서류들을 그 책상에 넣어서 잠가두었다.)

7. SBP: Enom Eadv

(irgendwann für den Publikumsverkehr nicht zugänglich sein 언제 상점의 문을 닫다)

Samstags schließen die Geschäfte **früher**.
(토요일에는 그 가게들은 평소보다 (평소보다) 더 일찍 문을 닫는다.)

Die Läden in der Innenstadt schließen Samstags **um sechs Uhr**.
(시내의 상점들은 토요일에는 6시 정각에 가게 문을 닫는다.)

8. SBP: Enom (Eadv)

(irgendwie zugehen 어떻게 닫기다)

Die Tür schließt **automatisch**.
(그 문은 자동으로 닫긴다.)

---

schmecken, schmeckt, schmeckte, hat geschmeckt:

1. SBP: Enom Edat

(hinsichtlich des Geschmacks gefallen 맛있다)

Hat es Ihnen geschmeckt?
(그것은 당신에게 맛있었습니까?)

2. SBP: Enom Eadv

(geschmacklich irgendwie sein 맛이 어떻다)

Das Essen schmeckt heute wirklich **schlecht**.
(그 음식은 오늘 정말 맛이 나쁘다.)

Diese reife Birne schmeckt **süß**.
(이 익은 배는 맛이 달다.)

* 부사적 보충어는 '양태'(Art und Weise)를 나타낸다.

3. SBP: Enom Epräp(=*nach*)
(den Geschmack von etw. haben 무슨 맛이 나다)

Der Wind war angenehm frisch, und er schmeckte **nach Salz und Wasser**.
(바람은 기분 좋게 시원했고, 그 바람은 소금과 물맛이 났다.)

schneiden, schneidet, schnitt, hat geschnitten:

1. SBP: Enom
(die Eigenschaft haben, mit einem Schnitt zu zerteilen 칼이 잘 든다)

Das Messer schneidet nicht.
(그 칼은 잘 들지 않는다.)

2. SBP: Enom Eakk Eobj-präd
(etw. in etw. zerteilen 무엇을 어떻게 썰다)

Sie müssen die Zwiebel **in kleine Stücke** schneiden.
(당신은 그 양파를 잘게 썰어야 합니다.)

3. SBP: Enom Eadv
(irgendwohin einen Schnitt machen 어디로 베다)

Ich habe *mir* beim Zwiebelschneiden **in den Finger** geschnitten.
(나는 양파를 썰다가 내 손가락을 베었다.)

 * *mir*는 **in den Finger**의 소유주를 나타내는 '소유의 3격'이다.

schneiden, sich schneidet sich - schnitt sich - hat sich geschnitten:

1. SBP: Enom Epräp(=*an*)

   (einen Schnitt durch den Kontakt mit etw. erleiden 무엇에 베이다)

   Ich habe mich **an einer Glasscherbe** geschnitten.
   (나는 유리조각에 베었다.)

2. SBP: Enom (Eadv)

   (irgendwo einen Schnitt erleiden 어디를 베이다)

   Hast du ein Pflaster? Ich habe mich geschnitten.
   (너는 반창고를 한 개 갖고 있니? 나는 베였다.)

   Ich habe mich schon wieder **am Fuß** geschnitten.
   (나는 다시 발을 베였다.)

schneien, es es schneit - es schneite - es hat geschneit:

1. (Schnee fällt 눈이 오다): *es*는 문법적 주어이고, 동사의 일부이므로 보충어가 없는 'ㅇ가 동사'이다.

   Heute Nacht hat *es* geschneit.
   (오늘 밤에 눈이 왔다.)

2. SBP: Eakk

   (es fällt etwas herab 무엇이 떨어지다)

   Draußen schneit es dicke Flocken.

(바깥에 굵은 눈송이가 떨어진다.)

3. SBP: Eadv
(Schnee fällt irgendwohin 눈이 어디로 떨어지다)

Durchs zerbrochene Fenster schneit es.
(깨어진 창문을 통해서 눈이 들어온다.)

Es schneit mir **ins Gesicht**.
(눈이 내 얼굴로 떨어진다.)

schreiben, schreibt, schrieb, hat geschrieben:

1. SBP: Enom Eakk
(etw. verfassen 무엇을 작성하다)

Ich habe gestern das Protokoll geschrieben.
(나는 어제 그 회의록을 작성했다.)

2. SBP: Enom Eakk (Edat/Epräp)(=*an*)
(jm. etw. schriftlich mitteilen 누구에게 무엇을 글로 보고하다)

Martin hat mir *nichts* davon geschrieben.
(마틴은 나에게 그것에 관해 아무 글로도 알려주지 않았다.)

Hättest du (es) **mir** geschrieben, *wie krank du bist*, wäre ich sofort gekommen.
(만약 네가 얼마나 아픈지를 네가 나에게 글로 알려주었다면, 나는 즉시 왔을 것이다.)

Bitte schreiben Sie (es), *ob Sie damit einverstanden sind*.
(당신이 그것에 동의하는지 여부를 글로 좀 알려주세요.)

Sie hat **an den Vermieter** geschrieben, *dass sie zum 1. März kündigen will.*
(그녀는 임대인에게 자신이 3월1일부로 임대계약을 해약하려는 것을 서면으로 알렸다.)

* '4격 보충어'가 문장형태로 실현가능하므로, 논항 '명제내용'(Inhaltsträger)을 나타낸다. (김경욱(1990): 78ff. 참조)

3. SBP: Enom Eakk (Eadv1) (Eadv2)

(etw. mittels irgendetwas irgendwie in lesbarer Form fixieren 무엇을 무엇으로 어떻게 글로 나타내다)

Er hat den Brief **mit der Hand** geschrieben.
(그는 그 편지를 손으로 썼다.)

Kann der Computer auch Umlaute schreiben?
(컴퓨터가 움라우트도 나타낼 수 있는가?)

Die Generation unserer Großeltern hat noch alles **mit Federhalter und Tinte** geschrieben.
(우리 조부모 세대는 모든 것을 펜대와 잉크로 썼다.)

Er hat den Brief **in einem guten Deutsch** geschrieben.
(그는 그 편지를 좋은 독일어로 나타내었다.)

* (Eadv1)은 '수단'이고, (Eadv2)은 '양태'이다.

4. SBP: Enom

(als Schriftsteller tätig sein 작가로 활동하다)

Schreiben wollte ich immer, versuchte es schon früh, fand aber die Worte erst später.
(나는 작가로서 활동은 항상 하려고 했고, 이미 일찍 그것을 시도했다, 그러나 그 말들은 나중에 비로소 발견했다.)

5. SBP: Enom Eakk (Edat/Epräp)

(etw. Schriftliches an jn. richten 글을 누구에게 보내다)

Schreibst du **mir** eine Ansichtskarte?
(너는 나에게 한 장의 그림엽서를 쓰지 않겠니?)

Nun schrieb der Kanzler einen Bittbrief **an Ronald Reagan**, er möge doch an seinem Plan festhalten.
(지금 수상은 로날드 리간에게 그가 그의 계획을 고수할 것을 요청하는 한 청원서를 써서 보내었다.)

6. SBP: Enom (Eakk) Epräp(=*über*)

(etw. über etw. verfassen 무엇에 대해 무엇을 작성하다)

Über welches Thema schreibst du *deine Dissertation*?
(너는 어떤 주제에 대해서 너의 박사논문을 쓰는가?)

Er hat **über Goethe und die deutsche Literatur** geschrieben.
(그는 괴테와 독일문학에 관해 글을 썼다.)

 * '4격 보충어'는 생략이 가능하다.

schützen, schützt, schützte, hat geschützt:

1. SBP: Enom Eakk (Epräp)(=*vor*) (Eadv)

(etw. Schütz geben 무엇을 보호하다)

Jeder Mensch sollte seine Umwelt und die Natur schützen.
(모든 사람은 그의 주위 환경과 자연을 보호해야 할 것이다.)

Vögel und Säugetiere schützen *durch eine wärmeisolierende Hülle* ihren Körper *vor Abkühlung*.

(새들과 포유동물들은 한 개의 단열하는 외피를 통해 그들의 몸을 냉각으로부터 보호한다.)

 ＊ '방법'을 나타내는 '부사적 보충어'와 '전치사 보충어'는 생략이 가능하다.

Dieser Impfstoff soll *davor* schützen, **dass sich nach einem Mosquito-Stich eine Malaria entwickelt.**
(이 임파액은 모기에게 물린 후에 말라리아가 발병하는 것을 막는다고 한다.)

 ＊ *davor*는 '생략할 수 없는 상관사'이다.

2. SBP: Enom Eakk
(etw. unter gesetzlichen Schutz stellen 무엇을 법적으로 보호하다)

Das deutsche Patentamt in München schützt Warenzeichen und Produktionsmethoden.
(뮌헨에 있는 독일 특허청은 상표와 생산방법들을 법적으로 보호한다.)

Viele Pflanzen- und Tierarten müssen *geschützt werden,* damit sie nicht aussterben.
(많은 식물의 종류들과 동물의 종류들은 그들이 멸종되지 않으려면 법적으로 보호받아야 한다.)

 ＊ schützen 2는 자주 수동형으로 사용된다.

3. SBP: Enom Eakk (Epräp)(=*vor*)
(einen natürlichen Schütz vor etw. bilden 무엇에 대한 자연적 보호벽을 형성하다)

Der Berg schützt das Tal *vor dem rauhen Nordwind.*
(그 산은 혹독히 추운 북풍에 대해서 그 계곡을 보호한다.)

Grüner Tee enthält Fluor, das den Zahnschmelz schützt.
(녹차는 에나멜질을 보호하는 불소를 함유하고 있다.)

* '전치사 보충어'는 생략이 가능하다.

sehen, sieht, sah, hat gesehen:

1. SBP: Enom Eakk

(etw. optisch wahrnehmen 무엇을 눈으로 보다)

Von hier aus kann man **das Dorf** nicht sehen.
(여기에서부터 우리는 그 마을을 볼 수 없다.)

Kannst du **(es)** sehen, **ob jemand kommt**?
(너는 누가 오는 걸 볼 수 있니?)

2. SBP: Enom Eakk

(etw. aufmerksam betrachten 무엇을 주의 깊게 관찰하다)

Darf ich mal **Ihren Ausweis** sehen?
(당신의 증명서를 한 번 볼 수 있을까요?)

3. SBP: Enom Eakk

(etw. erkennen 무엇을 깨닫다)

Wir sehen **keine Möglichkeit**, *euch zu helfen.*
(우리는 너희들을 도와줄 기회가 있음을 전혀 깨닫지 못해.)

 * *euch zu helfen*은 명사 **Möglichkeit**의 '명사 보충어'이다.

4. SBP: Enom Eakk Eadv

(etw. irgendwie beurteilen 무엇을 어떻게 판단하다)

Man kann die Dinge **so oder so** sehen.
(우리는 그 일을 이렇게도 저렇게도 판단할 수 있어.)

5. SBP: Enom Eakk Eadv1 v Eadv2
(jn. irgendwo irgendwann treffen 누구를 어디에서 언제 만나다)

Dann sehe ich Sie also *heute Abend*?
(그러면 저는 오늘 저녁에 당신을 만나게 됩니까?)

Ich habe ihn *auf/bei der Hochzeitsfeier* gesehen.
(나는 그를 결혼식에서 만났다.)

 * Eadv1은 '장소'이고, Eadv2는 '시점'이다.

6. SBP: Enom Epräp(=*nach*)
(sich um jn./etw. kümmern 누구/무엇을 돌보다)

Ich komme gleich wieder, ich muss mal schnell **nach der Heizung** sehen.
(나는 곧 다시 옵니다, 나는 빨리 한 번 난방을 돌보아야 합니다.)

Sieh bitte mal **nach dem Kuchen im Ofen**, er ist vielleicht schon fertig gebacken!
(난로에 있는 케이크를 제발 한 번 살펴보아라, 그것은 아마도 이미 완전히 다 구워져 있을거야!)

Eine junge Schwester sieht **nach dem sterbenden Bauern**.
(한 젊은 간호사가 그 죽어가고 있는 농부를 돌보고 있다.)

7. SBP: Enom Eadv
(seinen Blick irgendwohin richten 시선을 어디로 향하다)

Er sieht **aus dem Fenster**.
(그는 창문 밖으로 쳐다본다.)

Er sah **auf die Uhr**, es war kurz vor eins.
(그는 그 시계를 쳐다보았다, 1시 직전이었다.)

Ihr müsst **nach Süden/südwärts** sehen, dann seht ihr die Berge!
(너희는 남쪽으로 바라보아야 한다, 그러면 너희는 그 산들을 보게 된다.)

8. SBP: Enom Eprop

(festzustellen versuchen, ob oder wie etw. getan werden kann 무엇을 할 수 있는지 또는 어떻게 할 수 있는지 검토해보다)

Ich will mal sehen, **was ich für Sie tun kann**.
(나는 내가 당신을 위해서 무엇을 할 수 있을지 한 번 검토해보겠다.)

Ehe wir mit den Arbeiten beginnen, müssen wir erst sehen, **ob das Projekt überhaupt realisiert werden kann**.
(우리가 그 일들을 시작하기 전에, 우리는 우선 그 계획의 실현이 정말 가능한지 검토해보아야 한다.)

 * 보충어가 문장형태로만 오므로 '명제보충어'이다.

9. SBP: Enom Eakk Epräp(=*in*)

(etw. für etw. halten 무엇을 무엇으로 여기다)

Die Politiker sehen *im Rechtsradikalismus* eine große Gefahr für die Demokratie.
(그 정치가들은 극우주의를 민주주의에 대한 한 개의 큰 위험이라고 여긴다.)

60 Prozent aller Jugendlichen sehen den Sinn des Lebens *darin, eine Familie zu gründen und das Leben zu genießen*.
(모든 젊은이들의 60%는 인생의 의미를 한 가족을 형성하고 인생을 즐기는 데 있다고 여긴다.)

 * *darin*은 '생략할 수 없는 상관사'이다.

10. SBP: Enom Eakk Eobj-präd

(etw. als etw. betrachten 무엇을 무엇으로 보다)

Der Politiker sieht diesen Zeitungsbericht **als Verletzung seiner Privatsphäre**.
(그 정치가는 이 신문 보도를 그의 개인적 영역의 침해로 간주한다.)

11. SBP: Enom Eakk Eobj-präd

(sich jn. als einen solchen vorstellen 누구를 어떤 사람으로 상상하다)

Die Eltern sahen ihren kleinen Sohn **als zukünftigen großen Wissenschaftler**.
(양친은 그들의 어린 아들을 미래의 위대한 학자로 상상했다.)

12. SBP: Enom Eakk Eobj-präd

(jn. so erleben 누구를 어떻게 경험하다)

Unser Nachbar ist Alkoholiker, man sieht ihn selten **nüchtern**.
(우리 이웃은 상습 음주자이다, 우리는 취해있지 않는 그를 드물게 볼 수 있다.)

13. SBP: Enom Epräp(=*auf*)

(auf etw. achten 무엇에 유의하다)

Frau Müller sieht beim Einkaufen **auf Qualität**.
(뮬러 부인은 물건을 구입할 때 품질에 유의한다.)

Die politische Führung muss **darauf** sehen, **diese Kräfte schärfer unter Kontrolle zu bringen**.
(정치 지도층은 이 세력들을 더 엄중하게 통제하도록 유념해야 한다.)

Sie ist eine sparsame Hausfrau und sieht **darauf, wo sie billig einkaufen kann**.
(그녀는 절약하는 주부이고, 어디에서 싸게 물건을 살 수 있는지에 유념한다.)

 ＊ **darauf**는 '생략할 수 없는 상관사'이다.

14. SBP: Enom Eadv

(auf der Seite gelegen sein, die irgendwohin gerichtet ist ...향이다)

Alle Fenster unserer Wohnung **sehen nach Süden.**
(우리 집의 모든 창문들은 남향이다.)

15. SBP: Enom Eprop

(mit eigenen Augen prüfen, wie etw. beschaffen ist 무엇이 어떻게 생겼는지 자신의 눈으로 확인하다)

Es hat geklingelt, Sieh doch mal, **wer da ist!**
(초인종소리가 울렸다, 누가 왔는지 한 번 확인해 봐!)

sein, ist, war, ist gewesen:

1. SBP: Enom

(in der Realität existieren 실재로 존재한다)

Der berühmte Satz von Descartes lautet auf Deutsch: Ich denke, also bin ich.
(데카르트의 유명한 문장은 독일어로 다음과 같다: 나는 생각한다, 그러므로 나는 존재한다.)

2. SBP: Enom Egen

〔geh.〕 (etw. vertreten 무엇을 대변하다)

Da bin ich **anderer Meinung.**
(그 문제에서 나는 다른 의견이다.)

3. SBP: Enom Epräp(=*für/gegen*)

(etw. befürworten/ablehnen 무엇을 찬성/반대하다)

Ich bin **gegen diesen Plan**.
(나는 이 계획에 반대한다.)

Die Regierung ist **für eine baldige Steuersenkung**.
(정부는 즉각적 세금인하에 찬성한다.)

* 주어로는 '사람' 뿐만 아니라 '조직'(Institution)도 가능하다.

Wer ist **dafür, die Entscheidung über die Gewinnverteilung zu verlangen**.
(누가 이익분배에 관한 결정을 요구하는 것을 찬성하는가?)

Du warst strikt **dagegen, weitere Teilnehmer im Seminar zuzulassen**.
(너는 더 많은 참여자를 세미나에 허용하는 것을 단연코 반대했다.)

Wer ist **dafür, dass in diesem Zimmer nicht geraucht wird**?
(누가 이 방에서 금연하는 것을 찬성하는가?)

Unser Chef ist **dagegen** gewesen, **dass wir in diesem Jahr keine Weihnachtsfeier machen wollten**.
(우리 사장은 우리가 올해 성탄절 파티를 하지 않으려고 한 것에 반대했다.)

* **dafür/dagegen**은 '생략할 수 없는 상관사'이다.

Wer für diesen Antrag ist, hebe die grüne Stimmkarte hoch, *wer dagegen ist*, zeige die rote Karte.
(이 제안에 찬성하는 사람은 초록색 투표카드를 높이 쳐들고, 그것에 반대하는 사람은 붉은 색 카드를 보여라.)

* *Wer für/gegen etw. ist*,는 회의에서 투표를 위해서 자주 사용되는 표현이다.

4. SBP: Enom Epräp(=*von*)
(von jm. geschaffen sein 누구의 작품이다)

Das Buch ist **von Thomas Mann**.
(그 책은 토마스 만의 작품이다.)

5. **SBP: Enom Eadv**

   (sich irgendwo befinden 어디에 있다)

   Er ist zurzeit **in Paris**.
   (그는 현재 파리에 있다.)

6. **SBP: Enom Eadv1 v Eadv2**

   (irgendwo irgendwann stattfinden 언제 어디에서 개최되다)

   Die Sitzung ist erst **übermorgen**.
   (그 회의는 모레 비로소 개최된다.)

   Die nächste Jahrestagung ist **vom 11. bis 13. März 2003**.
   (다음 연례회의는 2003년 3월 11일에서 13일까지 개최된다.)

   Die Versammlung ist **um 10 Uhr im großen Sitzungssaal**.
   (그 모임은 10시 정각에 대회의실에서 개최된다.)

    ✱ Eadv1은 '장소'이고, Eadv2는 '시점'이다.

7. **SBP: Enom Esubj-präd**

   (sich in einem solchen Zustand befinden 어떤 상태에 있다)

   Er ist schon mehrere Wochen **krank**.
   (그는 이미 여러 주째 아프다.)

   Es ist **ärgerlich**, dass wir immer auf dich warten müssen.
   (우리가 항상 너를 기다려야 하는 것은 짜증나는 일이다.)

8. SBP: Enom Esubj-präd

(als ein solcher fungieren 어떤 직업에 종사하다)

Mein Vater war **Arzt**.
(내 아버지는 의사였다.)

9. SBP: Enom Esubj-präd

(aus etw. bestehen ...으로 이루어져 있다)

Die Kette ist **aus Gold**.
(그 목걸이는 금으로 만들어져 있다.)

10. SBP: Enom Epräp(=*bei*)

(etw. gerade tun 무엇을 하는 중이다)

Würden Sie bitte später anrufen, wir sind gerade **beim Essen**.
(당신은 제발 나중에 전화하시겠습니까, 우리는 지금 식사중입니다.)

11. SBP: Enom Epräp(=*bei/an*)

(sich in einem Arbeitsverhältnis zu etw. befinden 어떤 직장에서 일하다)

"Wo arbeitet Ihr Vater?" - "Er ist **bei Siemens**."
("당신의 아버지의 직장은 어딘가요?" - "그는 지멘스에서 일합니다.")

Meine Mutter ist **an der Universität**.
(내 어머니는 대학에서 근무하고 있다.)

12. SBP: Enom Eadv

(von irgendwoher stammen 어디 출신이다)

Mein Vater ist **von der Küste**, er ist **aus Rostock**.
(내 아버지는 해안 지역 출신이다, 그는 로스톡 출신이다.)

Dieses Volkslied ist **aus Italien**.
(이 민요는 이태리 곡이다.)

13. SBP: Edat Esubj-präd
(sich so fühlen 어떻게 느끼다)

Mir war nach dem Essen ganz **übel**.
(나는 그 식사 후에 아주 속이 좋지 않았다.)

Wir wurden sehr freundlich aufgenommen. Uns war **wie zu Hause**.
(우리는 아주 친절하게 영접받았다. 우리는 마치 집에 있는 것 같았다.)

setzen, sich setzt sich - setzte sich - hat sich gesetzt:

1. SBP: Enom (Eadv)
(eine sitzende Position einnehmen 앉다)

Darf **ich** mich *zu Ihnen* setzen?
(제가 당신 곁에 앉아도 좋습니까?)

2. SBP: Enom
(nach unten sinken 아래로 가라앉다)

Der Schaum auf dem Bier muss sich vor dem Trinken setzen.
(맥주 위의 거품은 마시기 전에 아래로 가라앉아야 한다.)

3. SBP: Enom Eadv
(eine irgendwie geartete sitzende Position einnehmen 어떻게 앉다)

Man soll sich **aufrecht** setzen, um die Wirbelsäule zu entlasten.
(우리는 척추의 부담을 없애기 위해서 똑바로 앉아야 한다.)

4. SBP: Enom Eadv

(irgendwohin dringen 어디로 침투하다)

Tabakrauch setzt sich **in die Kleidung und in die Gardinen**.
(담배연기가 옷과 커튼 속으로 스며든다.)

기능동사 *setzen*을 가진 '기능동사 구문'

unter Druck setzen:	Bei ihrer Entscheidung hat sie sich von keinem unter Druck setzen lassen. (그녀는 결정할 때 아무에게도 압력을 받지 않았다.)
in Gang setzen:	Die Bürgerinitiative hat die Diskussion über ein nächtliches Fahrverbot in Gang gesetzt. (그 시민운동단체는 야간 운전금지에 관한 토론을 가동시켰다.)
in Kenntnis setzen:	Ich muss Sie davon in Kenntnis setzen, dass Ihre Miete ab 1. 6. erhöht wird. (나는 당신의 달세가 6월 1일부터 인상되는 것을 당신에게 알려야 합니다.)
in/außer Kraft setzen:	Das oberste Gericht hat das Gesetz wieder außer Kraft gesetzt, weil es nicht der Verfassung entsprach. (대법원은 그 법률이 헌법에 상응하지 않았기 때문에, 그 법률을 무효화시켰다.)
aufs Spiel setzen:	Wer von dieser Brücke springt, setzt sein Leben aufs Spiel. (이 다리로부터 뛰어내리는 사람은 그의 생명을 모험에 거는 것이다.)

sichern, sichert, sicherte, hat gesichert:

1. SBP: Enom Eakk (Epräp)(=*gegen*) (Eadv)

   (mittels irgendetwas etw. gegen etw. schützen 무엇을 수단으로 무엇을 무엇에 대하여 보호하다)

   Jetzt kommt es **darauf** an, *die bestehenden Arbeitsplätze zu sichern*.
   (이제 현재 있는 직장들을 지켜낼 수 있는가에 달려있다.)

    * **darauf**는 *die bestehenden Arbeitsplätze zu sichern*을 주문장에서 미리 받아주는 '상관사(相關詞)'(Korrelat)이다.

   Die Verstärkung der Dämme soll das Gebiet an der Oder **gegen Überschwemmungen** sichern.
   (제방들의 강화는 오더 강변지역을 홍수로부터 지켜줌이 틀림없다.)

   Wir haben unser Haus **dadurch/damit** gesichert, *dass wir einen Monitor im Hausflur installiert haben*.
   (우리는 집 현관에 모니터를 한 대 설치하는 것을 통해 우리 집을 안전하게 보호했다.)

    * **dadurch/damit**는 '생략할 수 없는 상관사'이다.

2. SBP: Enom Eakk

   (etw. als Beweismittel konservieren 무엇을 증거수단으로 보관하다)

   Die Kriminalbeamten sicherten **die Fingerabdrücke und Fußspuren am Tatort**.
   (그 형사들이 범행 현장에 있는 지문들과 발자국들을 증거수단으로 보관했다.)

3. SBP: Enom Eakk

   (etw. garantieren 무엇을 보장하다)

Eine riesige Talsperre sichert **die Versorgung der Bevölkerung mit Wasser und Strom.**
(한 개의 거대한 골짜기의 댐이 주민들에게 물과 전기의 공급을 보장한다.)

Das geltende Recht sichert **die Unabhängigkeit von Richtern in der Bundesrepublik.**
(현재 유효한 법률이 독일연방공화국 안에서의 판사들의 독립을 보장한다.)

4. SBP: Enom Eakk Edat/Epräp(=*für*)

(jm. etw. verschaffen 누구에게 무엇을 확보해주다)

Das Haus gefällt uns sehr. Mein Bruder hat *uns/für uns* **das Vorkaufsrecht** gesichert.
(그 집이 아주 우리들의 마음에 든다. 내 형/동생이 우리를 위해서 선매권을 확보했다.)

5. SBP: Enom Eakk (Eadv)

(das Erforderliche tun, damit etw. erhalten bleibt; sicherstellen 보증하다)

Wir sollten **unsere Altersversorgung** zusätzlich *mit einer Lebensversicherung* sichern.
(우리는 노령연금을 추가로 생명보험에 가입하여 보증해야 할 것이다.)

Durch Ultraschalluntersuchungen wird gesichert, **dass ein gesundes Kind geboren wird.**
(초음파 조사들을 통해 한 건강한 애가 태어나는 것이 보증된다.)

 * '생략할 수 있는 부사적 보충어'는 '수단'을 나타낸다.

sinken, sinkt, sank, ist gesunken:

1. SBP: Enom (Eadv)

(sich nach unten bewegen 아래로 가라앉다)

Das Schiff ist vor der Küste gesunken.
(그 배는 해안선 앞에서 침몰했다.)

Die Sonne sank blutrot *ins Meer.*
(해는 새빨갛게 바다 속으로 졌다.)

2. SBP: Enom Eadv

   (sich um irgendwieviel verringern 얼마만큼 감소하다)

   Der Preis ist **um 3%** gesunken.
   (가격이 3% 떨어졌다.)

   Innerhalb weniger Stunden sank die Temperatur **von 30 Grad auf 10 Grad**.
   (몇 시간 안에 기온은 30도에서 10도로 떨어졌다.)

3. SBP: Enom

   (weniger werden; abnehmen 감소하다)

   Das Vertrauen gesunder wie kranker Menschen in die Hygiene von Blutkonserven ist rapide gesunken.
   (건강한 사람들과 병든 사람들의 저장혈액의 위생에 대한 신뢰가 급격히 감소했다.)

   Die Anfälligkeit für Infektionskrankheiten wächst, weil **die Abwehrbereitschaft des Körpers** sinkt.
   (전염병들에 대한 감염율은 육체의 저항력이 감소하기 때문에 더 높아진다.)

4. SBP: Enom Epräp(=*in*)

   (in etw. geraten 무엇에 빠지다)

   Um ein wenig auszuruhen, setzte sie sich in den Sessel, sank aber bald **in einen tiefen Schlaf**.
   (조금 쉬기 위해서 그는 안락의자에 앉았다, 그러나 그는 곧 깊은 잠에 빠졌다.)

5. SBP: Enom Eadv

(sich in eine nicht aufrechte Position bewegen 쓰러지다)

Nach der ungewohnten Anstrengung sank die alte Frau erschöpft **auf das Sofa**.
(이례적인 긴장을 한 다음에 그 노파는 기진맥진하여 소파에 쓰러졌다.)

6. SBP: Enom Eadv

(um irgendwieviel niedriger werden 얼마만큼 더 낮아지다)

Laut Wetterbericht sinkt in den kommenden Tagen die Schneefallgrenze **von 700 auf 400 Meter**.
(일기예보에 의하면, 앞으로 강설(降雪) 경계가 700 미터에서 400미터로 낮아질 것이라고 한다.)

7. SBP: Enom (Eadv)

(auf ein schlechteres Niveau geraten; herunterkommen 몰락하다)

Man sieht die schöne Frau sozial und moralisch sinken.
(사람들은 그 아름다운 여인이 사회적으로 그리고 도덕적으로 파멸하는 것을 본다.)

Nach dem Plan der Nazis sollte Polen durch eine systematische Vernichtung seiner jüdischen Intellektuellen in wissenschaftlicher und künstlerischer Hinsicht *auf einen Tiefpunkt* sinken.
(나찌들의 계획에 의하면, 폴란드는 유대인 지성인들의 체계적 파괴로 학문적 그리고 예술적 관점에서 최저점으로 몰락하게 되어 있었다.)

sitzen, sitzt, saß, hat gesessen:

1. SBP: Enom Eadv

(sich irgendwo mit dem Gesäß auf einer Fläche befinden 어디에 앉아있다)

Wir saßen **in der vordersten Reihe**.
(우리는 가장 앞줄에 앉아 있었다.)

2. SBP: Enom Eadv

(sich irgendwie dem Körper anpassen 몸에 어떻게 맞다)

Die Jacke sitzt sehr **gut**.
(그 상의는 몸에 아주 잘 맞는다.)

Wenn die Skischuhe nicht **richtig** sitzen, kann man beim Skifahren stürzen.
(스키신발들이 잘 맞지 않으면, 우리는 스키를 탈 때 넘어질 수 있다.)

3. SBP: Enom Epräp(=*an/über*)

(intensiv an etw. arbeiten 무엇을 집중적으로 일하다)

Frau Leuze sitzt jetzt **an ihren Berichten für die Regierung**.
(로이쩨 부인은 지금 정부를 위한 그녀의 보고서들을 열심히 작성하고 있다.)

Patrick hat wochenlang **über den Büchern und seiner Seminararbeit** gesessen.
(파트릭은 여러 주 동안 그 책들을 읽고, 그의 세미나 리포트를 작성하는 데 몰두했다.)

4. SBP: Enom Eadv

(irgendwo tätig oder ansässig sein 어디에서 활동하거나 거주하고 있다)

Die Familie sitzt seit Generationen **auf dem Bauernhof**.
(그 가족은 몇 세대 전부터 그 농장에 살고 있다.)

Die Umweltberaterin sitzt **im Rathaus im siebten Obergeschoss im Zimmer 713**.
(그 여성 환경 상담가는 시청 안 8층 713호에서 일하고 있다.)

5. SBP: Enom Eadv

(irgendwo einen Sitz haben 어디에 자리를 차지하고 있다)

Im Vorstand sitzen drei Frauen.
(의장자리는 세 여성이 차지하고 있다.)

Die deutsche Bank sitzt **im Aufsichtsrat der großen Versicherung Allianz**.
(그 독일은행은 그 큰 보험회사 알리안쯔의 감사역이다.)

6. SBP: Enom (Eadv)

(irgendwo eine Haftstrafe verbüßen 어디에서 감옥살이하다)

In den Gefängnissen drüben sitzen jetzt bereits 2500 Häftlinge wegen versuchter Republikflucht.
(저 건너 감옥들 안에는 지금 벌써 2500명의 수감자들이 구동독에서 구 서독으로의 도주미수죄로 감옥살이하고 있다.)

Der junge Mann hat schon viermal gesessen.
(그 젊은 남자는 이미 네 번 감옥살이를 했다.)

 * 부사적 보충어 *In den Gefängnissen*은 '통용어'(Umgangssprache)에서는 생략될 수 있다.

7. SBP: Enom (Eadv)

(seine Zeit irgendwo in Sitzposition verbringen 그의 시간을 어디에 앉아서 보내다)

Unser Vater sitzt abends oft **am Schreibtisch**.
(우리 아버지는 저녁에 종종 책상에 앉아 있다.)

Wir saßen gerade **beim Essen**, als das Telefon klingelte.
(전화가 울렸을 때, 우리는 막 식사 중이었다.)

8. SBP: Enom Eadv1 v Eadv2

(sich irgendwo irgendwie befinden 어디에 어떻게 있다)

Der Arzt stellte fest, dass der Tumor **im Darm** sitzt.

(그 의사는 종양이 장에 생긴 것을 확인했다.)

Der Haken sitzt *zu hoch*, ich komme nicht an ihn ran.
(그 옷걸이는 너무 높은 곳에 있다, 나는 그것에 손이 닿지 않는다.)

Die Dunstabzugshaube sitzt *viel zu niedrig* **über dem Herd**.
(그 연기배출뚜껑은 레인지 위에 너무 낮게 있다.)

 ✱ Eadv1은 '장소'이고, Eadv2는 '양태'이다.

9. SBP: Enom Eadv
(sich irgendwie bzw. so in Sitzposition befinden 어떻게 앉아 있다)

Sitz endlich **still**!
(이제 조용히 앉아 있어!)

Sitzen Sie **bequem**?
(당신은 편하게 앉아 있습니까?)

Er saß lange **ruhig und entspannt**.
(그는 오래 조용히 그리고 긴장을 풀고 앉아 있었다.)

sollen, soll, sollte, hat gesollt:

1. SBP: Enom Eakk
(durch eine Person oder höhere Instanz angehalten sein, etw. zu tun 한 사람 또는 더 높은 관청을 통해 무엇을 하도록 지시받다.)

Das solltest du nicht!
(너는 그것을 해서는 안 돼!)

2. SBP: Enom Eadv
(angehalten sein, irgendwo tätig zu werden 어디에서 근무하도록 지시받다)

Der Jurist sollte ursprünglich **ans Landgericht in Karlsruhe**, aber dann hat er eine Stelle in Mannheim gefunden.
(그 법률가는 원래 칼스루헤에 있는 지방법원에 가서 근무하게 되어 있었다, 그러나 그 후에 그는 만하임에 일자리를 발견했다.)

3. SBP: Enom Eadv

(durch eine Person angeordnet werden, dass er/etw. irgendwohin gelangt 무엇/누가 어디로 가도록 누구에 의해 지시받다)

Warum soll ich jetzt schon **ins Bett**?
(왜 나는 지금 벌써 자러가야만 하니?)

Der Koffer soll **nach Hamburg**.
(그 가방은 함부르크로 가야만 해.)

sorgen, sorgt, sorgte, hat gesorgt:

1. SBP: Enom Epräp(=*für*)

(jn. betreuen 누구를 돌보다)

Wer sorgt denn **für die Kinder**?
(도대체 누가 그 애들을 돌보는가?)

2. SBP: Enom Epräp(=*für*)

(das Erforderliche für die Beschaffung von etw. tun 무엇을 조달하기 위해 필요한 일을 하다)

Sorgen Sie bitte *dafür*, **dass genügend Hotelzimmer reserviert werden**.
(호텔방이 충분히 예약되도록 당신이 배려하십시오.)

Die SPD wird *dafür* sorgen, **dass alle Jugendlichen einen Ausbildungsplatz in Betrieb, Schule oder Hochschule erhalten**.

(사민당은 모든 젊은이들이 기업과 학교 또는 대학에서 한 개의 직업교육장소를 얻도록 배려할 것이다.)

 * *dafür*는 '생략할 수 없는 상관사'이다.

3. SBP: Enom Epräp(=*für*)
   (etw. bewirken 무엇을 야기/초래/실현하다)

   Die vielen Bäume und Sträucher im Park sorgen **für Schatten und Kühle** an heißen Sommertagen.
   (공원의 그 많은 나무들과 관목들은 더운 여름철에 그늘과 시원함을 초래한다.)

4. SBP: Enom Epräp(=*für*) (Epräp)(=*mit*)
   (jd. ist mit etw. die Ursache für etw. 누가 무엇을 가지고 무엇의 원인이다)

   Der Politiker hat *mit seiner Rede* **für Aufsehen** gesorgt.
   (그 정치가는 그의 연설로 명성을 얻었다.)

   Mit seiner Heirat hat der Filmstar **für Schlagzeilen** gesorgt.
   (그 영화배우는 그의 결혼으로 신문 1면의 머리기사 제목의 원인이 되었다.)

   Die Entlassung des Mitarbeiters wird im Betrieb **für Gesprächsstoff** sorgen.
   (동료직원의 해고는 공장 내에 대화 재료를 마련해주는 원인이 될 것이다.)

   Der Vorschlag des Finanzministers zur Rentenreform sorgte **für große Aufregung.**
   (재무부장관의 연금개혁에 대한 제안은 센세이숀의 원인이 되었다.)

 * '행위의 주체인 사람'이 주어로 오지 않고, *Die Entlassung des Mitarbeiters* 와 *Der Vorschlag des Finanzministers zur Rentenreform*과 같은 '행위명사'가 주어로 오면 '전치사 *mit*를 가진 전치사 보충어'는 실현되지 않는다.

sparen, spart, sparte, hat gespart:

1. SBP: Enom Eakk/Epräp(=*an*)
(von etw. weniger verbrauchen 무엇을 절약하다)

Vergiss nicht, das Licht auszumachen, wir müssen **Strom** sparen!
(전기를 끄는 것을 잊지 말아라, 우리는 전기를 절약해야 한다.)

Die Post sparte **am Personal**, was zu Verspätungen bei der Paketzustellung führte.
(우체국은 인건비를 절약했다, 그것은 소포배달의 지연을 가져왔다.)

2. SBP: Enom Epräp(=*für/auf* + 4격) v Emens
(eine Summe zurücklegen 얼마를 저축하다)

Viele deutsche Familien sparen **für ein Häuschen im Grünen**.
(많은 독일의 가정들은 초원의 작은 집 한 채를 위해서 저축한다.)

Alle Verwandten stifteten etwas, schon seit Monaten ist **auf das Fest** gespart worden.
(모든 친척들이 무엇인가를 기증했다, 이미 몇 달 전부터 그 축제를 위해서 저축되었다.)

Hast du schon *viel* gespart?
(너는 이미 많이 저축했니?)

Ich habe schon *800 Euro* **für den Urlaub in Italien** gespart.
(나는 이태리에서의 휴가를 위해 벌써 800유로를 저축했다.)

 ✻ '척도 보충어'(Emens)는 '형용사' *viel* 이나 '4격 명사' *800 Euro*로 실현된다.

spezialisieren, sich - spezialisiert sich - spezialisierte sich - hat sich spezialisiert:

SBP: Enom Epräp(=*auf* + 4격)

(sich intensiv mit einem bestimmten Gebiet eines Faches beschäftigen 어떤 분야의 전문가가 되다)

Die Firma hat sich **auf die Produktion von Ersatzteilen** spezialisiert.
(그 회사는 부품생산 전문점으로 되었다.)

Er hat sich nach dem Studium der Medizin **auf Chirurgie** spezialisiert.
(그는 의학을 공부한 후에 외과 전문의가 되었다.)

spielen, spielt, spielte, hat gespielt:

1. SBP: Enom

   (sich zum Zeitvertreib beschäftigen 놀다)

   Wir haben einen großen Garten, da können die Kinder spielen.
   (우리는 한 개의 큰 정원을 갖고 있습니다, 그곳에서 애들은 놀 수 있습니다.)

2. SBP: Enom Eakk

   (auf etw. musizieren 무슨 악기를 연주하다)

   Spielen Sie **ein Instrument**?
   (당신은 한 악기를 연주할 수 있습니까?)

3. SBP: Enom Eakk

   (etw. darstellen 어떤 역을 연기하다)

Er spielt in diesem Stück **die Hauptrolle**.
(그는 이 작품에서 주인공의 역할을 연기한다.)

4. SBP: Enom Eakk

(etw. aufführen 무엇을 상영/공연하다)

Was wird heute im Kino gespielt?
(오늘 영화관에서 무엇이 상영되는가?)

Das Stadttheater spielt in diesem Winter "**Die Räuber**" **von Schiller**.
(시립극장은 이번 겨울에 쉴러의 "군도"를 공연한다.)

5. SBP: Enom (Epräp)(=*gegen*)

(gegen jn. einen Wettkampf austragen 누구에 대항해 경기하다)

Am Sonntag spielt unsere Mannschaft **gegen Frankfurt**.
(일요일에 우리 팀은 프랑크푸르트 팀과 경기를 한다.)

6. SBP: Enom Eakk

(sich mit etw. beschäftigen 어떤 운동을 하다)

Spielen Sie **Fußball**?
(당신은 축구를 할 수 있습니까?)

7. SBP: Enom (Epräp)(=*mit*)

(sich leichtsinnig gegenüber jm./etw. verhalten 누구/무엇을 농락하다)

Don Juan spielte **mit den Gefühlen der Frauen**, die ihn liebten.
(돈 쥬앙은 그를 사랑했던 여인들의 감정들을 농락했다.)

Die Heldin von Turgenjews "Erste Liebe" spielt **mit dem Jungen**, dessen Liebe sie nicht erwidert, und verletzt ihn tief.
(뚜르게네프의 "첫사랑"의 여주인공은 그의 사랑에 응답하지 않음으로써 그 청

년을 농락하고 그의 마음에 깊은 상처를 준다.)

 * 농락의 대상으로 '사람' 뿐만 아니라 '감정' 등도 올 수 있다.

sprechen, spricht, sprach, hat gesprochen:

1. SBP: Enom Eakk
(sich mit jm. treffen, um eine Angelegenheit zu besprechen 면담하다)

Kann ich bitte **Herrn Müller** sprechen?
(제가 뮬러씨와 면담을 좀 할 수 있을까요?)

2. SBP: Enom Eakk
(sich sprachlich in etw. ausdrücken 무슨 언어로 말하다)

Jean spricht ausgezeichnet **Deutsch**.
(쟝은 독일어를 아주 잘 한다.)

3. SBP: Enom Epräp1(=*mit*) Epräp2(=*über*)
(mit jm. ein Gespräch über etw. führen 누구와 무엇에 관해 대화하다)

Darüber habe ich *mit ihm* noch nicht gesprochen.
(그것에 관해서 나는 아직 그와 대화를 나누지 않았다.)

Jürgen hat *mit seinem Freund darüber* gesprochen, **dass er einen Gemüseladen eröffnen will**.
(유르겐은 그의 친구와 자신이 채소가게를 개업하려고 하는 데 대해서 대화를 나누었다.)

Ich habe *mit meiner Frau darüber* gesprochen, **ein Wohnmobil für die Ferien zu mieten**.
(나는 나의 부인과 휴가동안에 주거용 자동차 한 대를 빌리는 것에 대해서 대화

를 나누었다.)

 * *darüber*는 '생략할 수 없는 상관사'이다.

4. SBP: Enom Epräp(=*über/zu*)

(über etw. eine Rede halten 무엇에 관해 연설하다)

Der Bundeskanzler spricht heute Abend im Rundfunk **über die Steuerreform**.
(독일수상은 오늘 저녁에 방송에서 세제개혁에 관해서 연설한다.)

Er spricht **zu aktuellen Problemen der Bundesrepublik**.
(그는 독일의 현안들에 관해서 연설한다.)

Ein Psychologe spricht in der alten Aula der Universität **darüber, dass wir wieder lernen sollten, das Alter positiver zu sehen**.
(한 심리학자는 그 대학의 구 대강당에서 우리가 노년을 더 긍정적으로 간주하는 법을 다시 배워야 한다는 것에 대해서 연설한다.)

Danach spricht ein Soziologe **darüber, ob das Alter in allen modernen Gesellschaften negativ gesehen wird.**
(그 다음에 한 사회학자는 노년이 모든 현대 사회에서 부정적으로 간주되는지에 관해서 연설한다.)

Er wird auch **darüber** sprechen, **warum wir in unserer Gesellschaft die Jugend übertrieben hoch schätzen**.
(그는 왜 우리는 우리 사회에서 젊음을 지나치게 높이 평가하는 지에 관해서도 또한 연설할 것이다.)

 * *darüber*는 '생략할 수 없는 상관사'이다.

5. SBP: Enom (Eadv)

(Sprachlaute irgendwie hervorbringen 어떻게 말하다)

Können Sie bitte **etwas lauter** sprechen?

(당신은 약간 더 큰 소리로 말해주실 수 있겠습니까?)

Zhao spricht **flüssig und mit männlichem Timbre**.
(짜오는 막힘없이 그리고 남성적 음색으로 말한다.)

✎ ✱ '생략할 수 있는 부사적 보충어'는 '양태'를 나타낸다.

6. **SBP: Enom Eakk**

(Wort/Text vortragen 단어, 텍스트를 낭독하다)

Der Pfarrer sprach noch **ein Gebet** am Bett unserer verstorbenen Mutter.
(신부님은 우리들의 돌아가신 어머니의 침대 곁에서 기도를 한 개 더 드렸다.)

Ich sprach: **"Bekennen will dem Herrn ich meine Bosheit."**
(나는 말했다: "주님에게 나는 나의 죄를 고백하려고 합니다.")

7. **SBP: Enom Eakk**

(jm. begegnen und mit ihm Worte wechseln 누구와 만나서 대화하다)

Ich habe **den Direktor** lange nicht gesprochen. Ist er auf einer Dienstreise?
(나는 사장님과 오랫동안 만나서 대화를 나누지 못했다. 그는 공무 여행 중인가?)

8. **SBP: Enom Eakk**

(etw. mündlich äußern 무엇을 입으로 말하다)

Er hat nur **Unsinn** gesprochen.
(그는 넌센스만 지껄였다.)

9. **SBP: Enom (Eakk) Epräp(=**_mit_**)**

(mit jm. sprachlich Kontakt haben 누구와 대화를 하는 사이이다)

Mit seinem Sohn sprach er **kein Wort**.

(그의 아들과 그는 아무 말도 안 하는 사이였다.)

Das Ehepaar spricht nicht mehr miteinander.
(그 부부는 더 이상 서로 말도 하지 않는다.)

10. SBP: Enom (Eakk) Epräp(=*zu*)

(Worte an jn. richten 누구에게 말을 하다)

Der Bundespräsident sprach **zu den betroffenen Familien** Worte des Bedauerns und des Trostes.
(독일 대통령은 해당 가족들에게 유감과 위로의 말을 전했다.)

Und Jesus sprach **zu den Menschen, die sich um ihn versammelt hatten**: "Selig sind, die arm sind vor Gott; denn ihnen gehört das Himmelreich."
(그리고 예수는 그의 주위에 모인 사람들에게 말했다: "하느님 앞에서 가난한 자는 복되도다; 왜냐하면 하늘나라가 그들의 것이기 때문이다.")

11. SBP: Enom Eakk/Eadv Epräp(=*über/von*)

(etw. über jn. sagen 누구에 관해 무엇이라고 말하다)

Jetzt, da ihr Mann tot ist, spricht sie nur *Gutes* **über ihn**.
(그녀의 남편이 이제 죽었기 때문에, 그녀는 그에 대해서 좋은 점만 이야기한다.)

Es ist zwar traurig aber üblich, dass Schüler *schlecht* **von ihrer Schule und ihren Lehrern** sprechen.
(학생들이 그들의 학교와 선생님들에 대해서 나쁘게 이야기하는 것은 슬픈 일이지만 자주 있는 일이다.)

12. SBP: Enom Eakk Eobj-präd

(durch einen formellen Sprechakt bewirken, dass jemandes Status so ist 누구를 공식적으로 ...이라고 명명하다)

Es dauert lange, bevor die katholische Kirche jemanden **selig oder heilig**

spricht.
(천주교 교회가 누군가를 복자(福者) 또는 성인(聖人)이라고 명명할 때까지는 오랜 세월이 걸린다.)

13. SBP: Enom Epräp(=*für*)

(jn. vertreten 누구의 대표이다.)

Der Klassensprecher spricht **für die Schüler seiner Klasse**.
(반장은 그의 학급의 학생들의 대표이다.)

14. SBP: Enom Epräp(=*für/gegen*)

(für oder gegen jn./etw. Position beziehen 누구/무엇에 찬성/반대하다)

Ich möchte gerne wissen, ob der Projektleiter im Hinblick auf die neue Stelle **für mich** oder **gegen mich** gesprochen hat.
(나는 그 프로젝트 책임자가 그 새 자리의 적임자로 나를 찬성했는지 또는 나를 반대했는지를 기꺼이 알고 싶다.)

Der Betriebsrat hat **gegen die Einstellung eines externen Bewerbers** gesprochen.
(경영참여근로자 대표 협의회는 외부 응모자의 채용을 반대했다.)

15. SBP: Enom Epräp(=*für/gegen*)

(ein Argument für oder gegen etw. sein 무엇에 찬성/반대할 논거이다)

Ich weiß, dass er vom Wissen her der richtige Mann wäre, aber **sein Verhalten** spricht gegen ihn.
(나는 그가 지식 면에서 볼 때 적당한 사람이라는 것을 안다, 그러나 그의 태도가 그를 부정적으로 평가하게 한다.)

Die Kinder sind doch schon groß, **was** spricht denn *dagegen, dass du wieder arbeitest?*
(애들은 이미 다 컸다, 그런데 무엇이 네가 다시 일하는 것을 막느냐?)

Es spricht viel *dafür, die Wände hell zu streichen.*

(그 벽들을 밝게 칠할 논거는 많다.)

 * *dafür/dagegen*은 '생략할 수 없는 상관사'이다.

16. SBP: Enom Epräp(=*für/gegen*)

(ein Zeichen dafür oder dagegen sein, dass etw. der Fall ist 무엇이 맞다/사실이 아니다는 증거이다.)

Dieser Hautausschlag spricht *für eine Allergie*.
(이 피부발진은 이상 과민성의 증거이다.)

Die vielen Aktivitäten sprechen eigentlich *gegen die Meinung, dass der Chef sich bald aus dem Geschäft zurückziehen will*.
(그 많은 활동들은 그 사장이 사업에서 곧 은퇴하려고 한다는 의견에 정반대되는 증거들이다.)

Dass er selbständig aufsteht, seine Hausaufgaben allein und regelmäßig macht, seine Termine ohne fremde Hilfe einhält, spricht *dafür, dass er jetzt kein kleines Kind mehr ist*.
(그가 혼자서 일어서고, 그의 숙제를 혼자 그리고 규칙적으로 하고, 그의 약속시간을 남의 도움없이 지키는 것들이 모두 그가 이제 더 이상 어린애가 아니라는 증거이다.)

 * *dafür*는 '생략할 수 없는 상관사'이다.

17. SBP: Enom Epräp(=*von/über*)

(sich über etw. äußern 무엇에 관해 발언하다)

In ihren Briefen spricht sie nur **von ihrem Mann, von ihren Kindern und von ihrem Hund. Über etwas anderes** spricht sie nicht.
(그녀의 편지들에서 그녀는 단지 그녀의 남편과 그녀의 애들과 그녀의 개에 관해서만 이야기한다. 그 밖의 다른 것에 대해서는 그녀는 아무 말도 하지 않는다.)

Inge spricht oft ***davon*, dass sie an ihrem 60. Geburtstag nach New York fliegen möchte.**
(잉게는 그녀의 60회 생일에 뉴욕으로 비행기타고 가고 싶다고 가끔 말한다.)

Sie spricht nicht ***darüber*, dass sie sich unglücklich fühlt.**
(그녀는 자신이 불행하다고 느낀다는 데 대해서는 말을 하지 않는다.)

Herr Schmidt spricht immer nur ***davon*, frühzeitig in Rente gehen zu wollen,** aber in Wirklichkeit möchte er das doch lieber nicht.
(스미트씨는 조기에 연금생활을 하겠다고 항상 그 말만 하지만, 실제로는 그것을 원치 않는다.)

Sie hat nie *davon* gesprochen, **warum sie gekündigt hatte.**
(그녀는 왜 사직서를 제출했는지에 관해서는 한 번도 말한 적이 없었다.)

 * *davon/daüber*는 '생략할 수 없는 상관사'이다.

18. SBP: Enom Epräp(=*von*)
(von etw. behaupten, dass es der Fall ist 무엇에 관해 어떻다고 주장하다)

Die Polizei spricht **von drei Toten und mehreren Schwerverletzten.**
(경찰은 세 사람의 사망자와 여러 명의 중상자가 있다고 주장한다.)

Der Bericht des Versicherungsunternehmens spricht ***davon*, dass die Zahl der Autodiebstähle wegen der Wegfahrsperren rückläufig ist.**
(보험회사의 보고는 차량절도사건의 수가 출발차단장치 때문에 줄어들었다고 주장한다.)

 * *davon*은 '생략할 수 없는 상관사'이다.

19. SBP: Enom Epräp(=*von*)
(eine Person oder eine Sache mit etw. bezeichnen 한 사람/사물을 무엇으로 나타내다)

Er spricht spöttisch **von "seiner besseren Hälfte"** und meint damit seine Frau.

(그는 조롱하는 투로 "그의 더 나은 반쪽"이라고 부른다, 그리고 그 말로 그의 부인을 뜻한다.)

20. SBP: Enom Epräp(=*von*) Eadv(*ab/bei* + 3격)

(einen Sachverhalt irgendwobei nach etw. benennen 어떤 사태를 무엇에 따라 명명하다)

Von einer kinderreichen Familie spricht man *ab drei Kindern*.
(3명부터 애가 많은 가정이라고 명명한다.)

Von Armut spricht man *bei einem Familieneinkommen unter dem Sozialhilfesatz*.
(사회복지 정액보다 낮은 가계수입이 있을 때 우리는 가난이라는 이름을 붙인다.)

springen, springt, sprang, ist gesprungen:

1. SBP: Enom Eadv

(sich mit einem Sprung irgendwohin bewegen 도약하여 어디로 움직이다)

Er ist gleich **ins Wasser** gesprungen.
(그는 곧장 물속으로 뛰어들었다.)

2. SBP: Enom Emens

(beim Springen eine Distanz von irgendwieviel erreichen 도약시에 얼마의 거리를 도달하다)

Sie *ist* **Weltrekord** *gesprungen*.
(그녀는 세계기록을 뛰었다.)

Er *hat* **2,40 m** *gesprungen*, **einen neuen Weltrekord**.
(그는 2,40 미터, 한 개의 세계 신기록을 뛰었다.)

* '척도 보충어'(Mensuralergänzung)는 '척도'를 나타내는 '4격 명사' 또는 '형용사'로 실현된다. 완료형은 *haben*과도 만들어진다.

3. SBP: Enom Epräp(=*auf*)

(sich ruckartig auf etw. positionieren 갑자기 무엇으로 바뀌다)

Die Ampel sprang **auf Rot**.
(교통신호등이 갑자기 빨강색으로 바뀌었다.)

Der junge Mann beschleunigte, der Zeiger sprang **auf 140 km/h**.
(그 젊은 남자는 악셀레이터를 밟았다, 속도계는 시속 140 km로 갑자기 올라갔다.)

4. SBP: Enom Eadv

(sich schnell irgendwohin begeben 빠르게 어디로 가다)

Die Leute, die morgens **aus dem Bett** springen können, sind wirklich zu beneiden.
(아침에 침대에서 빠르게 뛰어 나올 수 있는 사람은 정말 부러워할 만하다.)

Kindchen, spring schnell **zum Bäcker**, bevor er schließt.
(애야, 빵가게가 문을 닫기 전에 빨리 빵가게로 뛰어가라)

5. SBP: Enom Eadv

(seinen Wert, seine Position um irgendwieviel verändern 그의 가치/위치를 얼마만큼 바꾸다)

Zum Wochenschluss ist der Kurs des Dollars **auf 3.38 DM** gesprungen.
(주말에 달러의 환율은 3.38 마르크로 올랐다.)

Der Schuldenstand springt **von 30 auf 33 Milliarden Mark**.
(부채상태는 300억에서 330억 마르크로 올라간다.)

spüren, spürt, spürte, hat gespürt:

1. SBP: Enom Eakk

(bes. mit Hilfe des Tastsinns und der Nerven wahrnehmen, dass etw. vorhanden ist 감각으로 무엇이 있음을 느끼다)

Der Mann spürte **einen Luftzug**.
(그 남자는 한 줄기 미풍(微風)을 느꼈다.)

Er spürte **einen stechenden Schmerz/die Wärme der Sonne** auf der Haut.
(그는 피부에 한 개의 찌르는 통증/태양의 온기를 느꼈다.)

Ich habe gar nicht gespürt, **dass mich die Mücke gestochen hat**.
(나는 모기가 나를 물은 것을 전혀 느끼지 못했다.)

2. SBP: Enom Eakk

(<gesprochene Sprache> in einem Teil des Körpers Schmerzen haben <구어체> 신체의 일부에 통증을 갖다)

Wenn er im Garten arbeitet, spürt er immer **seinen Rücken**.
(그는 정원에서 일할 때면, 항상 그의 등에 통증을 느낀다.)

3. SBP: Enom Eakk

(etw. empfinden 어떤 감정을 느끼다)

Er spürt **Durst/Hunger/Mitleid**.
(그는 갈증/배고픔/동정심을 느낀다.)

Ich spürte, **dass er traurig war**.
(나는 그가 슬퍼한다는 것을 느꼈다.)

stattfinden, findet statt, fand statt, hat stattgefunden:

1. SBP: Enom (Eadv1) (Eadv2)
(irgendwo irgendwann veranstaltet werden 언제 어디에서 개최되다)

Die Versammlung findet morgen Abend um 18 Uhr vor dem Rathaus statt.
(그 모임은 내일 저녁 18시 정각에 시청 앞에서 개최된다.)

 * (Eadv1)은 '장소'이고, (Eadv2)은 '시점'이다.

2. SBP: Enom
(sich vollziehen 일어나다)

Der Roman setzt voraus, dass **der Atomkrieg** stattgefunden hat, und es nur wenige Überlebende gibt.
(그 소설은 핵전쟁이 일어나서 단지 적은 수의 사람만 살아남은 것을 전제로 한다.)

Der Zuschauer glaubt, **einen Mord** gesehen zu haben, doch **er** hat nicht stattgefunden.
(그 목격자는 한 살인사건을 보았다고 믿는다, 그러나 살인은 일어나지 않았다.)

stecken, steckt, steckte, hat gesteckt:

1. SBP: Enom Eakk Eadv
(etw. irgendwohin tun 무엇을 어디에 꽂다)

Wo ist denn mein Pass? Ich hatte ihn doch **in die Handtasche** gesteckt.
(내 여권이 어디 있느냐? 나는 그것을 틀림없이 내 핸드백에 집어 넣었어.)

2. **SBP: Enom Eadv**

(irgendwo darin bzw. darauf fest sitzen 어디에 꽂혀 있다)

Sie haben Zimmer 210, der Schlüssel steckt **in der Tür**.
(당신은 210호실입니다, 그 열쇠는 문에 꽂혀 있습니다.)

stehen, steht, stand, hat gestanden:

1. **SBP: Enom**

(nicht in Bewegung sein 멈추어 있다)

Meine Uhr steht.
(내 시계는 멈추어 있다.)

2. **SBP: Enom Edat Eadv**

(jn. irgendwie kleiden 누구에게 어떻게 어울리다)

Die neue Bluse steht dir *gut*.
(그 새 블라우스는 너에게 잘 어울린다.)

 * *gut*은 '양태'를 나타내는 '부사적 보충어'이다.

3. **SBP: Enom Epräp(=***auf***)**

(auf etw. ausgerichtet sein 무엇을 가리키고 있다)

Der Schalter steht auf "aus".
(그 스위치는 "꺼짐"에 맞추어져 있다.)

4. **SBP: Enom Eadv**

(irgendwo geschrieben sein 어디에 실려 있다)

Das steht in der Zeitung.
(그것은 신문에 실려 있다.)

5. SBP: Enom Eadv

(sich irgendwo in einer senkrechten Position befinden 어디에 서 있다)

Er stand am Fenster und winkte.
(그는 창문가에 서서 눈짓을 했다.)

6. SBP: Enom Eadv1/Eadv2

(sich mit seiner Standfläche irgendwo bzw. irgendwie in Kontakt mit einer Fläche befinden 어디에/어떻게 서 있다)

Unser Auto steht den ganzen Winter **in der Garage**.
(우리 차는 겨울 내내 차고에 세워져 있다.)

Neben dem Baum steht ein großes Fass.
(그 나무 옆에 한 큰 통이 서 있다.)

Hol mir bitte das Buch aus dem Regal, es steht für mich **zu hoch**.
(서가에서 그 책을 나에게 좀 갖다 줘, 그것은 나에게 너무 높은 곳에 있어.)

 ＊ Eadv1은 '장소'이고, Eadv2는 '양태'이다.

7. SBP: Enom Eadv Esubj-präd

(<스포츠 언어> irgendwann so sein 언제 어떻다)

Nach 20 Minuten stand das Spiel 1:1.
(20분후에 그 경기는 1:1이었다.)

8. SBP: Enom Epräp(=zu)

(zu jm. halten 누구를 편들다)

Die meisten Studenten stehen **zu ihren Vätern**.
(대부분의 대학생들은 그들의 아버지들 편이다.)

9. SBP: Enom Epräp(=*zu*) Eadv

(sich etw./jm. gegenüber irgendwie verhalten 누구에 대해 어떤 태도를 취하다)

Er steht **positiv** zu seinen Kollegen.
(그는 그의 동료들에 대해서 긍정적 태도를 취한다.)

10. SBP: Enom Eadv

(in einem irgendwie gearteten Zustand sein 어떤 상태에 있다)

Im vorigen Jahr hat der Weizen **gut** gestanden, in diesem Jahr steht er **schlecht**.
(작년에는 밀의 작황이 좋았으나, 올해에는 밀의 작황이 좋지 않다.)

기능동사 *stehen*을 가진 '기능동사 구문'

zur **Debatte** stehen: Eine Gehaltserhöhung steht in diesem Jahr nicht zur Debatte.
(봉급인상은 올해에는 토론되지 않는다.)

zur **Verfügung** stehen: Uns steht für die Reise ein bequemer Bus zur Verfügung.
(그 여행을 위해 우리는 한 대의 편안한 버스를 사용할 수 있다.)

zur **Wahl** stehen: Für das Amt des Vorsitzenden stehen 3 Kandidatinnen zur Wahl.
(의장직에 세 후보가 입후보해 있다.)

steigen, steigt, stieg, ist gestiegen:

1. SBP: Enom Eadv
(sich nach oben bewegen 위로 움직이다)

Das Flugzeug steigt **auf 10000m Höhe**.
(그 비행기는 만 미터 고도로 상승한다.)

2. SBP: Enom (Emens)
(sich erhöhen 상승하다)

Gegen Abend ist das Fieber wieder gestiegen.
(저녁 무렵에 열이 다시 올라갔다.)

Gestern ist der Dollar **einen Cent** gestiegen.
(어제 달러가 1센트 올랐다.)

3. SBP: Enom
(sich verbessern oder wachsen 개선되다 또는 성장하다)

Die Stimmung steigt.
(분위기가 달아오른다.)

Durch diese mutige Entscheidung ist **das Ansehen des Politikers** enorm gestiegen.
(이 용감한 결정으로 인해서 그 정치가의 명성이 아주 많이 좋아졌다.)

4. SBP: Enom Eadv
(nach oben oder unten gehen 위로 또는 아래로 가다)

Die Umweltschützer steigen auf die Schornsteine.
(그 환경보호가들은 그 굴뚝들 위로 올라간다.)

Er stieg in den Keller, um eine Flasche Wein zu holen.

(그는 한 병의 포도주를 가지러 지하실로 내려갔다.)

5. SBP: Enom Eadv.

   (sich mit einer Bewegung irgendwohin begeben 어디로 올라타다)

   Er stieg aufs Fahrrad und fuhr davon.
   (그는 자전거에 올라타고서는 그 곳을 떠났다.)

6. SBP: Enom Eadv

   (spürbar oder sichtbar werden 느낄 수 있게/보이게 되다)

   Da stieg dem Alten der Ärger ins Gesicht.
   (그 때 그 노인의 얼굴에 분노를 느낄 수 있었다.)

7. SBP: Enom (Eadv)

   (sich um irgendwieviel nach oben ausdehnen 얼마만큼 위로 확장되다)

   In den nächsten Tagen steigt die Schneefallgrenze *von dreihundert auf siebenhundert Meter.*
   (며칠 후에 강설경계선이 300 미터에서 700 미터로 올라갈 것이다.)

stellen, stellt, stellte, hat gestellt:

1. SBP: Enom Eakk Epräp(=*auf*)

   (etw. auf etw. einstellen 무엇을 무엇에 맞추다)

   Ich habe den Wecker **auf 5 Uhr** gestellt.
   (나는 자명종을 5시에 맞추어두었다.)

2. SBP: Enom Eakk Eadv

   (etw. in eine senkrecht stehende Position versetzen 무엇을 세워두다)

Stell das Bier **in den Kühlschrank!**
(그 맥주를 냉장고 안에 세워둬!)

3. SBP: Enom Eakk Eobj-präd
   (bewirken, dass etw. so ist 무엇을 어떻게 조정하다)

   Würden Sie das Radio bitte etwas **leiser** stellen?
   (라디오를 약간 더 조용하게 조정해주시겠습니까?)

stellen, sich stellt sich - stellte sich - hat sich gestellt:

1. SBP: Enom Eadv
   (irgendwo eine aufrecht stehende Position einnehmen 어디에 서다)

   Er stellte sich direkt neben mich.
   (그는 내 바로 옆에 섰다.)

2. SBP: Enom Edat
   (bereit sein, mit jm./etw. auseinanderzusetzen 누구와 대화할/무엇을 받을 준비가 되어 있다)

   Die beiden Amerikaner waren in Las Vegas festgenommen worden und müssen sich heute **einer Vernehmung** stellen.
   (그 두 미국인은 라스베가스에서 체포되었고, 오늘 심문을 받아야 한다.)

   Am Nachmittag stellte sich Egon Kreuz dann noch auf einer Pressekonferenz **Vertretern** von Rundfunk, Fernsehen, Nachrichtenagenturen und Zeitungen aus aller Welt.
   (오후에 에곤 크로이쯔는 기자회견에서 세계 각지에서 온 방송, TV, 통신사들과 신문사들의 대표들을 회견했다.)

3. SBP: Enom (Edat)

(sich freiwillig melden 자수하다)

Wie gestern bekannt wurde, stellte sich der 30-jährige mutmaßliche Mörder am Bahnhof Zoo **der Berliner Polizei**.
(어제 알려진 바에 의하면, 그 30살의 살인 용의자는 동물원 정거장에서 베를린 경찰에 자수했다.)

Nur 16 Tage nach seiner Flucht fliegt Uwe Zimmermann *in einer Linienmaschine* nach Hamburg zurück, um sich zu stellen.
(그가 도망간 후 단 16일 후에 우베 짐머만은 자수하기위해서 정기노선 비행기로 함부르크로 돌아온다.)

 * *Linienmaschine*는 *Linienflugzeug*(정기노선 비행기)이다.

> ### 기능동사 *stellen*을 가진 '기능동사 구문'

Antrag stellen:	Die Studentin stellte einen Antrag auf Zulassung zum Medizinstudium. (그 여대생은 의학공부허용에 대한 신청을 했다.)
Aufgabe stellen:	Der Mathematiklehrer stellte den Schülern eine schwere Aufgabe. (그 수학선생님은 그 학생들에게 한 어려운 과제를 주었다.)
in Dienst stellen:	Die Armee hat einen neuen Panzer in Dienst gestellt. (군은 한 신형 장갑차를 배치시켰다.)
zur Diskussion stellen:	stellen: Ich möchte meinen Vorschlag zur Diskussion stellen. (나는 나의 제안을 토론에 부치고 싶다.)

Forderung stellen: Die Ärztin stellte sehr hohe Honorarforderungen für die Behandlung der Patienten.
(그 여의사는 그 환자들을 치료하는 데 아주 많은 보수들을 요구했다.)

Frage stellen: Ich möchte Ihnen folgende Frage stellen: ....
(저는 당신에게 다음의 질문들을 하고 싶습니다: ....)

zur Verfügung stellen: Die Bank hat mir einen Kredit zur Verfügung gestellt.
(그 은행은 나에게 대부를 한 건 해주었다.)

sterben, stirbt, starb, ist gestorben:

1. SBP: Enom Epräp(=an)
(aufhören zu leben 죽다)

Ich weiß nicht, *woran* er *gestorben ist.*
(나는 그가 무슨 병으로 죽었는지 모른다.)

Der alte Mann *starb an Krebs.*
(그 노인은 암으로 죽었다.)

 * '무슨 병을 앓다'는 *leiden an einer Krankheit*이고, '무슨 병으로 죽다'는 *sterben an einer Krankheit*로서 공통적으로 전치사 *an*이 온다.

2. SBP: Enom
(aufhören zu funktionieren 기능을 멈추다)

Stirbt das Theater in Heidelberg?
(하이델베르크의 극장은 다 죽는가?)

Bürokratien sterben langsam.

(관료기구들은 천천히 그 기능을 멈춘다.)

3. SBP: Enom Epräp(=*aus/vor* + 3격)

(unter etw. so schwer leiden, dass man schließlich sein Leben verliert 무엇 때문에 죽다)

Kann ein Tier, das in freier Wildbahn gesellig leben würde, im Zoo **vor Einsamkeit** sterben?
(자유로운 자연 상태에서는 사교적으로 살아갈 한 동물이 동물원에서는 외로워서 죽을 수 있는가?)

Otto-Ernst wurde vom Vater aus dem Unternehmen prozessiert und starb **aus Kummer und Verbitterung**.
(오토-에른스트는 아버지에 의해서 그 사업에서 고소로 쫓겨났고, 걱정과 불쾌감 때문에 죽었다)

4. SBP: Enom Epräp(=*für*)

(für etw. sein Leben opfern 무엇을 위해 자신의 생명을 희생하다)

Den jungen Rekruten wurde gesagt, es sei eine Ehre, **für das Vaterland** zu sterben.
(젊은 신병들에게 조국을 위해 자신을 희생하는 것은 영광이라고 말해졌다.)

stimmen, stimmt, stimmte, hat gestimmt:

1. SBP: Enom

(richtig oder wahr sein 옳다)

Die Adresse stimmt nicht mehr.
(그 주소는 더 이상 옳지 않다.)

2. SBP: Enom Epräp(=*für/gegen*)/Eadv
(in einer Abstimmung für/gegen etwas entscheiden 찬성/반대 투표하다)

Ich werde **gegen den Antrag** stimmen.
(나는 그 제안에 반대투표를 하겠다.)

Auch in diesem zweiten Wahlgang haben wieder zehn Prozent der französischen Kommunisten **für de Gaulle** gestimmt.
(이 두 번째 투표에서도 프랑스 공산주의자들의 10%는 다시 드골에 찬성하는 투표를 했다.)

Nach jungsten Meinungsumfragen würde die Bevölkerung bei einer Volksbefragung **mit einem klaren Ja** stimmen.
(최근의 여론조사에 의하면 주민들은 국민투표를 하면 분명한 예로써 투표할 것이라고 한다.)

 ✱ 부사적 보충어는 '양태'를 나타낸다.

3. SBP: Enom Eakk
(etwas richtig einstellen 무엇을 옳게 조율하다)

Kennst du jemanden, der **mein Klavier** stimmen kann?
(내 피아노를 옳게 조율할 수 있는 누군가를 아는가?)

4. SBP: Enom Eakk Eobj-präd
(bewirken, dass jemand in eine solche Stimmung gerät 누가 어떤 기분에 빠지게 하다)

Die Melodie stimmte uns **wehmütig**.
(그 선율은 우리를 슬프게 만들었다.)

5. SBP: Enom Epräp(=*zu*)
(zu etw. passen 무엇에 어울리다)

Das Grün der Bluse stimmt nicht **zur Farbe des Rocks**.
(그 브라우스의 초록색은 스커트의 색에 어울리지 않는다.)

stören, stört, störte, hat gestört:

1. SBP: Enom Eakk
(jemandes Missfallen erregen 누구를 불쾌하게 하다)

Lass doch die Leute reden. Das stört mich gar nicht.
(그 사람들에게 말을 하게 해. 그것이 나를 불쾌하게 하진 않아.)

2. SBP: Enom (Eakk) (Epräp)(=*bei/in*)
(jn. bei etw. behindern 누가 무엇을 하는 것을 방해하다)

Darf ich Sie einen Augenblick stören?
(제가 당신을 잠깐 방해해도 괜찮겠습니까?)

Die Kinder dürfen den Vater nicht **bei der/in seiner Mittagsruhe** stören.
(애들은 아버지가 정오에 휴식할 때 방해해서는 안 된다.)

3. SBP: Enom Eakk
(auf etw. negativ einwirken 무엇에 부정적 영향을 미치다)

Die Umweltverschmutzungen stören das ökologische Gleichgewicht empfindlich.
(환경오염들은 생태학적인 균형을 예민하게 파괴한다.)

4. SBP: Enom Eakk Epräp(=*bei*)
(verursachen, dass jd. bei der Durchführung von etw. behindert wird 방해하다)

Die Autos und Baumaschinen vor unserem Haus haben mich **beim Mittagsschlaf** gestört.
(우리 집 앞의 자동차들과 건설기계들이 내가 낮잠을 자는 것을 방해했다.)

Der Patient wollte endlich einschlafen, aber **es** störte ihn *dabei*, **dass der Wasserhahn im Krankenzimmer ständig tropfte.**
(그 환자는 마침내 잠을 자려고 했다, 그러나 병실의 수도꼭지에서 끊임없이 물 떨어지는 소리가 나서 그가 잠드는 것을 방해했다.)

 * *dabei*는 *beim Einschlafen*을 뜻한다. **es**는 **dass**-이하를 받는 '상관사'이다.

5. SBP: Enom Eakk
(den normalen Verlauf von etw. behindern 무엇의 정상적 진행을 방해하다)

Das ständige Schwatzen der Schüler störte die Konzentration des Lehrers auf den Unterricht.
(그 학생들의 끊임없는 잡담은 그 선생님이 그 수업에 집중하는 것을 방해했다.)

streiken, streikt, streikte, hat gestreikt:

1. SBP: Enom (Epräp)(=*für/gegen*)
(die Arbeit niederlegen 파업하다)

Die Metallarbeiter streiken **für höhere Löhne und bessere Arbeitsbedingungen.**
(그 금속공들은 더 많은 임금들과 더 좋은 노동조건들을 위해서 파업한다.)

Wir streiken **gegen das Verhalten der Verwaltung.**
(우리는 행정관청의 행동/태도에 반대하여 파업한다.)

2. SBP: Enom
(nicht mehr funktionieren 더 이상 작동하지 않다)

Zu fette Ernährung, viel Nikotin und Alkohol nimmt der Bundesbürger zu sich, bis schließlich **der Organismus** streikt.
(결국 인체조직이 더 이상 작동하지 않을 때까지, 너무 기름진 식품, 너무 많은

니코틴과 알콜을 독일국민은 취한다.)

Keiner weiß, was los ist, **die Lautsprecher** streiken, und der Zug steckt im Tunnel fest.
(아무도 무슨 일이 일어났는지 모른다, 확성기들은 작동이 되지 않고, 기차는 터널 안에 꼼짝없이 갇혀있다.)

3. SBP: Enom (Epräp)(=*bei*)
(sich weigern weiterzumachen 계속하는 것을 거부하다)

Er hatte schon Mathematik, Deutsch und Englisch gemacht, aber *bei* Geografie hat er gestreikt, es waren wirklich zu viele Hausarbeiten.
(그는 이미 수학, 독일어과 영어를 잘 공부해내었다, 그러나 지리학에서 그는 계속 하는 것을 거부했다, 정말 너무 많은 과제물들이 있었다.)

Als der Hauseigentümer dann aber einen erheblichen Mietaufschlag verlangte, streikte sein Mieter, und es kam zum Prozess.
(집주인이 그 후에 그러나 현저한 집세 인상을 요구했을 때, 그의 임대인은 그것을 거부했다. 그리고 소송을 하게 되었다.)

streiten, streitet, stritt, hat gestritten:

1. SBP: Enom (Epräp)(=*für/gegen*)
(für oder gegen die Realisierung von etw. kämpfen 무엇을 찬성/반대하여 투쟁하다)

Wir streiten **für Erhaltung der Meinungsfreiheit und Meinungsvielfalt**.
(우리는 의견의 자유와 의견의 다양성을 위해서 투쟁한다.)

Mutig und konsequent, aber stets fair stritt er **gegen seine politischen Widersacher, für soziale Gerechtigkeit**.
(용감하고 시종일관하게, 그러나 항상 정정당당하게 그는 그의 정적들에 대항해서, 사회정의를 위해서 투쟁했다.)

Lasst uns mit allen unseren Kräften *dafür* streiten, **dass unsere Arbeitsplätze erhalten bleiben!**
(우리들의 모든 힘을 다해서 우리 직장들이 유지되도록 하기 위해서 싸우자!)

Sein Leben lang hat er unermüdlich *dagegen* gestritten, **dass Behinderte von der Gesellschaft ausgegrenzt werden.**
(그는 한 평생 내내 지치지 않고 장애인들이 사회로부터 소외당하는 것에 대항해서 투쟁했다.)

 * *dafür/dagegen*은 뒤에 오는 'dass-문장'에 대한 상관사로서 생략될 수 없다.

2. SBP: Enom Epräp(=*mit*) (Epräp)(=*um*)
(mit jm. um etw. konkurrieren 누구와 무엇을 두고 경쟁하다)

Unsere Mannschaft streitet **mit der Mannschaft der "Heinrich-Heine-Schule"** *um den ehrenvollen zweiten Platz.*
(우리 팀은 "하인리히-하이네-학교" 팀과 명예로운 2등을 두고 경쟁한다.)

streiten, (sich) streitet (sich) - stritt (sich) - hat (sich) gestritten:

1. SBP: Enom (Epräp1)(=*mit*) (Epräp2)(=*über*)
(mit jm. über etw. kontrovers diskutieren 누구와 무엇에 관해 논쟁하다)

Ob das richtig war, **darüber** kann man (sich) streiten.
(그것이 옳았는지, 그것에 관해서 사람들은 서로 논쟁할 수 있다.)

Mediziner streiten (sich) mit Juristen **über die Grenzen ärztlicher Ethik.**
(의사들은 법률가들과 의사의 윤리의 한계들에 관해서 (서로) 논쟁한다.)

 * *(sich) streiten*은 '*sich*의 생략이 가능한 재귀동사'(fakultativ reflexive Verben)이다.

2. SBP: Enom (Epräp1)(=*mit*) (Epräp2)(=*um*)

(mit jm. eine harte Auseinandersetzung um etw. haben 누구와 무엇을 두고 심하게 다투다)

Es war vorzusehen, dass (sich) die Partei mit ihrem Koalitionspartner **um den Posten des Außenministers** streiten würde.
(그 당이 연립 파트너와 외무부장관의 자리를 놓고 서로 격렬하게 다툴 것이란 것은 예상될 수 있었다.)

studieren, studiert, studierte, hat studiert:

1. SBP: Enom (Eakk)

(als Student eine Universität besuchen, um dort etw. zu lernen 무엇을 배우기 위해 대학에 다니다)

Meine Tochter studiert **Chemie**.
(내 딸은 대학에서 화학을 전공한다.)

Japanologen können jetzt auch in Heidelberg studieren.
(일본학 전공자들은 이제 하이델베르크에서도 대학에 다닐 수 있다.)

2. SBP: Enom Eakk

(etw. wissenschaftlich untersuchen 무엇을 학문적으로 연구하다)

Er studiert **die Folgen des Alkohols auf das Gehirn**.
(그는 알콜의 뇌에 대한 영향들을 학문적으로 연구한다.)

Stets hat er seine Schüler gedrängt, **alle Fragen der Philosophie** genau zu studieren.
(그는 그의 학생들이 철학의 모든 문제들을 정확하게 연구할 것을 항상 재촉했다.)

3. SBP: Enom Eakk

(etw. aufmerksam durchlesen 무엇을 주의 깊게 검토하다)

Vormittags studiere ich **die Stellenanzeigen**, telefoniere herum wegen Arbeit, schreibe eine Bewerbung.
(오전 중에 나는 구인광고를 주의 깊게 검토하고, 일 때문에 여러 곳에 전화하고, 구직 응모서를 한 장 쓴다.)

4. SBP: Enom (Epräp)(=*auf*)

(ein Studium im Hinblick auf etw. absolvieren 무엇을 최종목표로 공부하다)

Studierst du **auf Magister** oder **auf Lehramt**?
(너는 공부의 최종목표가 석사인가 아니면 교직인가?)

stürzen, stürzt, stürzte, ist gestürzt:

1. SBP: Enom

(das Gleichgewicht verlieren und auf den Boden fallen 균형을 잃고 땅에 넘어지다)

Sie ist auf der Straße gestürzt.
(그녀는 그 도로 위에서 넘어졌다.)

2. SBP: Enom Epräp(=*in* + 4격)

(in etw. Unangenehmes geraten 어떤 불유쾌한 상태에 빠지다)

Die Faserindustrie, bis dahin sehr erfolgreich, stürzte **in eine tiefe Krise**.
(그 때까지 아주 성공적이었던 섬유산업이 깊은 위기로 빠져들었다.)

Nach Stromausfällen stürzten die Vororte **in eine beklemmende Dunkelheit**.
(정전(停電)후에 그 교외들은 숨이 막히는 어둠 속으로 빠져들었다.)

3. SBP: Enom

(seine Machtstellung verlieren 권력을 잃다)

Beim Rückflug von Moskau nach Frankfurt: Willy Brandt wusste, dass Erich Honecker in den nächsten Stunden stürzen wird.
(모스크바에서 프랑크푸르트로 돌아가는 비행 중에: 빌리 브란트는 에리히 호네커가 몇 시간 후에 권좌에서 추락할 것이라는 것을 알았다.)

4. SBP: Enom Eadv

(heftig irgendwohin fallen 어디로 떨어지다)

Der kleine Junge stürzte **aus der Tür des fahrenden Zuges** und wurde schwer verletzt.
(그 작은 사내애는 달리는 기차의 문 밖으로 떨어져서 중상을 입었다.)

Der Baum stürzte **auf ein fahrendes Auto** und tötete eine 20 Jahre alte Frau auf dem Beifahrersitz.
(그 나무는 한 대의 달리는 자동차 위로 넘어져서 조수석에 있던 20세 된 한 여성을 죽였다.)

5. SBP: Enom Eadv

(sich schnell irgendwohin bewegen 어디로 급히 움직이다)

Als es klingelte, stürzte ich **ans Telefon**.
(초인종 소리가 울렸을 때, 나는 전화기 쪽으로 달려갔다.)

6. SBP: Enom Eadv

(sich um irgendwieviel verringern 얼마만큼 감소하다)

Das Thermometer stürzte von einem Tag auf den anderen **um 10 Grad Celsius**.
(온도계는 하루 만에 섭씨 10도나 떨어졌다.)

Der Index der Technologiebörse stürzte **in die Tiefe**.

(기술주의 지수가 많이 떨어졌다.)

suchen, sucht, suchte, hat gesucht:

1. SBP: Enom Eakk/Epräp(=nach)
(sich bemühen, etw. zu bekommen 무엇을 구하다)

Mercedes-Benz sucht **einen technischen Leiter**.
(벤쯔 회사는 한 명의 기술 지도자를 구하고 있다.)

Die Wölfin sucht **nach einer geeigneten Höhle**, um ihre Jungen zur Welt zu bringen.
(그 암컷이리는 새끼들을 낳기 위해서 한 적당한 동굴을 구하고 있다.)

2. SBP: Enom Eakk/Epräp(=nach) (Eadv)
(irgendwo nach etwas Verlorenem nachsehen 어디에서 잃어버린 것을 찾다)

Ich suche **meine Brille**.
(나는 내 안경을 찾고 있다.)

Die Kripo hat vergeblich **nach dem Verbrecher** gesucht.
(경찰 범죄수사반은 헛되이 그 범인을 수색했다.)

"Hast du schon *auf deinem Schreibtisch* **nach deinem Formular** gesucht, *in der Schublade* oder *unter deinem Bett*?" - "Ja, ich habe **es** *überall* gesucht."
(너는 네 책상위에서, 서랍 안에서 또는 네 침대 밑에서 너의 서식용지를 찾아보았느냐?" - "그래, 나는 그것을 도처에서 찾아보았다.)

 * '장소'를 나타내는 부사적 보충어는 생략이 가능하다.

3. SBP: Enom Eakk (Eadv)
(anstreben, irgendwo etw. zu bekommen 어디에서 무엇을 얻으려고 노력하다)

Er suchte **bei mir** Rat und Hilfe.
(그는 나에게서 충고와 도움을 얻고자 노력했다.)

Sie suchte Trost und Verständnis **bei ihrer Freundin**.
(그녀는 그녀의 여자 친구에게서 위로와 이해를 받고자 노력했다.)

Ihm wurde plötzlich schwindlig und er suchte Halt **an einem Baum**.
(그는 갑자기 어지러워져서 한 그루의 나무를 붙잡고 버티려고 했다.)

Am hinteren Ende des Refugiums befand sich ein kleines, hübsches Laubenhäuschen, **in dem** Bernie für eine Weile vor dem Regen Schutz suchte.
(은신처의 뒤쪽 끝에 한 개의 작고 예쁜 현관이 있는 농가가 있었는데, 베르니는 그 집에서 한 동안 비를 피했다.)

Drei Krankenschwestern suchen Hilfe, weil sie mit den Belastungen ihres Berufs nicht fertig werden.
(세 명의 간호사들은 그들의 직업의 부담들을 극복하지 못하기 때문에 도움을 얻고자 애쓴다.)

＊ 생략할 수 있는 부사적 보충어는 '장소'를 나타내고, 전치사 *bei, an, in*이 자주 온다.

4. SBP: Enom Eakk
(anstreben, etw. zu erreichen 무엇을 추구하다)

Sie sucht den Erfolg *mit allen Mitteln*.
(그는 모든 수단을 다해서 성공을 추구한다.)

＊ *mit allen Mitteln*은 '수단'을 나타내는 '부사적 임의첨가어'이다.

5. SBP: Enom Eakk/Epräp(=*nach*)
(Überlegungen anstellen, mit dem Ziel, etw. zu finden 무엇을 발견하기위해 연구하다)

Die Stadt Mannheim sucht **neue Möglichkeiten** in der Abfallwirtschaft.
(만하임 시는 폐기물 경제에서 새로운 가능성들을 발견해내기 위해서 연구한다.)

Das Institut Pasteur sucht **nach einem Impfstoff** gegen Aids.
(파스테르 연구소는 에이즈에 대한 왁친을 발견하기 위해서 연구하고 있다.)

* suchen 1, suchen 2, suchen 5에서 공통적으로 논항 '대상'(Adressat)이 Eakk 또는 Epräp(=*nach*)로 실현될 수 있다.

6. (sich bemühen, etw. zu tun; versuchen 무엇을 하려고 노력하다; 시도하다)

Der Arzt suchte vergeblich, das Kind zu beruhigen.
(그 의사는 그 애를 진정시키려고 노력했지만 허사였다.)

Er suchte, ihr zu gefallen.
(그는 그녀의 마음에 들려고 노력했다.)

Er suchte, sie zu überzeugen.
(그는 그녀를 확신시키려고 노력했다.)

* *suchen zu* = *versuchen zu*이다. 즉 '준 화법조동사'(Modalitätsverb)로서 항상 Infinitiv mit *zu*와 결합한다: *Wir haben viel zu tun; Das ist zu machen; Er scheint arm zu sein; Er pflegt sie zu küssen.*

tanken, tankt, tankte, hat getankt:

1. SBP: Enom (Eakk)
   (etw. in den Tank eines Fahrzeugs füllen 무엇을 주유하다)

   An der nächsten Tankstelle müssen wir unbedingt tanken.

(다음 주유소에서 우리는 무조건 주유해야 한다.)

Ich habe 20 Liter **bleifreies Benzin** getankt.
(나는 20리터의 납이 없는 벤진을 주유했다.)

2. SBP: Enom (Eakk)

(etw. in sich aufnehmen 무엇을 자신 안으로 받아들이다)

Am Wochenende tanken viele Städter **frische Luft und Sonne**, indem sie in die Natur fahren.
(주말에 많은 도시인들은 자연 속으로 차를 몰고 나가는 것을 통해서, 신선한 공기와 태양을 듬뿍 받아들인다.)

3. SBP: Enom Eakk (Eadv)

(etw. mit irgendwieviel Treibstoff versorgen 무엇을 얼마만큼의 연료로 주유하다)

Sie haben **Ihr Auto** getankt und womöglich Ihre Kreditkarte benutzt?
(당신은 당신의 차에 주유를 하고 아마도 당신의 신용카드를 사용하셨지요?)

Er hatte **sein Flugzeug** nur *halbvoll* getankt und musste notlanden.
(그는 그의 비행기에 반만 주유하여서 비상착륙해야만 했다.)

 ✱ 생략할 수 있는 부사적 보충어는 *voll, halbvoll* 등의 '양'을 나타내는 형용사이다.

tanzen, tanzt, tanzte, hat getanzt:

1. SBP: Enom

(rhythmische Bewegungen machen 춤추다)

Wir haben die ganze Nacht getanzt.
(우리는 밤새도록 춤을 추었다.)

2. **SBP: Enom Eakk**
   (etw. tanzend vorführen 무슨 춤을 추다)

   Sie kann so wunderbar **Walzer und Tango** tanzen.
   (그녀는 왈쯔와 탱고를 놀랍도록 잘 출 수 있다.)

3. **SBP: Enom (Eadv)**
   (irgendwo als Tänzer tätig sein 어디에서 춤꾼으로 활동하다)

   "Was macht ihre Tochter?" - "Sie tanzt."
   ("그녀의 딸은 무엇을 하는가?" - "그녀는 댄서이다.")

   Tom Schilling war 1946 bis 1962 Solist in Dresden und Leipzig, tanzte *bei Mary Wigman*.
   (톰 쉴링은 1946년에서 1962년까지 드레스덴에서 솔로 댄서였고, 매리 빅맨에서 댄서였다.)

4. **SBP: Enom (Eadv)**
   (sich wie im Tanz bewegen 춤추듯이 움직이다)

   Das Schiff tanzte *auf den Wellen*.
   (그 배는 춤추듯이 파도 위를 미끄러져 갔다.)

---

teilnehmen, nimmt teil, nahm teil, hat teilgenommen:

1. **SBP: Enom Epräp**(=*an/bei*)
   (sich an etw. beteiligen 무엇에 참가하다)

   Leider konnte ich **an der Sitzung** nicht teilnehmen.
   (유감스럽게도 나는 그 회의에 참석할 수 없었다.)

   Wir nehmen **am Sprachkurs** teil.

(우리는 언어과정에 참여한다.)

Die vier möchten gern **bei den deutschen Tischfußballmeisterschaften** teilnehmen.
(그 네 사람은 독일 테이블 축구선수권대회에 참가하고 싶어 한다.)

2. **SBP: Enom Epräp(=*an*)**

   (mitfühlen 무엇을 함께 느끼다)

   Die ganze Welt nimmt **an dem tragischen Unglück** teil, das die Familie Kennedy getroffen hat.
   (전 세계는 케네디 가가 당한 그 비극적 불행을 함께 느낀다.)

3. **SBP: Enom Epräp(=*an*)**

   (bei etw. aktiv mitwirken 무엇에 능동적으로 참여하다)

   Das Bewusstsein, **an dem Geschehen** im eigenen Land mitverantwortlich teilnehmen zu können, motiviert die Bürger.
   (자신의 나라의 사건에 함께 능동적으로 참여할 수 있다는 의식이 그 시민들에게 그런 행동을 하도록 동기를 부여한다.)

4. **SBP: Enom Epräp(=*an*)**

   (jd. ist von den Auswirkungen von etw. betroffen und profitiert davon; teilhaben an 누가 무엇의 영향을 받고, 그것에서 이익을 얻다; 무엇에 관여하다)

   Der Markt hat in voller Breite **am Kursaufschwung** teilgenommen.
   (시장은 광범위하게 환율 상승에 관여했다.)

töten, tötet, tötete, hat getötet:

1. **SBP: Enom Eakk (Eadv)**

(mittels irgendetwas den Tod von jm./etw. herbeiführen; umbringen 무엇을 수단으로 누구/무엇을 죽이다)

Hilfe, er will **mich** töten!
(도와주세요, 그가 나를 죽이려고 해요!)

Er wurde bei dem Unfall getötet.
(그는 그 사고 때에 죽음을 당했다.)

Der Zahnarzt musste **den Nerv** töten.
(그 치과의사는 그 신경을 죽여야 했다.)

Drei Männer töteten **den Mann** mit Pistolenschüssen.
(세 남자들이 그 남자를 권총사격으로 죽였다.)

 * 생략할 수 있는 부사적 보충어는 '수단'을 나타낸다.

2. SBP: Enom Eakk

(die Ursache dafür sein, dass etw. stirbt 무엇이 죽는 원인이 되다)

Tiefe Hoffnungslosigkeit kann einen Menschen krank machen und schließlich sogar töten.
(깊은 절망감이 한 사람을 병들게 하고, 나아가 결국 죽게 할 수도 있다.)

3. SBP: Enom Eakk Eadv

(etw. mittels irgendetwas unwirksam machen 무엇을 수단으로 무엇의 효과를 없애다)

Sprache kann man *durch monotone Genauigkeit* töten.
(우리는 단조로운 정확성으로 언어의 효과를 죽일 수 있다.)

Durch Hunger Und Krieg wird häufig **die Menschenwürde** getötet.
(기아와 전쟁을 통해서 종종 인간존엄성이 말살된다.)

 * '부사적 보충어'는 '수단'을 나타낸다.

tragen, trägt, trug, hat getragen:

1. SBP: Enom Eakk

(etw. auf sich nehmen 무엇을 자신이 부담하다)

Die Krankenkasse trägt **die Kosten**.
(의료보험이 그 비용들을 부담한다.)

2. SBP: Enom Eakk (Eadv)

(etw. irgendwohin transportieren 무엇을 어디로 운반하다)

Ich trage *dir* **den Koffer** zum Bahnhof.
(나는 너를 위해서 그 가방을 역으로 운반해주겠다.)

 * *dir*는 '이익의 3격'으로서 '임의 첨가어'(Angabe)이다.

Soll ich **den Brief** zur Post tragen?
(제가 그 편지를 우체국으로 가져가야 할까요?)

3. SBP: Enom Eakk (Eadv)

(etw. irgendwo am Körper haben 무엇을 신체의 어떤 부위에 갖다)

Unsere Tochter muss **eine Brille** tragen.
(우리 딸은 안경을 끼어야 한다.)

Sie trug *an jedem Finger* **einen Ring** und *auf dem Kopf* **einen frechen Hut**.
(그녀는 각 손가락에 반지 한 개씩을 끼었고, 머리 위에는 한 개의 뻔뻔스러운 모자를 썼다.)

4. SBP: Enom Eakk

(die wichtigste Stütze von etw. sein 무엇의 가장 중요한 받침대이다)

Der Dollar trägt **den Aufschwung**, der Aufschwung trägt **die Industrie**.
(달러가 경기상승의 중요한 받침대이고, 경기상승이 산업을 떠받치고 있다.)

5. SBP: Enom Eakk

   (mit etw. versehen sein 무엇을 갖고 있다)

   Sie tragen **einen berühmten Namen**.
   (당신은 한 유명한 이름을 가지고 계십니다.)

   Die Lesung trägt **den Titel** "Heute ist immer noch".
   (그 낭독회는 "오늘은 아직 있다"라는 제목을 갖고 있다.)

6. SBP: Enom Eakk

   (etw. von unten stützen 무엇을 아래에서 지탱하다)

   Unregelmäßige hohe **Säulen** tragen ein Dach aus kubanischen Edelhölzern, teilen den Raum und erzeugen den Eindruck, eine Grotte zu betreten.
   (불규칙적으로 높은 기둥들이 쿠바산 고급목재로 된 한 지붕을 아래에서 지탱하고 있고, 그 공간을 둘로 나누고 있고, 한 개의 동굴로 들어가는 느낌을 준다.)

7. SBP: Enom Eakk

   (etw. hervorbringen 무엇을 산출하다)

   Die Felder tragen **Weizen**.
   (그 밭들은 밀을 산출한다.)

 * 4격 보충어는 논항 '생산물'(Resultat)을 나타낸다.

8. SBP: Enom (Eakk)

   (trächtig sein 임신 중이다)

   Der Tierarzt hat festgestellt, dass die Stute **zwei Fohlen** trägt.
   (그 수의사는 그 암말이 말 새끼 두 마리를 배었음을 확인했다.)

Unsere Katze trägt zum ersten Mal, die Kinder freuen sich schon auf die kleinen Kätzchen.
(우리 고양이는 처음으로 새끼를 배었다, 애들은 이미 작은 고양이새끼들을 기뻐하면서 기다리고 있다.)

9. SBP: Enom Eakk Eadv

(bewirken, dass der Bekanntheitsgrad von etw. sich ausdehnt 무엇을 전파하다)

Dürer hatte **die Ideen der italienischen Renaissance** nach Norden getragen.
(뒤러가 이태리 르네상스의 이념들을 북쪽으로 전파했다.)

10. SBP: Enom Eakk Eadv

(etw. irgendwie ertragen 무엇을 어떻게 참아내다)

Mutter hat **ihre schwere Krankheit** *mit viel Geduld* getragen.
(어머니가 그녀의 중병을 많은 인내심을 가지고 참아내었다.)

Er trägt **sein Alter** *mit Gelassenheit*.
(그는 그의 노년을 침착하게 견뎌낸다.)

 ＊ 부사적 보충어는 논항 '양태'를 나타낸다.

11. SBP: Enom Eakk Eadv

(etw. irgendwo bei sich haben 무엇을 어디에 소지하다)

Sie müssen immer Ihren Pass **bei sich** tragen.
(당신은 당신의 여권을 항상 몸에 지녀야 한다.)

Als er verhaftet wurde, trug der Mann einen Revolver **in der Tasche** und ein Messer **im Stiefel**.
(체포되었을 때 그 남자는 권총 한 자루를 주머니 속에 그리고 칼 한 개를 장화 속에 지니고 있었다.)

12. SBP: Enom Eakk Eobj-präd

(etw. so/als ein solches haben 무엇을 어떻게 하고 다닌다)

Sie trägt ihre Röcke **kurz**.
(그녀는 그녀의 스커트들을 짧게 입고 다닌다.)

13. SBP: Enom Eakk

(ein Gewicht von irgendwieviel aushalten 얼마의 무게를 견뎌내다)

Die Brücke trägt mehrere Tonnen.
(그 다리는 여러 톤의 하중을 견뎌낸다.)

trainieren, trainiert, trainierte, hat trainiert:

1. SBP: Enom (Epräp)(=*auf/für* + 4격)

(wiederholt üben, um für etw. bessere Leistungen zu erzielen 무엇을 위해 더 좋은 성적을 얻기 위해 반복해서 훈련하다)

Wir trainieren täglich.
(우리는 매일 훈련한다.)

In diesem Jahr gibt es kein größeres Turnfest, **auf das** die Kinder trainieren konnten.
(올해에는 애들이 훈련할 목표로 삼을 더 큰 체조대회가 없다.)

Es gibt einen Wettbewerb "Jugend trainiert **für Olympia**".
("젊은이들은 올림픽을 위해 훈련한다"라는 한 시합이 있다.)

2. SBP: Enom Eakk

(Fertigkeit/Disziplin wiederholt üben 숙련도를 반복해서 연습하다)

Unermüdlich trainierte Steffi Graf **ihren Aufschlag**.

(지치지 않고 스테피 그라프는 서브 넣기를 연습했다.)

Ich trainiere ständig, bei einem Vortrag **ruhig zu bleiben und langsam zu sprechen.**
(나는 강연 시에 조용하게 있는 법과 천천히 말하는 법을 항상 연습한다.)

3. SBP: Enom Eakk Epräp(=*auf*)

(jn./etw. wiederholt üben lassen, damit er etw. kann 누구/무엇이 무엇을 할 수 있게 훈련시키다)

Der Zoll hat Hunde **auf das Aufspüren von Rauschgift** trainiert.
(세관은 개들을 마약을 찾아내도록 훈련시켰다.)

Die Soldaten wurden **auf das Überleben in der Wüste** trainiert.
(그 군인들은 황야에서 살아남도록 훈련받았다.)

Man kann manche Tiere *darauf* trainieren, **dass sie nur auf Klingelzeichen fressen.**
(우리는 많은 동물들을 단지 초인종 소리를 들을 때에만 먹도록 훈련시킬 수 있다.)

 * *darauf*는 'dass-문장을 주문장에서 미리 받는 생략할 수 없는 상관사'이다.

4. SBP: Enom Eakk Epräp(=*in*)

(jn. wiederholt üben lassen, um seine Leistung in etw. zu verbessern 누구를 무슨 종목에서 훈련시키다)

Wir bekommen zwei neue Trainer, der eine wird unsere Jugend **in Leichtathletik** trainieren, der andere **in Handball und Basketball.**
(우리는 두 사람의 새 감독을 받게 될 것이다, 한 감독은 우리 젊은이를 육상 경기에서 훈련시키고, 다른 감독은 핸드볼과 농구에서 연습시킬 것이다.)

Der Lehrer hatte seine Schüler *darin* trainiert, **kleinste Tonunterschiede zu**

erkennen.
(그 선생님은 그의 학생들을 가장 작은 음의 차이들도 알아채도록 훈련시켰다.)

 * *darin*은 '생략할 수 없는 상관사'이다.

5. SBP: Enom Eakk
(bewirken, dass die Leistung von etw. besser wird 무엇의 능력을 향상시키다)

Denken Sie daran: jede neue Frage, die an uns herangetragen wird, trainiert **unsere Intelligenz.**
(우리에게 제기되는 모든 새로운 질문이 우리 지성을 향상시킨다는 사실을 생각하세요.)

6. SBP: Enom Eakk (Epräp)(=*in*) (Eadv)
(wiederholt üben, um die Leistung von etw. zu verbessern 무엇의 성능을 개선하기 위해서 반복해서 연습하다)

Durch Seilspringen kann man **das Herz** sehr gut trainieren.
(줄넘기를 통해서 우리는 심장을 아주 잘 단련시킬 수 있다.)

Er wollte Maler werden und trainierte **seine Augen** *darin, die verschiedenen Grün- und Brauntöne zu unterscheiden.*
(그는 화가가 되고자 했다, 그래서 그는 그의 두 눈을 상이한 초록색 색조들과 갈색 색조들을 구분하는 훈련을 시켰다.)

Dadurch, dass Sie häufig Treppen steigen, trainieren Sie Ihre Knie und Ihren Kreislauf.
(당신은 자주 계단을 올라감을 통해서 당신의 무릎과 당신의 혈액순환을 단련시킬 수 있다.)

 * *darin*과 *Dadurch*는 '생략할 수 없는 상관사'이다. 생략할 수 있는 부사적 보충어는 '수단'을 나타낸다: *Durch Seilspringen; Dadurch, dass Sie häufig Treppen steigen.*

träumen, träumt, träumte, hat geträumt:

1. SBP: Enom (Eakk)
(etw. im Traum erleben 무엇을 꿈꾸다)

Heute Nacht habe ich schlecht geträumt.
(오늘 밤에 나는 나쁜 꿈을 꾸었다.)

Als ich aufwachte, war ich froh, dass ich **die schlimmen Geschichten** nur geträumt habe.
(나는 잠에서 깨었을 때 그 나쁜 이야기들이 단지 꿈꾼 것에 지나지 않아서 기뻤다.)

Um Mitternacht fällt er in tiefen Schlaf und träumt, **dass er nach Hause kommt**.
(자정 무렵에 그는 깊은 잠에 빠져들어서, 그가 집으로 오는 꿈을 꾼다.)

2. SBP: Enom Epräp(=*von*)
(sich vorstellen, etw. zu bekommen 무엇을 갖게 된다고 상상하다)

Er träumt **von einer glücklichen Zukunft**.
(그는 행복한 미래를 꿈 꾼다.)

Angela träumt **von schönen Kleidern, teuren Parfüms und der großen Liebe**, ihr Bruder dagegen träumt **von einem Motorrad und schönen Mädchen**.
(안젤라는 아름다운 옷들과 비싼 향수들과 위대한 사랑을 갖게 되는 꿈을 꾸고, 그녀의 오빠는 그에 반해 한 대의 오토바이와 아름다운 소녀를 갖게 되는 꿈을 꾼다.)

Sermo träumt *davon*, dass er wieder die Preise für Brot, Wurst und Fleisch bestimmt.
(제르모는 그가 다시 빵과 소시지와 고기의 값들을 결정하게 되는 꿈을 꾼다.)

Als Achtzehnjähriger träumte ich *davon,* **Ministerpräsident zu werden.**
(18세 때 나는 총리가 되는 꿈을 꾸었다.)

 * *davon*은 '생략할 수 없는 상관사'이다.

3. SBP: Enom

(seine Gedanken schweifen lassen 졸다)

Du sollst in der Schüle nicht träumen, sondern aufpassen.
(너는 학교에서 졸아서는 안 되고, 정신을 차려야 한다.)

Der Busfahrer hat am Steuer geträumt und daher einen Unfall verursacht.
(그 버스운전수는 운전대에서 졸았다, 그래서 사고 한 건을 일으켰다.)

treffen, trifft, traf, hat getroffen:

1. SBP: Enom Eakk (Eadv)

(mittels irgendetwas auf etw. auftreffen 무엇으로 무엇을 맞추다)

Der Blitz hat die Scheune getroffen.
(번개가 그 헛간을 맞추었다.)

Er traf sie hart *mit seinen Schlägen.*
(그는 그녀를 그의 주먹질로 심하게 때렸다.)

2. SBP: Enom Eakk (Eadv1) (Eadv2)

(irgendwo irgendwann **unbeabsichtigt** oder **geplant** mit jm. zusammentreffen 어디에서 언제 우연히 또는 계획적으로 누구와 만나다)

Weißt du, wen ich unterwegs getroffen habe.
(너는 내가 도중에 누구를 만났는지 아는가?)

Am Bahnhof trifft sie ihren Märchenprinzen.
(역에서 그녀는 그녀의 동화속의 왕자를 만난다.)

1958, kurz vor vor seiner Übersiedlung nach Deutschland hat Reich-Ranicki erstmals Günter Grass getroffen.
(그가 독일로 이주하기 직전인 1959년에 라이히-라니키는 처음으로 귄터 그라스를 만났다.)

 ✱ (Eadv1)은 '장소'이고, (Eadv2)은 '시점'이다.

3. SBP: Enom Eakk
(etw. Unheilvolles oder Unangenehmes betrifft jn. 재앙 또는 불유쾌한 일이 누구에게 닥치다)

Die Kürzungen unter Kohl haben den Kern der Arbeiterschaft getroffen.
(콜 정권하의 임금의 삭감은 노동자 계급의 주축에게도 타격을 주었다.)

Und dann traf ihn und seine Frau **ein harter Schicksalsschlag**: die gerade ein Jahr alte Tochter erkrankte an Hirnhautentzündung und starb.
(그리고 한 개의 심한 불행이 그와 그의 부인에게 닥쳐왔다: 막 한 살된 딸이 뇌막염에 걸려 죽었다.)

4. SBP: Enom Eakk (Eadv)
(etw. mittels irgendetwas richtig erfassen 무엇을 무엇으로 옳게 파악하다)

Mit diesem Buch hat der Autor genau den Geschmack der jüngeren Generation getroffen.
(이 책으로 그 작가는 젊은 세대의 취향을 정확하게 파악했다.)

Man hat unsere Zeit als Zeitalter der Angst bezeichnet und so ohne Zweifel ihren am stärksten hervortretenden Zug getroffen.
(사람들은 우리 시대를 불안의 시대라고 명명했다, 그리고 그렇게 하여서 의심할 여지없이 우리 시대의 가장 두드러진 특징을 잘 파악했다.)

5. SBP: Enom Eakk

(etw. beschließen und ausführen 무엇을 결정하고 실행하다)

Die Bischöfe trafen **Maßnahmen** gegen die Ausbreitung der Pest.
(그 주교님들은 흑사병의 확산에 대한 조치들을 취했다.)

 * *gegen die Ausbreitung der Pest*은 명사 **Maßnahmen**의 의미에 의해서 오게 된 명사보충어(Adjunkt)이다. treffen 5의 의미로 사용된 경우가 다음과 같은 '기능동사 구문'들이다.

기능동사 *treffen*을 가진 '기능동사 구문'

Auswahl treffen: Man kann nicht jeden Zeitungsartikel lesen; man muss eine Auswahl treffen.
(우리는 모든 신문기사를 다 읽을 수는 없다; 우리는 선택을 해야 한다.)

Entscheidung treffen: Bei diesen vielen Möglichkeiten ist es schwer, eine Entscheidung zu treffen.
(이 많은 가능성들 중에서 한 개의 결정을 내린다는 것은 쉬운 일이 아니다.)

Maßnahme treffen: Zur Dämpfung des Preisanstiegs hat die Regierung verschiedene Maßnahmen getroffen.
(가격상승을 완화하기 위해서 정부는 여러 가지 조치들을 취했다.)

Unterscheidung treffen: Es ist oft schwer, eine Unterscheidung zwischen einem mutigen und einem riskanten Verhalten zu treffen.
(한 용감한 태도와 한 모험적 태도를 서로 구분하기는

가끔 어렵다.)

Vorbereitung treffen: Für den Beginn der Olympischen Spiele sind die nötigen Vorbereitungen getroffen worden.
(올림픽 경기들의 시작을 위해서 필요한 준비조치들은 취해졌다.)

treffen, sich trifft sich - traf sich - hat sich getroffen:

1. SBP: Enom Epräp1(=mit) (Epräp2)(=zu) (Eadv1) (Eadv2)
(irgendwo irgendwann auf Absprache zu etw., das gemeinsam unternommen wird, mit jm. zusammentreffen 어디에서 언제 약속하여 무엇을 위해 누구와 만나다)

Ich habe mich mit ihr **in dem Restaurant** getroffen.
(나는 그녀와 식당에서 약속해서 만났다.)

Einmal in der Woche treffe ich mich mit einigen Kollegen **in der Kneipe**.
(일주일에 한 번 나는 술집에서 몇 사람의 동료들과 약속해서 만난다.)

Ulli hat sich **gestern** mit seinem Vater getroffen.
(울리는 어제 그의 아버지와 만났다.)

Schröder trifft sich mit Nobelpreisträger Günter Grass "**zu einem rein privaten Besuch**".
(쉬뢰더는 노벨상수상자 귄터 그라스와 "순전히 개인적인 방문을 목적으로" 만난다.)

＊ (Eadv1)은 '장소'이고, (Eadv2)은 '시점'이다. (Epräp2)(=zu)는 '만남의 목적'을 나타낸다.

2. SBP: Enom Epräp1(=mit) Epräp2(=in)
(etw. in etw. ähneln 무엇과 무엇에서 닮다)

Man trifft sich mit anderen **in der Zuneigung zum Tier.**
(사람들은 동물에 대한 애착심에서 다른 사람들과 닮았다.)

treiben, treibt, trieb, hat getrieben:

1. SBP: Enom Eakk
(etw. regelmäßig ausüben 무엇을 규칙적으로 하다)

Welchen **Sport** treibst du?
(너는 어떤 스포츠를 하니?)

Im Sinne Blochs **Philosophie** zu treiben, bedeutet aber auch, Bloch selbst zu überschreiten.
(브로흐가 말하는 철학한다는 것은 그러나 브로흐 자신마저 넘어서는 것을 또한 의미한다.)

2. SBP: Enom Eakk Epräp(=in)
(bewirken, dass jd. in etw. gerät 누구를 어디로 빠뜨리다)

Die Gläubiger haben den Geschäftsmann **in den Ruin** getrieben.
(그 채권자들이 그 사업가를 파멸로 몰아 넣었다.)

Schlechte Ratschläge haben viele Leute **ins Unglück** getrieben.
(나쁜 충고들이 많은 사람들을 불행 속으로 빠뜨렸다.)

 * 주어로 '사람'이 오면 '좁은 의미의 행위의 주체'이고, '추상명사'가 오면 '넓은 의미의 행위의 주체'(Agens im weiteren Sinn)이다(김경욱(1990): 독일어 Valenz 문법, 69f. 참조).

3. SBP: Enom Eakk Eadv
(etw. dazu bringen, sich irgendwohin zu bewegen 무엇을 어디로 몰다)

Der Bauer treibt im Frühjahr das Vieh **auf die Weide**.
(그 농부는 봄에 가축을 목초지로 몰고 간다.)

Der Jäger hatte das Wildschwein **aus dem Wald** getrieben.
(그 사냥꾼은 그 멧돼지를 숲 밖으로 몰아내었다.)

4. SBP: Enom Eakk

(etw. in Bewegung setzen 무엇을 작동시키다)

Der Elektromotor, der **diesen leistungsstarken Staubsauger** treibt, arbeitet besonders geräuscharm.
(이 성능이 강한 소제기를 작동시키는 전동기는 특히 소음이 적다.)

Mühlen werden durch Wind oder von Wasserkraft getrieben.
(물방아들은 바람이나 물의 힘으로 작동된다.)

5. SBP: Enom (Eakk) Epräp(=zu)

(jn. zu etw. auffordern 누구에게 무엇을 하도록 요구하다)

Der ehrgeizige Abteilungsleiter treibt *seine Leute* rücksichtslos **zur Arbeit**.
(명예욕이 많은 부서장이 그의 직원들을 가차 없이 일을 하도록 요구한다.)

Der Zugführer treibt **zur Eile**, um die entstandene Verspätung aufzuholen.
(그 차장은 생겨 난 지체를 만회하기 위해서 더 빨리 달리도록 요구한다.)

 * '4격 보충어'는 생략이 가능하다.

6. SBP: Enom Eakk Eadv

(bewirken, dass sich etw. irgendwohin verändert 무엇을 어디로 변화시키다)

Der Mietherr der Wohnung trieb die Mieten unverschämt **in die Höhe**.
(그 집의 임대주는 집세들을 염치없게 많이 인상했다.)

Die Bekanntgabe der geplanten Teil-Fusion von Siemens und dem japanischen

Konzern Fujitsu trieb den Kurs **nach oben.**
(지멘스와 일본의 콘체른 푸지쭈의 계획된 부분-합병의 공고는 주가를 위로 끌어 올렸다.)

7. SBP: Enom Eakk Eadv

(etw. irgendwohin bewegen 무엇을 어디로 움직이다)

In der vergangenen Nacht hat die Flut einen unbekannten Toten **ans Ufer** getrieben.
(지난밤에 밀물이 한 낯선 죽은 사람을 언덕으로 몰고 왔다.)

Der Wind treibt das Herbstlaub **durch die Straßen.**
(바람이 낙엽을 거리들을 통해 날아가게 내몰고 있다.)

8. SBP: Enom Eakk Eadv

(jn./etw.(Tier) veranlassen, sich irgendwohin zu begeben 누구/무엇(동물)이 어디로 가도록 만들다)

Was treibt **Journalistikstudenten** in die Kirche?
(무엇이 신문학 전공 대학생들을 교회로 가게 하는가?)

Durst und Erschöpfung treibt **die Zugvögel** zu den offenen Wasserstellen, wo sie von Jägern abgeschossen werden.
(갈증과 피로가 철새들을 그 곳에서 사냥꾼들의 총에 의해서 맞아 죽는 사방이 탁 트인 물이 있는 장소로 몰고 간다.)

trennen, trennt, trennte, hat getrennt:

1. SBP: Enom Eakk Epräp(=*von*)

(die Verbindung zu jm./etw. aufheben 누구/무엇으로부터 헤어지게하다)

Man sollte ein Kleinkind nicht ohne gravierenden Grund **von seiner Mutter**

trennen.
(우리는 한 유아(幼兒)를 중대한 이유 없이 그의 어머니로부터 헤어지게 해서는 안 될 것입니다.)

In der Eile habe ich vergessen, deine Einkäufe **von den meinen** zu trennen, jetzt steht alles auf meiner Rechnung.
(서두르다가 나는 네 구입품들을 내 것과 분리시키는 것을 잊어버렸다, 그래서 지금 모든 것을 내가 계산하게 되었다.)

2. SBP: Enom Eakk Epräp(=aus/von)
(etw. von etw. anderem lösen 무엇을 무엇에서 분리시키다)

Der Schneider hat das Futter **aus der Jacke** getrennt.
(그 재단사는 안감을 저고리에서 떼어내었다.)

Die Männer trennen Lokomotive und Waggons **voneinander**.
(그 남자들은 기관차와 화물차량들을 서로 분리시킨다.)

3. SBP: Enom Eakk Epräp(=von)
(eine Grenze zwischen etw. und etw. bilden 무엇과 무엇 사이에 경계를 이루다)

Kein Zaun trennt den Hof **von Wald**.
(어떤 울타리도 그 안마당을 숲으로부터 격리시키지 않는다.)

4. SBP: Enom Eakk Epräp(=von)
(den Abstand zwischen etw. bilden 무엇과의 간격을 이루다)

Nur noch 5 Punkte trennen den Spieler **vom ersten Platz** in der Weltrangliste.
(5점만 더 얻으면 그 선수는 세계정상급서열순위의 1등을 차지할 수 있다.)

Drei Tage trennen uns noch **von Weihnachten**.
(성탄절이 되려면 아직 사흘이 더 남았다.)

5. **SBP: Enom Eakk (Epräp1)(=*in*) (Epräp2)(=*nach*)**
   (etw. in etw. auflösen 무엇을 무엇으로 분리하다)

   Vergessen Sie nicht, Ihre Wäsche *in Kochwäsche und Feinwäsche* zu trennen!
   (당신의 세탁물을 삶는 세탁물과 섬세한 처리를 요하는 세탁물로 분리하는 것을 잊지 마세요!)

   Die Behörden haben die Menschen **nach Nationalität, nach Religionszugehörigkeit, nach Geschlecht** usw. *in verschiedene Gruppen* getrennt.
   (정부당국에서는 사람들을 국적, 종교와 성(性)에 따라 여러 그룹으로 분리했다.)

   Ich trenne zu Hause den Müll.
   (나는 집에서 쓰레기를 분리수거한다.)

---

trennen, sich trennt sich - trennte sich - hat sich getrennt:

1. **SBP: Enom Epräp(=*von*)**
   (die Gemeinschaft mit jm. auflösen 누구로부터 헤어지다)

   Die Frau hat sich **von ihrem Mann** getrennt.
   (그 부인은 그녀의 남편으로부터 헤어졌다.)

   Das *Ehepaar* hat sich in gegenseitigem Einvernehmen getrennt.
   (그 부부는 서로 합의하에 이혼했다.)

    ★ 주어가 *Ehepaar*처럼 형태는 단수이지만 내용적으로 복수를 나타내면, 전치사보충어는 생략될 수 있다.

2. **SBP: Enom Epräp(=*von*)**
   (etw. hergeben 무엇을 내놓다)

Von dem Kind will ich mich auf keinen Fall trennen.
(어떤 경우에도 나는 그 애를 내놓지 않겠다.)

3. SBP: Enom (Eadv)

(ab irgendwo nicht mehr denselben Weg haben 어디에서부터 헤어지다)

An der Kreuzung haben wir uns getrennt. Meine Freundin ist zum Hotel zurückgegangen, und ich bin zum See gelaufen.
(그 교차로에서 우리는 헤어졌다. 내 여자 친구는 호텔로 돌아갔고, 나는 호수로 걸어갔다.)

Nach einer Woche gemeinsamen Urlaubs haben wir uns getrennt, die einen gingen nach Aachen, die anderen nach Heidelberg.
(일주일간 함께 휴가를 보낸 후에 우리는 헤어졌다. 어떤 사람들은 아헨으로 갔고, 또 다른 무리의 사람들은 하이델베르크로 갔다.)

 ✽ 생략할 수 있는 부사적 보충어는 '장소' 또는 '시점'을 나타낸다.

treten I(자동사), tritt, trat, ist getreten:

1. SBP: Enom Eadv

(sich irgendwohin begeben 어디로 가다)

Er tritt **ins Zimmer**.
(그는 방 안으로 들어간다.)

2. SBP: Enom (Epräp)(=*mit*) Eadv

(bei einer Bewegung mit etw. irgendwohin geraten 움직일 때 무엇과 함께 어디를 밟다)

Ich bin **in ein Stück Glas** getreten.
(나는 한 조각의 유리를 밟았다.)

Du bist *mit deinen neuen Schuhen* **in den Dreck** getreten.
(너는 네 새 구두를 신은 채 오물을 밟았다.)

3. SBP: Enom Epräp(=*aus/in*)
(in etw. kommen 어떤 상태로 되다)

Unser Projekt ist *in die Endphase* getreten.
(우리 계획은 마지막 단계에 들어섰다.)

Die Weltraumfahrt ist in den letzten Jahren **aus dem Stadium wissenschaftlicher Projekte** *in die Phase technisch-industrieller Entwicklung und Erprobung* getreten.
(우주여행은 최근 몇 년 동안에 학문적 계획들의 단계에서 기술적-산업적 발전과 시험의 단계로 들어섰다.)

4. SBP: Enom Epräp(=*in*)
(etw. anfangen 무엇을 시작하다)

Frau Schmidt ist **in den Ruhestand** getreten.
(스미트부인은 연금생활을 시작했다.)

Um gegen ihre Abschiebung zu protestieren, sind die abgelehnten Asylbewerber **in den Hungerstreik** getreten.
(그들의 추방에 대해서 항의하기 위해서 거부된 망명신청자들은 단식투쟁을 시작했다.)

treten II(타동사), tritt, trat, hat getreten:

1. SBP: Enom Eakk
(etw. einen Tritt geben 무엇을 차다)

Er hat **den Hund** getreten.

(그는 그 개를 바로 찼다.)

Der Verteidiger kriegte eine rote Karte, weil er **den Stürmer** getreten hatte, aber nicht **den Ball**.
(그 방어선수는 공이 아니라 그 공격수를 발로 찼기 때문에 붉은 카드 한 개를 받았다.)

2. SBP: Enom Eakk/Epräp(=*auf*)

(etw. durch Drücken mit dem Fuß betätigen 발로 눌러서 작동시키다)

Ich habe mit aller Kraft **auf die Bremse** getreten.
(나는 온 힘을 다해서 브레이크를 밟았다.)

In alten Märchen sitzen die alten Frauen im Haus und treten **das Spinnrad**.
(옛날의 동화들에는 노파들이 집 안에 앉아서 물레를 밟는다.)

3. SBP: Enom Eadv

(irgendwohin einen Tritt geben 어디로 발로 차다)

Hör auf, **gegen die Tür** zu treten!
(문을 향해 발로 차는 것을 그만두어!)

4. SBP: Enom Eakk Eadv

(etw. entstehen lassen, indem immer wieder derselbe Weg gegangen wird 항상 같은 길을 다녀서 무엇을 생겨나게 하다)

Die Kinder haben einen Weg **durch den Schnee** getreten.
(그 애들이 눈 사이로 길을 한 개 늘 다녀서 만들어내었다.)

Wir können dem Pfad folgen, den die Tiere **zur Wasserstelle** getreten haben.
(우리는 그 동물들이 물이 있는 곳으로 늘 다녀서 만들어진 그 오솔길을 따라갈 수 있다.)

trinken, trinkt, trank, hat getrunken:

1. SBP: Enom (Eakk)
(etw. Flüssiges zu sich nehmen 어떤 액체를 마시다)

Trinken Sie noch **ein Glas Wein** mit uns?
(당신은 우리와 함께 한 잔의 포도주를 더 마시겠습니까?)

Wir trinken **Wein/Kaffee/Milch/Limonade**.
(우리는 포도주/커피/우유/레몬 쥬스를 마신다.)

2. SBP: Enom
(alkoholische Getränke zu sich nehmen 술을 마시다)

Vielen Dank, ich trinke nie während der Dienstzeit.
(대단히 감사합니다만, 저는 근무시간 중에는 술을 전혀 마시지 않습니다.)

3. SBP: Enom Epräp(=*auf*)
(einen Schluck auf jn/etw. zu sich nehmen 누구/무엇을 위해 건배하다)

Trinken wir **auf unseren Trainer**, der uns zum Sieg geführt hat!
(우리를 승리하게 한 우리 감독님을 위해서 건배합시다!)

Trinken wir **auf deinen Erfolg bei der Abiturprüfung**!
(대학입학 자격시험에서 너의 성공을 축하하면서 건배합시다!)

Wir wollen *darauf* trinken, **dass wir noch viele Jahre gemeinsam diesen Festtag begehen können.**
(우리가 아직 오랫동안 이 축제일을 함께 축하할 수 있는 데 대해서 건배하려고 합니다.)

 ✱ 전치사 auf 뒤에는 '사람/사건'이 올 수 있다.

> *darauf*는 dass....를 주문장에서 미리 받아주는 '생략할 수 없는 상관사'이다.

trocknen I(자동사), trocknet, trocknete, ist getrocknet:

SBP: Enom

(trocken werden 마르다)

Die Farbe ist schnell getrocknet.
(그 염료는 빨리 말랐다.)

trocknen II(타동사), trocknet, trocknete, hat getrocknet:

1. SBP: Enom Eakk

(etw. trocken werden lassen 무엇을 말리다)

*Ich habe **die Wäsche** im Badezimmer getrocknet.*
(나는 그 세탁물을 목욕탕에서 말렸다.)

 ✽ *trocknen* 이 자동사('마르다')로 쓰이면 현재완료형이 *ist getrocknet* 이고, 타동사('말리다')로 사용되면 *hat getrocknet* 이다.

2. SBP: Enom Eakk

(etw. dörren 무엇을 건조시키다)

An der Nordsee wird **Fisch** an der Luft getrocknet.
(북해에서는 생선은 공기로 건조된다.)

3. SBP: Enom Eakk

(etw. beseitigen 무엇을 제거하다)

Lena versuchte schnell, **den verschütteten Wein** mit ihrem Taschentuch zu trocknen.
(레나는 흘린 포도주를 그녀의 손수건으로 빨리 제거하려고 시도했다.)

Die junge Frau trocknete dem Kind **die Tränen**.
(그 젊은 여인이 그 애의 눈물을 닦아주었다.)

tun, tut, tat, hat getan:

1. SBP: Enom Eakk

(etw. unternehmen oder erledigen 무엇을 착수하다 또는 해치우다)

Was soll ich denn noch tun?
(저는 아직 무슨 일을 해야 합니까?)

2. SBP: Enom Eakk Edat

(jm. etw. antun 누구에게 무슨 짓을 행하다)

Ich habe dir doch **nichts** getan!
(나는 너에게 결코 아무 짓도 하지 않았어!)

Wenn man jemandem **ein Unrecht** getan hat, sollte man versuchen es wieder gut zu machen.
(우리가 누군가에게 부당한 행동을 했다면, 우리는 그것을 다시 보상하도록 노력해야 한다.)

3. SBP: Enom Eakk Eadv

(etw. irgendwohin befördern 무엇을 어디로 운송하다)

Ich habe mir zu viel Zucker in den Kaffee getan.
(나는 내 커피에 너무 많은 설탕을 넣었다.)

Ich habe den Brief in den Ordner getan.
(나는 그 편지를 서류철에 끼워 넣었다.)

4. SBP: Enom Eakk

(etw. vollbringen 무엇을 실행하다)

Sie tat **einen fürchterlichen Schrei**, als sie die riesige Spinne im Waschbecken erblickte.
(그녀는 세면기에서 대단히 큰 그 거미를 보았을 때, 끔찍스러운 고함을 질렀다.)

Fürst Lobanow hatte kaum **einige Schritte** getan, als er sich äußerst unwohl fühlte und zum Wagen zurückzukehren begehrte.
(영주 로바노프는 몇 걸음을 걷자마자 극도로 기분이 나빠서 차로 돌아가기를 갈망했다.)

 * 4격 보충어는 '행위'(Handlung)이다.

5. SBP: Enom Esubj-präd

(den Anschein erwecken so zu sein 어떤 인상을 주다)

Die neue Kollegin tut recht **freundlich**, aber ich bin nicht sicher, ob sie wirklich so nett ist.
(새 여자동료가 정말 친절한 인상을 준다, 그러나 나는 그녀가 정말 그렇게 친절한지 확신하지 못한다.)

기능동사 *üben*을 가진 '기능동사 구문'

Geduld üben: Mit Kindern muss man Geduld üben.
(애들에 대해서는 참을성을 가져야 한다.)

Kritik üben:	Am Regierungsstil des Kanzlers wurde von vielen Seiten Kritik geübt.
	(그 수상의 통치스타일은 각계로부터 비판받았다.)
Rache üben:	An seinem Feind hat er blutige Rache geübt.
	(그의 친구에게 그는 피의 복수를 했다.)

überfahren, überfährt, überfuhr, hat überfahren:

1. SBP: Enom Eakk

(über jn. fahren und es dabei verletzen oder töten 누구를 치어 부상시키거나 죽이다)

Ein Lastwagen hat **ein Kind** überfahren.
(한 대의 화물차가 한 애를 치었다.)

An der Kreuzung ist **ein Fußgänger** überfahren worden.
(교차로에서 한 보행자가 차에 치었다.)

2. SBP: Enom Eakk

(etw. fahrend überqueren 무엇을 차를 타고 통과하다)

Die alte Brücke durfte nur noch mit einer Geschwindigkeit von zehn Stundenkilometern überfahren werden.
(그 오래된 다리는 시속 10 km 로만 건너갈 수 있었다.)

3. SBP: Enom Eakk

(an etw. vorbeifahren, ohne darauf zu reagieren 무엇을 무시하고 통과하다)

In den frühen Morgenstunden kam es auf der Strecke Berlin-Leipzig zu einem folgenschweren Zusammenstoß, als ein aus Leipzig kommender Güterzug bei dichtem Nebel **ein Haltesignal** überfuhr.
(이른 아침시간에 베를린-라이프치히 구간에서, 라이프치히에서 오는 한 화물

열차가 짙은 안개 때문에 정지신호를 무시하고 통과했을 때, 여파가 심각한 충돌사고가 일어났다.)

4. SBP: Enom Eakk

(jn. vor vollendete Tatsachen stellen; <ugs> überrumpeln 누구를 기습하다)

Kanzler Helmut Kohl hat mit der Entscheidung **den Koalitionspartner** überfahren.
(콜 수상은 그 결정으로 연정 상대를 기습했다.)

überholen, überholt, überholte, hat überholt:

1. SBP: Enom (Eakk)

(etw. einholen und hinter sich lassen 무엇을 추월하다)

Der Fahrer muss ständig aufpassen, ob sich von hinten ein Fahrzeug nähert, das **seinen Wagen** überholen will.
(그의 차를 추월하려는 한 자동차가 뒤에서 접근하고 있는지 여부에 대해 운전기사는 항상 주의를 기울여야 한다.)

Im Bereich der Baustelle darf man nicht überholen.
(건설공사현장의 구역에서는 추월해서는 안 된다.)

　＊ 4격 보충어는 생략이 가능하다.

2. SBP: Enom Eakk (Epräp)(=*an*)

(etw. an etw. übertreffen 무엇을 무엇에서 능가하다)

Die Rentner haben die Jugend **an Zahl** überholt.
(연금생활자가 젊은이를 수에 있어서 능가했다.)

Die Kirchenkritik der FDP hat die Kirchenkritik der Grünen inzwischen **an Schärfe** überholt.

(자민당의 교회 비판은 그 사이에 녹색당의 교회 비판을 날카로움에 있어서 능가했다.)

Japan hat [in einigen Bereichen der Elektronik] die Amerikaner bereits überholt.
(일본은 몇 개의 전자공학 분야에서 이미 미국인들을 능가했다.)

 * 전치사 보충어는 전치사 *an*에만 한정되어 있고, '성능, 양, 인지도'를 나타낸다. 그러므로 in einigen Bereichen der Elektronik은 '전치사 보충어'가 아니라, '한정적 임의첨가어'(Limitativangabe)이다: in einigen Bereichen der Elektronik → Was einige Bereiche der Elektronik betrifft. (김경욱 (1990): 독일어 Valenz 문법, 50f. 참조)

überlegen, überlegt, überlegte, hat überlegt:

SBP: Enom Eakk

(etw. als Möglichkeit in Betracht ziehen; erwägen 무엇을 고려하다)

Wir überlegen **die Anschaffung eines zweiten Wagens**.
(우리는 두 번째 차의 구입을 고려하고 있다.)

überlegen, sich überlegt sich - überlegte sich - hat sich überlegt:

SBP: Enom Eakk

(durch intensives Nachdenken zu etw. gelangen 심사숙고하여 결정하다)

Hast du dir schon **ein Thema für deine Examensarbeit** überlegt?
(너는 필기시험을 위한 주제를 이미 결정했느냐?)

Inzwischen hat sich der Autor auch überlegt, **welchen Titel der Roman tragen soll**.
(그 동안에 그 작가는 그 소설의 제목을 어떻게 할지를 또한 심사숙고하여 결정했다.)

Der Gast von Zimmer 28 hat sich überlegt, **er reist bereits morgen ab**.
(28호실 손님은 내일 떠나기로 심사숙고 끝에 결정을 내렸다.)

übermitteln, übermittelt, übermittelte, hat übermittelt:

SBP: Enom Eakk Edat

(jm. durch die Post, per Telefon oder durch eine Person eine Nachricht senden 누구에게 우편, 전화, 사람을 통해 소식을 보내다)

Die Frau übermittelte den Kranken **Grüße**.
(그 부인은 병자(病者)들에게 인사를 전달했다.)

Der Finanzexperte übermittelte dem Banker eine wichtige Information.
(그 재정전문가는 그 은행가에게 한 중요한 정보를 전달했다.)

Sie übermittelten ihm, **dass sie höhere Leistungen vollbringen wollen/höhere Leistungen zu vollbringen**.
(그들은 더 높은 업적을 성취하려고 한다고 그에게 전했다.)

Die Sekretärin übermittelte dem Minister, **dass die angekündigten Besucher eingetroffen seien**.
(그 여비서는 그 장관에게 예고된 방문객들이 도착했다고 전했다.)

übernachten, übernachtet, übernachtete, hat übernachtet:

SBP: Enom Eadv

(irgendwo eine Unterkunft oder einen Platz zum Schlafen haben und dort die Nacht schlafend verbringen 어디에서 숙박하다)

Wir haben **in einem Hotel in der Nähe des Bahnhofs** übernachtet.
(우리는 역 근처의 한 호텔에서 숙박했다.)

Unsere Tochter übernachtet **bei einer Freundin**.
(우리 딸은 한 여자 친구 집에서 숙박한다.)

übernehmen, übernimmt, übernahm, hat übernommen:

1. SBP: Enom Eakk

(etw., das einem angeboten oder übertragen wird, annehmen und mit allen damit verbundenen Aufgaben eigenverantwortlich ausführen 한 사람에게 제공되거나 전달되는 일을 그것과 결부된 모든 과제들과 함께 자기 책임으로 수행하다)

    a. Am ersten Juli übernimmt Herr Meier **die Leitung der Abteilung Datenverarbeitung**.
    (7월 1일에 마이어씨는 자료처리 부서장직을 맡는다.)

    b. Der Hollywoodstar hat nach einigem Drängen **die Titelrolle** in der Neuverfilmung von "Hamlet" übernommen.
    (그 할리우드 배우는 몇 번 독촉을 받은 후에 "햄릿"을 새로 영화화한 작품에서 햄릿 역할을 맡았다.)

2. SBP: Enom Eakk

(etw. [finanzielle Verbindlichkeiten] an Stelle einer andren Person auf sich nehmen 채무를 다른 사람 대신에 떠맡다)

Die Stadt übernimmt von August an **die Kosten für einen Sozialarbeiter**.
(그 도시는 8월부터 한 사회사업가를 위한 비용을 부담한다.)

3. SBP: Enom Eakk

(etw. verrichten 무엇을 처리하다)

Laser sollen mechanischen Bohrern die Arbeit erleichtern. Später, wenn stärkere und dauerhaftere Laser zur Verfügung stehen, sollen die Laser selbst **die Bohrarbeit** übernehmen.
(레이저가 기계 드릴의 일을 들어주어야 한다. 나중에 더 강력하고 내구적인 레저가 마련되면, 레저 스스로가 구멍 뚫는 일을 맡아서 처리해야 할 것이다.)

4. SBP: Enom Eakk

(etw. zur Weiterbeförderung aufnehmen 무엇을 계속 운송하기 위해서 인수하다)

Ein Hubschrauber übernahm **die Besatzung des notgelandeten Flugzeugs**.
(한 헬리콥터가 비상착륙한 그 비행기의 승무원들의 수송을 인수했다.)

5. SBP: Enom Eakk (Epräp)(=*von*)

(etw. von jm. in Besitz nehmen 무엇을 누구로부터 상속받다)

Von seinem Vater übernahm Sacha Guitry **eine Gemälde- und Raritäten-Sammlung**, die er beträchtlich erweiterte.
(그의 아버지로부터 자하 구이트리는 한 개의 그림수집과 한 개의 희귀품 수집을 상속받아서 그것을 상당히 늘렸다.)

Dr. Meyer wird **die Praxis** *seines Vaters* übernehmen.
(마이어 박사는 그의 아버지의 개인병원을 상속받을 것이다.)

 ★ 전치사 보충어가 생략되는 경우에는 4격 보충어에 *seines Vaters*처럼 소유관계를 나타내는 '명사 수식어'(Attribut)가 온다.

6. SBP: Enom Eakk (Epräp)(=*von/aus*)

(etw. irgendwohin für den eigenen Gebrauch nehmen 무엇을 자신이 사용하기위해 인용하다)

Das Zitat hat er **von Goethe** übernommen, genauer gesagt **aus Goethes "Faust"**.
(그 인용문을 그는 괴테에게서, 정확히 말해 괴테의 "파우스트"에서 인용했다.)

* 전치사 보충어는 논항 '기원'(Origo)을 나타낸다. (김경욱(1990): 독일어 Valenz 문법, 82f. 참조)

überqueren, überguert, überguerte, hat überquert:

1. SBP: Enom Eakk
(sich von einer Seite auf die andere Seite von etw. bewegen 무엇을 횡단하다)

Bei Rot darf **man** die Straße nicht überqueren.
(빨강색에서는 도로를 횡단해서는 안 됩니다.)

2. SBP: Enom Eakk
(von einer Seite zur anderen Seite von etw. verlaufen 무엇을 가로질러 놓여 있다)

Ein metallener Zaun überguert die Straße.
(한 개의 금속으로 된 울타리가 도로를 가로질러 놓여 있다.)

* überqueren 1의 주어는 논항 '행위의 주체'이지만, überqueren 2의 주어는 '상태의 주체'(Zustandsträger)이다. (김경욱(1990): 독일어 Valenz 문법, 70f. 참조)

überraschen, überrascht, überraschte, hat überrascht:

1. SBP: Enom Eakk
(sich plötzlich unerwartet ereignen und jn. unvorbereitet treffen 갑자기 예상 밖에 발생해

서 누구를 불시에 덮치다)

Das Erdbeben hat **die Menschen** im Schlaf überrascht.
(지진이 잠자고 있는 사람들을 불시에 덮쳤다.)

Der steile Sturz der Aktienkurse hat **die meisten Experten der Wirtschaft** überrascht.
(주가의 가파른 추락이 대부분의 경제 전문가들을 당혹하게 했다.)

Mich hat es überrascht, ihr nach so langer Zeit plötzlich zu begegnen.
(그렇게 긴 세월이 지난 후에 갑자기 그녀를 만나게 된 것이 나를 당황하게 했다.)

2. SBP: Enom Eakk
(jn. in Erstaunen versetzen 누구를 놀라게하다)

Seine Reaktion hat mich überrascht.
(그의 반응이 나를 놀라게 했다.)

Uns alle hat es sehr überrascht, **deinen Namen auf der Kandidatenliste zu sehen**.
(너의 이름을 후보 목록에서 보는 것이 우리 모두를 아주 놀라게 했다.)

3. SBP: Enom (Eakk) Epräp(=*mit/durch*)
(etw. aufweisen und dadurch Erstaunen hervorrufen 무엇으로 누구를 놀라게하다)

Die Ausstellung überrascht den Besucher **mit einer Fülle von Formen und Farben**.
(그 전시회는 다양한 형태들과 색들로 관객을 경탄시킨다.)

Der Sänger überraschte **durch deutliche Artikulation und durch einen enormen dynamischen Umfang**.
(그 가수는 분명한 발성과 엄청난 동선의 범위로 놀라게 했다.)

4. SBP: Enom Eakk Epräp(=*bei*)
(jn. irgendwo bei etw. antreffen 누구와 무엇을 하는 중에 마주치다)

Die Mutter hat ihren achtjährigen Sohn **beim Rauchen** überrascht.
(어머니는 그녀의 8살짜리 아들과 흡연할 때 마주쳤다.)

Die Lehrerin überraschte die Jungen *dabei*, **wie sie Alkohol tranken**.
(그 여선생님은 그 소년들이 술을 마실 때 그들과 마주쳤다.)

Die Jungen wurden von der Lehrerin *dabei* überrascht, **dass sie Alkohol tranken**.
(그 소년들은 그들이 술을 마실 때 그 여선생님과 조우했다.)

 * *dabei*는 '생략할 수 없는 상관사'로서 그 다음에 접속사 *wie*나 *dass*가 이끄는 문장이 온다.

5. SBP: Enom Eakk Epräp(=*mit*)
(jm. ein unerwartetes Erlebnis bereiten 누구에게 예기치 않은 경험을 마련해주다)

Er überraschte sie **mit einem Geschenk**.
(그는 그녀에게 한 개의 선물로써 예기치 않은 기쁨을 마련해주었다.)

Fünf Ehepaare überraschten ihren Freund zu seinem 35. Geburtstag **mit einer heimlich arrangierten Glückwunschparty**.
(다섯 부부가 그들의 친구를 35세 생일날에 몰래 준비한 축하 파티로 깜짝 기쁘게 해주었다.)

Er hat uns alle *damit* überrascht, **dass er Ende des Monats die Firma verlässt**.
(그는 이 달 말에 회사를 떠나는 것으로 우리 모두를 깜짝 놀라게 했다.)

 * *damit*는 '생략할 수 없는 상관사'이다.

6. SBP: Enom (Eakk) Esubj-präd
(sich als ein solches erweisen und dadurch Erstaunen hervorrufen 무엇으로 증명되어 그

것으로 경탄시키다)

Er ist als vielseitiger Schauspieler bekannt, und nun überrascht er *das Publikum* **als respektabler Sänger**.
(그는 다방면에 능통한 연극배우로 유명하다. 그리고 이제 그는 존경받는 가수로서 청중을 경탄시킨다.)

"So long" überrascht **als erstklassige Rockballade**.
("So long"은 일류의 로크 담시로서 놀라게 한다.)

 * '4격 보충어'는 생략되었다.

überreden, überredet, überredete, hat überredet:

1. SBP: Enom Eakk Epräp(=*zu*)

(jn. durch Zureden dazu bringen, etw. zu tun, was er ursprünglich nicht tun wollte 누구를 설득하여 원래 하려고 하지 않던 일을 하게 하다)

Er wollte sie **zum Kauf des Fernsehers** überreden.
(그는 그녀를 그 TV를 사도록 설득하려고 했다.)

Ich möchte ihn **zum Mitkommen** überreden.
(나는 그를 함께 가도록 설득하고 싶다.)

Wir konnten ihn **dazu** nicht überreden.
(우리는 그를 그것을 하도록 설득시킬 수 없었다.)

Er hatte zehn Frauen aus unserer Gruppe *dazu* überredet, **mit ihm nach Kanada zu kommen**.
(그는 우리 단체에서 열 명의 여성들을 설득하여 그와 함께 카나다로 오게 했다.)

Ich rannte meinem angetrunkenen Freund hinterher und überredete ihn, **mit**

mir zusammen zu Fuß nach Hause zu gehen.
(나는 술에 취한 내 친구의 뒤를 뛰어서 따라가서 나와 함께 걸어서 집으로 가도록 그를 설득했다.)

Dem Journalisten gelang es, den Politiker (*dazu*) zu überreden, *dass er in ein kurzes Interview einwilligte.*
(한 짧은 인터뷰에 동의하도록 그 정치가를 설득하는 것을 그 신문기자는 성공했다.)

 * *dazu*는 '생략할 수 있는 상관사'이다.

überweisen, überweist, überwies, hat überwiesen:

1. SBP: Enom (Edat/Epräp1)(=*an*) (Epräp2)(=*auf*) Eakk

(jm. eine Zahlung von irgendwieviel gutschreiben lassen 누구에게 얼마를 송금하다)

Ich überweise **dir** das Geld.
(나는 너에게 그 돈을 송금한다.)

Er hat **ihr/an sie** 100 Euro überwiesen.
(그는 그녀에게 100유로를 송금했다.)

Der Arbeitgeber überweist die Löhne **auf das Girokonto des jeweiligen Arbeitnehmers.**
(그 사업주는 임금을 각 노동자의 지로구좌로 송금한다.)

2. SBP: Enom Eakk Edat/Epräp(=*an/zu*)

(jn. zu jm. schicken 누구를 누구에게 보내다)

Sein Arzt hat ihn **zu einem/an einen Spezialisten** überwiesen.
(그의 의사는 그를 한 전문의에게 넘겼다.)

Patienten werden immer häufiger von ihren Hausärzten **an Fachärzte** überwiesen.
(환자들은 점점 더 자주 주치의들로부터 전문의들에게 보내어진다.)

Sehr geehrter Herr Kollege, ich möchte **Ihnen** eine meiner Patientinnen zur Computertomografie überweisen.
(존경하는 동료에게, 저는 당신에게 내 여자 환자들 중의 한 분을 컴퓨터 단층촬영을 위해 당신에게 보내드리고 싶습니다.)

überzeugen, überzeugt, überzeugte, hat überzeugt:

1. SBP: Enom Eakk Epräp(=*von*)
   (jn. dazu bringen, dass er etw. als richtig anerkennt 누구를 납득/확신시키다)

Ihr Vorschlag überzeugt mich gar nicht.
(그의 제안은 나를 전혀 납득시키지 못한다.)

 * *Ihr Vorschlag*은 '-human'이므로 '넓은 의미의 행위의 주체'이다. (김경욱(1990): 독일어 Valenz 문법, 70쪽)

Ich habe ihn **von meiner Unschuld** überzeugt.
(나는 그에게 나의 무죄를 납득시켰다.)

Er ist **von der Qualität des Produktes** überzeugt.
(그는 그 상품의 품질에 대해 확신을 가지고 있다.)

Ich bin fest **davon** überzeugt.
(나는 그것을 굳게 확신하고 있다.)

Die Ergebnisse konnten die Gutachter nicht **davon** überzeugen, **dass die Experimente bisher irgendwelche Erfolge gezeigt hätten**.
(그 결과들은 그 실험들이 지금까지 어떤 결과를 보여주었다고 그 전문적 감정인들을 확신시킬 수는 없었다.)

* *davon*은 '생략할 수 없는 상관사'이다.

2. SBP: Enom

(mit seinen Leistungen den Erwartungen entsprechen 자신의 업적으로 기대에 미치다)

Das Spiel des 1. FC Köln am letzten Samstag konnte nicht überzeugen.
(지난 토요일의 FC Köln 팀의 경기는 (팬들의) 기대에 못 미쳤다.)

umsteigen, steigt um, stieg um, ist umgestiegen:

1. SBP: Enom (Eadv1) (Eadv2)

(irgendwo aus einem öffentlichen Verkehrsmittel aussteigen und irgendwo hinein einsteigen, um die Fahrt fortzusetzen 갈아타다)

In Ulm müssen Sie umsteigen.
(울름에서 당신은 갈아타야 합니다.)

Du musst mit dem Zug bis Mannheim fahren und dann **in die Straßenbahn Richtung Krankenhaus** umsteigen.
(너는 그 기차를 타고 만하임까지 가서, 그 다음에 병원 방향으로 가는 전차로 갈아타야 한다.)

 * (Eadv1)은 '갈아타는 장소'이고, (Eadv2)은 '갈아타는 수송수단'이다.

2. SBP: Enom (Epräp)(*von*은 생략가능, *auf/in* + 4격)

(von etw. Gewohntem zu etw. anderem wechseln 익숙한 것에서 다른 것으로 바꾸다)

Es hat sich gelohnt, dass er **von der Musik in die Wirtschaft** umgestiegen ist.
(그가 음악에서 경제학으로 전공을 바꾼 것은 그럴만한 가치가 있었다.)

Der Umweltminister forderte alle öffentlichen Dienststellen auf, verstärkt **auf**

Umweltpapier umzusteigen.
(환경부장관은 모든 공공기관에 환경보호 종이로 더 많이 바꾸어 사용하도록 요구했다.)

Der öffentliche Personennahverkehr müsste schneller werden, erst dann würden die Autofahrer umsteigen.
(공공의 근거리 여객수송은 더 빨라져야 한다, 그래야만 운전자들이 운전하지 않고 이 수단으로 바꿀 것이다.)

umtauschen, tauscht um, tauschte um, hat umgetauscht:

1. **SBP: Enom Eakk (Epräp)**(=*gegen*)
(etw. zurückgeben und dafür etw. anderes bekommen 무엇을 교환하다)

Ich möchte diese Bluse umtauschen.
(나는 이 블라우스를 다른 것과 교환하고 싶습니다.)

Sie können aber auch die gewonnenen Reisen **gegen Warengutscheine** umtauschen.
(당신은 그러나 당첨된 그 여행들을 상품권들로 교환하실 수도 있습니다.)

2. **SBP: Enom Eakk (Epräp)**(=*gegen/in* + 4격)
(etw. in etw. wechseln 무엇을 무엇으로 환전하다)

Die DDR-Regierung will durchsetzen, dass mehr als die angebotenen 4000 Mark auf Sparkonten zum Kurs 1:1 **gegen DM** umgetauscht werden.
(동독정부는 저축구좌에 있는 제안된 4000마르크보다 더 많은 액수는 1:1로 독일마르크로 환전되는 것을 관철시키고자 했다.)

Ich möchte 100 Euro **in Dollar** umtauschen(=wechseln).
(나는 100유로를 달러로 환전하고 싶습니다.)

Bevor ich in den Urlaub fahre, muss ich noch Geld umtauschen.

(나는 휴가를 떠나기 전에, 환전을 해야만 한다.)

umziehen I, zieht um, zog um, ist umgezogen:

SBP: Enom (Eadv)

(aus einer Wohnung ausziehen und irgendwohin ziehen 어디로 이사하다)

Die ganze Familie *ist* im vorigen Jahr **von Sachsen nach Bayern** *umgezogen*.
(전 가족은 작년에 작센에서 바이에른으로 이주했다.)

Sie *ist* **in eine größere Wohnung** *umgezogen*.
(그녀는 더 큰 집으로 이사를 갔다.)

Meiers *sind umgezogen*.
(마이어 가족은 이사를 갔다.)

 * '이사하다'라는 의미의 자동사로서 '장소의 이동'을 나타내므로, *sein*과 완료형을 만들었다. 부사적 보충어는 생략이 가능하며 전치사 '*aus/von* + 3격'과 '*an/auf/in/* + 4격' 또는 '*nach* + 3격'으로 이루어진다.

umziehen II, zieht um, zog um, hat umgezogen:

1. SBP: Enom Eakk

(jm. andere Kleidungsstücke anziehen 누구에게 옷을 갈아입히다)

Die Mutter zog **den kleinen Jungen** sofort völlig um, als er vom Spielplatz schmutzig nach Hause kam.
(어머니는 그 사내애가 놀이터에서 더러운 상태로 집에 왔을 때, 즉시 그의 옷을 완전히 갈아 입혔다.)

Ich *habe* **mich** noch schnell *umgezogen*.

(나는 우선 옷을 빨리 갈아입었다.)

 * '3격'이든 '4격'이든 재귀대명사가 오면, *haben*과 완료형을 만든다. 그리고 '4격 보충어' 자리에 *sich*가 왔을 뿐이므로 '유연 재귀구조'(motivierte Reflexivkonstruktion)이다.

2. SBP: Enom Eakk

(etw. transportieren 무엇을 운송하다)

Die Spedition 'Schneller Transport' hat unsere Möbel und das Klavier umgezogen.
(운송회사 '빠른 수송'이 우리 가구와 피아노를 운송했다.)

unterhalten, sich unterhält sich - unterhielt sich - hat sich unterhalten:

1. SBP: Enom Epräp1(=*mit*) Epräp2(=*über*)

(mit jm. ein Gespräch über etw. führen 누구와 무엇에 관해 대화하다)

a. Ich habe mich schon oft **mit ihm** *darüber* unterhalten.
(나는 이미 자주 그와 그것에 관해서 대화를 나누었다.)

b. Man könnte sich **mit ihm** interessant *darüber* unterhalten, **dass Politik viel mit Machtkampf zu tun hat.**
(우리는 정치가 권력투쟁과 관계가 많다는 것에 대해서 그와 재미있게 대화를 나눌 수 있을 것이다.)

c. Ich habe mich **mit dem Nachbarn** freundlich *darüber* unterhalten, **ob der Zaun erneuert werden sollte.**
(나는 그 울타리가 수선되어야 할지에 관해서 그 이웃사람과 다정하게 대화를 나누었다.)

 * *darüber*는 '생략할 수 없는 상관사'이다. a.의 *darüber*는 '전방 지시사'

> (Anapher)이고, b.와 c.의 *darüber*는 '상관사'(korrelat)로서 '후방 지시사'(Kataphor)이다.

2. SBP: Enom (Eadv)

(sich angenehm die Zeit vertreiben 즐겁게 시간을 보내다)

Es war eine schöne Zirkusvorstellung, wir haben uns alle sehr gut unterhalten.
(그것은 아름다운 서커스공연이었다, 우리는 모두 시간을 아주 즐겁게 보내었다.)

Hast du dich **auf dem Ball** gut unterhalten?
(너는 그 무도회에서 잘 즐겼느냐?)

Eva dachte, sie würde sich langweilen, aber sie hat sich **bei dem Theaterstück** hervorragend unterhalten.
(에바는 자신이 지루할 것이라고 생각했으나, 그녀는 그 연극작품을 보면서 아주 즐겁게 시간을 보내었다.)

> * **auf dem Ball**과 **bei dem Theaterstück**는 '생략할 수 있는 부사적 보충어'이다.

unterliegen, unterliegt, unterlag, ist unterlegen:

1. SBP: Enom (Edat)

(in einem Wettkampf von jm. besiegt werden 경쟁에서 누구에게 패배를 당하다)

Er unterlag **dem Gegenkandidaten** bei der Wahl.
(그는 선거에서 상대방 후보에게 패배를 당했다.)

Otto unterlag. (Duden, 10 Bände)
(오토가 패배했다.)

2. SBP: Enom Edat
(jd./etw. wird von etw. bestimmt 누구/무엇이 무엇에 의해 좌우되다)

Das Wetter im April unterliegt **starken Schwankungen**.
(4월의 날씨는 심하게 동요된다.)

Sie unterliegt **starken Gemütsschwankungen**.
(그녀는 감정의 동요가 심하다.)

Es unterliegt **keinem Zweifel**, dass dieser Fall eintritt.
(이런 경우는 의심할 여지없이 일어날 것이다.)

Jeder männliche Belgier zwischen 18 und 45 Jahren unterliegt **der allgemeinen Wehrpflicht**.
(18세에서 45세 사이의 모든 벨기에 남성은 모두 병역의 의무가 있다.)

unterrichten, unterrichtet, unterrichtete, hat unterrichtet:

1. SBP: Enom (Eakk)
(Unterricht erteilen 강의하다)

Sie unterrichtet **Deutsch**.
(그녀는 독일어를 가르친다.)

Acht Lehrer unterrichten hauptamtlich.
(여덟 선생님이 전임으로 가르친다.)

2. SBP: Enom Eakk (Epräp)(*über* + 4격/*von* + 3격)
(jn. über etw. informieren 누구에게 무엇에 관해 알려주다)

Können Sie **mich** bitte *über das Ergebnis der Konferenz* unterrichten?
(당신은 나에게 그 회의의 결과에 대해 좀 알려주실 수 있습니까?)

Die Presse unterrichtet **die Leser** ausführlich *über den Staatsbesuch*.
(그 신문은 독자들에게 상세히 (대통령 등 정치적 고위직의) 다른 나라의 공식방문에 대해 보도한다.)

Hast du **ihn** *vom Tod seines Vaters* unterrichtet?
(너는 그에게 그의 아버지의 죽음에 대해 알려주었느냐?)

Sind Sie bereits unterrichtet?
(당신은 이미 연락받아 알고 있느냐?)

Der Arzt unterrichtete **sich** *über den Zustand des Verunglückten*.
(그 의사는 사고를 당한 남자의 상태에 대해 알아보았다.)

 * 이 재귀구조는 다른 4격 보충어 대신에 재귀대명사 *sich*가 온 '유연 재귀구조'(motivierte Reflexivkonstruktion)이다.

3. SBP: Enom Eakk (Epräp)(=*in*)
(jm. Unterricht in etw. geben 누구에게 무엇을 가르치다)

Sie unterrichtet die 11. Klasse **in Englisch**.
(그녀는 11학년에게 영어를 가르친다.)

Frau Albrecht unterrichtet Rainer und Claudia **in Blockflöte**.
(알프레히트 부인은 라이너와 크라우디아에게 리코더를 가르친다.)

 * 전치사 *in* 다음에는 '전공과목/악기'가 주로 온다.

unterscheiden, unterscheidet, unterschied, hat unterschieden:

1. SBP: Enom Eakk
(etw. erkennen 무엇을 알아보다)

Auf diesem unscharfem Bild kann man **sie** nicht unterscheiden.
(이 선명하지 않은 사진에서는 그녀를 알아볼 수 없다.)

Ich konnte in diesem Handgemenge nicht unterscheiden, **welcher der beiden Männer zuerst das Messer gezogen hat**.
(나는 이 격투에서 두 남자 중에서 누가 먼저 칼을 뽑았는지 알아볼 수 없었다.)

Der Biosensor kann sogar unterscheiden, **ob die Pflanze beschädigt wurde, ob gerade Käfer an ihr fressen oder ob die Wurzel faul sind**.
(그 생물 감지장치는 어떤 식물이 손상되었는지, 지금 딱정벌레가 그 식물을 뜯어먹고 있는지 또는 뿌리가 썩었는지 여부까지를 알아낼 수 있다.)

2. SBP: Enom Eakk/Epräp(=*zwischen* + 3격)
(zwischen etw. und einem anderen trennen 무엇과 다른 무엇 사이에서 구분하다)

Wir können hier **drei Sorten von Getreide** unterscheiden: Weizen, Gerste, Hafer.
(우리는 여기에서 3종류의 곡식을 구분할 수 있다: 밀, 보리, 귀리.)

Er kann nicht **zwischen Gut und Böse** unterscheiden.
(그는 선(善)과 악(惡)을 구별할 수 없다.)

3. SBP: Enom Eakk Epräp1(=*von* + 3격) (Epräp2)(=*an* + 3격/*durch* + 4격)
(auseinander halten 무엇을 무엇으로부터 구별하다)

Man kann sie kaum **von ihrer Schwester** unterscheiden.
(우리는 그녀를 그녀의 여동생으로부터 거의 구별할 수가 없다.)

Von seiner Mutter konnte man das Pferd *dadurch* unterscheiden, *dass es ein wenig größer war*.
(사람들은 그의 어미로부터 그 말을 그것이 조금 더 컸기 때문에 구별할 수 있었다.)

Ansonsten kann man den Touristen vom Römer *daran* unterscheiden, *dass er ab und zu seine Sonnenbrille abnimmt.*
(그 밖에 사람들은 그 관광객을 로마 사람으로부터 그가 가끔 그의 선글라스를 벗는 것을 보고 구별할 수 있다.)

 * *dadurch*와 *daran*은 '생략할 수 없는 상관사'이다.

unterscheiden, sich unterscheidet sich - unterschied sich - hat sich unterschieden:

1. SBP: Enom Epräp(=*von* + 3격)
   (irgendwie verschieden sein von etw. 무엇과 어떻게 다르다)

   Die neue Methode unterscheidet sich wesentlich **von den früheren Verfahren.**
   (그 새 방법은 이전 방법들과는 전혀 다르다.)

   Die Aussage des Zeugen unterscheidet sich *in zwei wesentlichen Punkten* **von der Aussage des Angeklagten.**
   (그 증인의 발언은 2개의 본질적인 점에서 피고의 발언과 다르다.)

    * *in zwei wesentlichen Punkten*은 '한정적 임의첨가어'(Limitativangabe)이다: *was zwei wesentliche Punkte betrifft*로 전환이 가능하기 때문이다.
   (김경욱(1990): 독일어 Valenz 문법, 50f. 참조)

2. SBP: Enom Epräp(=*nach* + 3격)
   (verschieden sein in Abhängigkeit von etw. 무엇에 따라서 무엇과 다르다)

   Kakao unterscheidet sich **nach Herkunft und Jahreszeit** sehr stark.
   (카카오는 원산지와 계절에 따라서 아주 많이 다르다.)

3. SBP: Enom Epräp(=*von* + 3격) Eadv(*um* + 4격)

(einen Unterschied von irgendwieviel im Vergleich zu etw. zeigen 무엇과 비교해 얼마의 차이를 보이다)

Ich unterscheide mich **um mehrere Zentimeter** von meiner Mutter.
(나는 내 어머니와 몇 cm의 키 차이가 있다.)

Von dem dreitürigen Modell unterscheidet sich der neue Fünftürer nur **um 10 cm** in der Länge.
(문 3개짜리 견본과는 그 문 5개짜리 새 견본은 길이에 있어서 단지 10 cm 차이가 있을 뿐이다.)

unterstützen, unterstützt, unterstützte, hat unterstützt:

1. SBP: Enom Eakk

   (etw. befürworten 무엇을 지지하다)

   Ich bin bereit, **Ihren Vorschlag** zu unterstützen.
   (저는 당신의 제안을 지지할 용의가 있습니다.)

   Wir unterstützen **die Nominierung von Olaf Müller** als Kandidaten des Betriebsrats.
   (우리는 경영참여 근로자 대표의 후보로 오라프 뮐러의 지명을 지지합니다.)

    ＊ 4격 보충어로 '행위'가 자주 온다.

2. SBP: Enom Eakk (Eadv)

   (jm. helfen 누구를 돕다)

   Ich muss **meine Eltern** unterstützen.
   (나는 내 부모님들을 도와야 한다.)

Weil meine Frau berufstätig ist, muss sie **mich** jede Woche *mit 200 Euro* unterstützen.
(내 부인이 직장생활을 하기 때문에, 그녀는 나를 매주 200유로로써 도와야 한다.)

Wir wollen künftig **unsere Mutter** *durch Beteiligung an den Haushaltskosten und an der Hausarbeit* unterstützen.
(우리는 앞으로 우리 어머니를 생계비와 집안일에 참여하는 것을 통해 도우려 한다.)

 ＊ '4격 보충어'로는 '사람'만 온다. '생략할 수 있는 부사적 보충어'는 *mit 200 Euro*와 *durch Beteiligung an den Haushaltskosten und an der Hausarbeit*이며, 논항 '수단'을 나타낸다.

3. SBP: Enom Eakk
(eine fördernde Wirkung auf etw. ausüben 무엇을 촉진하다)

Bei Kindern unterstützen die in Kartoffeln enthaltenen Kohlenhydrate und Mineralien **das Wachstum**.
(감자 속에 포함된 탄수화물들과 무기물들은 애들의 성장을 촉진한다.)

Dass du viel Sport gemacht hast, hat **deine Diät** unterstützt.
(네가 운동을 많이 한 것이 너의 식이요법을 촉진했다.)

4. SBP: Enom Eakk (Eadv)
(sich für etw. einsetzen 무엇을 위해 노력하다)

Demonstrationen und Appelle weiter Bevölkerungskreise unterstützen wirksam **die Bemühungen der Atomgegner um Abrüstung**.
(광범위한 주민층들의 시위들과 호소들은 군비축소를 위한 핵 반대자들의 노력들을 효과적으로 뒷받침한다.)

Die Einwohner Mannheims haben **die Sammlung für die Erdbebenopfer** *mit*

Sach- und Geldspenden unterstützt.
(만하임의 주민들은 지진의 희생자들을 위한 모금을 현물기부와 현금기부로 전력을 다해서 도왔다.)

Die Eltern der Schüler werden **das Sportfest** *finanziell* und *durch verschiedene Aktivitäten* unterstützen.
(그 학생들의 부모들은 그 스포츠 축제를 재정적으로 그리고 다양한 활동들을 통해 도우려 한다.)

 ＊ mit Sach- und Geldspenden과 *finanziell*과 *durch verschiedene Aktivitäten*은 '수단'을 나타내며, '생략할 수 있는 부사적 보충어'이다.

untersuchen, untersucht, untersuchte, hat untersucht:

1. SBP: Enom Eakk
(etw. analysieren 무엇을 분석하다)

Es wird zurzeit noch untersucht, **wodurch der Unfall verursacht wurde**.
(그 사고가 무엇 때문에 야기되었는지 현재 아직 분석되고 있는 중이다.)

Die Bedeutung des Sports für das Herz des älteren Menschen untersucht ein anderer Vortrag.
(비교적 늙은 사람의 심장을 위한 스포츠의 중요성을 한 다른 강연이 연구하고 있다.)

2. SBP: Enom Eakk
(den Gesundheitszustand von jm. feststellen 누구의 건강 상태를 진찰하다)

Unser Hausarzt hat **mich** gründlich untersucht.
(나의 가정의가 나를 철저하게 진찰했다.)

An Ihrer Stelle würde ich **mich** mal untersuchen lassen.

(제가 당신이라면 저는 한 번 진찰받아 보겠습니다.)

3. SBP: Enom Eakk Epräp(=*nach*)
(systematisch nach etw. suchen 무엇을 체계적으로 조사하다)

Die Polizisten untersuchten die Verhafteten **nach Waffen und Rauschgift**.
(경찰관들은 그 죄수들이 무기들과 마약을 소지했는지 수색했다.)

Selbst der Urin in den Toiletten wird *danach* untersucht, **ob einer der Mitarbeiter Drogen zu sich genommen hat**.
(화장실 안의 오줌조차도 동료들 중의 한 사람이 마약을 복용했는지 여부를 알아내기 위해서 조사받는다.)

 * *danach*는 '생략할 수 없는 상관사'이다.

4. SBP: Enom Eakk Epräp(=*auf*)
(etw. gründlich betrachten, um die Existenz von etw. nachzuweisen 무엇의 존재를 입증하기 위해서 무엇을 철저히 관찰하다)

Der Berliner Spezialist hat auch Medikamente **auf ihre Wirksamkeit** hin untersucht.
(그 베를린의 전문가는 의약품들도 그들의 효능을 철저하게 조사했다.)

Die Geologen haben Aufzeichnungen von 250 Erdbeben in Nord- und Mittelamerika *darauf* untersucht, **ob starke Beben von Anfang an stark sind**.
(지질학자들은 북미와 중미의 250개 지진들의 기록들을 강한 지진들이 처음부터 강한지 여부를 검토했다.)

 * *darauf*는 '생략할 수 없는 상관사'이다.

verabreden, sich verabredet sich - verabredete sich - hat sich verabredet:

SBP: Enom Epräp1(=*mit*) (Epräp2)(=*zu*) Eadv

(mit jm. festlegen, dass man sich mit ihm irgendwann zu etw., das gemeinsam getan wird, trifft 누구와 언제 무엇을 하기 위해서 만날 약속을 하다)

Ich habe mich *mit ihr für heute Abend* verabredet.
(나는 그녀와 오늘 저녁에 만나기로 약속했다.)

* *Ich treffe mich mit ihr heute Abend.* (나는 오늘 저녁에 그녀와 약속을 하여 만난다.)에서 보듯이 '약속하여 만나다'는 재귀구조로 표현되고 'mit jm.과 시점'이 함께 오는 공통점이 있다.

Maximilian hat sich heute Abend **zum Lernen** mit seinem Freund verabredet.
(막시밀리안은 오늘 저녁에 공부하기 위해서 그의 친구와 만날 약속을 했다.)

* '부사적 보충어'는 논항 '시점'(Temporalität)을 나타낸다.

verabschieden, sich verabschiedet sich - verabschiedete sich - hat sich verabschiedet:

1. SBP: Enom Epräp(=*von*)

(von jm. Abschied nehmen 누구와 작별하다)

Darf ich mich **von Ihnen** verabschieden?
(제가 당신에게 작별인사를 해도 좋겠습니까?)

2. SBP: Enom Epräp(=*aus/von*)

(sich aus etw. zurückziehen 무엇에서 은퇴하다/무엇을 포기하다)

Olof Palme wird sich **aus seinem Amt** nicht verabschieden, solange nur die schwedischen Wähler ihm ihr Vertrauen aussprechen.
(오로프 팔메는 스웨덴의 유권자들이 그에게 그들의 신뢰를 표명하고 있는 동안에는 그의 관직으로부터 은퇴하지 않을 것이다.)

Die Opposition wirft der Partei vor, sie habe sich auf ihrem letzten Parteitag **von der Umweltpolitik** verabschiedet.
(반대파는 그 당이 지난 번 전당대회에서 자신들의 환경정책을 포기했다고 그 당을 비난한다.)

3. **SBP: Enom Epräp(=*von*)**
(sich von etw. trennen 무엇과 헤어지다)

Von einigen Traditionen, die in den letzten zehn, fünfzehn Jahren das Erscheinungsbild der Linguistik geprägt haben, hat sich die neuere Forschung verabschiedet.
(지난 10년, 15년 동안에 언어학의 모습을 특징지었던 몇 개의 전통들로부터 최근의 연구는 결별했다.)

4. **SBP: Enom Eadv**
(sich mit einem Abschied irgendwohin begeben 작별하고 어디로 떠나다)

Am kommenden Montag will sich Frau Müller mit einer kleinen Feier **in den Ruhestand** verabschieden.
(오는 월요일에 뮬러부인은 작은 파티를 한 개 열면서 은퇴생활로 떠나려고 합니다.)

Thomas, der ab 1. Januar eine Dozentur in Budapest hat, hat sich gestern **dorthin** verabschiedet.
(1월 1일부터 부다페스트에 대학 교직을 갖게 된 토마스는 어제 작별인사를 하고 그 곳으로 떠났다.)

verändern, verändert, veränderte, hat verändert:

1. SBP: Enom Eakk
(dafür sorgen, dass etw. anders wird 무엇을 변화시키다)

Er will die Gesellschaft verändern.
(그는 사회를 변화시키려고 한다.)

 * 주어는 '행위의 주체'로서 '좁은 의미의 행위의 주체', 즉 '사람'이 온다.

2. SBP: Enom Eakk
(bewirken, dass etw. anders wird 무엇을 바꾸다)

Ströme im Erdinnern verschieben Kontinente und verändern die atmosphärischen und ozeanischen Strömungen.
(지구의 내부에 있는 강들이 대륙들의 위치를 바꾸고, 대기권의 흐름들과 대양의 흐름들을 변화시킨다.)

Der Computer wird unseren Lebensstil nachhaltig verändern.
(컴퓨터는 우리들의 생활양식을 지속적으로 바꾸어놓을 것이다.)

 * 주어는 '-human', 즉 '넓은 의미의 행위의 주체'이다.

3. SBP: Enom Eakk
(etw. äußerlich anders erscheinen lassen 무엇의 외모를 바꾸다)

Ein Vollbart oder eine Uniform kann **einen Mann** enorm verändern.
(아래 얼굴을 온통 뒤덮은 수염이나 제복은 한 남자의 외모를 엄청나게 다르게 보이게 할 수 있다.)

4. SBP: Enom Eakk Epräp(=*an*)
(dafür sorgen, dass etw. an etw. anders wird)

Ich werde **an meiner Lebens- und Arbeitsweise** nichts verändern.
(나는 나의 생활방식과 활동방식을 전혀 바꾸지 않을 것이다.)

5. SBP: Enom Eakk Eadv
(bewirken, dass etw. um irgendwieviel anders wird 무엇을 얼마만큼 바꾸다)

Wer hat am Thermostat die Einstellung **auf 23 Grad** verändert?
(누가 정온기(整溫器)의 조절장치를 23도로 바꾸었는가?)

Der Fraktionswechsel einiger Abgeordneter hat die Mehrheit der Regierungsparteien **von sechs auf zwei Stimmen** verändert.
(몇몇 국회의원들의 원내교섭단체의 이적이 여당들의 수적(數的) 우세를 여섯 표에서 두 표로 바꾸어 놓았다.)

verbessern, verbessert, verbesserte, hat verbessert:

1. SBP: Enom Eakk
(jemandes fehlerhafte Äußerung mündlich korrigieren 누구의 말 실수를 고쳐주다)

Verbessern Sie **mich** bitte, wenn ich Fehler mache!
(제가 실수를 하면, 저를 제발 고쳐주세요!)

2. SBP: Enom Eakk
(bewirken, dass etw. besser wird 무엇을 개선시키다)

Die Qualität dieser Produkte konnte verbessert werden.
(이 제품들의 품질은 개선될 수 있었다.)

Als junger Mann wollte ich **die Welt** verbessern.
(나는 젊은 남성으로서 세계를 개선하고자 했다.)

Eine enge Zusammenarbeit von Schule und Berufsberatung verbessert **die**

Vorbereitung der Berufswahl.
(학교와 직업상담의 긴밀한 협조가 직업선택의 준비를 개선시킨다.)

3. SBP: Enom Eakk
(etw. schriftlich berichtigen 무엇을 교정하다)

Vielleicht kannst du mir bei dieser Gelegenheit auch **die eine oder andere Stelle** stilistisch verbessern.
(아마도 이 번 기회에 너는 나의 글 이 부분 또는 저 부분을 문체적으로 교정해 줄 수 있을 것이다.)

4. SBP: Enom Eakk (Eadv)
(bewirken, dass etw. um irgendwieviel besser wird 무엇을 얼마만큼 개선시키다)

Die wiederholte Verwendung von Mehrwegverpackungen würde **die ökologische Bilanz** *erheblich* verbessern.
(여러 번 사용하는 포장지를 반복 사용한다면, 그것은 생태계의 최종 개관을 현저하게 개선시킬 것이다.)

Kurz vor der Halbzeitpause konnte die Heimmannschaft *von 0:2 auf 1:2* verbessern.
(전반전이 끝나기 직전에 홈팀이 0:2에서 1:2로 만회할 수 있었다.)

 * '스포츠언어'에서는 '4격 보충어'가 가끔 생략된다. 이태릭체가 '생략할 수 있는 부사적 보충어'이다.

verbessern, sich verbessert sich - verbesserte sich - hat sich verbessert:

1. SBP: Enom
(besser werden 개선되다)

Die **Chancen** haben sich wesentlich verbessert.
(기회들이 대단히 좋아졌다.)

2. SBP: Enom (Eadv)
(um irgendwieviel besser werden 얼마만큼 좋아지다)

a. Die Autorin kommt zu dem Ergebnis, dass sich **die Lebensqualität in der Welt** bis zum Fünffachen verbessert hat.
(그 여류작가는 세계의 생활수준이 5배까지나 개선되었다는 결론에 도달한다.)

b. Auch in Frankfurt verbesserten sich im Tagesverlauf **die Aktienkurse**.
(프랑크푸르트에서도 하루 동안에 주가가 좋아졌다.)

 ＊ a.의 bis zum Fünffachen은 b.에서는 실현되지 않았다. 그러므로 '생략할 수 있는 부사적 보충어'이다.

verbieten, verbietet, verbot, hat verboten:

1. SBP: Enom Eakk (Edat)
(von jm. verlangen, etw. zu unterlassen 금지시키다)

Der Arzt hat meinem Vater **das Rauchen** verboten.
(그 의사는 나의 아버지에게 흡연을 금지시켰다.)

Der Pförtner verbot dem Besucher **das Haus**(=das Betreten des Hauses).
(그 문지기는 그 방문객에게 그 집에 발을 들여놓는 것을 금지했다.)

Sie verbietet ihm, **dass er das Haus betritt/das Haus zu betreten**.
(그녀는 그가 그 집에 발을 들여놓는 것을 그에게 금지한다.)

Die Eltern hatten verboten, **dass das Mädchen die Oma besuchte**.

(부모는 그 소녀가 할머니를 방문하는 것을 금지시켰다.)

Die Beamten verboten ihm, **nach Hause zurückzukehren**.
(그 관리들은 그가 집으로 돌아오는 것을 금지했다.)

Rauchen verboten!
(금연!)

 * '4격 보충어'는 '행위'로서 논항 '명제내용'을 나타낸다.

2. SBP: Enom Eakk.

(etw. unmöglich machen 무엇을 불가능하게 만들다)

Die militärische Bedrohung verbietet **einen Truppenabzug** im Krisengebiet.
(군사적 위협이 위기지역의 부대 철수를 불가능하게 만든다.)

Die erneut aufgetretenen technischen Probleme verbieten (es), **dass wir mit den Tests aufhören**.
(새롭게 대두된 기술적 문제들이 우리가 그 시험들을 중단하는 것을 불가능하게 한다.)

Der Mangel an Nahrung und Trinkwasser verbot (es), **die Expedition noch länger fortzusetzen**.
(식량과 식수의 결핍이 그 원정을 더 오래 계속하는 것을 불가능하게 했다.)

3. SBP: Enom Eakk

(etw. für ungesetzlich oder unzulässig erklären 무엇을 불법적이라고 선언하다)

Der weißrussische Präsident Alexander Lukaschenko hat **die oppositionellen Freien Gewerkschaften** verboten.
(백러시아의 대통령 알렉산더 루카센코는 야당인 자유노조를 불법적이라고 선언했다.)

verbinden, verbindet, verband, hat verbunden:

1. SBP: Enom Eakk

   (etw. mit einem Verband versehen 무엇을 붕대로 감다)

   Der Sanitäter hat **die Wunde** verbunden.
   (위생병이 그 상처를 붕대로 감았다.)

   Die Wunde wurde sofort verbunden.
   (그 상처는 곧 붕대로 감겨졌다.)

2. SBP: Enom Eakk Epräp(=*mit*)

   (eine Telefonverbindung herstellen 전화를 연결하다)

   Verbinden **Sie** mich bitte mit Herrn Direktor Meyer!
   (제발 저를 마이어 교장/사장/원장님과 전화연결해주세요!)

   Falsch verbunden!
   (전화가 잘못 연결되었습니다!)

3. SBP: Enom Eakk Epräp(=*mit*)

   (eine räumliche Verbindung herstellen 공간적으로 연결하다)

   Die neue U-Bahn verbindet das Zentrum mit den wichtigsten Vororten.
   (그 새 지하철선은 시내중심가를 가장 중요한 교외의 소도시들과 연결시켜준다.)

4. SBP: Enom Eakk Epräp(=*mit*)

   (etw. in gedanklichen Zusammenhang mit etw. bringen 무엇을 어떤 개념을 연관시키다)

   Was verbinden **Sie** mit dem 'C' im Namen Ihrer Partei?
   (당신은 당신의 당의 이름에 있는 "C"와 무엇을 연관시킵니까?)

Welche Vorstellung verbinden **Sie** mit dem Wort 'Atom'?
(당신은 '원자'라는 단어와 어떤 개념을 결합시킵니까?)

verbringen, verbringt, verbrachte, hat verbracht:

1. **SBP: Enom Eakk Eadv**

   (etw. irgendwo zubringen 무엇을 어디에서 보내다)

   Ich habe **meinen Urlaub** an der Ostsee verbracht.
   (나는 나의 휴가를 동해에서 보내었다.)

   Ein Drittel seines Lebens verbringt der Mensch im Bett.
   (자기 생애의 ⅓을 인간은 침대에서 보낸다.)

2. **SBP: Enom Eakk**

   (etw. erleben 무엇을 체험하다)

   Wir haben **einen angenehmen Abend** verbracht.
   (우리는 즐거운 하루 저녁을 가졌다.)

3. **SBP: Enom Eakk Epräp(=*mit*)**

   (etw. mit etw. ausfüllen 무엇을 무엇으로 채우다)

   Man verbringt zu viel Zeit *mit Warten*.
   (사람들은 너무 많은 시간을 기다림으로 채운다.)

   Er verbringt seine Abende *damit*, **dass er die Fotoalben seiner Jugend immer wieder anschaut**.
   (그는 그의 젊은 시절의 사진앨범들을 늘 다시 쳐다보는 것으로 그의 저녁들을 채운다.)

    * *damit*는 '생략할 수 없는 상관사'이다. 전치사 *mit* 다음에는 '행동'이 온다.

4. SBP: Enom Eakk Eadv

(etw. irgendwie gestalten 무엇을 어떻게 형성하다)

Wollen wir die Feiertage dieses Jahr nicht mal **ganz anders** verbringen?
(우리 올해에는 휴가를 한 번 전혀 다르게 계획해보지 않을래?)

Die junge Witwe verbrachte das Jahr nach dem Tode ihres Mannes **in tiefer Trauer**.
(그 젊은 과부는 그녀 남편이 죽은 그 다음 해를 깊은 슬픔 속에서 보내었다.)

 * 부사적 보충어는 논항 '양태'를 나타낸다.

verdienen, verdient, verdiente, hat verdient:

1. SBP: Enom Eadv

    (irgendwieviel als Verdienst erhalten 얼마만큼 벌다)

    In dem Beruf verdient man **gut/viel**.
    (그 직업에서는 벌이가 좋다.)

2. SBP: Enom Eakk

    (Anspruch auf etw. haben 무엇을 받아 마땅하다)

    Er hat **seine Strafe** verdient.
    (그는 벌을 받아 마땅하다.)

    Ihr habt für eure Hilfe **großen Dank** verdient.
    (당신들은 도와주었기 때문에 감사를 많이 받을 만합니다.)

    Ich habe verdient, **dass du so zu mir sprichst**.
    (나는 네가 나에게 그렇게 말할만한 일을 했다.)

vergessen, vergisst, vergaß, hat vergessen:

1. SBP: Enom Eakk

(etw. nicht im Gedächtnis gespeichert haben 무엇을 잊다)

Ich habe leider **eure Adresse und Telefonnummer** vergessen.
(나는 유감스럽게도 너희들의 주소와 전화번호를 잊어버렸다.)

Ich habe (es) vergessen, **ob wir morgen ins Kino gehen wollten**.
(나는 우리가 내일 영화관에 가려고 했던지 여부를 잊어버렸다.)

Ich hatte (es) völlig vergessen, **wann und wo wir uns treffen wollten**.
(나는 우리가 언제, 어디에서 만나기로 약속했는지 완전히 잊어버렸다.)

 ∗ '4격 보충어'는 논항 '명제내용'을 나타낸다.

2. SBP: Enom Eakk

(an jn./etw. nicht mehr denken 누구/무엇을 기억하지 못하다)

"Hast du **den alten Jäger und seine Frau** schon vergessen?" fragte er leise.
("너는 그 늙은 사냥꾼과 그의 부인을 이미 기억나지 않느냐?"라고 그는 조용히 물었다.)

Alte Leute vergessen (es) oft, **dass sie auch einmal jung waren und Dummheiten gemacht haben**.
(노인들은 그들도 한 때 젊었었고 어리석은 행동을 했었다는 사실을 종종 기억하지 못한다.)

3. SBP: Enom Eakk (Eadv)

(etw. versehentlich irgendwo liegen lassen 무엇을 실수로 놓아두다)

Ich habe **meinen Pass** vergessen.

(나는 실수로 내 여권을 두고 왔다.)

Ich habe **meinen Schirm** *im Zug* vergessen.
(나는 실수로 내 우산을 기차에 놓고 내렸다.)

 * *im Zug*이 '생략할 수 있는 부사적 보충어'이다.

vergrößern, vergrößert, vergrößerte, hat vergrößert:

1. SBP: Enom Eakk (Eadv)
(bewirken, dass etw. um irgendwieviel größer wird 무엇을 얼마만큼 확장시키다)

Wir wollen unser Geschäft vergrößern.
(우리는 우리 가게를 확장하려고 합니다.)

Um wie viel Quadradmeter will man die Ausstellungsfläche des Museums vergrößern?
(사람들은 그 박물관의 전시면적을 몇 평방미터 확장시키려고 하는가?)

 * '생략가능한 부사적 보충어'는 '정도'를 나타낸다.

2. SBP: Enom Eakk (Eadv)
(etw. um irgendwieviel größer reproduzieren 무엇을 얼마나 확대 재생산하다)

Ich habe das Foto vergrößern lassen.
(나는 그 사진을 확대시켰다.)

Bis auf welches Format kann man dieses Negativ vergrößern?
(이 음화를 어떤 크기로까지 확대할 수 있습니까?)

3. SBP: Enom Eakk
(der Grund sein, warum etw. zunimmt 무엇이 증가하는 이유이다)

Ein verletzter Oliver Kahn würde **die Chancen des Gegners auf ein Tor** vergrößern.
(부상당한 올리브 칸은 상대팀이 한 골을 넣을 기회를 증대시킬 것이다.)

 * Oliver Kahn은 독일국가대표축구팀의 골키퍼이다.

Eine solche Politik würde **die Gefahr** nur noch vergrößern.
(그런 정책은 다만 위험을 더 증대시킬 것이다.)

vergrößern, sich vergrößert sich - vergrößerte sich - hat sich vergrößert:

1. SBP: Enom (Eadv)

    (um irgendwieviel größer werden 얼마만큼 확대되다)

    Der Vorsprung der Läuferin vergrößerte sich von Runde zu Runde.
    (그 여성주자의 앞선 거리는 바퀴를 거듭할수록 더 커졌다.)

    Der Abstand zwischen SPD und CDU hat sich bei dieser Wahl **von fünf auf fast 16 Prozentpunkte** vergrößert.
    (이번 선거에서 사민당과 기민당 사이의 간격은 5%에서 거의 16%로 확대되었다.)

2. SBP: Enom

    (zunehmen 증가하다)

    Die Chancen für eine Lösung des Problems haben sich deutlich vergrößert.
    (그 문제의 해결을 위한 가능성들은 분명히 더 많아졌다.)

3. SBP: Enom (Eadv)

    (sich einen größeren Raum verschaffen 자신에게 더 큰 공간을 마련하다)

Die neue Wohnung liegt direkt am Park, aber was viel wichtiger ist: wir haben uns **um zwei Zimmer, um fast 40 Quadratmeter** vergrößert.
(그 새 집은 공원 바로 옆에 있다, 훨씬 더 중요한 것은: 우리는 방 2개를, 즉 거의 40평방미터의 공간을 더 많이 확보했다는 것이다.)

verhaften, verhaftet, verhaftete, hat verhaftet:

SBP: Enom Eakk

(jn. festnehmen, um ihn ins Gefängnis zu bringen 누구를 구금하기 위해 체포하다)

Die Polizei hat **den Verbrecher** verhaftet.
(경찰은 그 범인을 체포했다.)

Der Chefdevisenhändler wurde am 5 April *unter dem dringenden Verdacht der Untreue* verhaftet.
(그 수석 외국환거래인은 4월 5일에 배임이라는 유예할 수 없는 혐의로 받고 체포되었다.)

Der 31-jährige Jonathan Polland wird verhaftet *unter dem Verdacht, für China spioniert zu haben*.
(31세의 요나탄 폴란드는 중국을 위해 스파이를 했다는 혐의로 체포된다.)

 ＊ *jn. verhaften unter dem Verdacht* + 2격 명사/부정사 구문: '누구를 ......의 혐의로 체포하다'이다.

verhindern, verhindert, verhinderte, hat verhindert:

1. SBP: Enom Eakk (Eadv)

(erreichen, dass etw. nicht realisiert werden oder nicht eintreten kann 무엇이 일어나는 것을 막다)

Die Regierung konnte **die Wirtschaftskrise** nicht verhindern.
(정부는 그 경제 위기의 발생을 막을 수가 없었다.)

Er sucht, **ein Attentat/den Krieg** *mit allen Mitteln* zu verhindern.
(그는 모든 수단을 동원해서 한 암살/그 전쟁을 막으려고 노력한다.)

Sein Sohn will **den Verkauf** des Grundstücks *mit allen Mitteln* verhindern.
(그의 아들은 그 토지의 판매를 모든 수단을 동원해서 막으려한다.)

Sein entschlossenes Eingreifen konnte *das Schlimmste* verhindern.
(그의 단호한 개입이 최악의 사태를 막을 수 있었다.)

* verhindern 1의 '4격 보충어'는 'nomen actionis(*den Verkauf*) 또는 nomen qualitatis(*das Schlimmste*) 또는 사건'이다.

Mit einem genauen Timing können Sie (**es**) verhindern, **kurz vor Ihrem Umzug in Hektik zu verfallen**.
(당신은 정확한 타이밍으로 이주 직전에 이주 분주해지는 것을 막을 수 있다.)

Meinen Sie, die Regierung sollte die Pleite des Großkonzerns **dadurch** verhindern, **dass sie ihm auf Kosten der Steuerzahler Kredite zur Verfügung stellt**?
(당신은 정부가 대 콘체른에게 납세자들의 비용 부담으로 대출해줌으로서 대 콘체른의 파산을 막아야 한다고 생각하십니까?)

* *dadurch*는 '생략할 수 없는 상관사'이다. '생략할 수 있는 부사적 보충어'는 논항 '수단'(Instrument)을 나타내며, 전치사 *durch* 또는 *mit*와 함께 실현된다. (김경욱(1990): 독일어 Valenz 문법, 80f. 참조)

2. SBP: Enom Eakk
(die Ursache dafür sein, dass etw. unmöglich wird 무엇을 불가능하게 하는 원인이다)

Im Dezember hat *die milde Witterung* eine stärkere Verschlechterung des Arbeitsmarktes verhindert.

(12월에는 온화한 날씨가 노동시장이 더 심하게 악화되는 것을 방지했다.)

Die Bergkette verhindert (es), dass der Nordwind ins Tal bläst.
(산맥이 북풍이 계곡으로 불어오는 것을 불가능하게 한다.)

 * 주어는 '날씨/자연'으로서 '-human'이다.

verkaufen, verkauft, verkaufte, hat verkauft:

SBP: Enom Eakk (Edat/Epräp) (Eadv)

(etw. gegen Zahlung geben 무엇을 팔다)

Er hat *mir* seinen alten Wagen **für 2000 Euro** verkauft.
(그는 나에게 그의 중고차를 2000유로에 팔았다.)

Herr Schneider hat seine Erfindung *an eine ausländische Firma* verkauft.
(쉬나이더씨는 그의 발명품을 한 외국회사에 팔았다.)

 * '생략할 수 있는 부사적 보충어'는 '가격'이다.

verlängern, verlängert, verlängerte, hat verlängert:

SBP: Enom Eakk (Eadv)

(etw. irgendwielange länger gelten lassen 연장시키다)

Ich muss meinen Pass verlängern lassen.
(나는 내 여권을 연장시켜야 한다.)

Der Trainer hat seinen Vertrag verlängert.
(그 감독은 그의 계약을 연장시켰다.)

Klaus Toppmöller verlängerte seinen Vetrag als Trainer des VfL Bochum *bis Juni 1999.*
(크라우스 톱묄러는 보훔팀의 감독직을 위한 계약을 1999년 6월까지 연장했다.)

 * '생략할 수 있는 부사적 보충어'는 '기간'을 나타낸다.

verlassen, sich verlässt sich - verließ sich - hat sich verlassen:

SBP: Enom Epräp(=*auf*)
(fest glauben, dass sich jd. in der erwarteten Weise verhält oder dass etw. wie erwartet geschieht 누가 예상한대로 행동하거나 무엇이 기대한대로 일어날 것을 굳게 믿다)

Darauf können Sie sich verlassen.
(그것을 당신은 신뢰할 수 있습니다.)

Auf die Politiker können wir uns nicht verlassen.
(그 정치가들을 우리는 믿을 수 없습니다.)

Ihr Mann sollte sich deshalb nicht ***darauf*** verlassen, **dass im Schadensfall die Versicherung schon zahlen werde.**
(당신의 남편은 그 때문에 손해 발생시에 보험회사가 틀림없이 지불할 것이라고 믿어서는 안 될 것입니다.)

Die jungen Generationen konnten sich ***darauf*** verlassen, **irgendwann das Ruder zu übernehmen.**
(젊은 세대들은 언젠가는 그들이 권력을 장악하게 될 것을 믿을 수 있었다.)

 * *darauf*는 '생략할 수 없는 상관사'이다.

verlaufen, verläuft, verlief, ist verlaufen:

1. SBP: Enom Eadv

   (etw. erstreckt sich in eine bestimmte Richtung 무엇이 어디로 뻗치다)

   Der Weg verläuft **entlang des Waldrandes**.
   (그 길은 그 숲의 가장자리를 따라서 나 있다.)

   Die Grenze verläuft **mitten durch den Ort**.
   (그 국경선은 그 장소 한가운데를 관통한다.)

   Die Linie verläuft **parallel zur Achse**.
   (그 선은 축과 평행으로 나 있다.)

    * verlaufen 1은 '방향'(Lokalität)을 나타내는 'Eadv'을 요구한다.

2. SBP: Enom Eadv

   (etw. geschieht auf eine bestimmte Art und Weise 무엇이 어떤 방법으로 일어나다)

   Denkprozesse verlaufen immer **zusammen mit der Sprache**.
   (사고과정들은 항상 언어와 함께 진행된다.)

   Wie ist das Fest verlaufen?
   (그 축제는 어떻게 진행되었니?)

   Seine Bemühungen sind **erfolgreich/ergebnislos** verlaufen.
   (그의 노력들은 성공적으로/성과 없이 끝났다.)

   Die Demonstration verlief **ohne Zwischenfälle**.
   (그 시위는 사고 없이 진행되었다.)

    * verlaufen 2는 논항 '양태'(Art und Weise)를 나타내는 'Eadv'을 요구한다.

sich verlieben, verliebt sich, verliebte sich, hat sich verliebt:

1. SBP: Enom (Epräp)(=*in*)

   (von Liebe zu jm. erfasst werden 누구에게 반하다)

   Er hat sich **in sie** verliebt.
   (그는 그녀에게 반했다.)

   Sie hat sich verliebt.
   (그녀는 반했다.)

2. SBP: Enom Epräp(=*in*)

   (jemand wird von Begeisterung für etw. erfasst 무엇에 매료당하다)

   a. Petra hat sich gleich **in diesen Pelzmantel** verliebt und möchte ihn unbedingt haben.
   (페트라는 곧 이 모피 외투에 매료되어서 그것을 무조건 가지고 싶어 한다.)

   b. **In dieses Bild** bin ich geradezu verliebt.
   (나는 이 그림에 홀딱 매료되었다.)

    ＊ b.는 '상태재귀'(Zustandsreflexiv)로서 a.의 재귀구조의 현재완료형이 일어난 후의 주어의 상태를 나타낸다.

verlieren, verliert, verlor, hat verloren:

1. SBP: Enom Eakk

   (etw. versehentlich liegen lassen, sodass man es nachher nicht mehr bei sich hat 무엇을 실수로 놓아두어 분실하다)

   Ich habe **meine Brieftasche** mit allen meinen Papieren verloren.

(나는 내 모든 서류들을 넣어 둔 내 지갑을 분실했다.)

2. SBP: Enom Eakk

(etw. nicht bewahren können 무엇을 유지할 수 없다)

Er hat **seine gute Stellung** verloren.
(그는 그의 좋은 일자리/직위를 잃었다.)

3. SBP: Enom (Eakk) (Epräp) (Eadv)

(besiegt werden 패배하다)

Argentinien hat **das Endspiel der Fußballweltmeisterschaft** gegen die Bundesrepublik mit 1:0 verloren.
(아르젠틴은 세계축구선수권의 결승전에서 독일에게 1:0으로 패배했다.)

Unsere Mannschaft hat 3:5 verloren.
(우리 팀은 3:5로 패배했다.)

 * '주어' 아닌 보충어는 모두 생략될 수 있다.

4. SBP: Enom Eakk

(etw. nicht mehr haben 무엇을 더 이상 갖고 있지 않다)

Die Spekulanten haben viel **Geld** verloren.
(그 투기꾼들은 많은 돈을 잃었다.)

Nach jedem Krieg verlieren Tausende von Menschen **ihre Heimat**.
(모든 전쟁 후에는 수천 명의 사람들이 그들의 고향을 잃는다.)

vermieten, vermietet, vermietete, hat vermietet:

SBP: Enom Eakk (Edat/Epräp) (Eadv1) (Eadv2)

(gegen Zahlung von irgendwieviel jm. das Recht geben, etwas irgendwielange in Anspruch zu nehemen 누구에게 무엇을 세놓다)

Frau Vogel hat das Zimmer ihres Sohnes *einem ausländischen Studenten* vermietet.
(포겔부인은 그녀 아들의 방을 한 외국인 대학생에게 세를 놓았다.)

Wir vermieten möblierte Zimmer *an berufstätige Herren.*
(우리는 직장인 남성들에게 가구가 설치된 방들을 세놓습니다.)

Zimmer zu vermieten.
(세놓을 방 있음.)

Dieses Jahr konnten wir das Ferienhaus nur **zwei Wochen** vermieten, letztes Jahr hatten wir es noch **für einen Monat** vermietet.
(올해에는 우리는 휴가를 보낼 집을 단지 두 주만 세를 낼 수 있었지만, 작년에는 우리는 그 집을 한 달이나 세를 내었다.)

Pension "Konrad" vermietet Zimmer **für 45 Euro.**
(숙박소 "콘라드"는 방을 4유로에 세놓는다.)

Es tut mir Leid, die Wohnung ist schon vermietet.
(유감스럽습니다만, 그 집은 이미 세가 나갔습니다.)

 ＊ (Eadv1)은 '기간'이고, (Eadv2)는 '가격'이다.

vermuten, vermutet, vermutete, hat vermutet:

1. SBP: Enom Eakk
(etw. für möglich halten 무엇을 가능하다고 여기다)

Ich vermute, **dass er mit dem 8-Uhr-Zug kommt.**
(나는 그가 8시-열차로 올 것이라고 추측한다.)

Der Student vermutet, **die Prüfung nicht bestanden zu haben.**
(그 대학생은 그 시험에 합격하지 못했을 것이라고 추측한다.)

Man kann nur vermuten, **warum er das getan hat.**
(우리는 왜 그가 그것을 했는지 단지 추측할 수 있을 뿐이다.)

 * vermuten 1은 '인지동사'이고, 논항 '명제내용'을 요구한다.

2. SBP: Enom Eakk Epräp(=*hinter*)
(glauben, dass etw. hinter etw. steckt 무엇이 무엇 뒤에 있다고 믿다)

Er hat **hinter dem unfreundlichen Aussehen des alten Mannes** nicht so viel Mitgefühl vermutet.
(그는 그 노인의 불친절한 모습 뒤에 그렇게 많은 동정이 있으리라고 믿지 않았다.)

3. SBP: Enom Eakk Epräp(=*in*)
(glauben, dass etw. in etw. verkörpert ist 무엇이 무엇 안에 구체화되어 있다고 믿다)

Die Polizei vermutet **in dem Zwölfjährigen** den Täter.
(경찰은 그 12살짜리가 범인이라고 믿는다.)

Wer sollte schon **in einem solchen Unfall** jemals einen Mord vermuten?
(누가 그런 사고를 살인이라고 믿겠어요?)

veröffentlichen, veröffentlicht, veröffentlichte, hat veröffentlicht:

1. SBP: Enom Eakk (Eadv)
(etw. publizieren 무엇을 출판하다)

In welcher Zeitschrift wollen Sie Ihren Artikel veröffentlichen?

(어느 잡지에 당신은 당신의 논문을 출판하려고 하십니까?)

 * '생략할 수 있는 부사적 보충어'는 '장소'를 나타낸다.

2. SBP: Enom Eakk

(etw. öffentlich bekannt geben 무엇을 공표하다)

Es wird nun die Frage diskutiert, ob nicht die Daten über Tests aller Sportler obligatorisch veröffentlicht werden sollen.
(모든 운동선수들의 시험들에 관한 자료들이 의무적으로 공개되어야 하지 않는가에 관한 문제가 지금 토론되고 있다.)

verpassen, verpasst, verpasste, hat verpasst:

1. SBP: Enom Eakk (Eadv)

(etw. nicht mehr erreichen 무엇을 놓치다)

Ich habe **den Zug** verpasst.
(나는 그 기차를 놓쳤다.)

So kam es, dass wir **den Anschlussflug nach Zürich** verpassten.
(그렇게 우리가 츄리히 행 연결 항공편을 놓치게 되었다.)

Den Beginn des Hauptfilms kann man leicht verpassen.
(사람들은 본 영화의 시작을 쉽게 놓칠 수 있다.)

Petra ist schon wieder weg. Du hast sie *um zehn Minuten* verpasst.
(페트라는 이미 다시 떠나갔다. 너는 그녀를 10분 늦어 놓쳤다.)

 * '생략할 수 있는 부사적 보충어'는 '시간'을 나타낸다.

2. SBP: Enom Eakk

(etw. ungenutzt lassen 무엇을 이용치 않고 내버려두다)

Bliebe der Westen starr, so könnte er **eine große Chance** verpassen.
(서양이 부동의 자세로 계속 유지한다면, 서양은 한 좋은 기회를 방치할 수 있을 것이다.)

Wir haben einfach verpasst, **dass sich der Markt gravierend verändert hat**.
(우리는 시장이 심히 많이 변화했다는 사실을 그냥 이용하지 않고 방치해두었다.)

3. SBP: Enom Eakk (Eadv)

(etw. nicht treffen 무엇을 맞추지 못하다)

Die Kugel verpasste **die Schlagader** *um Millimeter*.
(그 탄환이 간발의 차이로 동맥을 빗겨 갔다.)

 * '생략할 수 있는 부사적 보충어'는 '간격'을 나타낸다.

verreisen, verreist, verreiste, ist verreist:

SBP: Enom (Eadv1) (Eadv2)

(irgendwohin eine Reise machen und irgendwielange wegbleiben 어디로 얼마간 여행을 떠나다)

Ich verreiste am 7. November dieses Jahres mit einem Flugzeug **auf eine Insel**.
(나는 올해 11월 7일에 비행기로 한 섬으로 여행을 떠났다.)

Frau Dr. Müller ist gestern *für vier Wochen* verreist.
(여자박사 뮬러는 어제 4주간 여행을 떠났다.)

Frau Dr. Müller ist zur Zeit verreist.
(여자박사 뮐러는 현재 여행을 떠나고 없다.)

 * (Eadv1)은 '목표 장소'이고, (Eadv2)은 '기간'이다.

verschlechtern, verschlechtert, verschlechterte, hat verschlechtert:

1. SBP: Enom Eakk
   (bewirken, dass etw. schlechter wird 무엇을 악화시키다)

   Dass sich für die Stelle zwanzig Leute beworben haben, verschlechtert **meine Chancen** natürlich.
   (그 일자리에 20명이나 응모했다는 사실이 물론 나의 기회를 악화시킨다.)

2. SBP: Enom Eakk (Eadv)
   (bewirken, dass etw. um irgendwieviel schlechter wird 무엇을 얼마만큼 악화시키다)

   Im abgelaufenen Geschäftsjahr hat eine verfehlte Absatzstrategie des Unternehmens **den Umsatz** von 3 Millionen Euro auf 2,2 Millionen Euro verschlechtert.
   (지난 회계년도에 그 기업의 잘못된 판매 전략이 총 매상액을 300만 유로에서 220만 유로로 악화시켰다.)

verschlechtern, sich verschlechtert sich - verschlechterte sich - hat sich verschlechtert:

1. SBP: Enom
   (schlechter werden 악화되다)

Sein Gesundheitszustand hat sich verschlechtert.
(그의 건강상태는 악화되었다.)

 ＊ 재귀구조로 되면서 주어는 '-사람'으로 바뀌고, '....로 되다'라는 '수동적 의미'로 되어 '주어의 상태의 변화'를 표현한다. 이런 재귀구조를 '수동태 경쟁형태로서의 재귀구조'라고 한다.

2. SBP: Enom (Eadv)

　(um irgendwieviel schlechter werden 얼마만큼 악화되다)

Der Kurs des Euro hat sich gegenüber dem Dollar erneut *um einen Cent* verschlechtert.
(유로화의 환율은 달러에 대해서 새롭게 1센트 더 떨어졌다.)

verschreiben, verschreibt, verschrieb, hat verschrieben:

1. SBP: Enom Eakk (Edat)

　(jm. etw. ärztlich verordnen 누구에게 무엇을 처방하다)

Die Ärztin hat *mir* **Tabletten** verschrieben.
(그 여의사는 나에게 알약들을 처방해주었다.)

Ärzte dürfen weiter **Hustensaft** verschreiben.
(의사들은 계속 기침 물약을 처방해도 된다.)

2. SBP: Enom Eakk

　(etw. durch Schreiben verbrauchen 무엇을 쓰는 데 소비하다)

Mich würde mal interessieren, **welche Mengen an Papier** eine Behörde täglich verschreibt.
(얼마나 많은 양의 종이를 한 관청이 매일 글 쓰는 데 소비하는지 나는 알고

싶다.)

3. **SBP: Enom Eakk Edat**

   (jemand widmet etwas [abstr. Objekt: Kraft, Gefühl o.Ä./Handlung] ganz jm./etw.
   [Sachverhalt als Aufgabe] 누가 무엇 [추상적 대상: 힘, 감정 등/행위]을 전적으로 누구/무엇에 바치다)

   Sie haben beide **ihr Leben** dem Fußball verschrieben.
   (그 두 사람은 그들의 인생을 축구에 바쳤다.)

   Petra ist mit Leib und Seele Ärztin und hat **ihre ganze Kraft** ihren Patienten und dem Krankenhaus verschrieben.
   (페트라는 심신을 전부 여의사이다, 그리고 그녀는 그녀의 모든 힘을 그녀의 환자들과 병원에 바쳤다.)

   Vor gar nicht allzu langer Zeit noch depressiv, haben sie jetzt **ihre Gefühle** und **ihr Handeln** ganz dem Aufschwung verschrieben.
   (얼마 전에도 우울했었지만, 이제 그들은 그들의 감정들과 행동을 모두 기분을 고양(高揚)시키는 데 바쳤다.)

4. **SBP: Enom Eakk Edat**

   (jm. etw. vorschreiben누구에게 무엇을 지시하다)

   Der Währungsfonds verschreibt seinen Schuldnern **eine restriktive Politik**.
   (외환안정기금은 그의 채무자들에게 제한적 정책을 지시한다.)

5. **SBP: Enom Eakk Edat**

   (jm. etw. vermachen 누구에게 무엇을 유증하다)

   Kurz vor seinem Tode hatte der Wissenschaftler seiner Nichte **das Grundstück** und der Stadt **die wertvolle Bibliothek** verschrieben.
   (그 학자는 죽기 직전에 그의 조카딸에게 토지를 그리고 그 도시에는 값비싼 도서관을 유증(遺贈)했다.)

versichern, versichert, versicherte, hat versichert:

1. SBP: Enom Eakk (Edat)

(jm. gegenüber etw. als sicher hinstellen; beteuern, versprechen 누구에 대해 무엇을 확언하다; 맹세하다, 약속하다)

Sie hat mir versichert, **dass sie damit nichts zu tun hat**.
(그녀는 자신은 그것과 아무런 관계가 없다고 나에게 확언했다.)

Mein Sohn hat (es) mir versichert, **dass so etwas nicht mehr vorkommen wird**.
(내 아들은 그런 일은 다시는 일어나지 않을 것이라고 나에게 약속했다.)

Er versicherte uns, **dass er den besten Eindruck von uns gehabt hätte**.
(그는 우리들에 대해서 제일 좋은 인상을 갖고 있다고 확언했다.)

Der Angeklagte hatte versichert, **von dem Kokain-Geschäft nicht profitiert zu haben**.
(그 피고는 그 코카인-장사로부터 이익을 얻지 않았다고 맹세했다.)

Der Angeklagte hat wiederholt versichert, **dem Zeugen nie begegnet zu sein**.
(그 피고는 되풀이해서 그 증인을 만난 적이 없다고 맹세했다.)

 ✱ versichern 1은 '말하기 동사'로서 논항 '명제내용'을 요구한다.

2. SBP: Enom Eakk (Epräp)(=*gegen*)

(einen Versicherungsvertrag abschließen 보험계약을 체결하다)

Wollen Sie **Ihr Gepäck** versichern?
(당신은 당신의 짐을 보험에 들겠습니까?)

Er hat **sein Haus** *gegen Brandschäden* versichern lassen.
(그는 그의 집을 화재 보험에 가입시켰다.)

Er hat **sich** *gegen Unfall* versichert.
(그는 자신을 사고보험에 가입했다.)

3. SBP: Enom Eakk Egen
(jm. die Gewissheit über etw. geben 누구에게 무엇을 약속하다)

Sie versicherten ihn feierlich **ihres Beistandes**.
(그들은 그에게 그들이 도와주겠다고 엄숙하게 약속했다.)

Balladur versicherte *Chirak* öffentlich **seiner Freundschaft**.
(발라두르는 쉬락에게 공식적으로 그의 우정을 약속했다.)

 * *Chirak*은 '4격 보충어'이고, **seiner Freundschaft**는 '2격 보충어'이다.

4. SBP: Enom Eakk (Edat)
(jm. die Gewissheit über etw. geben 누구에게 무엇을 약속하다)

Er hat mir **seine Hilfe** versichert.
(그는 나에게 그의 도움을 약속했다.)

Zahllose Anrufer haben dem Zoo **ihre Unterstützung** versichert.
(대단히 많은 전화를 건 사람들이 동물원에 그들의 도움을 약속했다.)

 * versichern 4가 versichern 3과 다른 점은 '4격' 대신에 '3격'이 오고, '2격' 대신에 '4격'이 온다는 점이다.

5. SBP: Enom Eakk (Epräp)(=*gegen*)
(jm. Versicherungsschutz gewähren 누구에게 보험의 보호를 주다)

Die gesetzlichen Krankenkassen müssen auch **die Arbeitslosen und Rentner** versichern.
(법정 의료보험들은 실직자들과 연금생활자들에게도 보험혜택을 주어야 한다.)

Meine Hausratversicherung versichert **mich** auch *gegen Diebstahl im Ausland.*
(나의 가재 손해보험은 외국에서의 절도에 대해서도 나에게 보험혜택을 준다.)

verspäten, sich verspätet sich - verspätete sich - hat sich verspätet:

SBP: Enom (Eadv)

(irgendwielange später als geplant eintreffen 얼마나 지각하다)

Ich habe mich verspätet.
(나는 지각했다.)

Wir hatten uns *fünf Minuten* verspätet, dann waren sie schon weg.
(우리는 5분 지각했다, 그 때 그들은 이미 떠나고 없었다.)

Ausgerechnet an jenem Tag hatte sich die Müllabfuhr *um eine Stunde* verspätet.
(바로 그 날 쓰레기 수거가 한 시간 정도 지연되었다.)

 * '지각한 시간'이 '4격' 또는 'um + 4격'으로 온다.

versprechen, verspricht, versprach, hat versprochen:

SBP: Enom Eakk (Edat)

(jm. etw. zusichern 누구에게 무엇을 약속하다)

a. Wir versprechen **eine pünktliche Bezahlung der Miete.**
 (우리는 집세를 정확하게 지불할 것을 약속합니다.)

b. Wir versprechen, **dass die Miete pünktlich bezahlt wird.**
 (우리는 집세가 정확하게 지불될 것을 약속합니다.)

Wir versprechen, **dass wir die Miete pünktlich bezahlen.**
(우리는 집세를 정확하게 지불할 것을 약속합니다.)

c. Er hat mir versprochen, **sich darum zu kümmern.**
(그는 나에게 그것에 대해 신경 쓸 것을 약속했다.)

Er hat (mir) versprochen, **pünktlich zu sein.**
(그는 (나에게) 시간을 지키겠다고 약속했다.)

Wir versprechen, **die Miete pünktlich zu bezahlen.**
(우리는 집세를 정확하게 지불할 것을 약속드립니다.)

 * a.는 '4격 보충어'가 '동사에서 파생된 명사'이고, b.는 'dass-문장'이고, c.는 'Inf. mit *zu*'이다. '3격 보충어'로 오는 '사람'은 생략이 가능하다. '말하기동사' versprechen은 '4격 보충어'가 문장형태로 실현될 수 있기 때문에 논항 '명제내용'을 요구한다.

versprechen, sich verspricht sich - versprach sich - hat sich versprochen:

1. SBP: Enom
(ein Wort falsch aussprechen 한 단어를 잘못 발음하다)

Entschuldigen Sie, ich habe mich versprochen.
(미안합니다, 제가 잘못 말했습니다.)

Frau Jung verspricht sich dreimal beim Wort "Physiognomie".
(융 부인은 "인상"이란 단어에서 3번 발음의 실수를 한다.)

2. SBP: Enom Eakk (Epräp)(=*von*)
(sich etw. von etw./jm. erhoffen 무엇/누구로부터 무엇을 기대하다)

Fitzgerald hat sich *von dem liberalen Gesetz* politischen Nutzen versprochen.

(피체랄트는 자유주의적 법률로부터 정치적 이익을 기대했다.)

Vor allem die Gewerkschaften und die regionalen politischen Gremien versprechen sich *von einem solchen Schritt* die Schaffung neuer Arbeitsplätze.
(무엇보다도 노조들과 지역의 정치적 협의회들이 그러한 조치로부터 새로운 일자리들의 창출을 기대한다.)

Ich versprach mir nichts *davon, Kinkel anzurufen*-und wählte doch seine Nummer.
(나는 킨켈에게 전화하는 것에서 아무 기대도 하지 않았다-그런데도 그의 번호를 돌렸다.)

 * *davon*은 '생략할 수 없는 상관사'이다.

verstärken, sich verstärkt sich - verstärkte sich - hat sich verstärkt:

SBP: Enom
(intensiver werden 더 강해지다)

Der Lärm im Stadion hat sich verstärkt.
(경기장안의 소음이 더 커졌다.)

Der Sturm hat sich immer mehr verstärkt.
(폭풍우가 점점 더 심해졌다.)

Ihre Zweifel an der Wahrheit seiner Worte haben sich verstärkt.
(그의 말들이 진실인지에 대한 그녀의 의심들은 더욱 커졌다.)

verstehen, versteht, verstand, hat verstanden:

1. SBP: Enom Eakk

(etw. akustisch wahrnehmen 무엇의 소리를 알아듣다)

Sprich bitte lauter, ich verstehe **dich** sonst nicht!
(제발 더 크게 말해라, 그렇지 않으면 나는 네 말을 알아듣지 못하겠다.)

Im Zimmer war es sehr laut, man konnte **kein Wort** verstehen.
(방안은 너무 시끄러웠다, 우리는 한 단어도 알아들을 수 없었다.)

2. SBP: Enom Eakk

(etw. begreifen 무엇을 이해하다)

Er hat **ihn/den Sinn seiner Worte** nicht verstanden.
(그는 그를/그의 말뜻을 이해하지 못했다.)

Den Satz verstehe ich nicht.
(그 문장의 뜻을 나는 이해하지 못한다.)

Der Student hatte **(es)** verstanden, **dass er sich mehr anstrengen muss, um sein Studium erfolgreich abzuschließen**.
(그 대학생은 그의 공부를 성공적으로 끝내기 위해서는 자신이 더 많이 노력해야 한다는 사실을 이해했다.)

Ich verstehe **Französisch** ganz gut, aber ich kann es schlecht sprechen und schreiben.
(나는 프랑스어를 아주 잘 이해한다, 그러나 말하기와 쓰기는 잘 하지 못한다.)

3. SBP: Enom Eakk

(Verständnis für etw. haben 무엇을 대한 이해력을 갖다)

Ich kann **ihre Reaktion** sehr gut verstehen.
(나는 그녀의 반응을 아주 잘 이해할 수 있다.)

Verstehen Sie **Spaß**?

(당신은 농담을 이해하십니까?)

Ich kann (es) gut verstehen, **dass du nicht ins Kino gehen willst, wenn deine Mutter krank ist.**
(나는 네 어머니가 아프면, 네가 영화관에 가지 않으려는 것을 잘 이해할 수 있다.)

4. SBP: Enom Epräp(=*von*) Eadv

(von etw. irgendwieviel an Kenntnissen haben 무엇에 관해 얼마만큼 지식을 갖고 있다)

Junge Leute verstehen *viel* **von Computern.**
(젊은 사람들은 컴퓨터에 대해서 많은 지식이 있다.)

Verstehst du *etwas* **von Landwirtschaft und Gartenbau?**
(너는 농업과 원예에 대해서 약간 아는게 있니?)

Der Meister verstand *eine Menge* **von Autos.**
(그 기능장은 차들에 대해 아주 많은 지식을 갖고 있었다.)

 * '부사적 보충어'는 '양'을 나타내는 '부정(不定) 대명사'(Indefinit Pronomen)로 주로 실현된다.

5. SBP: Enom Eakk

(etw. gut können 무엇을 잘 할 수 있다)

Der Schriftsteller schreibt sehr witzig: er versteht **die Kunst der Ironie.**
(그 작가는 아주 익살스럽게 글을 쓴다: 그는 반어(反語)의 기술을 잘 구사할 수 있다.)

Viele Lehrer verstehen *es*, **den Unterricht interessant zu gestalten.**
(많은 선생님들은 수업을 재미있게 만들 줄 안다.)

 * *es*는 '생략할 수 없는 상관사'이다.

6. SBP: Enom Eakk Epräp(=*unter*)

   (mit etw. etw. meinen 무엇으로 무엇을 뜻하다)

   Ich verstehe **unter Liebe**, nicht Sex, sondern ein großes, tiefes Gefühl.
   (나는 사랑이란 단어로 섹스를 뜻하는 것이 아니라, 한 개의 위대하고 깊은 감정을 뜻한다.)

   Unter Säuglingen versteht man Kinder bis zu einem Jahr.
   (젖먹이란 단어로 우리는 한 살까지의 애들을 뜻한다.)

7. SBP: Enom Eakk Eadv

   (etw. irgendwie interpretieren 무엇을 어떻게 해석하다)

   Wie sollen wir deine Frage verstehen?
   (우리는 너의 질문을 어떻게 해석해야 하는가?)

8. SBP: Enom Eakk Eobj-präd

   (jn. für einen solchen halten 누구를 어떤 사람으로 여기다)

   Die meisten Regierungen verstehen sich **als Vertreter des Volkes**.
   (대부분의 정부들은 자신을 국민의 대표로 여긴다.)

   Die Republikaner verstehen sich **als "unabhängige, national-konservative Partei"**.
   (공화당원들은 자신들을 "독립적인 정당이자, 민족주의적-보수적 정당"인 것으로 여긴다.)

verstehen, sich versteht sich - verstand sich - hat sich verstanden:

1. SBP: Enom Epräp(=*mit*) Eadv

   (mit jm. irgendwie auskommen 누구와 어떻게 지내다)

Er versteht sich *gut* **mit seinen Freunden**.
(그는 그의 친구들과 잘 지내고 있다.)

* '부사적 보충어' *gut*은 논항 '양태'를 나타낸다.

2. SBP: Enom Epräp(=*auf*)

(die Ausübung von etw. beherrschen ...에 통달해 있다/정통해 있다)

Mein Schneider versteht sich **auf sein Handwerk**, seine Kleider sitzen wie angegossen.
(내 재단사는 그의 직업에 통달해 있다, 그가 만든 옷들은 몸에 꼭 맞다.)

Stefan Heym versteht sich *darauf*, **ein Publikum zu fesseln**.
(스테판 하임은 관중을 사로잡는 데 통달해 있다.)

Dafür verstand sich der Kaufmann Ermisch umso besser *darauf*, **wie man Formulare fälschte**.
(그 대신 상인 에르미쉬는 서식 용지들을 위조하는 방법에 대해서 그만큼 더 정통해 있었다.)

 * *darauf*는 '생략할 수 없는 상관사'이다.

3. SBP: Enom Epräp(=*zu*)

(zu etw. bereit sein 할 준비가 되어있다)

a. Unser Nachbar hat unseren Gartenzaun beschädigt. Er konnte sich nicht **zu einer Entschuldigung** verstehen, schon gar nicht **zum Schadenersatz**.
(우리 이웃은 우리 정원 울타리를 훼손시켰다. 그는 손해 배상은 커녕, 사과할 준비도 되어 있지 않았다.)

b. Immerhin hat Hessens Umweltminister Weimar sich jetzt *dazu* verstanden, **die Grenzwerte für die Abgabe von Cadmium und Quecksilber zu verschärfen**.

(하여튼 헤센주의 환경장관 바이마르는 이제 카드뮴과 수은의 방출을 위한 한계치를 엄격하게 할 준비가 되어 있었다.)

* a.의 '전치사 *zu*를 가진 전치사 보충어'가 b.에서는 '생략할 수 없는 상관사 *dazu*'의 형태로 나타났다.

versuchen, versucht, versuchte, hat versucht:

1. SBP: Enom Eakk

   (etw. ausprobieren 무엇을 시험/시도해보다)

   Hast du schon mal **dieses Reinigungsmittel** versucht?
   (너는 이 세제(洗劑)를 이미 한 번 시험해보았니?)

   Die Bundesrepublik versucht **mehrere Möglichkeiten**, dem bedrohten Land zu helfen.
   (독일은 그 위협받는 나라를 돕기 위해서 여러 가지 가능성들을 시도해본다.)

   Ich werde versuchen, **ob sich das machen lässt**.
   (나는 그것이 되는지 시험해보겠다.)

   Die Kinder versuchten, **was man alles mit dem Spielzeugauto machen kann**.
   (그 애들은 그 장난감 자동차로 무엇을 만들 수 있는지 모두 시험해보았다.)

* '4격 보충어'는 '*ob/was*-문장' 형태로도 가능하다.

2. SBP: Enom Eakk

   (sich bemühen, etw. erfolgreich zu tun 무엇을 성공적으로 하기 위해서 노력하다/애쓰다)

   Ich habe immer wieder versucht, **ihn telefonisch zu erreichen**.
   (나는 그와 전화통화를 하기 위해서 항상 다시 노력했다.)

Der Lübecker Senat hatte in den vergangenen Tagen vergeblich versucht, **die Atommülltransporte zu stoppen.**
(뤼벡 시의 상원은 며칠 전에 핵 쓰레기의 수송을 멈추기 위해서 노력했으나 허사였다.)

Wo es ging, versuchte er **die Versöhnung von Handwerk und Fabrik.**
(가능한 곳에서는 그는 수공업과 공장의 화해를 성공시키기 위해서 노력했다.)

3. SBP: Enom Eakk/Epräp(=*von*)
(etw. kosten 무엇을 맛보다)

Versuchen Sie doch mal **meinen Apfelkuchen.**
(내 사과 케이크를 꼭 한 번 맛보세요.)

Versuch mal **von diesem Kuchen,** ich habe ihn selbst gebacken.
(이 케이크를 한 번 맛보아라, 내가 그것을 직접 구웠어.)

Die Mutter versuchte, **ob die Suppe versalzen war.**
(어머니는 그 국이 너무 짜지 않는지 맛보았다.)

 * '4격 보충어'가 '*ob*-문장' 형태로 실현되었다.

verursachen, verursacht, verursachte, hat verursacht:

SBP: Enom Eakk
(die Ursache von etw. sein 무엇의 원인이다)

Wer hat den Unfall verursacht?
(누가 그 사고를 일으켰느냐?)

Der Unfall hat viel Ärger verursacht.
(그 사고는 많은 짜증을 불러일으켰다.)

* '사람'이 아닌 *Der Unfall*과 같은 '-human'도 주어도 올 수 있다. 이런 주어를 '넓은 의미의 행위의 주체'(Agens im weiteren Sinn)라고 한다. (김경욱(1990): 독일어 Valenz 문법, 69f. 참조)

verurteilen, verurteilt, verurteilte, hat verurteilt:

SBP: Enom Eakk Epräp(=*zu*)

(durch Gerichtsbeschluss mit einer bestimmten Strafe belegen 법원의 결정을 통해 일정한 벌을 내리다)

Das Gericht hat ihn *wegen Diebstahls* **zu einer Geldstrafe** verurteilt.
(법원은 그를 절도죄로 벌금형에 선고했다.)

* *wegen Diebstahls*는 '원인'을 나타내는 '부사적 임의첨가어'이다.

Er wurde **zum Tode** verurteilt.
(그는 사형선고를 받았다.)

vollziehen, sich vollzieht sich - vollzog sich - hat sich volzogen:

SBP: Enom

(vor sich gehen 진행되다)

Über Nacht hat sich **ein Klimawechsel** vollzogen.
(밤 동안에 날씨 변화가 일어났다.)

Ein sozialökonomischer Wandel hat sich in vielen Staaten Afrikas vollzogen.
(한 개의 사회경제적 변화는 아프리카의 많은 국가들에서 일어났다.)

Der Prozess vollzieht sich gesetzmäßig.
(그 소송은 법에 따라 진행된다.)

vorfallen, fällt vor, fiel vor, ist vorgefallen:

SBP: Enom

(plötzlich als etw. Störendes, Unangenehmes geschehen 갑자기 어떤 방해되는 일/불쾌한 일이 일어나다)

Es ist etwas Unangenehmes vorgefallen.
(어떤 불유쾌한 일이 일어났다.)

* 주어로 오는 명사의 의미부류는 '방해되는 일/불쾌한 일'로 한정된다. Es 는 'Platzhalter'로서 주어를 '레마'자리에 오게 하는 역할을 한다. 그러나 주어가 문장 첫째 자리에 오면 없어진다: Etwas Unangenehmes ist vorgefallen.

Was ist vorgefallen?
(무슨 일이 일어났니?)

vorhaben, hat vor, hatte vor, hat vorgehabt:

SBP: Enom Eakk

(die Absicht haben, etw. zu tun 무엇을 할 의도가 있다)

Haben Sie morgen schon etwas vor?
(당신은 내일 벌써 무엇을 계획하고 계십니까?)

Wir haben einen Ausflug in die Pfalz vor, kommst du mit?
(우리는 팔쯔 지방으로 소풍을 갈 계획입니다, 너도 함께 가겠니?)

Ich hatte vor, **das Buch endlich zu Ende zu lesen**, aber dann bin ich doch ins Konzert gegangen.
(나는 그 책을 드디어 끝까지 읽을 계획이었다, 그러나 그 후에 나는 음악회로 갔다.)

vorkommen, kommt vor, kam vor, ist vorgekommen:

1. SBP: Enom
(geschehen 일어나다, 생기다)

Das kommt häufiger vor, als Sie denken.
(그것은 당신이 생각하는 것보다 더 자주 생긴다.)

2. SBP: Enom Edat Esubj-präd
(auf jn. den Eindruck machen, so zu sein; erscheinen, wirken 누구에게 어떤 인상을 주다)

Das Ganze kommt mir **komisch** vor.
(그 모든 것이 나에게는 우습게 보인다.)

vorschlagen, schlägt vor, schlug vor, hat vorgeschlagen:

SBP: Enom Eakk (Edat)
(jm. etw. als Möglichkeit nennen 누구에게 무엇을 제안하다)

Der Lehrer schlägt der Gruppe **den Besuch des Museums** vor.
(선생님은 그 단체에 박물관의 방문을 제안한다.)

Er schlägt ihr vor, **dass zuerst eine Lampe gekauft wird/zuerst eine Lampe zu kaufen.**

(그는 그녀에게 우선 램프를 한 개 살 것을 제안했다.)

Ich schlage vor, **dass wir eine Pause machen.**
(나는 우리가 휴식을 가질 것을 제안한다.)

 ✽ *(jm.) etw.*^{4} *vorschlagen*에서 *jm.*은 생략이 가능하고, *etw.*^{4}는 'dass-문장, Inf. mit *zu*, nomen actionis(동사에서 파생된 명사로서 행동을 나타냄)'가 자주 온다. *der Besuch*은 동사 *besuchen*에서 동사 어미 *-en*을 떼고 만들어진 'nomen actionis'이다.

vorziehen, zieht vor, zog vor, hat vorgezogen:

SBP: Enom Eakk (Edat)

(jn./etw. lieber als jemand anderen/etw. anderes mögen; bevorzugen 누구/무엇을 다른 누구/무엇보다 더 좋아하다)

Ich würde eine Wohnung im Stadtzentrum vorziehen.
(나라면 시내중심가에 있는 한 집을 더 선호할 것이다.)

Ich ziehe ein interessantes Buch dem Fernsehen vor.
(나는 한 권의 재미있는 책을 TV보다 더 좋아한다.)

Ein Lehrer sollte keinen Schüler den anderen vorziehen.
(선생님은 어떤 학생을 다른 학생들보다 더 편애해서는 안 된다.)

warnen, warnt, warnte, hat gewarnt:

SBP: Enom Eakk v Epräp

(jn. auf eine Gefahr, die von jm./etw. ausgehen kann, dringend aufmerksam machen 누구/무엇에서 비롯되는 위험에 주의시키다)

Ich muss Sie **vor der Gefahr dieses Experiments** warnen.
(나는 당신에게 이 실험의 위험에 대해서 경고해야 합니다.)

Ich habe Sie gewarnt.
(나는 당신에게 이미 경고했습니다.)

warten, wartet, wartete, hat gewartet:

SBP: Enom Epräp(=*auf*) (Eadv)
(irgendwielange in der Erwartung zubringen, dass etwas eintreten wird 얼마동안 무엇을 기다리다)

Worauf warten wir eigentlich noch?
(우리는 도대체 무엇을 아직 기다리고 있습니까?)

Das Kind wartete sehnsüchtig **auf seine Mutter, die einkaufen gegangen war.**
(그 애는 물건 사러 간 그의 어머니를 애타게 기다렸다.)

Ich habe gestern Abend *von 18 bis 22 Uhr* vergeblich **auf deinen Anruf** gewartet.
(나는 어제 저녁 18시부터 22시까지 네 전화를 기다렸다.)

 * '생략할 수 있는 부사적 보충어'는 '시간'을 나타낸다.

Niemand rührte sich, wie gesagt, offenbar warteten alle, **dass der Captain etwas sagte.**
(말한대로 아무도 움직이지 않았다, 분명히 모두는 대장이 무엇인가를 말하기를 기다리고 있었다.)

 * 상관사 *darauf*는 생략되었다.

wechseln, wechselt, wechselte, hat gewechselt:

1. **SBP: Enom Eakk**
   (etwas aufgeben und durch ein anderes derselben Art ersetzen 무엇을 포기하고 다른 것으로 바꾸다)

   Ich möchte gern **das Thema** wechseln.
   (나는 기꺼이 주제를 바꾸고 싶다.)

   Wir wissen nicht, was Herr Meyer macht. Er hat **den Beruf und den Wohnort** gewechselt.
   (우리는 마이어씨가 무엇을 하는지 모른다. 그는 직업과 주소를 바꾸었다.)

   Es gibt Menschen, die ständig **ihre Meinung und Ansichten** wechseln.
   (자신의 의견과 견해들을 늘 바꾸는 사람들이 있다.)

2. **SBP: Enom Eakk (Epräp)(=*in*)**
   (etwas gegen etwas tauschen 무엇을 무엇으로 환전하다)

   a. Kannst du mir hundert Euro *in Münzen* wechseln?
   (너는 나에게 100유로를 동전으로 바꾸어줄 수 있니?)

   b. Geld können Sie auch noch an der Grenze wechseln.
   (당신은 국경에서도 돈을 환전할 수 있습니다.)

3. **SBP: Enom (Epräp)(=*zwischen*)**
   (mehrmals zwischen etwas hin und her gehen 여러 번 무엇 사이에서 오락가락하다)

   Das Wetter wechselte bei unserem Ausflug *zwischen Sonne und Regen, kalt und warm*.
   (날씨는 우리가 소풍가는 동안 해와 비, 추위와 더위로 오락가락했다.)

   Die Stimmung des Kranken wechselte *zwischen euphorisch und depressiv*.

(그 환자의 기분은 행복감과 우울함 사이에서 오락가락했다.)

wenden, sich wendet sich - wendete/wandte sich - hat sich gewendet/gewandt:

1. SBP: Enom Epräp1(=an) (Epräp2)(=mit)
   (jm. etw. vorlegen 누구에게 무엇을 제시하다)

   An wen muss ich mich wenden?
   (나는 누구에게 문의해야 합니까?)
   Ich wende mich *mit diesem Problem* an das Sozialamt.
   (나는 이 문제를 가지고 사회 복지국에 문의한다.)

2. SBP: Enom Epräp(=gegen)
   (etwas entgegentreten 무엇에 반대하다)

   Ich wende mich gegen dieses falsche System.
   (나는 이 잘못된 조직에 반대한다.)

   Bubis wandten sich *dagegen*, der Jugend die Schuld an Fremdenfeindlichkeit zu geben.
   (젊은이들은 외국인에 대한 적대감의 죄를 젊은이에게 지우는 데 반대했다.)

    ＊ *dagegen*은 '생략할 수 없는 상관사'이다.

werden, wird, wurde, ist geworden:

1. SBP: Enom Esubj-präd
   (sich zu etw. entwickeln 무엇으로 되다)

Allmählich wurde er **zu einem Fachmann** auf diesem Gebiet.
(점점 그는 이 분야의 전문가로 되었다.)

Die Fenster und Türen erneuern, wird **eine teure Sache**.
(그 창문들과 문들을 새것으로 바꾸는 일은 돈이 많이 드는 일이 된다.)

 * *sein*과 *werden*은 '주격 보어'를 요구한다. (김경욱(1990): 독일어 Valenz 문법, 45f. 참조)

2. SBP: Enom

(entstehen 생겨나다)

Was nicht ist, kann noch werden.
(없는 것이 앞으로 생겨날 수도 있다.)

3. SBP: Enom Epräp(=*aus*)

(sich aus etw. entwickeln 무엇에서 무엇이 생겨나다)

Aus einer Wirtschaftsgesellschaft auf der Suche nach dem Staat muss ein Staat mit einer starken Wirtschaft werden.
(국가를 추구하는 한 경제사회에서 강한 경제를 가진 한 국가가 생겨남이 틀림없다.)

"**Aus nichts** wird nichts", lautet seine Devise.
(그의 구호는 "무(無)에서는 아무것도 생겨나지 않는다"이다.)

4. SBP: Enom Esubj-präd

(anfangen, ein solcher zu sein 어떤 사람이 되다)

Petra will Jura studieren und **Rechtsanwältin** werden.
(페트라는 법률을 공부하여 여자 변호사가 되려고 한다.)

5. SBP: Edat Esubj-präd

(beginnen, sich so zu fühlen 그렇게 느끼기 시작하다)

Mir wird **schlecht**, wenn ich mir vorstelle, was du alles nicht hast.
(나는 네가 갖고 있지 않는 모든 것을 상상하면, 내 기분이 나빠진다.)

Ihm wurde, **wie wenn ihn ein Schlag auf den Kopf getroffen hätte**.
(그는 무엇이 자신의 머리를 때린 것 같은 느낌이 들었다.)

widersprechen, widerspricht, widersprach, hat widersprochen:

1. SBP: Enom Edat

(mit etw. nicht übereinstimmen 무엇과 일치하지 않다)

Das widerspricht **meiner Auffassung von Demokratie**.
(그것은 민주주의에 대한 내 견해와 일치하지 않는다.)

Eine solche Handlungsweise widerspricht **unseren Moralvorstellungen**.
(그러한 행동양식은 우리 윤리관에 배치된다.)

Die im Labor gemachte Beobachtung widerspricht **der Hypothese des Wissenschaflers**.
(실험실에서 행해진 관찰은 그 과학자의 가설에 배치된다.)

Die Informationen widersprechen *sich/einander*.
(그 정보들은 서로 모순된다.)

 * *einander*로 바꿀 수 있는 *sich*를 '상호 대명사'라고 한다.

2. SBP: Enom Edat

(eine entgegengesetzte Meinung äußern 반대의견을 말하다)

Da muss ich **Ihnen** widersprechen.

(저는 그 문제에 있어서 당신을 반대합니다.)

Viele Wissenschaftler haben **der neuen Theorie** entschieden widersprochen.
(많은 학자들은 그 새 이론을 단호하게 반대했다.)

wiegen, wiegt, wog, hat gewogen:

1. **SBP: Enom Eakk (Eadv)**

   (das Gewicht von etw. feststellen 무엇의 무게를 재다)

   Würden Sie den Brief bitte mal wiegen?
   (그 편지의 무게를 한 번 달아보아주시겠습니까?)

   Die Zutaten für den Kuchen kann man *mit der Küchenwaage* wiegen.
   (그 케이크를 위한 재료들을 케이크 저울로 잴 수 있다.)

    ＊ '생략할 수 있는 부사적 보충어'는 '수단'이다.

2. **SBP: Enom Emens**

   (ein Gewicht von irgendwieviel haben 얼마의 무게가 나가다)

   Der Brief wiegt **mehr als 20 Gramm**.
   (그 편지는 20그람 이상 무게가 나간다.)

    ＊ '척도 보충어'(Mensuralergänzung)는 '4격' 또는 '형용사'로 실현되는 '척도 단위'이다. *Das Paket wiegt **einen Zentner/viel**.* (Wolf, 2003: S. 408)

wissen, weiß, wusste, hat gewusst:

1. **SBP: Enom Eakk**

(etw. als Information im Gedächtnis gespeichert haben 무엇을 정보로서 기억하다)

Wissen **Sie** zufällig seine Telefonnummer?
(당신은 혹시 그의 전화번호를 아십니까?)

Die indische Regierung muss wissen, *wann und in welchem Umfang die amerikanische Wirtschaftshilfe wieder aufgenommen wird.*
(인도정부는 언제 그리고 어떤 규모로 미국의 경제원조가 다시 시작되는지 알아야 한다.)

Die meisten Frauen wissen, *dass sie mit den Früherkennungsuntersuchungen ihre Chancen gegen Krebs verbessern.*
(대부분의 여성들은 그들이 조기발견을 위한 검사들을 통해 암에 걸리지 않을 기회를 개선한다는 것을 알고 있다.)

 ✱ 주어로는 '사람' 또는 '조직'이 올 수 있다. 4격 보충어 자리에 문장이 올 수도 있다. 그러므로 '4격 보충어'는 논항 '명제내용'이다.

2. SBP: Enom Eakk

(etw. als Erkenntnis zur Verfügung haben 무엇을 인식하고 있다.)

Wer weiß **die Antwort auf diese Frage**?
(누가 이 질문에 대한 답을 아는가?)

Ich weiß nicht, **was ich dir raten soll**.
(나는 너에게 어떻게 충고해야 할지 모르겠다.)

3. SBP: Enom Epräp(=*um*)

(sich der Bedeutung von etw. bewusst sein 무엇의 중요성을 알고 있다)

Er weiß **um die Kraft der Jugend**.
(그는 젊음의 힘의 중요성을 알고 있다.)

Wisst ihr überhaupt ***darum***, **was Freiheit bedeutet**?

(너희는 도대체 자유가 무엇을 의미하는지 알고 있느냐?)

 * *darum*은 '생략할 수 없는 상관사'이다.

4. SBP: Enom Epräp(=*von*)
(von der Existenz einer Sache Kenntnis haben 무엇이 있음을 알다)

Wissen deine Eltern **von dem Kind**?
(네 부모님들은 그 애의 존재에 대해서 알고 있느냐?)

Der Buchhalter will nicht *davon* gewusst haben, *dass der Firmenchef in illegale Waffengeschäfte verwickelt war.*
(그 경리는 사장이 불법적 무기거래에 연루되어 있었다는 사실을 몰랐다고 주장한다.)

 * *davon*은 '생략할 수 없는 상관사'이다.

wohnen, wohnt, wohnte, hat gewohnt:

1. SBP: Enom Eadv
(irgendwo vorübergehend eine Unterkunft haben 어디에 일시적으로 투숙하다)

Wohnen Sie diesmal auch wieder **im Hotel Benther Berg**?
(당신은 이번에도 벤터 베르크 호텔에 다시 투숙하십니까?)

2. SBP: Enom Eadv1 v Eadv2
(irgendwo irgendwie seine Wohnung haben und dort ständig leben 어디에서 어떻게 거주하다)

Meine Eltern wohnen **an der Ostseeküste.**
(내 부모님들은 동해연안에 거주하고 계신다.)

Jacqueline hat (während des Studiums) **bei ihrem Großvater** gewohnt.
(야쿼린네는 공부하는 동안 그녀의 할아버지 집에서 살았다.)

Frau Müller wohnt *ganz allein* **in ihrer großen Wohnung**.
(뮬러 부인은 그녀의 큰 집에서 홀로 살고 있다.)

 ✱ Eadv1은 '장소'이고, Eadv2은 '양태'이다. 'v'은 두 보충어 중에서 하나 만 오거나 또는 둘 다 올 수 있음을 나타낸다.

wollen, will, wollte, hat gewollt:

1. SBP: Enom Eakk

(den Wunsch haben, etw. zu bekommen 무엇을 받기를 바라다)

Er hat **alles** bekommen, was er wollte.
(그는 그가 갖고 싶어 했던 모든 것을 받았다.)

Willst du zum Geburtstag lieber **eine Katze oder einen Hund**?
(너는 생일날에 고양이 한 마리를 받기를 원하나 또는 개 한 마리를 받기를 원 하나?)

2. SBP: Enom Eprop

(den Wunsch haben, dass jemand etwas tut 누가 무엇을 하기를 원하다)

Sie hat nicht gewollt, **dass ich mitfahre**.
(그녀는 내가 함께 타고 가는 것을 원치 않았다.)

Er hat (es) natürlich nicht gewollt, **dass seine Pläne frühzeitig bekannt werden**.
(그는 물론 그의 계획들이 너무 이르게 알려지는 것을 원치 않았다.)

 ✱ wollen 2는 '원하기 동사'(Verben des Wollens)이므로, 논항 '명제 내 용'(Inhaltsträger)을 나타내는 '명제 보충어'(Propositionalergänzung)을

요구한다.

3. SBP: Enom Eadv

(die Absicht haben, irgendwo tätig zu werden 어디에서 활동할 뜻이 있다)

Als junger Arzt wollte er **an eine Universitätsklinik**, aber dann bekam er das Angebot, eine Praxis zu übernehmen.
(젊은 의사로서 그는 한 대학병원에 근무하기를 원했지만, 그 후에 개인병원을 맡아달라는 제의를 받았다.)

4. SBP: Enom Eadv

(die Absicht haben, sich irgendwohin zu begeben 어디로 갈 의도이다)

Willst du später **in die Stadt**?
(너는 나중에 시내로 가려고 하니?)

wundern, wundert, wunderte, hat gewundert:

SBP: Enom Eakk

(etwas ruft bei jemandem Erstaunen hervor 무엇이 누구를 놀라게 하다)

a. **Ein Wahlsieg der Oppositionsparteien** würde niemanden wundern.
(야당들의 선거승리는 아무도 놀라게 하지 않을 것이다.)

b. **Es** hat mich sehr gewundert, *dass sie sich nicht entschuldigt hat.*
(그녀가 사과하지 않은 것이 나를 아주 놀라게 했다.)

c. **Es** wundert mich nicht, *von meinem Gastgeber zu hören, dass die Aufständischen 1956 Ungarn an den Rand des Faschismus gebracht haben.*
(그 반란 가담자들이 1956년에 항가리를 파시즘의 변두리로 몰고 갔다고 나의 초대자로부터 듣는 것은 나를 놀라게 하지 않는다.)

* b.와 c.의 **Es**는 '상관사'로서 이태릭체 부분을 주문장에서 미리 받아준다.

wundern, sich wundert sich - wunderte sich - hat sich gewundert

SBP: Enom Epräp(=*über*)
(über etwas erstaunt sein 무엇에 대해 놀라다)

Ich habe mich sehr **über Ihr Verhalten** gewundert.
(나는 당신의 태도에 대해서 아주 놀랐다.)

Ich wundere mich **über die hohen Preise**.
(나는 그 높은 가격들에 대해서 놀란다.)

Ein Professor für politische Wissenschaft wundert sich **über die ganze Aufregung**.
(한 정치학 교수는 그 모든 흥분에 대해 놀란다.)

Sie wunderte sich (*darüber*), **dass er erst so spät nach Hause kam**.
(그 여자는 그가 그렇게 늦게 비로소 집에 온 것에 대해 놀랐다.)

Vielleicht wunderst du dich (*darüber*), **von mir einen Brief zu kriegen**.
(너는 아마도 나에게 편지 한 장을 받는 것에 대해 놀랄 것이다.)

 * *darüber*는 '생략 가능한 상관사'(Korrelat)이다.

wünschen, wünscht, wünschte, hat gewünscht:

1. SBP: Enom Eakk Edat
(jm. gegenüber äußern, dass ihm etw. zuteil werden möge 누구에게 무엇이 그에게 주어

지기를 바란다고 말하다)

Ich wünsche Ihnen **alles Gute**.
(나는 당신에게 모든 일이 다 잘 되기를 기원합니다.)

Ich wünsche (**es**) dir von Herzen, **dass du schnell wieder gesund wirst**.
(나는 네가 빨리 다시 건강해지기를 너에게 진심으로 기원한다.)

2. SBP: Enom Eakk
(die Realisierung von etw. verlangen 무엇의 실현을 요구하다)

Kohl - so hieß es - habe mit der Faust auf den Tisch geschlagen und erklärt, er wünsche **eine einstimmige Verabschiedung** im Kabinett.
(콜은 주먹으로 책상을 두드리고, 내각에서 만장일치의 의결을 원한다고 말했다고 전해졌다.)

Wünschen Sie **Tee oder Kaffee** zum Frühstück?
(당신은 아침식사로 차를 원하십니까 또는 커피를 원하십니까?)

Die Behinderten wünschen, **dass der von der Stadt für sie eingerichtete Beförderungsdienst eine Genehmigung zum Einfahren in die Fußgängerzone erhält**.
(장애인들은 시에 의해 그들을 위해 설치된 수송 서비스가 보행자 구역 안으로 진입할 수 있는 허가를 받기를 원하고 있습니다.)

Der Direktor wünscht (**es**), **sofort die Abteilungsleiter zu sprechen**.
(사장은 곧 부서장들을 면담하기를 원한다.)

wünschen, sich wünscht sich - wünschte sich - hat sich gewünscht:

1. SBP: Enom Eakk (Epräp1) (Epräp2)
(den Wunsch haben, von jm. etw. zu bekommen 누구로부터 무엇을 받기를 원하다)

Was wünschst du dir **zum Geburtstag**?
(너는 생일날에 너를 위한 선물로 무엇을 받기를 원하니?)

Was wünschst du **vom Weihnachtsmann**?
(너는 산타할아버지로부터 무엇을 받기를 원하느냐?)

 ✱ (Epräp1)은 전치사 *von*과 함께 와서 '누구로 부터'를 나타내고, (Epräp2)은 *zu*와 함께 와서 '언제'를 나타낸다.

2. SBP: Enom Eakk
(den Wunsch haben, dass etw. Wirklichkeit wird 무엇이 실현되기를 원하다)

Niemand wünscht sich **Umweltkatastrophen**.
(아무도 환경재난을 원치 않는다.)

Sie hatte (es) sich immer gewünscht, **den großen Schauspieler einmal auf der Bühne zu sehen**.
(그녀는 그 위대한 배우를 무대에서 한 번 보기를 항상 원해왔다.)

Ich wünschte mir, **ich wäre ein Mann**.
(나는 내가 남자이었더라면 하고 원했다.)

zahlen, zahlt, zahlte, hat gezahlt:

1. SBP: Enom Eakk (Edat/Epräp)
(jm. auf Grund einer Zahlungsforderung für etw. eine Geldsumme geben 누구에게 무엇에 대한 대가를 지불하다)

Der Autofahrer musste **20 Euro Strafe** zahlen, weil er falsch geparkt hat.
(그 자동차 운전자는 주차위반으로 20유로의 벌금을 지불해야만 했다.)

Seit 1988 gibt es **ein Erziehungsgeld**, das für ein Jahr *dem Elternteil* gezahlt wird, der bei dem Kind bleibt.

(1988년 이후로 자녀의 옆에 남아있는 부모 쪽에 1년간 지불되는 교육비가 생겨났다.)

Die Zinsen für die Wohnung müssen pünktlich *an die Bank* gezahlt werden.
(주택을 위한 이자는 정확하게 은행에 지불되어야 한다.)

2. **SBP: Enom (Edat/Epräp1(=*an*)) Epräp2(=*für*) (Eakk)**
(für etw. bezahlen 무엇의 값을 치르다)

Für Äpfel zahlt man im Augenblick *1,80 Euro das Kilo.*
(사과의 가격은 현재 1킬로에 1,80유로이다.)

Für die Operation haben wir schon 1,000 Euro *an das Krankenhaus* gezahlt.
(그 수술비로 우리는 이미 1,000유로를 그 병원에 지불했다.)

Herr Müller muss *seiner Versicherung* viel Geld **für seine Alterssicherung** zahlen.
(뮬러씨는 그의 보험회사에 그의 양로보험을 위해서 많은 돈을 지불해야 했다.)

Der Gast musste *dafür* zahlen, **dass ihm das Frühstück aufs Zimmer gebracht wurde.**
(그 손님은 아침식사가 방으로 그에게 배달되는 값을 지불해야만 했다.)

 ✱ *dafür*는 '생략할 수 없는 상관사'이다. 이태릭체는 '생략할 수 있는 보충어'이다.

2. **SBP: Enom Epräp1(=*mit*) (Epräp2)(=*für*)**
(jd. muss als Folge von etw. [negativer Sachverhalt/negative Handlung] etw. Wertvolles [abstr. Objekt: häufig Leben] hergeben müssen 누가 부정적 행위의 결과로 생명과 같은 가치 있는 것을 내놓아야 한다)

a. *Wer klaute*, zahlte **mit dem Leben.**
(도둑질하는 사람은 생명을 내놓아야 했다.)

b. Frau Schmidt zahlte *für ihre Unaufmerksamkeit am Steuer* **mit ihrem Leben.**
(스미트 부인은 운전대에서의 부주의에 대한 대가를 생명으로 치루었다.)

 * a.의 *Wer klaute*가 '무엇에 대한 댓가'인지를 포함하고 있으므로 '원인'을 나타내는 *für*를 가진 '전치사 보충어'는 생략되었다.

zählen, zählt, zählte, hat gezählt:

1. SBP: Enom Eakk

(die Zahl von etw. ermitteln 무엇을 수를 세다)

Ich habe **das Geld** noch nicht gezählt.
(나는 그 돈을 아직 세어보지 않았다.)

2. SBP: Enom Epräp(=*auf*)

(sich auf etw. verlassen 무엇을 믿다)

Ich zähle **auf dich**!
(나는 너를 믿는다.)

Der Präsident der Max-Planck-Gesellschaft, Hubert Markl, zählt **auf die Zusagen der neuen Bundesregierung.**
(막스-프랑크-협회장 후버트 마르클은 새 독일연방정부의 승낙들을 믿고 있다.)

Der Kläger hatte *darauf* gezählt, **den Prozess zu gewinnen.**
(그 고소인은 그 소송을 이길 것을 믿었다.)

 * *darauf*는 '생략할 수 없는 상관사'이다.

3. **SBP: Enom Eakk Epräp(**=*unter* + 4격/*zu* + 3격**)**
   (rechnen zu ...에 귀속시키다)

   Franz Josef Strauß und Helmut Schmidt zählt er **unter die besten Nachkriegsredner**.
   (프란쯔 요젭 스트라우스와 헬무트 쉬미트를 그는 가장 훌륭한 전후 연설가로 친다.)

   Die Senkung der Arbeitslosenquoten zählt die Regierung **zu ihren wichtigsten Aufgaben**.
   (실업자지수의 하락을 정부는 그들의 가장 중요한 과제로 친다.)

zeigen, zeigt, zeigte, hat gezeigt:

1. **SBP: Enom Eakk (Edat)**
   (jn. etw. betrachten lassen 누구에게 무엇을 보여주다)

   Darf ich Ihnen **meinen Garten** zeigen?
   (제가 당신에게 나의 정원을 보여주어도 되겠습니까?)

   Der Junge zeigte (*es*) mir, **was er alles zum Geburtstag bekommen hatte**.
   (그 소년은 생일날 받은 모든 것을 나에게 보여주었다.)

    ✱ (*es*)는 '생략가능한 상관사'임.

2. **SBP: Enom Eakk (Edat)**
   (jm. etw. deutlich machen 누구에게 무엇을 분명하게 설명하다)

   Es war niemand da, der uns **den Weg** zeigen konnte.
   (우리들에게 그 길을 분명히 설명할 수 있는 사람은 아무도 없었다.)

3. SBP: Enom Eakk (Edat)

(jm. etw. erkennbar werden lassen 누가 무엇을 인식하게 하다)

Die Erfahrung hat gezeigt, **dass es so nicht geht.**
(경험이 그것이 그렇게 되지 않는다는 것을 알게 해주었다.)

Schwalben zeigen, **dass der Frühling endlich da ist.**
(제비들이 봄이 마침내 왔음을 알게 해준다.)

4. SBP: Enom Eakk (Edat)

(etw. zu erkennen geben 무엇을 인식시키다)

Er wollte mir **seine Ungeduld** nicht zeigen, aber ich spürte sie.
(그는 그의 인내심 없음을 눈치 채이기를 원치 않았다, 그러나 나는 그것을 감지 했다.)

5. SBP: Enom Eakk

(etw. beweisen 무엇을 증명해보이다)

Joanna hat bei bei der Fertigstellung ihrer Dissertation **viel Ausdauer und Fleiß** gezeigt.
(요안나는 그녀의 박사논문을 완성할 때 많은 끈기와 부지런함을 증명해보였다.)

6. SBP: Enom Eakk

(etw. zum Vorschein kommen lassen 무엇을 드러내다)

Im März zeigen die Bäume schon **die ersten Knospen.**
(3월이면 벌써 나무들이 첫 꽃봉오리들을 드러낸다.)

7. SBP: Enom Eakk

(etw. anzeigen 무엇을 가리키다)

Die Uhr zeigt **halb drei**.
(시계가 2시 30분을 가리킨다.)

> ### 기능동사 *ziehen*을 가진 '기능동사 구문'

Konsequenzen ziehen: *Aus der Mieterhöhung muss ich die Konsequenzen ziehen und in eine billigere Wohnung umziehen.*
(집세 인상에서 나는 결론을 내려서 더 싼 집으로 이주해야 한다.)

Lehre ziehen: *Er hat aus seinen schlechten Erfahrungen mit A leider keine Lehre gezogen und ihm weiter vertraut.*
(그는 A와의 나쁜 경험들에서 유감스럽게도 아무런 교훈을 얻지 못하고 그를 계속 믿었다.)

den Schluß ziehen/die Schlußfolgerung ziehen:
Aus dem Gehörten ziehe ich den Schluß, dass A *die Firma gewechselt hat.*
(들은 소문에서 나는 A가 회사를 옮겼다는 결론을 내린다.)

Vorteil ziehen: Es ist unfair, *aus der unglücklichen Lage eines anderen seinen Vorteil zu ziehen.*
(다른 사람의 불행한 상황에서 자신의 이익을 취한다는 것은 신사답지 못하다.)

zur Verantwortung ziehen: Die Schuldigen müssen zur Verantwortung gezogen werden; d.h. sie müssen in diesem Fall den Schaden bezahlen.
(죄지은 자들이 책임져야한다; 즉 그들이 이 경우에 손해를 배상해야 한다.)

zugehen, geht zu, ging zu, ist zugegangen:

SBP: Eadv1 Eadv2

(in bestimmter Weise vor sich gehen 어떤 일정한 방법으로 진행되다)

Hier geht es **fröhlich** zu.
(여기는 즐겁다.)

Auf einer Silvesterfeier geht es **lustig** zu.
(망년회에서는 신난다.)

Auf der Disko geht es **lebhaft** zu.
(디스코 장에서는 활기차게 돌아간다.)

In dieser Familie geht es **üppig** zu.
(이 가족은 풍족하게 지낸다.)

　＊ Eadv1는 '장소', Eadv2는 '양태'를 나타낸다. es는 '문법적 주어'(Scheinsubjekt)이다.

zuraten, rät zu, riet zu, hat zugeraten:

SBP: Enom Edat (Epräp)(=*zu*)

(jm. raten, etw. Bestimmtes zu tun 누구에게 무엇을 하라고 권고하다)

a. **Zu diesem Kauf** kann ich dir nur zuraten.
　(이 구매를 하도록 나는 너에게 단지 충고할 수 있을 뿐이다.)

b. Der Job ist gut, ich kann dir nur (*dazu*) zuraten, **ihn zu nehmen.**
　(그 일은 좋다, 나는 너에게 그 일을 하도록 권할 수 있을 따름이다.)

c. Er hat mir (*dazu*) zugeraten, **eine Versicherung abzuschließen.**

(그는 보험을 체결하도록 나에게 충고했다.)

d. Er hat mir zugeraten.
(그는 나에게 그 일을 하라고 충고했다.)

 * *zuraten*은 *abraten*의 반대말이다. 동사가는 '주어 + 3격 보충어(사람) + 전치사 보충어(*zu*)'이다. b.와 c.에서 보듯이, 상관사 *dazu*는 생략이 가능하다. d.에서 보듯이 '전치사 보충어'는 문맥이 허용하면, 생략이 가능하다.

zweifeln, zweifelt, zweifelte, hat gezweifelt:

SBP: Enom Epräp(=*an*)

(an jn./etw. nicht fest glauben oder Zweifel haben 누구/무엇을 의심하다)

Ich zweifle **an seiner Ehrlichkeit**.
(나는 그의 정직성을 의심한다.)

Niemand zweifelte **daran**.
(아무도 그것을 의심치 않았다.)

Man zweifelte (***daran***), **dass es gelingen würde**.
(사람들은 그것이 성공하리라고 믿지 않았다.)

Sie zweifelt, **ob sie der Einladung folgen soll**.
(그녀는 자신이 그 초대에 따라야 좋을지 확신이 없다.)

 * *daran*은 '생략가능한 상관사'이다.

○ 참고서적

김경욱(1990): 독일어 Valenz 문법. 서울: 청록.
한국독어독문학회(2000): 『모델 독한사전』 한국독어독문학회편. 서울: 삼화.(모델)
Kempcke, Günter(2000): *Wörterbuch. Deutsch als Fremdsprache*. Berlin/New York. (de Gruyter)
Drosdowski, Günther(1989): *Duden, Deutsches Universalwörterbuch A-Z*. 2., neu bearbeitete Auflage. Mannheim/Leipzig/Wien/Zürich: Dudenverlag. (Universal)
Drosdowski, Günther(2000): *Duden, das große Wörterbuch der deutschen Sprache. 10 Bände auf CD-Rom*. Mannheim u.a.: Dudenverlag.(Duden, 10 Bände)
Engel, Ulrich/Schumacher, Helmut(1978): *Kleines Valenzlexikon deutscher Verben*. Tübingen: Verlag Gunter Narr(KVL)
Götz, Dieter/Haensch, Günther/Wellmann, Hans(1997): *Langenscheidts Großwörterbuch. Deutsch als Fremdsprache*. Berlin/München/Leipzig/Wien/Zürich/New York: Langenscheidt(Langenscheidt)
Sommerfeldt, Karl Ernst/Schreiber, Herbert(1996): *Wörterbuch der Valenz etymologisch verwandter Wörter*. Tübingen: Max Niemeyer Verlag.(WVE)
Schröder, Jochen(1986): *Lexikon deutscher Präpositionen*. VEB Verlag Enzyklopädie Leipzig.
Schumacher, Helmut(2004): *Valenzwörterbuch deutscher Verben*. Helmut Schumacher/ Jacqueline Kubczak/Renate Schmidt/Vera de Ruiter. Tübingen: Gunter Narr Verlag.(VALBU)
Helbig, Gerhard/Schenkel, Wolfgang(1978): *Wörterbuch zur Valenz und Distribution deutscher Verben*. Leipzig.(WV)
Wolf, Norbert Richard(1982): *Probleme einer Valenzgrammatik des Deutschen*. Innsbruck.
Wolf, Norbert Richard(2003): *Ebenen der Valenzbeschreibung: Die syntaktische Ebene*. In: Dependenz und Valenz 1. Halbband. Berlin/New York.